Praxishandbuch Social Media und Recht

Dr. Carsten Ulbricht

Praxishandbuch Social Media und Recht

Rechtssichere Kommunikation und Werbung in sozialen Netzwerken

4. Auflage

Haufe Gruppe
Freiburg · München · Stuttgart

Bibliografische Information der Deutschen Nationalbibliothek
Die Deutsche Nationalbibliothek verzeichnet diese Publikation in der Deutschen Nationalbibliografie; detaillierte bibliografische Daten sind im Internet über http://dnb.dnb.de abrufbar.

Print:	ISBN 978-3-648-10220-6	Bestell-Nr. 07932-0004
ePub:	ISBN 978-3-648-10221-3	Bestell-Nr. 07932-0103
ePDF:	ISBN 978-3-648-10225-1	Bestell-Nr. 07932-0153

Dr. Carsten Ulbricht
Praxishandbuch Social Media und Recht
4. Auflage 2018

© 2018 Haufe-Lexware GmbH & Co. KG, Freiburg
www.haufe.de
info@haufe.de
Produktmanagement: Nadine Öfele

Lektorat: Lektoratsbüro Peter Böke, Berlin
Satz: kühn & weyh Software GmbH, Satz und Medien, Freiburg
Umschlag: RED GmbH, Krailling
Druck: BELTZ Bad Langensalza GmbH, Bad Langensalza

Alle Angaben/Daten nach bestem Wissen, jedoch ohne Gewähr für Vollständigkeit und Richtigkeit. Alle Rechte, auch die des auszugsweisen Nachdrucks, der fotomechanische Wiedergabe (einschließlich Mikrokopie) sowie der Auswertung durch Datenbanken oder ähnliche Einrichtungen, vorbehalten.

Inhaltsverzeichnis

Vorwort 9

1	**Erste Schritte: die eigene Präsenz im Social Web**	11
1.1	Auswählen und Anmelden eines Account-Namens	11
1.2	Wichtige Formalität: das Impressum	18
2	**Die Veröffentlichung eigener Inhalte**	21
2.1	Äußerungen im Social Web: Das ist erlaubt – das ist verboten	21
2.2	Urheberrecht an eigenen Inhalten	27
2.3	Eigene Bilder, die fremde Personen zeigen	27
3	**Fremde Inhalte für die eigene Präsenz**	29
3.1	Urheberrechtliche Grundsätze	29
3.2	Die Creative-Commons-Lizenzen als Lösung?	32
3.3	Das Einbinden (»Embedding«) von fremden Inhalten	35
3.4	Haftungsrisiken bei der Einbindung von fremden RSS-Feeds	44
3.5	Checkliste zum Urheberrecht	47
4	**Content-Diebstahl: Wie sich Urheber wehren können**	51
4.1	So schützt das Urheberrecht die Inhalte	52
4.2	Die urheberrechtliche Abmahnung	53
4.3	Eigene Maßnahmen gegen Content-Diebe	59
4.4	Strategien im Fall von Content-Diebstahl	60
5	**Haftung für nutzergenerierte Beiträge (User Generated Content)** . .	63
5.1	Wo droht Gefahr?	63
5.2	Haftet ein Plattformbetreiber für die Inhalte seiner User?	64
5.3	Muss ein Seitenanbieter neue Inhalte prüfen?	65
5.4	Wie man Haftungsrisiken verringern kann	67
5.5	Umgang mit heiklen Kommentaren und Postings	70
5.6	Geltung des Netzwerkdurchsetzungsgesetzes (NetzDG)	77

Inhaltsverzeichnis

6	Datenschutz im Social Web	79
6.1	Die Grundlagen	79
6.2	Social Media Monitoring: das »Durchsuchen« des Social Web	82
6.3	Big Data: Umgang mit großen Datenmengen	88
6.4	Europäischer Datenschutz ab 25. Mai 2018 – Änderungen durch die Datenschutzgrundverordnung	99

7	Social Media Marketing: Rechtliche Grenzen des Werbens in und über Soziale Netzwerke	107
7.1	Werben in Sozialen Netzwerken: die Grundsätze	107
7.2	Direktmarketing im und über das Social Web	130
7.3	Eigene Brand-Communitys und Co.: Gestaltung von Nutzungsbedingungen	133
7.4	Spam-Nachrichten im eigenen Netzwerk verhindern	136
7.5	Tell a Friend: Empfehlungsmarketing im Internet	138

8	Facebook: der Social-Media-Gigant im Fokus	143
8.1	Die Nutzungsbedingungen von Facebook	143
8.2	Facebook und der Datenschutz	148
8.3	Der Problemkreis um den Facebook Like Button	156
8.4	Datenschutzrechtliche Zulässigkeit von Facebook Custom Audiences	163
8.5	Der weitergehende Problemkreis: Facebook-Login auf der eigenen Internetpräsenz	168
8.6	Haftungsrisiko: Teilen von Inhalten über Facebook (sog. Sharing)	175
8.7	Social Media Sharing Policy	189

9	Influencer Marketing	195
9.1	Schleichwerbung in Social Media – rechtliche Grenzen des Einsatzes von Influencern und Testimonials	195
9.2	Rechtliche Verantwortlichkeit der werbenden Unternehmen	198
9.3	Empfehlungen für Unternehmen, Agenturen und Influencer	201
9.4	Zusammenfassung	202

10	Social Customer Relationship Management (Social CRM): Kunden gewinnen und halten	205
10.1	Grundlagen des Social CRM	205
10.2	Gesetzliche Rahmenbedingungen	206

11	Markenschutz im Social Web	211
11.1	Die ganz eigenen Gesetze des Social Web	211
11.2	Risiken durch Mitarbeiter	214
11.3	Richtiger Umgang mit den Melde- und Löschverfahren der Plattformen	216
12	Social Media im Unternehmen	219
12.1	Mitbestimmung des Betriebsrates	219
12.2	Warum Unternehmen Social Media Guidelines brauchen	223
12.3	Social Media Security – Richtlinien zur Reduzierung von Sicherheitsrisiken	247
12.4	Wer ist der »Eigentümer« von Social Media Accounts?	251
13	(Ver-)Kauf eines Weblogs	257
13.1	Was wird beim Blogverkauf eigentlich verkauft?	257
13.2	Die Verkaufsobjekte und ihre Übertragung auf den Käufer	258
13.3	Wichtige Regelungen im Kaufvertrag	261
14	Twitter im Unternehmenseinsatz: rechtssicher zwitschern	263
14.1	Dos und Don'ts beim Einsatz von Twitter	263
14.2	Der Verkauf eines Twitter-Accounts	273
15	WhatsApp: Kontakt zu Kunden per Instant Messaging	281
15.1	WhatsApp und der Datenschutz	281
15.2	Werbung und Kundenansprache über WhatsApp	284
15.3	Ist die Einbindung eines WhatsApp Sharing Buttons zulässig?	285
15.4	Kann ein Unternehmen wegen Versendung unzulässiger Spamnachrichten abgemahnt werden?	285
15.5	Die Nutzungsbedingungen von WhatsApp	286
16	Social Media Recruiting: neue Mitarbeiter über XING, Facebook & Co.	287
16.1	Arbeitnehmerdatenschutz: Wie weit darf die Internetrecherche über Mitarbeiter gehen?	287
16.2	Active Sourcing: Abwerbung von Mitarbeitern in Sozialen Netzwerken	294

17	**Enterprise Social Networks**	299
17.1	Was Blogs, Wikis & Social Networks im Intranet leisten können	299
17.2	Rechtliche Probleme beim Einsatz der Werkzeuge	300
17.3	Strategien zur Einführung einer Enterprise-2.0-Lösung	315
18	**Weitere Rechtsfragen im Umfeld Sozialer Medien**	317
18.1	Kuratierung und Recht – rechtliche Grenzen für Newsrooms und Content Curation	317
18.2	Screen Scraping: Sammeln und Aufbereiten fremder Daten	324
18.3	Crowdsourcing: die Kreativität der Massen nutzen	328
18.4	Bewertungsportale: zulässig oder verboten?	332
19	**Ein Resümee**	343
20	**Checklisten**	345
20.1	Urheberrecht im Internet	345
20.2	Social-Media-Präsenz eines Unternehmens	346
20.3	Social Media Guidelines	348

Glossar ... 353
Abkürzungsverzeichnis ... 363
Stichwortverzeichnis ... 364
Der Autor ... 368

Vorwort

Das Internet ist mittlerweile zu dem wohl wichtigsten Kommunikationsmedium für Privatpersonen und Unternehmen geworden. Plattformen wie Facebook, Twitter, YouTube & Co. versetzen jeden Nutzer in die Lage, selbst als Mitgestalter aktiv zu werden und sich mit anderen auszutauschen. Das so entstandene Social Web bietet für alle Beteiligten große Entfaltungsmöglichkeiten.

Dass die Kommunikation in und über die Sozialen Internetmedien nicht nur ein vorübergehendes Phänomen ist, dürfte außer Frage stehen. Wenn auch einzelne Plattformen zukünftig vielleicht durch andere ersetzt werden: Diese Art der Nutzung und Kommunikation im Internet wird bleiben.

Zweifellos birgt das Social Web auch (rechtliche) Risiken. Sie werden von vielen unerfahrenen Nutzern gar nicht oder viel zu spät erkannt. Wer bewusst und mit einem Mindestmaß an Medienkompetenz mit diesen Gefahren umgeht, kann sie jedoch kontrollieren und bisweilen sogar auf null reduzieren. Das hat meine Erfahrung in der rechtlichen Begleitung von Social-Media-Aktivitäten vieler Unternehmen gezeigt.

Mit diesem Buch möchte ich mein Wissen an interessierte Leser weitergeben. Nachfolgend werden deshalb alle wichtigen rechtlichen Rahmenbedingungen zusammengefasst, die Unternehmen im Social Web beachten bzw. zur Absicherung eigener Unternehmensinteressen in die Wege leiten sollten.

Der Aufbau des Buches orientiert sich dabei an Fragen, die im Unternehmenskontext immer wieder auftreten, z.B.:
- Was tun, wenn der Account, mit dem ein Unternehmen in den Sozialen Medien aktiv werden will, schon besetzt ist?
- Was ist beim Teilen oder Einbinden fremder Texte, Bilder oder Videos zu beachten?
- Wie lassen sich eigene Beiträge oder Medien vor einer Übernahme durch Dritte schützen?
- Welche Anforderungen stellt der Datenschutz an die Nutzung Sozialer Medien?

Vorwort

- Was muss man beim Marketing im Social Web beachten?
- Bis zu welcher Grenze dürfen Mitarbeiter die Kanäle nutzen? Wie können entsprechende Social Media Guidelines aussehen?
- Wie kann sich ein Unternehmen vor Schäden durch unbedachte Äußerungen der Mitarbeiter schützen?

Das Buch gibt nicht nur Antworten auf diese Fragen, sondern verschafft den Betroffenen in Unternehmen einen Gesamtüberblick über dieses komplexe Thema. In dieser Auflage finden sich in Kapitel 6.4 auch erstmals spezifische Hinweise auf die ab 25. Mai 2018 geltende Datenschutzgrundverordnung, die den Datenschutz in der gesamten Europäischen Union auf neue rechtliche Grundlagen stellt. Aufgrund einiger Neuerungen im Bereich der Legitimationsgrundlagen, den geänderten Informations- und Dokumentationspflichten und nicht zuletzt des erheblich erhöhten Bußgeldrahmens sollten sich Betroffene rechtzeitig mit den Auswirkungen auseinandersetzen. Aufgrund der steigenden Bedeutung und erster Gerichtsentscheidungen ist dem Thema Influencer Marketing bzw. den insoweit einschlägigen Kennzeichnungsanforderungen zudem ein eigenes neues Kapitel gewidmet.

Zahlreiche Tipps, Checklisten und Beispiele direkt aus der Beratungspraxis machen das Buch zu einem hilfreichen Ratgeber für all diejenigen, die sich mit der Einführung von Social Media beschäftigen und dabei typische Fehler vermeiden möchten.

Ein Glossar erklärt verständlich rechtliche Begriffe, die im Zusammenhang mit Internet-Aktivitäten eine entscheidende Rolle spielen. Im Text sind die Glossarwörter mit einem Pfeil gekennzeichnet (→).

Mit diesem Ansatz soll das vorliegende Werk als Praktiker-Handbuch dienen, welches – trotz einer gewissen Komplexität mancher Rechtsfragen – in laienverständlicher Sprache erklärt, wie Unternehmen und Unternehmer bei der Einführung von Social Media einige der wesentlichen Fallstricke vermeiden.

Viel Spaß beim Lesen und wertvolle neue Erkenntnisse wünscht Ihnen

Dr. Carsten Ulbricht

1 Erste Schritte: die eigene Präsenz im Social Web

1.1 Auswählen und Anmelden eines Account-Namens

> **Beispiel: Unternehmen unterwegs im Internet**
> Viele Unternehmen sind bereits seit Längerem in den Sozialen Medien zu finden. So präsentieren sich mittlerweile auch Branchenriesen wie z.B. Porsche oder adidas bei Facebook oder Twitter: www.facebook.com/porsche oder www.twitter.com/adidas.

Auf dem Weg zu einer eigenen Präsenz in den Sozialen Medien sollten Unternehmen zunächst prüfen, ob ihr Firmenname bzw. etwaige Markennamen zentraler Produkte als Nutzernamen auf relevanten Social-Media-Plattformen bereits von Dritten verwendet werden. Dabei kommt dem Account- oder Benutzernamen bei vielen Social-Media-Plattformen durchaus eine namensähnliche und damit kennzeichnende Funktion zu, unter dem Besucher regelmäßig die jeweilige Marke oder das entsprechende Unternehmen erwarten (siehe das Beispiel oben).

> **Tipp: Schnell und bequem Nutzernamen finden**
> Auf Plattformen wie www.namecheck.com oder www.namechk.com kann man den eigenen Unternehmens- bzw. auch wichtige Produktnamen eingeben. Die Suchfunktionen der genannten Internetseiten zeigen dann, auf welchen Social-Media-Plattformen die jeweiligen Namen noch frei oder auch schon an Dritte vergeben sind.

1.1.1 Wenn der gewünschte Nutzername noch frei ist

Sind entsprechende Nutzernamen frei, sollten diese – selbst wenn sie erst mittelfristig interessant sein könnten – dennoch bereits für das Unternehmen gesichert werden, um späteren Problemen vorzubeugen. Bereits jetzt ist nämlich erkennbar, dass gerade bei bekannten Namen und Marken eine

Entwicklung ähnlich dem Domaingrabbing stattfindet. Insofern sollten Unternehmen dem »Account Grabbing«, d. h. dem bewusst schädigenden Reservieren durch Dritte, zuvorkommen.

1.1.2 Wenn ein anderer den Namen verwendet

Unternehmen, die eigene Aktivitäten in den Sozialen Medien planen oder auch nur verhindern wollen, dass Dritte unter ihrem Unternehmensnamen im Internet auftreten, stellen bei der Recherche häufig fest, dass der Name bei Twitter, Facebook oder auch YouTube bereits vergeben ist.

Ist der gewünschte Nutzername schon vergeben, stellt sich die Frage, wie dieser wieder in die »Obhut« des Unternehmens gebracht werden kann. Ein unmittelbares rechtliches Vorgehen (→ Abmahnung oder Klage) gegen den Inhaber ist dann legitim, wenn der Name offensichtlich allein in der Absicht registriert worden ist,

- das Unternehmen zu behindern oder
- den Namen gegen ein »Lösegeld« zu verkaufen.

> **Beispiel: Kein Twitter-Account für die Stadt Mannheim?**
> Die Stadt Mannheim, die – wie einige andere Städte und Kommunen auch – seit einiger Zeit eigene Social Media Aktivitäten vorantreibt, musste feststellen, dass ein junger Unternehmer den Twitter-Account twitter.com/mannheim bereits registriert hatte. Die Stadt nahm Kontakt mit ihm auf, um namensrechtliche Ansprüche auf den Twitter-Account anzumelden. Der Mann hat die Forderungen der Stadt nicht nur zum Anlass genommen, den Sachverhalt in die breite Öffentlichkeit zu bringen, sondern auch viel Geld für die Übertragung des Accounts verlangt.

1.1.3 Parallele zum Domaingrabbing?

Vor einigen Jahren mussten sich zahlreiche Unternehmen mit dem Phänomen des Domaingrabbing auseinandersetzen, bei dem Dritte bekannte Unternehmens-, Marken- oder Produktnamen verschiedenster Unternehmen als Domains registriert hatten. Die Registrierung diente allein dem Zweck, den Unternehmen die jeweiligen Domains später gegen Zahlung eines »Lösegeldes« zum Verkauf anzubieten.

Diese teilweise auch als Cybersquatting bezeichnete Entwicklung wiederholt sich jetzt mit den Namen von Benutzerkonten (nachfolgend auch Accounts) bei den bekannten Social-Media-Plattformen, die in der Regel den »Namen« des jeweiligen Accounts darstellen und sich auch in der entsprechenden Domain wiederfinden. In der täglichen Praxis häufen sich die Fälle, in denen Accounts allein im Hinblick auf einen späteren Verkauf an das Unternehmen und ohne eigene Nutzungsabsicht reserviert worden sind. Bei solch bösgläubigem Account Grabbing ist es nachvollziehbar und oft auch unvermeidbar, dass betroffene Firmen – d.h. Markenrechtsinhaber ebenso wie die Inhaber von Namensrechten (z.B. Städte und Kommunen) – gegen die unrechtmäßige Registrierung und/oder Nutzung von Social Media Accounts juristisch vorgehen.

In diesem Zusammenhang stellt sich die Frage, ob und wie man die »eigenen« Accounts zurückholen kann.

In den USA existiert zu Fragen des Domaingrabbings mittlerweile ein eigenes Gesetz in Form des Anticybersquatting Consumer Protection Act, das unter Umständen auch für Social Media Accounts eingreift. In Deutschland sind aus juristischer Sicht namens- und markenrechtliche Ansprüche zu prüfen. Wer einen schutzwürdigen (Firmen-)Namen im Sinne des §12 BGB oder eine eingetragene Marke sein Eigen nennt, kann von demjenigen, der eine verwechslungsfähige Bezeichnung verwendet, in der Regel → Unterlassung der Nutzung des Namens, bisweilen auch Schadenersatz verlangen.

1.1.4 Ansprüche gegen Account Grabber

Man kann davon ausgehen, dass dem Account-Namen bei Twitter, Facebook, YouTube usw. so etwas wie eine kennzeichnende Namensfunktion zukommt. Insoweit lassen sich die rechtlichen Grundsätze zum Domaingrabbing weitgehend auf das Account Grabbing übertragen.

> **!** **Beispiel: Kammergericht in Berlin bestätigt Anwendung des Markenrechts auf Social Media Account**
>
> Von der Anwendbarkeit namens- bzw. markenrechtlicher Grundsätze auf Account-Namen Sozialer Netzwerke ist offensichtlich auch das Kammergericht Berlin ausgegangen. Es hatte einen Fall zu entscheiden, in dem der Markeninhaber eines Kinos gegen die Verwendung des entsprechenden Namens für Benutzerkonten bei Facebook und MySpace vorgegangen war. In dem zugrunde liegenden Urteil (Beschluss vom 01.04.2011, Az. 5 W 71/11) waren die markenrechtlichen Ansprüche allerdings aus anderen fallspezifischen anderen Gründen (dort §23 Nr. 2 Markengesetz) gescheitert.

Um die rechtswidrigen Handlungen des Account Grabbers zu verhindern bzw. das »eigene« Benutzerkonto zurückzufordern, bietet das Gesetz viele Möglichkeiten, insbesondere namens- und/oder markenrechtliche Ansprüche gegen den Grabber.

- Ein namensrechtlicher Anspruch besteht gemäß §12 Bürgerliches Gesetzbuch (BGB) immer dann, wenn bei einem schutzwürdigen Namen eine Zuordnungsverwirrung der angesprochenen Nutzerkreise hinreichend wahrscheinlich ist oder schon eingetreten ist. In anderen Worten: Durch die Wahl des Benutzernamens des Account Grabbers muss also eine Verbindung zu einem Produkt oder Unternehmen suggeriert werden, die in Wahrheit nicht besteht.
- Ist die jeweilige Bezeichnung als Marke bei einem nationalen oder internationalen Markenamt eingetragen, kann sich der Inhaber der Marke nach §14 MarkenG gegen die Gefahr von Verwechslungen schützen. Ansprüche bestehen dann, wenn die jeweilige Bezeichnung von dem Account Grabber markenmäßig verwendet wird und eine hinreichende Verwechslungsgefahr besteht. Markenrechtliche Ansprüche stellen sich oft als stärkstes Argument dar, mit dem nicht nur → Unterlassung, sondern auch → Auskunft, Schadenersatz und → Kostenerstattung verlangt werden können.
- Neben dem Namens- und Markenrecht kommen bei Vorliegen weiterer spezifischer Voraussetzungen zusätzlich auch noch folgende Anspruchsgrundlagen in Betracht:
    - So können wettbewerbsrechtliche Ansprüche auf Grundlage des Gesetzes gegen den unlauteren Wettbewerb (UWG) eingreifen. Und zwar dann, wenn der jeweilige Name benutzt wird, um damit einen Wettbe-

werber an der Verwendung »seines« Kennzeichens als Account-Name zu hindern. Da die bloß gemeinsame Benutzung des Internets dafür aber nicht ausreicht, werden weitere Indizien hinzukommen müssen, die zeigen, dass es dem Account Grabber in besonderem Maße darum geht, den Wettbewerber zu behindern.
- Schließlich sind auch deliktsrechtliche Ansprüche denkbar, wenn eine sogenannte vorsätzliche sittenwidrige Schädigung i.S. des §826 BGB dargelegt werden und, wenn nötig, auch bewiesen werden kann.

1.1.5 Strategisches Vorgehen

Von vielen Betroffenen wird übersehen, dass es nicht nur möglich ist, gegen den Account Grabber selbst vorzugehen, sondern auch über den Betreiber der jeweiligen Plattform. Oft ist der Account Grabber nicht unmittelbar zu identifizieren. Das erschwert nicht nur die Kontaktaufnahme zu ihm, sondern auch eine mögliche Inanspruchnahme. Die Ermittlung der realen Kontaktdaten bzw. eine förmliche Inanspruchnahme ist häufig so aufwendig, dass sie in keinem Verhältnis zu der Erfolgsquote steht.

Deshalb empfehlen wir ein Vorgehen über die jeweilige Social-Media-Plattform, wenn der Account Grabber nicht leicht identifiziert werden kann oder in einem entfernten Land »sitzt«. Für die Betreiber von Facebook, Twitter & Co. gilt der sogenannte Notice-and-Takedown-Grundsatz: Ein Plattformbetreiber kann unter Umständen selbst haftbar gemacht werden, wenn er nach Kenntnis einer Rechtsverletzung auf der eigenen Plattform nicht tätig wird. Deshalb haben sämtliche bekanntere Plattformen Mechanismen aufgesetzt, über die Namens- oder auch Markenrechtsverletzungen den Betreibern gemeldet werden können.

So halten einige Betreiber Formulare zur Meldung von Verstößen vor (z.B. Twitter unter http://support.twitter.com/forms/trademark für Markenverletzungen). Können Rechtsverletzungen dort dann ausreichend dargelegt werden, wird der jeweilige »entführte« Account (je nach Plattform und Umständen des Einzelfalles) gelöscht oder an den Namens- oder Markenrechtsinhaber übertragen. Dies hat bereits in einigen von mir betreuten Fällen – insbesondere wenn die Accounts inaktiv sind – dazu geführt, dass die von

Mandanten beanspruchten Benutzerkonten in kürzester Zeit zurückgewonnen werden konnten.

In einigen Fällen führt die Kontaktaufnahme mit den Social-Media-Plattformen über die jeweiligen Formulare jedoch nicht zu einem schnellen Erfolg. Dann muss der Druck mit anwaltlichen Schreiben erhöht werden. Dabei hilft dem Anwalt die Kenntnis der richtigen Ansprechpartner und der spezifischen Prozesse bei der jeweiligen Plattform.

Situation	Mögliche Maßnahmen	
Orientierungsphase	Für einen ersten Überblick über die Vergabe von Accounts mit dem eigenen Namen oder der eigenen Marke auf diversen Social-Media-Plattformen, ist eine Prüfung mit Werkzeugen wie etwa www.namechk.com oder www.namecheck.com zu empfehlen. Nach Eingabe der jeweiligen Bezeichnung in das Suchfeld werden dort viele wichtige, aber auch unbedeutendere Plattformen abgeprüft.	
Account ist frei	Accounts, die frei sind und mittelfristig interessant sein könnten, sollten mit einer Anmeldung gesichert werden. Dadurch können spätere Probleme von vornherein vermieden werden. In der Regel ist die Registrierung kostenlos.	
Account ist schon besetzt	Wird ein Account auf relevanten Plattformen bereits verwendet, ist zu prüfen, wer den Namen verwendet und mit welcher inhaltlichen Gestaltung er verwendet wird.	
	1. Stufe: Einvernehmliche Einigung	Sofern nicht offensichtlich missbräuchliche Zwecke verfolgt werden, sollte zunächst Kontakt mit dem Account-Inhaber aufgenommen werden, um eine einvernehmliche Lösung zu diskutieren.

Auswählen und Anmelden eines Account-Namens 1

Situation	Mögliche Maßnahmen	
	2. Stufe: Außergerichtliche Maßnahmen	Bei bösgläubigem Account Grabbing oder einem Scheitern der Einigung sollten namens- und markenrechtliche Ansprüche geprüft und – nach Abwägung der Umstände des Einzelfalles – juristische Maßnahmen gegenüber dem Account-Inhaber und/oder über die jeweilige Social-Media-Plattform eingeleitet werden, d. h. Anschreiben/Abmahnung gegenüber dem Account-Inhaber bzw. Beschwerdeprozesse/anwaltliche Schreiben gegenüber dem Plattformbetreiber.
	3. Stufe: Gerichtliche Maßnahmen	Führen außergerichtliche Maßnahmen, nicht zum Erfolg, sind als letzte Eskalationsstufe auch gerichtliche Maßnahmen denkbar. Auch hier sollte nicht nur ein Vorgehen gegen den Account-Inhaber, sondern auch gegen den Plattformbetreiber erwogen werden. Wenn dieser nach Kenntnisnahme einer Markenverletzung nicht tätig geworden ist, bestehen auch gegen ihn markenrechtliche Ansprüche. Sie können bei der Verletzung einer deutschen Marke in der Regel auch vor deutschen Gerichten geltend gemacht werden.

In Fällen, in denen eindeutig eine Namens- oder Markenrechtsverletzung vorliegt, können Social Media Accounts meist ohne eine so weitreichende Eskalation »zurückgeholt« werden. Führen eigene Maßnahmen des Unternehmens nicht zum Erfolg, hat sowohl gegenüber dem Account-Inhaber als auch gegenüber verschiedenen Social-Media-Plattformen oft schon anwaltlicher Nachdruck geholfen.

1.2 Wichtige Formalität: das Impressum

Konnte der gewünschte Account-Name erfolgreich registriert bzw. erlangt werden, beginnt für das Unternehmen die Arbeit an der formalen und inhaltlichen Gestaltung der eigenen Social-Media-Präsenz.

Nach wie vor übersehen viele Unternehmen, dass sie bei einer eigenen Präsenz auf einer der Social-Media-Plattformen die allgemeinen Anforderungen des → Telemediengesetzes (TMG) beachten müssen. Unter anderem benötigen sie bei Facebook, YouTube & Co. ein Impressum, das den Anforderungen des §5 TMG genügt, sobald sie dort geschäftsmäßig auftreten. Die Geltung dieser Impressumspflicht für Social-Media-Kanäle wurde erstmals vom LG Aschaffenburg (Urteil vom 19.08.2011, Az. 2 HK O 54/11) gerichtlich festgestellt und zwischenzeitlich von einigen anderen Gerichten (u.a. LG Regensburg vom 31.01.2013, Az. 1 HK O 1884/12) bestätigt.

> **!** **Beispiel: Landgericht Aschaffenburg stellt Impressumspflicht bei geschäftlich genutzten Facebook-Accounts fest**
>
> Ein Unternehmen hatte in einem zu Marketingzwecken genutzten Facebook-Account nur seine Anschrift und die Telefonnummer angegeben. Des Weiteren fand sich unter der Rubrik »Info« ein Link auf die eigene Internetseite. Das Gericht sah darin einen Verstoß gegen §5 TMG, der vorsieht, dass ganz spezifische Informationen (die sog. Pflichtangaben) auch auf der Facebook Seite leicht erkennbar und unmittelbar erreichbar vorgehalten werden müssen. Das LG Aschaffenburg stellte zunächst fest, dass die Angaben auf der Facebook-Seite selbst nicht ausreichend seien, weil bei Diensteanbietern nach §5 Abs. 1 Nr. 1 TMG die Namen, die Anschrift und bei juristischen Personen die Rechtsform sowie der Vertretungsberechtigte leicht erkennbar sein müssten. Auch der Zugang zu diesen Informationen auf der Webseite via Link über die Rubrik »Info« ändere nichts an dem Rechtsverstoß, da die Pflichtangaben einfach und effektiv optisch so wahr-

Wichtige Formalität: das Impressum

nehmbar sein müssten, dass sie ohne langes Suchen aufgefunden werden können. Da man unter »Info« diese Angaben nicht ohne Weiteres vermute, genüge die Gestaltung in diesem Fall den gesetzlichen Anforderungen nicht.
Letzteres kann man durchaus in Frage stellen. Nach dem Leitbild des »aufgeklärten Verbrauchers«, dem der EuGH folgt, und der Üblichkeit bei Facebook könnte man auch argumentieren, dass Nutzer gerade unter »Info« entsprechende Anbieterangaben suchen.
Fazit des Urteils: Insgesamt war nach Auffassung der Richter nicht deutlich und hinreichend detailliert angegeben, wer für die Facebook-Seite als geschäftsmäßig genutztes Telemedium verantwortlich sei. Deshalb kam das LG Aschaffenburg zu dem Ergebnis:
Das Unternehmen hat auch unlauter i.S. von §3 i.V.m. §4 Nr. 11 UWG gehandelt, da sie bei ihrem Facebook-Auftritt die Pflichtangaben nach §5 TMG nicht leicht erkennbar und unmittelbar erreichbar zur Verfügung gestellt hat.
Die Informationspflichten des §5 TMG dienen dem Verbraucherschutz und der Transparenz von geschäftsmäßig erbrachten Telediensten, sie stellen daher Marktverhaltensregelungen i.S. des §4 Nr. 11 UWG dar.

1.2.1 Welche Informationen sind nötig?

Die notwendigen Angaben im Impressum sind in §5 TMG aufgeführt. Danach sind u.a. wichtig:
- Name und Anschrift,
- Kommunikationsdaten, z.B. E-Mail, Telefonnummer, Fax,
- das Handelsregister, Vereinsregister, Partnerschaftsregister oder Genossenschaftsregister, in das sie eingetragen sind, und die entsprechende Registernummer,
- die Umsatzsteueridentifikationsnummer oder eine Wirtschafts-Identifikationsnummer,
- bei juristischen Personen, also z.B. GmbH oder AG, die Rechtsform, den Vertretungsberechtigten und, sofern Angaben über das Kapital der Gesellschaft gemacht werden, das Stamm- oder Grundkapital sowie, wenn nicht alle in Geld zu leistenden Einlagen eingezahlt sind, der Gesamtbetrag der ausstehenden Einlagen,
- bei Aktiengesellschaften, Kommanditgesellschaften auf Aktien und Gesellschaften mit beschränkter Haftung, die sich in Abwicklung oder Liquidation befinden, die Angabe hierüber.

1.2.2 Wo muss das Impressum stehen?

Die genannten Informationen müssen leicht erkennbar und unmittelbar erreichbar sein. Sie sind außerdem ständig verfügbar zu halten. Problematisch ist insbesondere, wie den Ansprüchen »leicht erkennbar« und »unmittelbar erreichbar« entsprochen werden kann. Hier ist nach Auffassung des Europäischen Gerichtshofs auf das Leitbild eines »aufgeklärten Verbrauchers« und die Üblichkeit bei Facebook & Co. abzustellen.

- Leicht erkennbar ist das Impressum in jedem Fall, wenn es als »Impressum«, »Kontakt« oder »Anbieterkennzeichnung« bezeichnet ist.
- Für die unmittelbare Erreichbarkeit genügt es, wenn die Pflichtangaben über maximal zwei Klicks erreichbar sind. Es ist nicht nötig, dass sich das Impressum unter der gleichen Domain befindet wie das angebotene Telemedium. Es ist demnach auch zulässig, auf das Impressum der eigenen Webseite zu verlinken.

> **Beispiel: Link auf das Impressum**
>
> Als derzeitige Best Practice bietet es sich bei vielen Plattformen an, im Profil (z. B. bei Twitter) oder in einem anderen gut sichtbaren Bereich einen Hinweis mit der Bezeichnung »Impressum« oder »Kontakt« hinzuzufügen, der auf vollständige Impressumsangaben (z. B. auf der eigenen Webseite) verlinkt.

Die Rechtslage ist eindeutig: Ein Impressum ist zumindest bei (auch) geschäftsmäßig genutzten Social-Media-Präsenzen Pflicht. Unternehmen ist daher zu raten, ein solches bei sämtlichen eigenen Social Media Accounts vorzuhalten. Andernfalls drohen → Abmahnungen von Wettbewerbern. Sie können dann wettbewerbsrechtlich begründete Ansprüche geltend machen.

> **Tipp: Umsetzung der Impressumspflicht bei mobilen Anwendungen**
>
> Neuerdings wird – aufgrund rechtlicher Auseinandersetzungen – auch die Frage intensiver diskutiert, wie die Vorgaben der Impressumspflicht bei mobilen Anwendungen (z. B. der iPad Applikation von Facebook) umzusetzen sind. Hier ist festzuhalten, dass die Betreiber entsprechender Social-Media-Präsenzen zumindest bei den offiziellen Applikationen des jeweiligen Anbieters für eine Umsetzung der Impressumspflicht nach den dargestellten Vorgaben des § 5 TMG sorgen sollten (Oberlandesgericht Hamm, I-4 U 225/09).

2 Die Veröffentlichung eigener Inhalte

> **Zusammenfassung**
>
> Die Sozialen Medien leben von der Veröffentlichung von Inhalten aller Art (Texte, Bilder, Audio- und Videoinhalte). Publizieren Unternehmen in den Social Media, müssen sie aus rechtlicher Perspektive zwei wichtige Themenkomplexe berücksichtigen:
> Zum einen existieren Rahmenbedingungen, die dem Inhalt von Äußerungen gewisse Grenzen setzen (z. B. bei Beleidigungen, Schmähkritik, bei wettbewerbswidrigen Aussagen).
> Zum anderen sind die urheberrechtlichen Vorgaben zu achten. Sie bestimmen, inwiefern schutzfähige Inhalte (bisweilen auch als geistiges Eigentum bezeichnet) im Internet veröffentlicht werden dürfen.

2.1 Äußerungen im Social Web: Das ist erlaubt – das ist verboten

Im Grundsatz hat nach Art. 5 Abs. 1 Satz 1 GG jeder das Recht, seine Meinung – egal in welcher Form – frei zu äußern und zu verbreiten. Diese Meinungsfreiheit kann jedoch durch allgemeine Gesetze und das Recht der persönlichen Ehre (Art. 5 Abs. 2 GG) begrenzt werden. Sie endet deshalb auch im Internet dort, wo zu stark in berechtigte Interessen Dritter eingegriffen wird.

2.1.1 Meinungsäußerung oder Tatsachenbehauptung?

Wer die Zulässigkeit von Aussagen im Internet beurteilen will, muss zunächst unterscheiden, ob eine Tatsachenbehauptung oder eine Meinungsäußerung vorliegt. Eine Aussage ist als Tatsachenbehauptung zu werten, wenn objektiv festgestellt werden kann, ob sie wahr oder falsch ist (z. B. »Hier im Raum sind es 23 Grad Celsius.«). Eine Meinungsäußerung enthält dagegen im Kern eine nicht beweisbare und subjektiv geprägte Aussage (z. B. »Hier im Raum ist es zu warm.«).

2.1.2 Die Folgen einer falschen Tatsachenbehauptung

Eine unwahre Tatsachenbehauptung, die sich negativ auf Dritte auswirkt, verletzt bei Personen regelmäßig das allgemeine → Persönlichkeitsrecht oder bei Unternehmen das Recht am eingerichteten und ausgeübten Gewerbebetrieb. Sie ist damit rechtswidrig. Wenn also im Internet eine bewusst falsche Aussage z.B. über Produkte des Unternehmens verbreitet wird, ist sie unzulässig. Der Äußernde kann sich dann nicht auf die Meinungsfreiheit berufen. Es können → Unterlassungs-, Berichtigungs-, teilweise auch Schadenersatzansprüche gegen ihn geltend gemacht werden.

2.1.3 Die Konsequenzen einer Meinungsäußerung

Liegt keine Tatsachenbehauptung vor, stellt sich die Aussage in der Regel als Werturteil oder Meinungsäußerung dar. Als solche ist sie nach der Rechtsprechung des Bundesverfassungsgerichts relativ weitreichend vom Grundrecht der Meinungsfreiheit geschützt. Deshalb ist nicht jede überzogene oder ausfällige Kritik schon ehrverletzend. Bei den Meinungsäußerungen sind deshalb nur → Formalbeleidigungen und die Schmähkritik rechtswidrig.

- Ob eine Äußerung eine verbotene Beleidigung ist oder ob sie sich noch im Rahmen des Zulässigen bewegt, ist anhand einer umfassenden Güterabwägung des Grundsatzes der Meinungsfreiheit mit der Grenze zum Ehr- und Persönlichkeitsrechtsschutz zu ermitteln. Eine klare Linie lässt sich hier wegen der teilweise stark divergierender Rechtsprechung und der Abhängigkeit von den Umständen des Einzelfalles kaum ziehen. In der Regel werden Unternehmen diese Grenzen im Rahmen der unternehmerischen Aktivitäten in den Sozialen Medien ohnehin nicht austesten.

- Deutlich praxisrelevanter scheint hier die sogenannte Schmähkritik zu sein. Eine unzulässige Schmähkritik wird immer dann angenommen, wenn bei einer Äußerung die Herabsetzung einer Person oder eines Unternehmens im Vordergrund steht und diese(s) jenseits polemischer und überspitzter Kritik gleichsam an den Pranger gestellt werden soll.

2 Äußerungen im Social Web: Das ist erlaubt – das ist verboten

Beispiel: Bewertungsportale

Am 18.01.2012 hat das OLG Hamburg entschieden, dass Bewertungsportale (hier ein Hotelbewertungsportal) grundsätzlich zulässig sind. Die Allgemeinheit habe ein schutzwürdiges Interesse an Informationen durch solche Portale, urteilten die Richter und wiesen, wie schon das Landgericht Hamburg (Az. 312 O 429/09), die Klage eines Hoteliers ab. Ein bewerteter Hotelbetrieb sei negativen Bewertungen nicht schutzlos ausgeliefert, da – jedenfalls bei rechtswidrigen Aussagen – die Löschung verlangt und auch gerichtlich durchgesetzt werden könne. Bewertungsportale sind daher grundsätzlich zulässig. Dennoch können betroffene Personen oder Unternehmen natürlich gegen rechtswidrige Aussagen auf dem Portal vorgehen. Dabei richtet sich die Bewertung der Rechtswidrigkeit nach den zuvor dargestellten Grundsätzen. Unwahre Tatsachenbehauptungen (z. B. »Unter dem Bett war Ungeziefer.«) sind unzulässig. Auch Beleidigungen und/oder Schmähkritik sind verboten. Soweit Meinungsäußerungen diese Grenzen nicht überschreiten (z. B. »Das Essen war furchtbar.«), sind die Aussagen grundsätzlich hinzunehmen. Wettbewerbsrechtliche Ansprüche kommen in Frage, wenn z. B. ein Wettbewerber als vermeintlicher Kunde getarnte Bewertungen abgibt oder sonst wie Bewertungen verschleiert abgibt.

Ob eine Äußerung unzulässig ist oder nicht, ist – wie die Definitionen schon zeigen – oft eine Frage des Einzelfalles, bei der man sich aber an bereits ergangenen Gerichtsentscheidungen orientieren kann. Bewegt sich ein Werturteil außerhalb der zulässigen Grenzen, bestehen → Unterlassungs- und Schadenersatzansprüche. In Betracht kommen auch Ansprüche aus der Verletzung von Schutzgesetzen i.S. des §823 Abs. 2 BGB. Die betroffenen Schutzgesetze sind strafrechtliche Paragrafen, wie z.B. Beleidigung, üble Nachrede oder Verleumdung.

2.1.4 Äußerungen von Nutzern auf der eigenen Präsenz

Die Grenzen für die (Un-)Zulässigkeit von Äußerungen im Social Web spielen nicht nur für die Aktivitäten eines Unternehmens eine Rolle. Sie sind auch relevant für die Beurteilung von Äußerungen Dritter auf der eigenen Social-Media-Präsenz. Immer wieder gibt es z.B. auf Facebook-Seiten von Unternehmen Auseinandersetzungen der Besucher: Ein Nutzer beschuldigt einen anderen, ihn beleidigt zu haben und fordert den Administrator der Seite auf einzugreifen (entweder den Post zu löschen oder den anderen Nutzer auszuschließen). In diesen Fällen muss der jeweilige Betreuer der Social-Media-Präsenz entscheiden, wie er reagiert. Viele Unternehmen verbieten in ihren »Spielregeln« zur Teilnahme auf der Plattform Beleidigungen. Um diese Regeln auch nachhalten zu können, sollte der Social Media Manager, der die Präsenz des Unternehmens betreut, die wesentlichen rechtlichen Rahmenbedingungen zumindest dem Grunde nach kennen, um reagieren zu können. Das Nachhalten der eigenen Spielregeln ist zum einen wichtig für eine gute Entwicklung der eigenen Präsenz. Andererseits aber auch, um ein Haftungsrisiko des Unternehmens auszuschließen, das den Account betreibt. Wie später noch näher ausgeführt werden wird, kann der Seitenbetreiber haften, wenn er rechtswidrige Inhalte, von denen er Kenntnis erlangt hat, nicht löscht (sog. Notice-and-Takedown-Grundsatz).

2.1.5 Äußerungen über Wettbewerber

Auch die Rahmenbedingungen des → Wettbewerbsrechts spielen bei Äußerungen von Unternehmen eine Rolle. Im Gesetz gegen den unlauteren Wettbewerb (UWG) werden Grenzen für die eigene Werbung, insbesondere bei Äußerungen über Wettbewerber und deren Produkte, formuliert. Diese teilweise strikten Verbote, die in Kapitel 7.1.2 erläutert werden, sollten bei einer Veröffentlichung eigener Inhalte in den Sozialen Medien stets beachtet werden. Andernfalls drohen → Unterlassungs- und Schadenersatzansprüche von Wettbewerbern, die üblicherweise über anwaltliche → Abmahnungen geltend gemacht werden, aber auch Maßnahmen der Wettbewerbsbehörden.

2.1.6 Mögliche Reaktionen der Betroffenen

Stellt sich eine Äußerung im Internet (z. B. bei Bewertungsplattformen oder in Sozialen Netzwerken wie Facebook, XING & Co) als rechtswidrig dar, hat man mehrere Möglichkeiten dagegen vorzugehen.

2.1.6.1 Vorgehen gegen den Nutzer

Als originär Verantwortlicher steht oft derjenige im Fokus, der sich im Internet geäußert hat. Er wird juristisch auch als Störer bezeichnet. Gegen ihn bestehen → Beseitigungs-, → Unterlassungs- und unter Umständen auch Schadenersatzansprüche. Gerade im Internet ist es allerdings nicht immer einfach, diesen Störer auch zu identifizieren. Sollte dies – mit vertretbarem Aufwand – möglich sein, kann man ihm zunächst ein einfaches Schreiben schicken. Es sollte den Hinweis auf die rechtswidrige Aussage enthalten und eine Aufforderung, sie zu entfernen. Weitere Eskalationsstufen sind eine anwaltliche → Abmahnung bzw. eine gerichtliche Geltendmachung der Ansprüche.

> **Tipp: Maß halten** !
>
> Da in den sozialen Medien jeder Texte und Kommentare jeglichen Inhalts schreiben kann, gibt es immer wieder ungewollte, unreflektierte Rechtsverstöße. Als Anwalt, der sich seit einigen Jahren mit Social Media beschäftigt, rate ich Unternehmen dazu, mit dem nötigen Augenmaß vorzugehen. Bei der Wahl des (Rechts-)Mittels sollten zudem auch die Dynamiken des Social Web berücksichtigt werden, so z. B. der Streisand-Effekt.

Als Streisand-Effekt wird das immer wieder zu beobachtende folgende Phänomen bezeichnet: Mit dem Versuch, eine Information (rechtlich) zu unterdrücken, wird genau das Gegenteil erreicht. Die geheime Info wird besonders breit in die Öffentlichkeit getragen. Die Einleitung rechtlicher Maßnahmen führt zu einer negativen PR-Welle. Die Begrifflichkeit geht zurück auf einen Fall der amerikanischen Künstlerin Barbra Streisand. Sie versuchte, gerichtlich gegen die Veröffentlichung einer Luftaufnahme ihres Hauses vorzugehen, welche mit mehreren tausend anderen Luftaufnahmen auf einer Internetseite verfügbar war. Erst durch die rechtlichen Schritte wurde die Öffentlichkeit auf die Verbindung zwischen der Luftaufnahme und der Künstlerin aufmerksam. Das Bild verbreitete sich als Folge daraus umso mehr im Internet.

Dabei bin ich allerdings nicht der Auffassung, dass rechtliche Ansprüche stets den kommunikativen Folgen weichen sollten. Je weiter eine rechtswidrige Äußerung reicht und je mehr (potenziellen) Schaden sie anrichten kann, desto eher sind juristische Schritte erforderlich. Auch wenn das jeweilige

Verteidigungsmittel immer verhältnismäßig sein sollte, müssen und sollten unwahre, beleidigende und/oder klar rufschädigende Aussagen – je nach den Umständen des Einzelfalles und dem Anspruchsgegner – nicht hingenommen werden.

2.1.6.2 Maßnahmen gegen den Betreiber

Im Social Web kann man nicht nur gegen den eigentlichen Störer vorgehen, sondern sich auch gegen oder besser an den jeweiligen Betreiber der Plattform (z. B. Facebook oder YouTube) wenden. Grund hierfür ist die Rechtsprechung zur Haftung für nutzergenerierte Inhalte, die mit ähnlichen Grundsätzen in ganz Europa und den USA praktiziert wird. Danach können auch Facebook & Co. rechtlich verantwortlich gemacht werden, wenn sie nach Kenntnisnahme von einem Rechtsverstoß auf der Plattform diesen nicht entfernen (sog. Notice-and-Takedown-Grundsatz, siehe hierzu im Detail Kapitel 5.4.3).

In vielen Fällen ist es ratsam, alternativ (oder zusätzlich) zu einem Vorgehen gegen den Störer die jeweilige Plattform über den Rechtsverstoß zu informieren und zur Löschung aufzufordern. Um eine Haftung zu vermeiden, haben die meisten Social-Media-Plattformen interne Prozesse aufgesetzt, mit denen sie Löschungsaufforderungen nachkommen können. Auch wenn dazu bisweilen anwaltlicher Nachdruck erforderlich ist, kann so oft eine rasche Löschung des Beitrags oder Videos erreicht werden. Erfahrung mit den Formalitäten, die dazu nötig sind, und die Kenntnis der richtigen Ansprechpartner bei den Plattformen helfen bei einer schnelleren Umsetzung.

> **! Tipp: Sorgen Sie vor!**
>
> Je populärer das Soziale Internet wird, desto häufiger werden auch die Fälle, in denen rechtswidrige Aussagen versehentlich oder mit bewusster Schädigungsabsicht veröffentlicht werden. Unternehmen ist hier zu raten, mit der richtigen Kommunikationsstrategie und mit einer passenden rechtlichen Strategie vorzusorgen. Nur so werden sie im Fall der Fälle schnell – aber eben auch mit Augenmaß – reagieren können.

2.2 Urheberrecht an eigenen Inhalten

Das Veröffentlichen eigener Inhalte ist im Hinblick auf das Urheberrecht, das nachfolgend in Kapitel 4 im Detail erläutert wird, in aller Regel unproblematisch.

Bei Inhalten, wie Texten, Bildern, Audio- und Videoinhalten, ist derjenige, der diese erstellt hat, als Urheber i. S. von §7 UrhG anzusehen. Über seine Inhalte kann der Schöpfer in urheberrechtlicher Hinsicht frei verfügen, sie also beliebig im Internet veröffentlichen.

2.3 Eigene Bilder, die fremde Personen zeigen

Bei der Veröffentlichung von Fotos oder Videos, die Personen zeigen, spielt allerdings noch das sogenannte Recht am eigenen Bild eine große Rolle. Das Recht am eigenen Bild oder Bildnisrecht ist eine besondere Ausprägung des allgemeinen Persönlichkeitsrechts. Es besagt, dass natürliche Personen grundsätzlich selbst darüber bestimmen, ob überhaupt und in welchem Zusammenhang Bilder von ihnen veröffentlicht werden dürfen. Bei der Veröffentlichung solcher Fotos oder Videos ist also neben dem Recht an dem jeweiligen Inhalt (sprich dem Urheberrecht des Schöpfers) in der Regel auch das Recht der Personen auf dem Bild oder Video zu berücksichtigen.

Unternehmen sollten in solchen Fällen eine Einwilligung der abgebildeten Personen zur Veröffentlichung einholen. Fotos oder Videos von Personen dürfen also nur mit ausdrücklich oder konkludent, d. h. durch schlüssiges Verhalten, erteilter Einwilligung zur konkreten Verwendung im Internet veröffentlicht werden. Bei Fotos von Personen unter 16 Jahren bedarf es der Zustimmung der Erziehungsberechtigten.

Die Einwilligung zur Veröffentlichung ist jedoch nur dann erforderlich, wenn der Abgebildete auch eindeutig erkennbar ist.

Kein Grundsatz ohne Ausnahmen. Sie sind in § 23 Kunsturhebergesetz (KUG) geregelt. Ohne Zustimmung ist die Veröffentlichung danach zulässig,

- wenn das Foto von einer öffentlichen Versammlung, einem Aufzug oder einer ähnlichen Veranstaltung stammt, an der die dargestellten Personen teilgenommen haben.

> **!** **Achtung: Private Veranstaltung = Zustimmung nötig!**
> Die Veröffentlichung von Fotos von Veranstaltungen, an denen ein geschlossener Personenkreis teilgenommen hat (z. B. auf Einladung oder bei kostenpflichtigen Veranstaltungen), die also nicht öffentlich sind, ist zustimmungspflichtig.
> Eine generelle Ausnahme, dass bei Fotos ab einer bestimmten Personenzahl eine Veröffentlichung auch ohne Zustimmung zulässig ist, gibt es – trotz nachhaltiger Verbreitung dieses Gerüchts im Internet – nicht.

- bei Personen der Zeitgeschichte (z. B. Prominente, Politiker etc.). Sie müssen die Veröffentlichung von Fotos hinnehmen, solange diese nicht aus ihrer Privatsphäre stammen.
- wenn Personen auf einem Foto nur als »Beiwerk« anzusehen sind. Ob eine Person »Beiwerk« i. S. von § 23 Abs. 1 Nr. 2 KUG ist, lässt sich gut anhand der folgenden Frage prüfen: Kann die Person auch weggelassen werden, ohne dass sich Gegenstand und Charakter des Bildes verändern? Bloßes Beiwerk ist derjenige nicht, der aus der Anonymität herausgelöst ist oder zum Blickfang des Bildes wird.

> **!** **Tipp: Im Zweifel immer Zustimmung einholen!**
> Ob eine Ausnahme vorliegt, muss für jedes Bild individuell entschieden werden. Im Zweifel sollte immer die Zustimmung des Abgebildeten eingeholt werden.

3 Fremde Inhalte für die eigene Präsenz

Zusammenfassung

Es versteht sich von selbst, dass Unternehmen eigene Inhalte, d.h. Texte, Bilder, Audio- und Videoinhalte, die von den Mitarbeitern im Rahmen ihres Arbeitsverhältnisses selbst erstellt wurden, auf ihrer Website grundsätzlich bedenkenlos verwenden können. Wohl kaum ein Unternehmen ist jedoch in der Lage, seinen Auftritt im Social Web nur mit selbst verfassten Beiträgen, selbst gestalteten Videos, Texten oder Bildern zu bestreiten. Fremde Inhalte sind also ein wichtiger Bestandteil der eigenen Internet-Präsenz. Umso wichtiger ist es, zu wissen, was bei fremden Inhalten rechtlich zu beachten ist.

3.1 Urheberrechtliche Grundsätze

Beim Betrieb des unternehmenseigenen Social-Media-Kanals spielt das → Urheberrecht immer eine tragende Rolle. Das Urheberrechtsgesetz (UrhG) schützt Texte, Bilder, Audio- und Videoinhalte (sog. Werke) vor der unerlaubten Verwendung durch andere, sofern sie schutzfähig sind. Die Anforderungen an eine Schutzfähigkeit sind im Urheberrechtsgesetz geregelt. Während Texte nur geschützt sind, wenn sie ein gewisses Maß an kreativer Gestaltung aufweisen (sog. → Schöpfungshöhe), sind Fotos, aber auch Audio- und Videoinhalte in aller Regel vom Urheberrecht geschützt.

Inhalte, die schutzfähig sind, sind urheberrechtlich »automatisch« zugunsten des Urhebers, also demjenigen, der das Werk erstellt hat, geschützt. Es bedarf in Deutschland weder einer Eintragung noch einer Kennzeichnung. Das aus dem amerikanischen Rechtskreis stammende Zeichen © ist für einen Urheberrechtsschutz hierzulande also nicht nötig.

Zunächst einmal stehen allein dem Urheber die umfassenden Verwertungsrechte an dem jeweiligen Inhalt zu. Sie sind im Urheberrechtsgesetz ausdrücklich aufgeführt. Verwertungsrechte sind insbesondere:

- das Vervielfältigungsrecht (§ 16 UrhG),
- das → Verbreitungsrecht (§ 17 UrhG),
- das Ausstellungsrecht (§ 18 UrhG) und
- das Recht der öffentlichen Wiedergabe (§§ 19 ff. UrhG).

Diese Rechte führen dazu, dass fremde Werke auch in den Sozialen Medien nur mit der Zustimmung des Urhebers oder Rechteinhabers zur konkreten Verwendung veröffentlicht werden dürfen. Andernfalls ist die Verwendung des geschützten Inhalts ein Verstoß gegen die genannten urheberrechtlichen Vorschriften. Das löst wiederum → Unterlassungs-, → Beseitigungs-, Auskunfts- und Schadenersatzansprüche zugunsten des Urhebers aus. Wenn Unternehmen fremde Inhalte online stellen, sollten sie also stets gewährleisten, dass dafür auch die nötigen → Nutzungsrechte vorliegen.

Vom dem Grundsatz des Zustimmungserfordernisses gibt es gewisse Ausnahmen. In den folgenden Fällen kann man fremde Inhalte auch ohne die Zustimmung des jeweiligen Urhebers im Internet verwenden.

3.1.1 Ausnahme 1: fremde Inhalte als Zitate

Keine Veröffentlichung fremder urheberrechtlich geschützter Inhalte ohne Zustimmung des Berechtigten. Eine Ausnahme von diesem Grundsatz ist das Zitatrecht des § 51 UrhG. Das Zitatrecht erlaubt es, Teile eines urheberrechtlich geschützten Werks (z. B. eines Textes) identisch zu übernehmen, wenn die Voraussetzungen des § 51 UrhG eingehalten werden. Nach diesem Paragraf ist die Vervielfältigung, Verbreitung und öffentliche Wiedergabe eines veröffentlichten Werkes zum Zweck des Zitats zulässig, sofern die Nutzung in ihrem Umfang durch den besonderen Zweck gerechtfertigt ist. In weniger juristischen Worten heißt das:
1. Die Übernahme muss einem bestimmten Zitatzweck dienen. Neben dem fremden übernommenen Teil müssen also auch eigene Ausführungen hinzugefügt werden, die sich inhaltlich auf den »kopierten« Part beziehen (z. B. diesen kommentieren).
2. Darüber hinaus müssen der fremde Text und die eigenen Ausführungen vom Umfang her in einem angemessenen Verhältnis stehen. Feste Vorgaben gibt es hier nicht.

3. Schließlich muss das Zitat mit einer entsprechenden Quellenangabe versehen werden.

Wer auf diese Weise zitiert, kann fremde Inhalte auch ohne die Zustimmung des Berechtigten übernehmen.

3.1.2 Ausnahme 2: Creative-Commons-Lizenzmodelle

Eine weitere spannende Möglichkeit zur Verwendung fremder Inhalte aller Art bietet das Lizenzsystem der Creative Commons. Die Creative Commons sind ein System vorformulierter Lizenzverträge, mit denen ein Autor der Öffentlichkeit – ähnlich der Open-Source-Bewegung für Software – auf einfache Weise → Nutzungsrechte an seinen Werken einräumen kann. Diese Lizenzen sind nicht auf einzelne Werkarten zugeschnitten, sondern für beliebige Werke anwendbar, die unter das → Urheberrecht fallen, z.B. Texte, Bilder, Musikstücke, Videoclips usw.

Das System wurde geschaffen, um – entgegen dem restriktiven Ansatz der nationalen Urheberrechtsgesetze – dem Sharing-Gedanken des modernen Internet in besonderem Maße Rechnung zu tragen und so das Teilen von Inhalten zu erleichtern.

Das deutsche Urheberrecht sieht grundsätzlich vor, dass derjenige, der ein bestimmtes schutzfähiges Werk geschaffen hat, auch darüber entscheiden können soll, ob bzw. wer es in welcher Art und Weise nutzen darf. Allein der Urheber (bei Gesamtwerken die Urheber gemeinschaftlich) kann also bestimmen, unter welchen Rahmenbedingungen sein Werk von Dritten verwendet werden darf. Dadurch wird auch sichergestellt, dass der Urheber die notwendige Kontrolle über die wirtschaftliche Verwertung behält und daran partizipieren kann.

Diese Systematik sorgt allerdings gleichzeitig dafür, dass jeder, der ein geschütztes Werk veröffentlichen, vervielfältigen oder aufführen etc. will, vorab die entsprechende Zustimmung des Rechteinhabers einholen muss. Eine Voraussetzung, die sich mit dem anonymen Internet schwierig vereinbaren lässt. Von diesem Grundsatz gibt es nur einige wenige gesetzlich normierte Ausnahmen wie das → Zitatrecht (§51 UrhG, siehe hierzu auch oben) oder die Vervielfältigung zum privaten Gebrauch (§53 UrhG), die Fälle der Veröffentlichung im Internet aber nicht umfasst.

3.2 Die Creative-Commons-Lizenzen als Lösung?

Um die Einräumung entsprechender Rechte zu vereinfachen, wurden im Jahre 2001 von Lawrence Lessig an der Stanford University die sogenannten Creative-Commons-Lizenzen (eigentlich Creative Commons Public License = CCPL) entwickelt. Sie dienen dazu, der Allgemeinheit Werke in einer bestimmten Form, nämlich unter Beachtung bestimmter Lizenzbedingungen, kostenlos zur Verfügung zu stellen. Sie sind also ein Open-Content-Lizenzsystem, vergleichbar den Open Source Lizenzen für Software.

Mit diesem vordefinierten Lizenzsystem kann der Urheber also die Nutzung seines Werkes bestimmten Bedingungen unterwerfen und so Dritten ohne weitere Rücksprache mit ihm die Nutzung des Werkes ermöglichen. Im Gegensatz zum sonst geltenden Grundsatz »All Rights reserved« bedeutet dies ein »Some Rights reserved«.

Entgegen einem teilweise im Internet verbreiteten Irrglauben gibt der Urheber damit nicht seine Rechte auf. Er bleibt natürlich Rechteinhaber, der die Nutzung seines Werkes aber eben nur unter bestimmten Bedingungen erlaubt. Hält sich ein Verwender nicht an diese Bedingungen, so stehen dem Urheber → Beseitigungs-, → Unterlassungs-, → Auskunfts- und auch Schadenersatzansprüche zu.

3.2.1 Der Baukasten der Lizenzen

Der Urheber kann die Nutzungsbedingungen, die er für sein Werk festlegen will, unter Einsatz von vier Modulen wie in einem Baukasten genau definieren und zusammenstellen.

Bei den folgenden Grundbausteinen wird zunächst die gängige Abkürzung genannt, dann jeweils die englische und deutsche Bezeichnung:

Die Creative-Commons-Lizenzen als Lösung? **3**

Modul 1: by, Attribution (Namensnennung)

Wählen Sie diese Lizenzart, muss der Verwender Ihres Werkes Ihren Namen in der von Ihnen festgelegten Weise nennen. Steht ein bestimmtes Werk also unter der Creative-Commons-Lizenz »by« (kurz auch CC-by), so darf jeder dieses Werk nach Belieben (auch kommerziell) verwenden. Er muss nur bei jeder Nutzung den Namen des Urhebers und – so vorhanden – des konkreten Werkes nennen.
Dieser Quellen- oder Bildernachweis sollte darüber hinaus einen Link (soweit vorhanden) zu dem Autor oder Werk setzen und entsprechend auf die jeweilige Lizenzurkunde auf der Webseite von Creative Commons (in Deutschland unter http://de.creativecommons.org) verweisen.

Modul 2: nc, Non Commercial (nicht kommerziell)

Mit Verwendung dieser CCL drücken Sie aus: Dieses Werk darf nicht für kommerzielle Zwecke verwendet werden. Von den Gerichten ist noch nicht abschließend geklärt, was »nicht kommerziell« genau bedeutet. Klar ist zumindest, dass hiermit eine Nutzung für rein private Zwecke erlaubt sein soll.

Modul 3: nd, No Derivative Work (keine Bearbeitung)

Mit dieser Lizenz untersagen Sie die Bearbeitung oder andere Veränderung Ihres Werkes. Außer dem zulässigen Verkleinern oder Vergrößern des Originals darf das Werk damit nur eingesetzt werden, wenn es nicht bearbeitet worden ist. Unzulässig sind in diesem Zusammenhang auch ein Zuschneiden oder der Einsatz von (Farb-)Filtern.

Modul 4: sa, Share Alike (Weitergabe unter gleichen Bedingungen)

Mit dieser Lizenz gestatten Sie die Weitergabe nur unter gleichen Bedingungen. Das heißt: Wenn ein anderer dieses Werk bearbeitet oder in anderer Weise umgestaltet, verändert oder als Grundlage für ein anderes Werk verwendet, darf er das neu entstandene Werk nur unter Verwendung von Lizenzbedingungen weitergeben, die mit denen dieses Lizenzvertrages identisch oder vergleichbar sind. Wenn und soweit eine Bearbeitung zulässig sein soll (siehe Modul 3), so kann der Urheber den Werknutzer verpflichten, auch das bearbeitete Produkt der entsprechenden CC-Lizenz zu unterwerfen.

3.2.2 Auch Kombinationen sind möglich

Diese vier Module kann jeder Urheber nach Belieben variieren. In Kombination gibt es somit die folgenden sechs verschiedenen Lizenzierungsmöglichkeiten:

CC-Lizenzen: Mögliche Varianten	
CC-by	Namensnennung
CC-by-sa	Namensnennung, Weitergabe unter gleichen Bedingungen
CC-by-nd	Namensnennung, keine Bearbeitung
CC-by-nc	Namensnennung, nicht kommerziell
CC-by-nc-sa	Namensnennung, nicht kommerziell, Weitergabe unter gleichen Bedingungen
CC-by-nc-nd	Namensnennung, nicht kommerziell, keine Bearbeitung

Die gewünschte Lizenzart kann ohne großen Aufwand bei Creative Commons zusammengestellt werden.

Damit die verwendete CC-Lizenz sofort erkennbar ist, sollten die Werke auf der eigenen Homepage oder bei einem anderweitigen Einsatz mit einem entsprechenden optischen Lizenzhinweis, z.B. den obenstehenden Logos, versehen werden.

3.2.3 Vorteile der Creative Commons

Das System der Creative Commons ist vor allem unter zwei Gesichtspunkten interessant.

Zum einen können sie auf diesem Wege ihre Inhalte unter eine geeignete CC-Lizenz stellen und so explizit zum Ausdruck bringen, dass ein »Teilen« erwünscht ist. Dem Weiterverbreiten des jeweiligen Inhalts stehen damit auch keinerlei urheberrechtliche Probleme mehr entgegen.

> **Beispiel: Zwei Musterbeispiele** !
> Die Stadt Moers hat viele qualitativ hochwertige Bilder des Ortes unter einer Creative-Commons-Lizenz ins Netz gestellt, um Dritten (z. B. Bloggern) so zu ermöglichen, die Bilder unter Einhaltung der jeweiligen Lizenz für eigene Zwecke zu verwenden.
> Häufig stellen auch Berufsfotografen ihre Bilder unter eine CC-Lizenz zur nichtkommerziellen Nutzung, um so über eine mögliche Weiterverbreitung auf sich aufmerksam zu machen. Wer sich für die Bilder interessiert und diese kommerziell nutzen möchte, kann dann entsprechende Rechte bei den Fotografen »einkaufen«.

Unternehmen, die »ihre« Inhalte im Social Web entsprechend kontrolliert zur Verwendung freigeben, können die Creative-Commons-Lizenzen also gut als Marketing-Instrument einsetzen.

Eine zweite spannende Option des Lizenzsystems für Unternehmen ist die einfache Beschaffung von Inhalten, vor allem von Bildern, zur Veröffentlichung auf den eigenen Präsenzen. Bilder, die z. B. bei flickr.com unter einer Creative-Commons-Lizenz auch zur kommerziellen Nutzung angeboten werden, können in der Regel ohne Lizenzgebühr allein unter Einhaltung der jeweiligen Lizenz verwendet werden. Dies bietet eine spannende Option, attraktive Bilder kostenlos einzusetzen.

> **Tipp: Noch mehr gibt es im Internet** !
> Mehr zum Thema finden Sie unter http://creativecommons.org/choose/.

3.3 Das Einbinden (»Embedding«) von fremden Inhalten

Die Einbindung aller Arten von Inhalten (Texte, Bilder, Präsentationen, Übersichten, Videos) auf eigenen Internetseiten, Weblogs oder anderen Arten von Plattformen ist ein typisches Phänomen der Sozialen Medien. Damit lassen sich die eigenen Webpräsenzen durch interessante fremde Inhalte anreichern. Insbesondere das Einbetten (»Embedding«) von Videos aus Plattformen wie YouTube, Vimeo & Co. ist heute ohne große technische Hürden auf privaten und professionellen Webseiten möglich und daher weit verbreitet.

Das Embedding ist sehr einfach und wird von den meisten Social-Media-Plattformen angeboten.

So findet man z. B. bei YouTube bei vielen Videos den Button »Teilen«. Mit der hierüber erreichbaren Funktion »Einbetten« kann man das Video auf der eigenen Internetseite einbinden.

Diese Einbindung von Inhalten hat natürlich auch rechtliche Folgen. Häufig stellt sich hier die Frage, wer haftet, wenn die eingebundenen Inhalte Rechte Dritter verletzen.

Dieses Kapitel zeigt die rechtlichen Fallstricke anhand des Embedding von Videos. Dieselben Probleme und Rechtsfragen treten auch im Zusammenhang mit der Einbindung von Texten (z. B. über Scribd), Bildern (z. B. über Flickr), Präsentationen (z. B. über Slideshare) und weiteren Inhalten auf.

3.3.1 Was passiert, wenn ein Video Urheberrechte verletzt?

Dabei stellen sich die zwei zentralen Fragen:
- Inwieweit haftet derjenige, der Inhalte auf die Plattform hochlädt und damit Dritten zur Einbindung zur Verfügung stellt, für daraus resultierende Rechtsverletzungen?
- Kann der Betreiber einer Website in Anspruch genommen werden, wenn er urheberrechtswidrig bei YouTube eingestellte Videos auf der eigenen Seite nur einbindet?

Nach wie vor kursiert im Internet die Meinung, dass bei der Videoeinbindung grundsätzlich doch keine rechtlichen Risiken bestehen könnten. Schließlich seien die Videos auf der jeweiligen Plattform bereits veröffentlicht und man verlinke ja nur darauf. Weit verbreitet ist auch der Irrglaube, dass YouTube & Co. die Videos ja wohl kaum zum Einbetten zur Verfügung stellen würden, wenn dies nicht rechtmäßig wäre.

3.3.1.1 Haftet der Uploader?

Jeder angemeldete Nutzer kann bei Videoplattformen, wie YouTube, Videos hochladen, die dann unmittelbar dort veröffentlicht werden. Was dabei oft unberücksichtigt bleibt, ist die Frage, ob der Hochladende überhaupt berechtigt war, das jeweilige Video auf diesem Weg zu veröffentlichen. Videos, die in aller Regel urheberrechtlich geschützt sind, dürfen nicht ohne Zustimmung des Urhebers oder Nutzungsberechtigten im Internet publiziert werden. Soweit also der Uploader nicht selbst Urheber ist oder sich entsprechende Veröffentlichungsrechte an dem Video hat einräumen lassen, bedeutet der Upload einen klaren Urheberrechtsverstoß. Der Urheber oder Nutzungsberechtigte hat in diesen Fällen → Unterlassungs-, → Beseitigungs- und auch Schadenersatzansprüche gegen den Hochladenden. Lässt sich der Uploader ermitteln, was im Internet nicht immer ganz einfach ist, kann er also direkt in Anspruch genommen werden.

Ohne auf diesen Themenkreis an dieser Stelle im Detail eingehen zu wollen, kann unter bestimmten Voraussetzungen auch die Plattform selbst für urheberrechtswidrig hochgeladene Inhalte in Anspruch genommen werden (mehr dazu auch in Kapitel 7).

Die folgende Übersicht zeigt die Ansprüche des Urhebers, wenn der jeweilige Inhalt vom Uploader ohne entsprechende Berechtigung auf der Videoplattform eingestellt und dann von einem Webseitenbetreiber auf der eigenen Seite über einen Embedding-Link eingebunden worden ist:

Fremde Inhalte für die eigene Präsenz

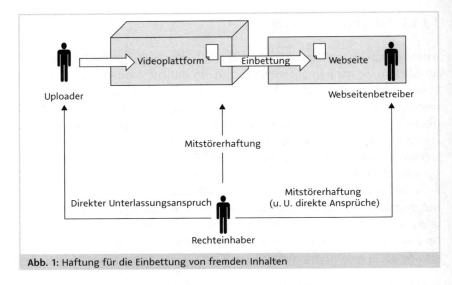

Abb. 1: Haftung für die Einbettung von fremden Inhalten

Achtung: Gefahr droht auch von Plattformen

Die meisten Videoplattformen lassen sich in ihren Nutzungsbedingungen einen → Rückgriffsanspruch gegen den Uploader einräumen. Und zwar für den Fall, dass sie für das rechtswidrig hochgeladene Video von Dritten in Anspruch genommen werden. Beim (urheber-)rechtswidrigen Upload von Videos kann daher auch rechtliches Ungemach vom Plattformbetreiber selbst drohen.

3.3.1.2 Haftet der Betreiber der einbettenden Webseite?

Die meisten Videos, die auf den Plattformen veröffentlicht werden, können über die Einbindung des Embedding Codes auf jeder beliebigen anderen Webseite im Internet wiedergegeben werden. Beim Embedding wird – abstrakt gesprochen – eine Art »elektronischer Container« auf der Webseite integriert und dargestellt, über den der ausgewählte Inhalt vom Server der Videoplattform abgerufen werden kann. Darin liegt bereits ein klarer technischer Unterschied zur Wiedergabe von Inhalten, die direkt auf dem eigenen Server liegen und bei denen der jeweilige Webseitenbetreiber für eine (Urheber-)Rechtsverletzung natürlich sofort rechtlich zur Verantwortung gezogen werden kann.

3.3.2 Die Entscheidung des EuGH

Wer haftet also für die Einbindung urheberrechtswidriger Videos? Für die Antwort auf diese Frage ist entscheidend, ob auch der Einbindende unzulässiger Weise in die → Verwertungsrechte des Urhebers aus §§ 15 ff. UrhG eingreift. Haftet nun derjenige, der einen sogenannten Embedded Link auf ein urheberrechtswidrig veröffentlichtes Video setzt, auch als Urheberrechtsverletzer?

Das Problem wird sich in der Regel nicht stellen, wenn der Berechtigte das jeweilige Video bei einer der Plattformen hochgeladen und zum Embedding freigegeben hat. In diesem Fall werden über die jeweiligen Nutzungsbedingungen oder Terms of Service die entsprechenden Nutzungsrechte wohl an jeden vermittelt, der das Video einbindet.

Unklar war bis vor Kurzem aber die Rechtslage in Fällen, in denen ein unberechtigter Dritter ein Video auf YouTube hochgeladen und zur Einbindung freigegeben hat. Lädt irgendein Nutzer etwa das neueste Musikvideo eines bekannten Künstlers hoch, so kann er die notwendigen Rechte natürlich auch nicht legitimer Weise über die Terms of Service der Plattform (weiter-)vermitteln.

Die Frage der Zulässigkeit der Einbindung solcher Videos hängt im Wesentlichen von der Frage ab, ob durch die Einbindung das Recht der öffentlichen Zugänglichmachung des § 19a UrhG verletzt wird.

Zu dieser grundsätzlichen Frage hat der Europäische Gerichtshof am 21.10.2014 (Rechtssache C-348/13) eine wichtige und für ganz Europa richtungsweisende Entscheidung getroffen.

Seinem Beschluss lag ein Fall zugrunde, der zunächst vor Münchener Gerichten verhandelt worden und nach mehreren Instanzen an den Europäischen Gerichtshof (EuGH) zur Entscheidung verwiesen worden war in der Frage, ob das Einbinden von Videos eine urheberrechtlich relevante Nutzungshandlung ist. In diesem Fall wäre das Einbinden eines Videos ohne Zustimmung des Rechteinhabers stets als abmahnfähige Urheberrechtsverletzung zu werten gewesen, ein Risiko, dem sich bisher zahlreiche Webseitenbetreiber ausgesetzt sahen, ohne dass dies denselbigen immer auch bewusst gewesen sein dürfte.

3.3.2.1 Die Entscheidungen der Vorinstanzen

In dem zu entscheidenden Fall war ein Unternehmen gegen zwei Handelsvertreter vorgegangen, weil diese auf der eigenen Webseite ein Video eingebunden hatten, was ohne Zustimmung des Unternehmens bei YouTube hochgeladen worden war. Bei dem Rechtsstreit kam es zentral auf die Frage an, ob durch das Einbinden rechtswidrig in das allein dem Urheber zustehende Recht auf öffentliche Zugänglichmachung (§ 19a UrhG) eingegriffen worden ist.

Die Vorentscheidungen zeigen deutlich die Bandbreite der insoweit unterschiedlichen Argumentationen. Das LG München (Urteil vom 02.02.2011, Az. 37 O 15777/10) war in der ersten Instanz davon ausgegangen, dass die Beklagten sich das Video durch die Einbindung des Frames zu eigen gemacht und damit auch gegen die Urheberrechte des Unternehmens verstoßen haben.

Das OLG München hatte diese Entscheidung auf die Berufung der Beklagten aufgehoben und auf die Nähe des »Embeddings« zum normalen Hyperlink hingewiesen. Auf Grundlage der sogenannten Paperboy-Entscheidung stellen »normale« Links, die also lediglich per Klick auf die betreffende Seite leiten, grundsätzlich keine Urheberrechtsverletzungen dar. Das OLG München hatte also eine Urheberrechtsverletzung der Beklagten verneint, weil sie durch das Einbetten nicht in das Recht auf öffentliche Zugänglichmachung (§ 19a UrhG) eingegriffen hätten.

Der Bundesgerichtshof hatte sich der Interpretation des OLG München grundsätzlich angeschlossen und die Verletzung des Rechts auf öffentliche Zugänglichmachung (§ 19a UrhG) verneint.

Ungeklärt blieb jedoch zunächst noch die Frage, ob das Einbetten nicht eine öffentliche Wiedergabe i.S. des Art. 3 Abs. 1 der Richtlinie 2001/29/EG darstellen könnte. Diese Frage hatte der BGH aufgrund der europarechtlichen Relevanz dem Europäischen Gerichtshof zur Entscheidung vorgelegt.

3.3.2.2 EuGH: Embedding ist in der Regel keine Urheberrechtsverletzung

Der EuGH (Beschluss vom 21.10.2014 – Rechtssache C-348/13) entschied, dass das Einbetten eines Videos mithilfe der Framing-Technik dann keine unzulässige öffentliche Wiedergabe darstelle, wenn das Werk damit keinem neuen Publikum eröffnet werde, noch nach einem speziellen technischen Verfahren wiedergegeben werde. Damit ist eine elementare und lange diskutierte Frage geklärt:

Im Rahmen der Einbindung von fremden Inhalten mittels der Framing-Technik ist der Einbindende urheberrechtlich nicht verantwortlich zu machen, wenn ein zuvor öffentlich gemachter Inhalt nun an anderer Stelle veröffentlicht wird. Mit dieser Entscheidung werden Betreiber von Internetplattformen urheberrechtliche Probleme beim Einbinden von Inhalten – bis auf einige wenige, nachfolgend aufgeführte Ausnahmen – wohl nicht mehr fürchten müssen.

Damit bleibt auch der zentrale Grundsatz, dass der Rechteinhaber sich bei etwaigen Urheberrechtsverletzungen primär an die veröffentlichende Quelle zu richten hat. Konkret heißt das, dass ein Rechteinhaber die Löschung bei YouTube & Co. veranlassen muss. Dies sorgt dann eben auch dafür, dass das jeweilige Video auch auf fremden Internetseiten im Rahmen des Embedding nicht mehr erscheint.

Nach dieser wichtigen Entscheidung gilt:
1. Wer fremde Inhalte mithilfe der Framing-Technologie von Anbietern wie YouTube & Co. einbindet, die zuvor bereits öffentlich gemacht worden sind, kann dafür in der Regel urheberrechtlich nicht verantwortlich gemacht werden.
2. Eine urheberrechtliche Verantwortlichkeit ist aber weiterhin denkbar, wenn
   - die Einbindung auf Grundlage einer eigenen anderen Technologie als Framing erfolgt, oder
   - im Rahmen der Veröffentlichung ein neues Publikum erreicht wird (Beispiel: Ein Video, das bisher nur von einem eingeschränkten Kreis einsehbar war, wird öffentlich zugänglich gemacht).

Unverändert bleiben jedoch folgende Grundsätze.
- Wer urheberrechtlich geschützte oder (andere) rechtsverletzende Inhalte (z. B. Persönlichkeits- oder Markenrechtsverletzung) selbst bei YouTube & Co. hochlädt, kann von demjenigen, dessen Rechte verletzt worden sind, auf Unterlassung, Kostenerstattung und gegebenenfalls auch Schadenersatz in Anspruch genommen werden.
- Sollte die jeweilige Videoplattform von einem Dritten wegen eines rechtsverletzenden Videos in Anspruch genommen werden, so stehen dieser in der Regel (in den AGB vereinbarte) Freistellungsansprüche gegenüber dem jeweils hochladenden Nutzer zu.

3.3.3 Wie ein Linksetzer zum »Mitstörer« wird

Als Mitstörer wird von Juristen derjenige bezeichnet, der in irgendeiner Weise willentlich und mitursächlich zu einer Rechtsverletzung beigetragen hat. Da der Webseitenbetreiber durch die Einbettung des Videos bei der Urheberrechtsverletzung mitwirkt, haftet er zumindest nach den Grundsätzen der Mitstörerhaftung.

Insofern treffen den Betreiber auf jeden Fall bestimmte Prüfungspflichten. Solange der Verwender der Embedding Funktion aber nicht weiß, dass er ein urheberrechtswidrig eingestelltes Video eingebunden hat (was zwar häufig der Fall sein wird, aber auch bewiesen werden müsste), und dies auch nicht erkennen kann, kann er als → Mitstörer grundsätzlich nicht haftbar gemacht werden. Sobald er allerdings Kenntnis davon erlangt, muss er den Inhalt löschen und die technisch möglichen und ihm konkret zumutbaren Vorkehrungen treffen, dass entsprechende Verstöße nicht mehr vorkommen. Als Seitenbetreiber sollte man daher Inhalte zumindest dann löschen, wenn man von ihrer Rechtswidrigkeit (nachweisbar) erfährt. Dies ist vor einiger Zeit auch ähnlich vom LG Köln (Urteil vom 10.06.2009, Az. 28 O 173/09) festgestellt worden. Die Richter haben entschieden, dass es nicht darauf ankommt, ob der rechtsverletzende Inhalt von dem Server des im Fall verklagten Webseitenbetreibers stamme oder von einem anderen Server aus »nur« eingebunden sei. Der Beklagte habe nach Kenntnisnahme den rechtsverletzenden Inhalt nicht entfernt. Damit sei er über die Grundsätze der → Mitstörerhaftung rechtlich verantwortlich.

Wer haftet wem wann worauf?	
Uploader, der Inhalte ohne Genehmigung des Urhebers oder der sonstigen Berechtigten auf sein Portal bzw. seine Website hochlädt	Uploader haftet gegenüber demjenigen, dessen Rechte verletzt worden sind, auf Unterlassung, Kostenerstattung und bei Verschulden auch auf Schadenersatz.
Betreiber von Plattformen	<ul><li>Betreiber haften Dritten bei Urheberrechtsverletzung auf Unterlassung, Kostenerstattung und bei Verschulden auch auf Schadenersatz.</li><li>Betreiber kann den Uploader für solche Haftung in Anspruch nehmen, wenn (in den AGB) Freistellungsansprüche vereinbart sind.</li></ul>
Webseitenbetreiber, die Embedded Links auf urheberrechtswidrigen Inhalt setzen	1. Wer fremde Inhalte mithilfe der Framing-Technologie von Anbietern wie YouTube & Co. einbindet, die zuvor bereits öffentlich gemacht worden sind, kann dafür urheberrechtlich nicht verantwortlich gemacht werden, es sei denn, – die Einbindung erfolgt auf Grundlage einer eigenen anderen Technologie als Framing, oder – es wird im Rahmen der Veröffentlichung ein neues Publikum erreicht. 2. Der Linksetzer haftet als sog. → Mitstörer, wenn er den eingebundenen Inhalt nach Kenntnisnahme von dem Rechtsverstoß nicht entfernt.

Die hier diskutierten Probleme werden aufgrund der unklaren Rechtslage und der vielen Möglichkeiten, alle Arten von Inhalten einzubinden, sicher auch weiterhin diskutiert werden und auch noch stärker die Gerichte beschäftigen.

Wer seine Rechte über von Dritten eingebundene Inhalte verletzt sieht, kann zumindest dann gegen die einbindende Webseite, aber auch das jeweilige Videoportal vorgehen, wenn die rechtsverletzenden Inhalte nach (nachweisbarer) Kenntnisnahme nicht gelöscht werden. Dies erscheint in vielen Fällen als interessengerechte Lösung, nachdem dem einbindenden Webseitenbetreiber ja oft nicht unmittelbar klar ist, ob der jeweilige Inhalt eingebunden werden darf oder nicht.

> **Tipp: Informieren Sie sich!**
>
> Betreiber von Internetpräsenzen sollten sich vor der Einbindung dieser rechtlichen Risiken bewusst sein, den jeweiligen Uploader (im Rahmen der Möglichkeiten) genauer prüfen und Quellen, aus denen sie Inhalte zur Einbettung beziehen, sorgfältig auswählen. Wenn der Berechtigte tatsächlich ein Video oder andere Inhalte auf einem Portal zur Einbettung freigibt, besteht aus urheberrechtlicher Sicht kein Problem. In diesen Fällen wird der Plattform über die Nutzungsbedingungen (bei YouTube Nr. 10 der Nutzungsbedingungen) das Recht eingeräumt, für die jeweiligen Inhalte an Dritte eine Unterlizenz zu vergeben. Über das Angebot und die Einbettung eines entsprechenden Codes wird dann der Inhalt an den einbindenden Webseitenbetreiber unterlizenziert. Hier besteht also eine einwandfreie Rechtekette.

Eine umfassende Checkliste zur Social-Media-Präsenz finden Sie in Kapitel 20.2.

3.4 Haftungsrisiken bei der Einbindung von fremden RSS-Feeds

RSS-Feeds (RSS = **R**eally **S**imple **S**yndication) oder sogenannte Atom-Feeds sind Inhalte eines bestimmten Formats, die automatisch meist in Form von kurzen Infos an die weitergeleitet werden, die den jeweiligen Feed auf einer Service-Website, sogenannte RSS-Channels, abonniert haben. Über diese in den Sozialen Medien weit verbreitete Funktionalität können ohne großen technischen Aufwand auch fremde Inhalte (z. B. Newsticker oder Blogbeiträge) auf der eigenen Webseite eingebunden werden.

3.4.1 Wer haftet für falsche oder rechtswidrige Inhalte?

Wer haftet aber für diese Inhalte, vor allem wenn sie fremde → Urheberrechte verletzen oder einen rechtswidrigen bzw. falschen Inhalt haben?

Beispiel: Eine unangenehme Affäre
Das Landgericht Berlin hat sich (Urteil vom 24.04.2010, Az. 27 O 190/10) mit einem solchen Fall beschäftigt. Ein Website-Betreiber hatte auf seiner Internetseite den Newsfeed einer Zeitung eingebunden. Darin waren Details über eine angebliche Liebesaffäre veröffentlicht worden, die offensichtlich gegen die → Persönlichkeitsrechte der in dem Artikel genannten Dame verstießen. Das Landgericht hatte nun zu entscheiden, ob die durch den Beitrag in ihren Rechten verletzte Frau auch vom Betreiber der Seite, der diese Inhalte »nur« als RSS-Feed eingebunden hatte, Unterlassung verlangen kann.

Die Berliner Richter urteilten, dass auch der Seitenbetreiber insoweit für die automatisch eingespeisten, rechtsverletzenden Inhalte haften muss. Er könne sich nicht auf die → Haftungsprivilegierung für rechtsverletzende fremde Inhalte gemäß § 8 TMG berufen, da er als »Herr des Angebots« anzusehen sei. Das Landgericht Berlin führte hierzu aus:

> *Die Störerhaftung des Antragsgegners für das Einstellen des rechtswidrigen Informationsblocks vom RSS-Channel der ...-Zeitung auf seiner Internetseite ist vorliegend jedoch nach den allgemeinen Grundsätzen zu bejahen. Als Störer i. S. von § 1004 BGB ist – ohne Rücksicht darauf, ob ihn ein Verschulden trifft – jeder anzusehen, der die Störung herbeigeführt hat. Als (Mit-)Störer kann auch jeder haften, der in irgendeiner Weise willentlich und adäquat kausal an der Herbeiführung der rechtswidrigen Beeinträchtigung mitgewirkt hat, wobei als Mitwirkung auch die Unterstützung oder die Ausnutzung der Handlung eines eigenverantwortlich handelnden Dritten genügt, sofern der in Anspruch Genommene die rechtliche Möglichkeit zur Verhinderung dieser Handlung hatte.*

In einfacheren Worten: Durch die Integration des RSS-Feeds hat sich der Webseitenbetreiber nach Auffassung der Richter die Inhalte des Feeds zu eigen gemacht. Auch der lapidare Hinweis auf der Website zum Ausschluss der Haftung für etwaige Feeds konnte an der Meinung der Richter nichts ändern. Sie sahen darin keine individuelle Distanzierung von der Meldung, die eine Haftung noch hätte verhindern können.

Für kundige Beobachter des Themenkomplexes »Haftung für fremde Inhalte« kommt diese Entscheidung nicht wirklich überraschend. Legt man die Grundsätze der → Mitstörerhaftung zugrunde, ist diese Argumentation – auch wenn sie dem Sharing-Gedanken des Social Web zuwiderläuft – nur eine konsequente und zu erwartende Fortführung der bisherigen Rechtsprechungslinie.

Entscheidend ist hier, dass derjenige, der über eine (weitere) Veröffentlichung an der jeweiligen Rechtsverletzung faktisch mitwirkt und sie damit noch verstärkt, zwar nicht unmittelbar auf Schadenersatz, doch aber auf → Unterlassung in Anspruch genommen werden kann. Wie das LG Berlin auch ausführte, kommt es bei dem Unterlassungsanspruch auch nicht darauf an, ob der Webseitenbetreiber überhaupt Kenntnis von dem konkret rechtsverletzenden Inhalt hatte. Dies entspricht – auch wenn es als ungerecht empfunden werden mag – ebenfalls der in Deutschland geltenden Rechtslage.

Und natürlich sind Fälle, in denen »nur« eine technische Plattform zur Veröffentlichung nutzergenerierter Beiträge (wie YouTube, Foren etc.) zur Verfügung gestellt wird (siehe hierzu Kapitel 5.2), anders zu beurteilen, als die Fälle, in denen der Seitenbetreiber selbst die Entscheidung trifft, Inhalte über einen Feed zu beziehen und über die eigene Webseite zu veröffentlichen.

! **Tipp:**
Wählen Sie Feeds sorgfältig und mit Zurückhaltung aus. Hier gilt: Qualität geht vor Quantität. Wie der geschilderte Fall zeigt, ist man aber nicht einmal bei der Einbindung von Feeds einer Zeitung vor entsprechendem Unheil gefeit.

3.4.2 Kann man den RSS-Channel-Betreiber in Regress nehmen?

Muss der Anbieter des Newsfeeds für Schäden (wie z.B. für Kosten einer → Abmahnung u.a.) einstehen, die aus der Einbindung desselben bei Dritten (im Fall der in Anspruch genommene Webseitenbetreiber) entstehen? Die

Antwort auf diese Frage wird im Wesentlichen davon abhängen, unter welchen (Vertrags-)Bedingungen der Newsfeed-Betreiber die Einbindung des Feeds angeboten hat.

Je nach vertraglicher Abrede über den Feed ist nicht auszuschließen, dass der Webseitenbetreiber bei dem Anbieter des Newsfeeds (als eigentlichem Störer) Rückgriff für Schäden nehmen kann. Soweit die Möglichkeit besteht, mit dem Anbieter des Feeds zu verhandeln, kann es aus Sicht der einbindenden Seite Sinn machen, eine → Freistellungsvereinbarung für spätere materielle Schäden aus den Feed-Inhalten zu treffen.

3.4.3 Wie reagiert man auf eine Abmahnung?

Fortsetzung des Beispiels: Wie die Affäre weiterging !

Im Beispielsfall löschte der Webseiten-Betreiber zwar den rechtsverletzenden Text. Er weigerte sich aber, die geforderte → Unterlassungserklärung abzugeben. Damit ist es zumindest bei einer begründeten → Abmahnung aber nicht getan, da das Begehen einer entsprechenden Rechtsverletzung eine sogenannte Wiederholungsgefahr begründet, die nur durch eine vertragsstrafenbewehrte Unterlassungserklärung ausgeräumt werden kann. Wenn eine solche Unterlassungserklärung nicht abgegeben wird, droht – wie im vorliegenden Fall – trotz Entfernung des rechtsverletzenden Inhaltes von der Webseite eine einstweilige Verfügung.

Zumindest bei nachvollziehbaren → Abmahnungen ist deshalb dringend dazu zu raten, innerhalb der gesetzten Frist eine → Unterlassungserklärung abzugeben, die je nach Einzelfall auch abgeändert werden kann. Man spricht dann von einer modifizierten Unterlassungserklärung.

3.5 Checkliste zum Urheberrecht

Immer wieder kollidiert das Urheberrecht mit den sich ständig fortentwickelnden Optionen des Internet. Social Media hat dazu geführt, dass immer mehr Menschen eigene und fremde Inhalte im Internet hochladen, teilen, einbetten oder anderweitig »verteilen«. Diese Entwicklungen und die einfachen Möglichkeiten des Sharing und Embedding führen dazu, dass auch der »normale« Privatnutzer mit dem Urheberrecht und dessen Grenzen – wie z. B. durch Abmahnungen der jeweiligen Rechteinhaber – in Berührung kommt.

Immer wieder predige ich deshalb, dass eigentlich jeder Nutzer, der Inhalte im Internet einstellt oder weiterträgt, zumindest eine grundsätzliche Vorstellung von den Rahmenbedingungen des Urheberrechtes haben sollte. Es ist ähnlich wie im Straßenverkehr: Wer sich auf die Straße begibt, sollte die wesentlichen Verkehrsregeln kennen, um sicher ans Ziel zu kommen und andere Verkehrsteilnehmer nicht zu gefährden. Genauso wichtig ist es, dass aktive Nutzer des Internets die dort wesentlichen Verhaltensregeln und damit auch die urheberrechtlichen Rahmenbedingungen kennen. Hierfür ist es notwendig, dass entsprechende Medienkompetenz nicht nur in Schulen gelehrt wird, sondern von den Unternehmen im Zuge der voranschreitenden Digitalen Transformation auch den eigenen Mitarbeitern nähergebracht wird.

Tatsächlich ist es als aktiver Nutzer des Internets, vor allem auch der Sozialen Medien, nicht immer einfach, rechtliche Risiken vollständig zu vermeiden. Die urheberrechtlichen Grundsätze passen teilweise nicht mehr zum modernen Nutzungsverhalten im Internet. Zugleich schützt die Idee des Urheberrechtes legitime Interessen desjenigen, der ein werthaltiges Werk geschaffen hat. Hinzu kommt, dass die urheberrechtlichen Grundlagen sich von Land zu Land unterscheiden. Richtigerweise plant die Europäische Union ein einheitliches Urheberrecht. Bis diese neuen Regeln gelten, wird es aber wohl noch ein paar Jahre dauern.

Da es für juristische Laien nicht immer einfach ist, im »Gewirr« urheberrechtlicher Vorgaben den Durchblick zu bewahren, habe ich versucht, mit der nachfolgenden Checkliste die wesentlichen urheberrechtlichen Rechtsfragen in einem Prüfungsschema abzubilden.

Checkliste zum Urheberrecht 3

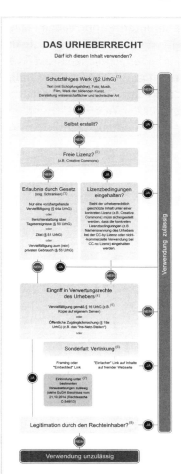

Abb. 2: Checkliste zum Urheberrecht

Wer Texte, Bilder, Audio- oder Videoinhalte im Internet hochladen, teilen oder »embedden« will, kann durch Beantwortung der im Schema systematisch angeordneten Fragen die wesentlichen urheberrechtlichen Risiken vermeiden. Auch wenn das Schema natürlich keinen Anspruch auf Vollständigkeit erheben will, führt dessen Anwendung doch dazu, dass Internetnutzer (z. B. die Mitarbeiter im eigenen Unternehmen) vor der Veröffentlichung und Verbreitung von Inhalten sich mit den wesentlichen urheberrechtlichen Fragen auseinandersetzen (müssen).

4 Content-Diebstahl: Wie sich Urheber wehren können

Zusammenfassung

Immer wieder liest man in Blogs aus allen möglichen thematischen Bereichen, dass einzelne Aggregatoren und Blogseiten sich die mühselige Arbeit ersparen, sich Gedanken über neue Inhalte zu machen und diese selbst zu schreiben. Stattdessen bedienen sie sich kurzerhand bei anderen. Auch kommerzielle Anbieter haben es mit diesem Phänomen zu tun:
Gegen die steigende Kopie-Mentalität ging z.B. schon die französische Nachrichtenagentur Agence France Presse (AFP) vor. Sie verbreitet mit Büros in 165 Ländern und knapp 2.000 Mitarbeitern schon seit Jahren Nachrichten, die von ihren Kunden online wie offline eingesetzt werden. Die deutsche Tochter, die ähnlich der dpa arbeitet und als Nachrichtenagentur gut die Hälfte aller hiesigen Zeitungen beliefert, hat bereits 2009 damit begonnen, Seitenbetreiber abzumahnen und Geld nachzufordern, wenn die Inhalte ohne entsprechende Nutzungslizenz veröffentlicht worden sind. Nach eigenen Angaben hat man es nicht auf private Blogger abgesehen. Die juristischen Schritte richten sich gegen kommerzielle Seiten, die Inhalte von AFP ohne entsprechende Lizenz nutzen. Damit will man klarmachen, dass »unser Content einen Wert hat, der bezahlt werden muss«.
Es ist davon auszugehen, dass auch andere Newslieferanten in Zukunft verstärkt gegen Content-Diebe vorgehen, um nicht nur die Urheberrechte, sondern auch das eigene Geschäftsmodell zu verteidigen. Die Kunden werden sich schwertun, weiter die Lizenzen zu bezahlen, wenn andere sich frei im Internet bedienen ...
Technische Möglichkeiten wie RSS-Feeds sorgen dafür, dass man die fremden Inhalte noch nicht einmal mehr händisch kopieren muss, sondern sie sozusagen frei Haus und automatisiert auf die eigene Seite setzen kann. Neben dem Ärger über den Datendiebstahl hat der Urheber der Texte noch ein weiteres gravierendes Problem: Er läuft Gefahr, dass der jeweilige Beitrag als Duplicate Content von Google abgestraft oder sogar gänzlich aus dem Google Index entfernt wird.
Content-Diebstahl ist ein Phänomen, welches mit dem weiteren Wachstum der Blogosphäre sicher nicht abnehmen wird.
Wie diese Fälle rechtlich zu bewerten sind und welche Möglichkeiten der Betroffene (neben technischen Hindernissen) in verschiedenen Konstellationen hat, ist Gegenstand dieses Kapitels.

4.1 So schützt das Urheberrecht die Inhalte

Ansprüche auf → Unterlassung, → Auskunft, Schadenersatz und auch auf Erstattung der entstandenen Anwaltskosten bestehen immer dann, wenn die Inhalte urheberrechtlich geschützt sind und sie ohne Berechtigung von jemandem übernommen werden.

Während Fotos – wie bereits erläutert – in aller Regel urheberrechtlich geschützt sind, kann eine Schutzfähigkeit bei einzelnen Texten nur angenommen werden, wenn sie die notwendige Schöpfungshöhe erreichen. Sie ist von den Gerichten in vielen Urteilen definiert worden.

- Für die Schutzfähigkeit solcher → Sprachwerke (§2 Abs. 1 Nr. 1 UrhG) kommt es sowohl auf deren Art als auch auf deren jeweiligen Umfang an.
  - Ist der Stoff des Textes **frei erfunden**, so erlangt das Sprachwerk nach ständiger Rechtsprechung eher Urheberschutz als solche Texte, bei denen der Stoff durch organisatorische Zwecke oder wissenschaftliche und andere Themen vorgegeben ist. Denn dort fehlt der im fraglichen wissenschaftlichen oder sonstigen Fachbereich üblichen Ausdrucksweise oft die eigenschöpferische Prägung, die entscheidend ist für die Schutzfähigkeit.
  - Zu berücksichtigen ist auch die **Länge des Textes**: Je länger ein Text ist, desto größer ist der Spielraum für eine individuelle Wortwahl und Gedankenführung. Je kürzer eine Formulierung ist, desto mehr muss sie sich durch eine fantasievolle Wortwahl oder Gedankenführung von üblichen Formulierungen abheben.
  - Ein Text kann auch wegen der **geistvollen Form und Art der Sammlung, Einteilung und Anordnung** des dargebotenen Stoffes schutzfähig sein (Bundesgerichtshof, GRUR 1991, 130 – Themenkatalog). Sogar vorgegebene Daten und Fakten können wegen ihrer individuellen Auswahl, Anordnung und Kombination schutzfähig sein (Bundesgerichtshof, GRUR 1987, 704 – Warenzeichenlexika).
  - Im Bereich der → Sprachwerke ist auch die sogenannte → **kleine Münze** urheberrechtlich geschützt; es gelten deshalb grundsätzlich geringere Anforderungen an die notwendige Individualität. Dabei sind Werbeslogans in der Regel zu kurz, um Urheberrechtsschutz erlangen können. Bei längeren Werbetexten oder -prospekten vergrö-

ßert sich der Gestaltungsspielraum, so dass hier Urheberrechtsschutz eher in Betracht kommt.
- Soweit Texte Gebrauchszwecken dienen, wie z.b. bei **Gebrauchs- oder Bedienungsanweisungen**, wird für den Urheberschutz grundsätzlich ein deutliches Überragen des Alltäglichen, des Handwerksmäßigen sowie der mechanisch-technischen Aneinanderreihung des Materials verlangt. Je mehr sich der Text auf die exakte und vollständige Wiedergabe von vorgegebenen Tatsachen beschränkt, desto enger wird der Gestaltungsspielraum für einen individuell formulierten und damit urheberrechtlich geschützten Text. Dies ist aber eine Frage des Einzelfalls, die hier nicht abstrakt dargestellt werden kann.
- Da **Fotos** – unabhängig von etwaigen Kreativitätsanforderungen – schon per Gesetz urheberrechtlich geschützt sind, ist die Veröffentlichung von Fotos ohne Zustimmung des Urhebers in aller Regel eine Urheberrechtsverletzung.

Tipp: Auch Quellenangaben helfen nicht

Wenn Urheberrechtsschutz besteht, nützt es grundsätzlich auch nichts, wenn der Content-Übernehmer an einer Stelle die Quelle nennt oder verlinkt. Ohne ausdrückliche Zustimmung des Urhebers oder Legitimation über das → Zitatrecht (und die Erfüllung der entsprechenden formellen Voraussetzungen) ist die Veröffentlichung des kopierten Textes in der Regel nicht erlaubt.

4.2 Die urheberrechtliche Abmahnung

Immer wieder kommt es zu »Abmahnwellen« im Netz, bei denen z.B. verschiedenen Blogs der Vorwurf gemacht wird, durch ungenehmigte Bildveröffentlichungen Urheberrechtsverletzungen begangen zu haben.

Nach wie vor ist es Fakt, dass zum Instrument der urheberrechtlichen Abmahnung sehr viel Halbwissen im Internet verbreitet wird. Das führt oft auch zu falschen Interpretationen und zu Unverständnis für das gesamte Urheberrecht. Im Folgenden werden daher einige juristische Details zum Inhalt und dem Prozedere von Abmahnungen, sowie mögliche Verteidigungsstrategien näher erläutert.

Vorab: Tatsächlich sind viele der immer wieder heiß diskutierten urheberrechtlichen Abmahnungen und vor allem die damit geltend gemachten Forderungen deutlich überzogen. Der zweifelhafte Einsatz des Werkzeugs Abmahnung seitens einer überschaubaren Anzahl von Kanzleien sollte aber nicht dazu führen, dass Urheberrecht als solches zu »verteufeln« oder die Abmahnung generell als Geldschneiderei anzusehen.

Wie so oft hilft auch hier ein differenzierter Blick, zu dem die nachfolgenden Ausführungen vielleicht ein bisschen beitragen können

Um einem etwaigem Missbrauch von Abmahnungen entgegenzuwirken, wurde im Jahr 2013 das »Gesetz gegen unseriöse Geschäftspraktiken« eingeführt. Seitdem sind in § 97a UrhG spezifische Anforderungen an Abmahnungen festgeschrieben, und es wurde eine von bestimmten Voraussetzungen abhängige Gebührendeckelung eingeführt. So führen die Vorgaben der neuen Vorschrift im Grundsatz dazu, dass man urheberrechtlich begründete Abmahnungen wegen eines Verstoßes gegen § 97a Abs. 2 UrhG als unwirksam zurückweisen und die Erstattung der Anwaltskosten des Abgemahnten verlangen kann. Wenngleich der Gesetzgeber hiermit also einige sinnvolle »Verteidigungsmittel« eingeführt hat, bleibt zu konstatieren, dass weiter zahlreiche zweifelhafte Abmahnungen gerade auch im urheberrechtlichen Bereich kursieren.

4.2.1 Urheberrechtliche Grundlagen

Wie bereits erläutert, schützt das Urheberrechtsgesetz (UrhG) unterschiedliche Inhalte wie Texte, Bilder, Audio- und Videoinhalte unter bestimmten Voraussetzungen. Wenn ein solcher Inhalt urheberrechtlich geschützt ist, so darf ein Dritter nicht ohne entsprechende Zustimmung des Urhebers darüber verfügen. Zu diesen sogenannten Verwertungsrechten des Urhebers gehört unter anderem das Recht zur Veröffentlichung gemäß § 16 UrhG. Bevor also fremde Bilder veröffentlicht werden, sollte man sich entsprechende Nutzungsrechte einräumen lassen. Hierfür würde zwar von Gesetzes wegen eine entsprechende mündliche Erklärung des Urhebers genügen. Da die Nutzungsrechte aus Nachweis- und Dokumentationsgründen aber möglichst detailliert (wie lange, welche Medien, Vergütung etc.) geregelt werden sollten und dann auch besser dokumentiert sind, empfiehlt sich grundsätzlich eine schriftliche Erklärung des Rechteinhabers, gegebenenfalls auch per E-Mail. Ähnlich »funktionieren« die diversen Bilder-Portale (sog Stock-Archive), bei denen Privatpersonen und Unternehmen auf Grundlage der jeweiligen Lizenzbedingungen entsprechende Nutzungsrechte zur Veröffentlichung im Internet erwerben können.

Das Urheberrecht ist also auch im Hinblick auf das Internet und die Sozialen Medien grundsätzlich »handelbar«. Auch wenn man über Details im aktuellen Urheberrechtsgesetz sicher diskutieren kann und es in einigen Bereichen tatsächlich dringenden Reformbedarf gibt, so ist die Idee, die Verwertung schützenswerter Inhalte von dem Einverständnis des Urhebers/Rechteinhabers bzw. eine wirtschaftliche Partizipation abhängig zu machen, in jedem Falle sinnvoll.

Werden dagegen Bilder und andere urheberrechtlich geschützte Inhalte verwendet, für die seitens des Urhebers (d.h. der Fotograf) oder des Rechteinhabers (d.h. der Bildagentur), dem entsprechende Verwertungsrechte weitergegeben worden sind, keine Rechte zur Veröffentlichung im Internet eingeräumt worden sind, so stellt dies eine Urheberrechtsverletzung dar.

Im Falle einer Urheberrechtsverletzung kann der Berechtigte Ansprüche auf Beseitigung, Unterlassung, Kostenerstattung und Schadenersatz geltend machen.

4.2.2 Wozu Abmahnungen dienen

Grundsätzlich könnte der Rechteinhaber bei einer Urheberrechtsverletzung direkt vor Gericht klagen. Die Abmahnung soll dagegen der außergerichtlichen Beilegung des Streits dienen und dem Empfänger die Gelegenheit geben, die Rechtsverletzung einzusehen und so die Angelegenheit unter Vermeidung weitergehender Kosten eines Gerichtsverfahrens zu erledigen.

An sich ist die Abmahnung also ein sinnvolles Werkzeug. Leider wird dieses Mittel von einigen Massenabmahnern missbraucht, denen es weniger um die

Beseitigung des Rechtsverstoßes geht, als vielmehr um Anwaltsgebühren und Schadenersatz. Dies hat zum schlechten Ruf der Abmahnung geführt.

Wer nun aber undifferenziert die Abschaffung der Abmahnung fordert, muss sich die Frage gefallen lassen, ob es besser wäre, wenn in all den bekannten Fällen geklagt werden würde und dadurch deutlich höhere Kosten anfielen. Besser erscheint es dagegen, das Abmahnungsprozedere so zu modifizieren, dass man den massenhaften Missbrauch (gerade auch gegenüber Privatpersonen) weiter mit noch strengeren gesetzlichen Regelungen eindämmt.

4.2.3 Inhalte einer Abmahnung

Eine Abmahnung besteht in aller Regel aus einem anwaltlichen Anschreiben nebst Vollmacht, einer Gebührennote und einer vorformulierten Unterlassungserklärung.

In dem Anschreiben macht ein Anwalt in der Regel für einen Mandanten darauf aufmerksam, dass unzulässiger Weise in dessen (Urheber-)Rechte eingegriffen worden ist. Darüber hinaus fordert der Anwalt dazu auf, die Rechtsverletzung unverzüglich zu beseitigen und auch in Zukunft zu unterlassen. Dem kommen die Abmahnungsempfänger grundsätzlich auch problemlos nach.

Da die reine Beseitigung des Rechtsverstoßes, also die Entfernung eines Bildes, aber nicht die sogenannte Wiederholungsgefahr beseitigt, ist es in Deutschland erforderlich, auch ernsthaft zu versprechen, dass das Bild nicht mehr verwendet wird. Hierfür dient die Unterlassungserklärung, mit der der Abgemahnte sich unter einer Vertragsstrafe verpflichten muss, das Bild nicht mehr zu verwenden. Die Vertragsstrafe wäre erst zu zahlen, wenn sich die Urheberrechtsverletzung wiederholt.

Ist die Abmahnung berechtigt, sollte auf jeden Fall eine Unterlassungserklärung abgegeben werden. In diesem Zusammenhang bietet § 97a UrhG bisweilen eine Argumentationsgrundlage, um die Abmahnung als unwirksam zurückzuweisen und die Erstattung der Kosten des Abgemahnten zu verlangen. Hierfür sollte das Vorliegen der Voraussetzungen des §97a UrhG aber unbedingt genau geprüft werden.

Da die Unterlassungserklärung, die der Abmahnung beiliegt, vom abmahnenden Anwalt und damit einseitig zugunsten der abmahnenden Partei formuliert ist (z. B. oft mit einer pauschalen Vertragsstrafe von 5.001 EUR), sollte die Unterlassungserklärung aber in jedem Fall so modifiziert werden, dass sie den juristischen Anforderungen zwar genügt, den Abgemahnten aber nicht unverhältnismäßig verpflichtet. Sollte sich der Verstoß nämlich wiederholen, so ist unmittelbar die vereinbarte Vertragsstrafe fällig. Eine Unterlassungserklärung bindet in der Regel 30 Jahre. Daher sollte sie im Vorfeld ausreichend geprüft werden.

Gerade bei urheberrechtlich begründeten Abmahnungen wird zudem oft ein Schadenersatzanspruch geltend gemacht. Dieser wird meistens im Wege der sogenannten Lizenzanalogie berechnet, also in der Größenordnung, die zu bezahlen gewesen wäre, wenn der Abgemahnte eine ordnungsgemäße Nutzungslizenz erworben hätte. Die Höhe hängt naturgemäß von der Dauer der Verwendung des Bildes ab. Oft wird in Abmahnungen ein pauschales Vergleichsangebot unterbreitet. Manchmal wird auch erst Auskunft verlangt, seit wann der Inhalt im Internet veröffentlich ist.

Schließlich wird gefordert, dass der Abgemahnte die Kosten der anwaltlichen Abmahnung übernimmt (sog. Kostenerstattungsanspruch). Auch dies folgt der – zunächst einmal nachvollziehbaren – Vorstellung, dass der Rechteverletzer den Anwalt bezahlen soll, den der Rechteinhaber zur Wahrnehmung seiner Rechte einschalten musste. Die Höhe der Anwaltsvergütung orientiert sich am Rechtsanwaltsvergütungsgesetz (RVG), das je nach dem individuellen Streitwert spezifische Honorare festlegt. Auch hier enthalten Abmahnungen oft überhöhte Forderungen, die mit der entsprechenden Argumentation heruntergehandelt werden können, wenn der Urheberrechtsverstoß als solcher nicht angreifbar ist. In den Fällen des §97a Abs. 3 UrhG kann der Gegenstandswert zudem auf 1.000 EUR reduziert werden.

4.2.4 Verteidigungsstrategien

Abmahnungen sollten auf jeden Fall ernst genommen werden. Wer nicht reagiert, dem droht ein gerichtliches Verfahren (oft einstweilige Verfügung), was mit deutlich höheren Kosten als das Abmahnverfahren verbunden ist.

- Der Urheberrechtsverstoß als solcher kann in Frage gestellt werden, wenn ernsthafte Zweifel daran bestehen, dass die abmahnende Partei Rechteinhaber ist.
- Ebenso liegt kein Urheberrechtsverstoß vor, wenn die Einräumung entsprechender Nutzungsrechte belegt werden kann.

Bezüglich des letzten Punktes ist der Verwender eines Bildes vollumfänglich darlegungs- und beweispflichtig. Wer also nicht hinreichend beweisen kann, dass die Nutzungsrechte vom Berechtigten eingeräumt worden sind, würde einen entsprechenden Rechtsstreit verlieren. Unwissenheit schützt also auch hier nicht vor rechtlichen Folgen.

Selbst wenn der Urheberrechtsverstoß unzweifelhaft vorliegt, gibt es noch Verteidigungsstrategien gegen eine Abmahnung. So können mit der entsprechenden Argumentation und unter Anführung entsprechender Gerichtsurteile oft die geltend gemachten Schadenersatzansprüche bzw. die eingeforderten Anwaltskosten heruntergehandelt werden. Zusätzlich sollte bei berechtigten Abmahnungen eine entsprechende modifizierte Unterlassungserklärung abgegeben werden.

Kommt eine Einigung mit der Gegenseite nicht zustande, so hat es sich in diversen Fällen schon als sinnvolle Strategie erwiesen, die modifizierte Unterlassungserklärung abzugeben und den Betrag zu bezahlen, der auf Grundlage der aktuellen Rechtsprechung plausibel erscheint. Oft sind der abmahnende Anwalt und dessen Mandant dann nicht mehr bereit, das Prozessrisiko für den noch ausstehenden Teil des eingeforderten Betrages auf sich zu nehmen.

Die Abmahnung macht immer dort Sinn, in denen der Gegenseite zunächst die Gelegenheit zur außergerichtlichen Beilegung der Angelegenheit eingeräumt werden soll. So halte ich es für völlig legitim, etwa die Ausnutzung einer Marke im gewerblichen Umfeld abzumahnen. Es erscheint auch nachvollziehbar, dass in diesen Fällen der Rechtsverletzer und nicht der Markeninhaber die angemessenen Anwaltskosten trägt.

Zahlreiche Anwaltskollegen setzen das Werkzeug Abmahnung durchaus mit Bedacht und Augenmaß ein. Bei Rechtsverletzungen im privaten Bereich raten auch wir zahlreichen Unternehmensmandanten zunächst zu einem kostenlosen »Warnschuss«, um den Empfängern – die sich der Rechtswidrigkeit ihres Tuns manchmal überhaupt nicht bewusst sind – Gelegenheit zu geben, den Verstoß ohne weitere Folgen zu beseitigen.

Gerade in Zeiten von Social Media sollten Anwälte die kommunikativen Folgen ihrer Aktivitäten für den Mandanten (Stichwort: Shitstorms) abwägen, um aus dem »Köcher« möglicher Maßnahmen auch das angemessene Mittel zu wählen.

4.3 Eigene Maßnahmen gegen Content-Diebe

- Werden die eigenen Urheberrechte oder die des Unternehmens verletzt, kann zunächst einmal die Löschung der Texte auf der fremden Webseite verlangt werden. Dem Rechteinhaber steht, juristisch gesprochen, ein → **Beseitigungsanspruch** zu.
- Darüber hinaus kann der Content-Dieb verpflichtet werden, entsprechende Rechtsverletzungen auch in Zukunft zu unterlassen (= → **Unterlassungsanspruch**).
- Weiterhin hat der Rechteinhaber in der Regel einen **Schadenersatzanspruch**, der üblicherweise über den Grundsatz der Lizenzanalogie berechnet wird. Das bedeutet, dass der Verletzer den Betrag als Schaden zu ersetzen hat, den er für eine → Lizenz für solche Inhalte hätte zahlen müssen. Hierfür gibt es Richtwerte, die von den Gerichten häufig zugrunde gelegt werden.
- Da die Höhe des Schadenersatzes vom Umfang der kopierten Texte und der jeweiligen Dauer der rechtsverletzenden Nutzung abhängt, steht dem Verletzten auch noch ein Anspruch auf Auskunft zu (= → **Auskunftsanspruch**).

- Und schließlich hat der Verletzer auf Grundlage des Rechtsanwaltsvergütungsgesetzes (RVG) die Kosten des Anwalts, den der Anspruchsinhaber zur Wahrnehmung seiner Interessen beauftragt hat (beauftragen musste), zu ersetzen (= → **Kostenerstattungsanspruch**).

4.4 Strategien im Fall von Content-Diebstahl

Übernehmer verwendet die Inhalte auf einer privaten Seite oder ist Jugendlicher	Bei privaten Blogs ohne kommerzielle Interessen oder bei Seiten von Jugendlichen, welche die Inhalte »aus Versehen« übernommen haben, genügt meistens ein freundlicher Hinweis auf Löschung. Weitergehende rechtliche Schritte sollten hier erst eingeleitet werden, wenn die Löschungsaufforderung nicht zum Erfolg führt.
Übernehmer verwendet die Inhalte in kommerziellen Blogs oder kopiert Inhalte in größerem Stil	1. Bei kommerziellen Seiten oder Seiten, die in größerem Stil Inhalte Dritter aggregieren, um damit Geld zu verdienen oder sich ohne großen Aufwand werthaltigen Content zu besorgen, ist zu prüfen, ob man die Seite vorab erst einmal privat auffordert, dieses rechtswidrige Tun zu unterlassen (evt. verbunden mit der Aufforderung, eine kleine Entschädigung zu zahlen).
	2. In schwerwiegenderen Fällen oder nach vergeblicher Aufforderung sollten Sie einen Anwalt hinzuziehen. Er setzt Ihre Ansprüche in der Regel zunächst mit einer Abmahnung bzw., soweit dies danach noch notwendig erscheint, mit einem gerichtlichen Verfahren durch.

Leider haben → Abmahnungen als Werkzeug zur Geltendmachung rechtlicher → Unterlassungsansprüche mittlerweile einen sehr schlechten Ruf. Dies vor allem, weil einige schwarze Schafe aus der Anwaltschaft mit teils dubioser Abmahnpraxis Geld verdienen. Tatsächlich verfolgt dieses Instrument zunächst aber eine sinnvolle Zielsetzung: Nämlich einen Streit nicht gleich vor Gericht zu tragen, sondern möglicherweise außergerichtlich zu lösen und insoweit Aufwand und Kosten für alle Beteiligten zu sparen. Je nach Schwere der Urheberrechtsverletzung und der individuellen Sachlage erscheint es durchaus legitim, gegen Content-Diebstahl auch mit einer →

4 Strategien im Fall von Content-Diebstahl

Abmahnung vorzugehen. Dies vor allem, wenn offensichtlich gewerbliche Interessen dahinterstecken und/oder sich der Verletzer uneinsichtig zeigt.

Bei Printmedien ist es gang und gäbe, dass für die Veröffentlichung von Inhalten eine Lizenzgebühr bezahlt wird. Betrachtet man die Blogosphäre, so brauchen viele Beiträge den Vergleich mit den Printmedien nicht zu scheuen. Blogger, die sich regelmäßig die aufwendige Arbeit machen, eigene Artikel zu schreiben, sollen daher auch das Recht haben, bei unzulässigem Kopieren der Inhalte einzuschreiten.

Grundsätzlich bleibt es dem Betroffenen natürlich selbst überlassen, ob und wie er gegen einen Content-Dieb vorgeht. Allerdings ist es gut zu wissen, dass es neben den technischen Möglichkeiten, Content-Klau zu unterbinden, auch rechtliche Wege gibt, dem Übel zu begegnen. Nachdem Aggregatoren und Content-Kopierer immer dreister werden, kann es sinnvoll sein, auch einmal klar die juristischen Grenzen aufzuzeigen.

5 Haftung für nutzergenerierte Beiträge (User Generated Content)

> **Zusammenfassung**
>
> Sobald sich ein Unternehmen den Sozialen Medien öffnet, stellt sich die Frage, wie mit nutzergenerierten Inhalten, also User Generated Content, umgegangen werden soll. Egal, ob ein Unternehmen eine Facebook-Seite eröffnet oder ein Blog: Sobald Besucher dort kommentieren oder eigene Inhalte (Texte, Bilder, Videos) einstellen können, muss eine Entscheidung her, ob man bereit ist, diese Inhalte (auch wenn sie kritischer Natur sind) »stehen zu lassen« oder unter bestimmten Voraussetzungen zu löschen (im Social Web oft als Zensur verschrien).
> Neben diesen kommunikativen Aspekten muss sich ein Unternehmen hier natürlich auch mit Haftungsrisiken auseinandersetzen.

5.1 Wo droht Gefahr?

Die Sozialen Median, früher bisweilen auch als »Mitmachweb« bezeichnet, schaffen die Basis für mehr Kreativität im Internet. Es eröffnete jedem Nutzer die Möglichkeit, sich vom reinen Konsumenten im Internet zum Produzenten aufzuschwingen.

> **Beispiel: Das Mitmachweb**
>
> So können die Nutzer Fotos und Videos auf einer Vielzahl von Plattformen hochladen und einer breiten Masse zur Verfügung stellen oder Textbeiträge in Foren oder einfach als Kommentare auf Blogs oder anderen Seiten veröffentlichen.

Fragen zum User Generated Content (UGC) beschäftigen auch immer mehr die Gerichte in Deutschland, vor allem diejenige nach der rechtlichen Verantwortlichkeit des jeweiligen Plattformbetreibers.

- Fehlendes Bewusstsein für geistiges Eigentum und die leichte Transferierbarkeit von digitalen Inhalten aller Art führen bei so manchem Internetnutzer zu Leichtsinn, der schnell rechtlich relevant werden kann. So stellen Nutzer oft Bilder und Videos auf Plattformen ein, ohne dass sie hierzu vom Urheber berechtigt worden sind. Hier stellt sich die Frage, inwieweit der Plattformbetreiber (wie die Video- oder Bilderplattformen) von den Urhebern für die rechtswidrig veröffentlichten Inhalte auf → Unterlassung oder vielleicht sogar auf Schadenersatz in Anspruch genommen werden kann.

- Auch die Möglichkeit für jeden Besucher, Kommentare in Blogs oder auf Facebook-Seiten zu hinterlassen, schafft Probleme. Immer wieder kommt es vor, dass Nutzer sich dort – gerne auch unter dem Deckmantel der Anonymität – beleidigend oder geschäftsschädigend äußern.
- Letztes Beispiel sind Handelsplattformen wie eBay, die Dritten die Möglichkeit eröffnen, dort eigene Produkte zu verkaufen. Auf diesen Plattformen werden auch Produktfälschungen, gegen die die Originalhersteller aufgrund ihrer Markenrechte vorgehen, verkauft. Haftet der Plattformbetreiber hierfür?

Die häufigsten Rechtsverletzungen, die mit nutzergenerierten Inhalten einhergehen, sind damit Urheber-, Marken- oder Wettbewerbsrechtsverstöße, in Foren auch häufig Eingriffe in → Persönlichkeitsrechte z. B. durch Beleidigungen. Wie Sie Ihr Haftungsrisiko als Plattformbetreiber minimieren können, erfahren Sie auf den folgenden Seiten.

5.2 Haftet ein Plattformbetreiber für die Inhalte seiner User?

Nutzer, die rechtswidrige Inhalte auf eine Plattform hochladen oder sonst wie einstellen (siehe die folgende Abbildung), tun dies meist nur unter einem Nickname. Sie sind deswegen nur schwierig zu identifizieren. Der Plattformbetreiber ist nicht ohne Weiteres verpflichtet und wegen des Datenschutzes auch nicht berechtigt, die persönlichen Daten des Nutzers herauszugeben. Daher wird immer wieder versucht, den ohne Weiteres über das Impressum erreichbaren Plattformbetreiber in Anspruch zu nehmen. Das ist grundsätzlich auch nicht auszuschließen. Es gibt keine Pflicht, erst gegen den eigentlichen Störer vorzugehen, bevor man sich an den Plattformbetreiber wendet (BGH, Urteil vom 27.03.2007, Az. VI ZR 101/06). Betroffene können gegen beide unabhängig voneinander tätig werden.

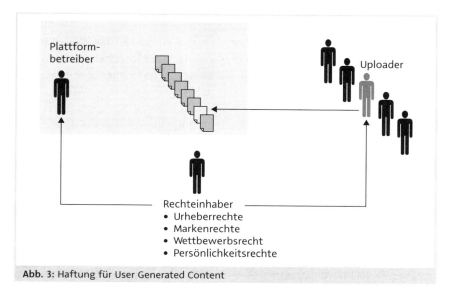

Abb. 3: Haftung für User Generated Content

In Deutschland hat sich zwischenzeitlich eine einheitliche Rechtsprechung herausgebildet: Plattformbetreiber haften für fremde Inhalte grundsätzlich erst ab Kenntnis des rechtswidrigen Inhalts.

Der Plattformbetreiber muss also erst handeln, wenn er vom rechtswidrigen Inhalt erfährt, z. B. über eine E-Mail vom Betroffenen, eine → Abmahnung oder über eine Mitteilung via seiteninterner Missbrauchsmeldefunktion. Werden Schadenersatzansprüche geltend gemacht oder geht es um eine strafrechtliche Haftung, ergibt sich dies direkt aus § 10 TMG.

5.3 Muss ein Seitenanbieter neue Inhalte prüfen?

Richter haben schon oft über die Frage entschieden, ob bzw. unter welchen Voraussetzungen der Seitenanbieter dazu gezwungen werden kann, die Veröffentlichung von rechtswidrigen Inhalten zu unterlassen.

Bei dieser sogenannten Mitstörerhaftung wird von den Gerichten grundsätzlich Folgendes angenommen: Dem Plattformbetreiber ist es nicht zuzumuten, jeden neuen, von Dritten eingestellten Inhalt vor einer Veröffentlichung zu prüfen. Sobald er aber Kenntnis von einem rechtswidrigen Inhalt erlangt, muss er tätig werden und diesen – nach entsprechender Plausibilitätsprüfung – löschen. Nur wenn er das nicht tut, haftet er für nutzergenerierte Inhalte.

Zusammenfassend gilt also als Grundregel: Ohne Kenntnis keine Haftung.

Zur Klarstellung: Diese Rechtsprechung bezieht sich nur auf fremde Inhalte. Der Plattformbetreiber kann für rechtswidrige eigene Inhalte natürlich immer und unmittelbar haftbar gemacht werden.

> **! Achtung: Die Ausnahme von der Regel**
>
> Wichtig für die Anwendung dieser Grundsätze ist, dass der jeweilige nutzergenerierte Inhalt tatsächlich als fremder Content gilt. Hat sich aber der Plattforminhaber die Inhalte zu eigen gemacht, dann sind sie als eigener Inhalt im Sinne von §7 TMG zu werten. Auch wenn dies bisher nur in Extremfällen angenommen worden ist, sollte das Problem den Betroffenen bekannt sein. In der sogenannten Chefkoch-Entscheidung hat der Bundesgerichtshof (Az. I ZR 166/07) entschieden, dass von einem Zu-Eigen-Machen auszugehen sei, wenn
> - der Plattformbetreiber sich sehr weitgehende → Nutzungsrechte an den nutzergenerierten Inhalten einräume,
> - laut eigener Nutzungsbedingungen die Inhalte vor der Freischaltung kontrolliere und
> - die Inhalte auf der Plattform selbst nicht ohne Weiteres als nutzergenerierte Inhalte zu identifizieren sind.
>
> Die → Haftungsprivilegierung soll dann nicht mehr zur Anwendung kommen. Das führt dazu, dass der Anbieter für die Inhalte einstehen muss, als hätte er sie selbst eingestellt.

Der Plattformbetreiber haftet also nur dann nicht für neue fremde Inhalte:
- wenn der jeweilige nutzergenerierte Inhalt tatsächlich als fremder Content anzusehen ist und
- sich der Betreiber die Inhalte nicht zu eigen gemacht hat.

5.4 Wie man Haftungsrisiken verringern kann

Wer die folgenden Grundsätze beachtet, verringert als Plattformbetreiber das Haftungsrisiko für – oft schwer zu kontrollierende – nutzergenerierte Inhalte.

5.4.1 Klare Nutzungsbedingungen und Richtlinien

Ihre Nutzungsbestimmungen oder → Allgemeinen Geschäftsbedingungen, kurz AGB, sollten klar regeln, was auf der eigenen Plattform (z. B. dem Blog, einer Facebook Page o. Ä.) erlaubt ist und was nicht.

Das sollten Ihre Bedingungen unbedingt enthalten	
Hinweis auf Nutzungsrechte	Regeln, die bestimmen, dass nur Inhalte hochgeladen werden dürfen, für die der User entsprechende Nutzungsrechte hat.
Verbotsregeln und Netikette	Regeln, die das Einstellen von rechtswidrigen Inhalten wie rassistischen, fremdenfeindlichen, diskriminierenden oder beleidigenden Inhalten verbieten. Entsprechende Regelungen werden von Gerichten in einem Prozess meist zugunsten der Plattform gewertet.
Folgen bei Verstößen gegen Verbotsregeln oder Netikette	Ankündigung, bei Verstößen gegen Nutzungsbedingungen Inhalte zu löschen oder sogar Nutzer zu sperren.
(Eingeschränkte) Einräumung von Nutzungsrechten an den nutzergenerierten Inhalten	Klare Lizenzbedingungen, die dem Betreiber Nutzungsrechte an den eingestellten Inhalten einräumen (siehe dazu Kapitel 3).

Haftung für nutzergenerierte Beiträge (User Generated Content)

Das gehört nicht in Ihre Bedingungen	
Ankündigen einer Vorabkontrolle der Inhalte	Dieser Hinweis, der Nutzer vor dem Einstellen rechtswidriger Inhalte abschrecken soll, hat fatale Folgen: Gerichte schließen aus ihm, dass es sich ab der Veröffentlichung um einen zu eigen gemachten Inhalt handelt, für den die → Haftungsprivilegierung dann nicht mehr gilt. Zudem ist es möglich, dass Richter bei diesem Hinweis von einer Kenntnisnahme ab Veröffentlichung ausgehen, da ja alle Inhalte vermeintlich durch eine Vorabkontrolle gegangen sind (was in der Regel gar nicht stimmt).
Zu weitreichende Einräumung von Nutzungsrechten	Nutzungsrechte an den Inhalten sollte sich der Plattformbetreiber nur soweit einräumen lassen, wie dies für das eigene Geschäftsmodell nötig ist.

Unternehmen, die eine Internetpräsenz eröffnen, bei der nutzergenerierte Inhalte die wesentlichen Bestandteile sind, sollten all diese Punkte regeln.

Bei Facebook-Seiten oder einem geschäftlich genutzten Blog, in dem Besucher die Möglichkeit haben, Inhalte zu kommentieren, wird es ausreichen, Kommentarrichtlinien festzulegen. Die kursiv gesetzten Regeln in der Tabelle sind dann nicht unbedingt notwendig. Bei Facebook-Seiten oder Blogs geht es mehr darum, einen groben Rahmen zu stecken, der Missbräuche (Beleidigungen u. Ä.) verhindert. Wer auf der jeweiligen Präsenz kommentieren will, soll sich über die Grenzen dessen im Klaren sein. Bei Verstößen gegen die Richtlinien muss entschieden werden, ob ein unzulässiger Eintrag gelöscht wird. Dabei sind auch die kommunikativen Folgen, wie z.B. ein möglicher Zensur-Vorwurf, zu beachten. Mit einer geeigneten Erklärung halte ich bei klaren Rechtsverstößen ein Löschen für sinnvoll, auch um eine eigene rechtliche (Mit-)Verantwortlichkeit auszuschließen. Die Erklärung »Wir mussten löschen, um eigene Haftungsrisiken auszuschließen.« hilft, die Löschungsmaßnahme der Community zu erklären und ein negatives Image zu vermeiden.

5.4.2 Fremde Inhalte als fremd kennzeichnen

Um die Annahme eines Zu-Eigen-Machens zu vermeiden, sollte User Generated Content auf den Seiten klar als fremder Inhalt erkennbar sein. Dies wird in aller Regel realisiert, indem der jeweilige Nutzername – eventuell auch mit Bild – in Verbindung mit dem Inhalt erscheint. Bei Facebook geschieht dies bei jedem neuen Beitrag automatisch.

5.4.3 Notice-and-Takedown-Grundsatz beachten

Die wichtigste Maßnahme, um eine Haftung zu vermeiden, ist die Einhaltung des Notice-and-Takedown-Grundsatzes. Sobald der Plattformbetreiber von einem rechtswidrigen Inhalt Kenntnis erlangt, sollte er ihn nach Prüfung sofort löschen.

> **Tipp: Missbrauchsbutton für schnelles Reagieren** !
> Wer eine Internetplattform eröffnet, sollte einen Abuse- oder Missbrauchsbutton integrieren, über den die Meldung rechtswidriger Inhalte kanalisiert werden kann. Damit ist schnelles Handeln möglich. Solche Meldefunktionalitäten sind bei Social-Media-Plattformen gang und gäbe (siehe z.B. bei XING, YouTube, Facebook).

5.4.4 Filterfunktionen nutzen

Plattformbetreiber trifft ab Kenntnis von einem rechtswidrigen Posting nicht nur die Pflicht, dieses zu löschen, sondern danach auch dafür Sorge zu tragen, dass »kerngleiche« Verstöße auf der Plattform nicht wieder auftreten. Das hat der Bundesgerichtshof entschieden. Um dieser Pflicht Genüge zu tun, muss der Anbieter die technisch möglichen und zumutbaren Prüfungsmechanismen installieren. Hierbei werden an einen professionellen Anbieter sicher höhere Anforderungen gestellt als z.B. an einen privaten Blogbetreiber. Soweit technisch möglich und zumutbar, wird es bei vielen Anbietern genügen, regelmäßig einen geeigneten Textfilter mit Keywords von bereits bekannt gewordenen Rechtsverstößen über die Seite laufen zu lassen, um rechtswidrige Inhalte identifizieren und löschen zu können.

Wer die dargestellten Grundsätze beachtet, kann sein Risiko nach deutschem Recht (bzw. auf Grundlage der insoweit ähnlichen Grundsätze in anderen EU-Ländern und der USA) durchaus kontrollierbar machen. Der Anbieter steht dann nicht wehrlos da, wenn einmal eine anwaltliche → Abmahnung wegen »User Generated Content« eingehen sollte.

Checkliste: Richtiger Umgang mit User Generated Content	
	Erledigt
▪ Missbrauchsbuttons integrieren	
▪ Hinweisen auf rechtsverletzende Inhalte nachgehen und eingehend prüfen	
▪ Sofortige Löschung von Inhalten, bei denen eine Rechtsverletzung plausibel erscheint (Notice & Takedown)	
▪ Danach Kontroll- und Überwachungspflichten beachten, dabei Filterfunktionen nutzen	

5.5 Umgang mit heiklen Kommentaren und Postings

Spätestens seit der Griechenland-Krise bzw. der anhaltenden Flüchtlingsströme wächst besonders bei Facebook die Zahl politischer Kommentare und Diskussionen. Während Facebook zuvor bisweilen der Vorwurf gemacht wurde, unberechtigte Zensur vorzunehmen, geht die Kritik nun auch immer stärker in eine andere Richtung. In der Flüchtlingsdiskussion und bei einigen anderen politischen Themen wird vor allem beklagt, dass Facebook nur unzureichend gegen ausländerfeindliche Hetz- und Hasskommentare der Nutzer vorgehe. Hier stellt sich die Frage, in welcher Weise die jeweilige Internetplattform bzw. der postende Nutzer rechtlich verantwortlich gemacht werden können.

5.5.1 Rechtliche Grenzen für Kommentare bei Facebook

Grundsätzlich ist die Meinungsfreiheit als hohes Gut in Art. 5 GG sehr weitreichend geschützt. Meinungsfreiheit ist ein unerlässliches Element in einer freiheitlichen Demokratie. Zu Recht hat der englische Philosoph Bertrand Russell deshalb betont, dass es von besonderer Bedeutung sei, dass »größere Gruppen Toleranz gegenüber abweichenden Gruppierungen üben, wie klein diese immer sein mögen und wie groß die Empörung der großen Gruppen und Mehrheiten auch sein mag. In einer Demokratie ist es notwendig, dass die Bürger lernen, solche Empörungen auszuhalten.« Die Meinungsfreiheit deckt auch kritische oder teils polemische Aussagen zu (politischen) Themen. Auch Kommentare, die bisweilen als ethisch oder moralisch zweifelhaft anzusehen sind, sich aber eben noch im Rahmen der Meinungsfreiheit bewegen, sind aus rechtlicher Sicht grundsätzlich zulässig. Stellen sich Kommentare in Sozialen Netzwerken aber als klare Verstöße gegen das Strafgesetzbuch dar, ist es legitim und angesichts der aktuellen Entwicklungen der »Kommentarkultur« auf Facebook & Co. wohl auch erforderlich, die rechtlichen Grenzen durchzusetzen. Die Meinungsfreiheit findet ihre Grenzen in verschiedenen gesetzlichen Normen. Erfüllen Hasskommentare etwa die Tatbestände der Beleidigung (§ 185 Strafgesetzbuch [StGB]), der üblen Nachrede (§ 186 StGB) oder der Volksverhetzung (§ 130 StGB), so drohen dem jeweiligen Autor entsprechende Geld- oder Freiheitsstrafen. Dabei wird immer wieder vor allem der Tatbestand der Volksverhetzung diskutiert, der vorliegt, wenn i.S. des § 130 Abs. 1 StGB

- Äußerungen gegen Personen einer national, rassisch, religiös oder durch ihre ethnische Herkunft bestimmte Gruppen zum Hass aufstacheln oder zu Gewalt- oder Willkürmaßnahmen auffordern oder
- Personen wegen der Zugehörigkeit zu einer der vorbezeichneten Gruppen in die Menschenwürde verachtender Weise beschimpft, böswillig verächtlich gemacht oder verleumdet werden.

Eine Äußerung überschreitet die Grenze zur Strafbarkeit damit u.a. nur dann, wenn sie sich gegen eine unterscheidbare Gruppe von Personen richtet. Nicht ausreichend ist, wenn bei der Verwendung von Sammelbegriffen der Personenkreis so groß und unüberschaubar ist, dass eine Abgrenzung von der Gesamtbevölkerung aufgrund bestimmter Merkmale nicht möglich ist (BGH, Urteil vom 03.04.2008, Az. 3 StR 394/07). Wie das Urteil des Bundesverfassungsgerichts (BVerfGE 93, 266) zu der Aussage »Soldaten sind Mörder« zeigt, kommt es gerade bei »Sammel- oder Kollektivbeleidigungen« bezüglich der Frage der Strafbarkeit auf die genaue Formulierung an.

Erfüllt eine Äußerung auf Facebook jedoch diese Voraussetzungen, so ist deren Autor auch strafrechtlich verantwortlich.

5.5.2 Handlungsmöglichkeiten gegen den Autor von Hasskommentaren

Der Betreiber einer Social-Media-Plattform hat auf seiner eigenen Präsenz natürlich die Möglichkeit, rechtswidrige Kommentare zu verbergen oder komplett zu löschen. Sollten die Äußerungen derart gravierend sein, dass weitergehende rechtliche Maßnahmen ratsam sind, oder handelt es sich um Kommentare auf fremden Präsenzen, bei denen die Inhalte nicht ohne Weiteres einfach selbst gelöscht werden können, bestehen die nachfolgend beschriebenen Optionen.

5.5.2.1 Strafrechtliche Handlungsmöglichkeiten

Bei einer entsprechenden Strafbarkeit kann jeder Strafanzeige bei der Polizei oder Staatsanwaltschaft stellen. Dieser grundsätzlich sinnvolle Weg stellt sich bisweilen als schwierig dar, weil es der Polizei für die weiteren Ermittlungen nicht selten an Kapazitäten, vor allem aber an notwendigem technischen Know-how und Möglichkeiten mangelt. Vor allem zur zuverlässigen Identifizierung eines Täters fehlt es den Ermittlungsbehörden bisweilen an der nötigen Digitalkompetenz.

5.5.2.2 Zivilrechtliche Handlungsmöglichkeiten

Bei konkreten Beleidigungen auf Facebook & Co. besteht daneben für die Betroffenen die Möglichkeit, die postenden Nutzer (soweit identifizierbar) über eine anwaltliche Abmahnung zur Löschung bzw. Unterlassung der rechtsverletzenden Äußerungen aufzufordern. Der jeweilige Autor wird dann dazu verpflichtet, eine Unterlassungserklärung abzugeben. Daneben kann von ihm auch die Erstattung der Anwaltskosten verlangt werden. Dieses Vorgehen führt oft schneller und effektiver zu der Löschung von Postings als der Anstoß von strafrechtlichen Ermittlungen durch eine Anzeige bei der Polizei.

5.5.2.3 Meldung beim Arbeitgeber

Postet jemand öffentlich rechtsverletzende Kommentare, kann es sich anbieten, dessen Arbeitgeber darüber zu informieren. Ist der Poster identifizierbar, lässt sich über das Internet oft auch dessen Arbeitgeber identifizieren. Dessen Einschaltung vor allem dann in Betracht, wenn der Autor der Kommentare Arbeitnehmer in einem Unternehmen ist, das in Geschäftsbeziehung mit dem Beleidigten steht.

> **Beispiel: Kündigung wegen Hasskommentars bei Facebook**
> Im August 2015 machte eine Awo-Arbeiterin aus Thüringen ihren Hass bei Facebook mit folgendem Posting öffentlich: »Irgendwann wird es eh so kommen, dass man Hinz und Kunz aufnehmen muss. Dank meiner medizinischen Ausbildung wird bei mir keiner überleben.« Aufgrund dieses Kommentars hatte die Awo die Mitarbeiterin nicht nur gekündigt, sondern zusätzlich auch noch Strafanzeige gestellt.

Aufgrund der hohen Bedeutung der Meinungsfreiheit kann der Arbeitgeber zwar nur unter bestimmten Voraussetzungen arbeitsrechtliche Maßnahmen ergreifen, so z.B. den Postenden abmahnen oder sogar kündigen. Eine Verwarnung oder gar Abmahnung seitens des Arbeitgebers, deren rechtliche Zulässigkeit von diesem natürlich stets zuvor geprüft werden sollte, dürfte freilich in jedem Fall Eindruck bei dem Autor von Hasskommentaren hinterlassen und wohl auch zu einer Löschung führen.

5.5.3   Rechtliche Verantwortlichkeit von Facebook

Neben der Verantwortlichkeit der jeweiligen Nutzer stellt sich natürlich auch die Frage, ob bzw. unter welchen Voraussetzungen denn auch Facebook selbst rechtlich für nutzergenerierte Inhalte zur Verantwortung gezogen kann.

5.5.3.1 Anwendbarkeit deutschen Rechts

Trotz des Sitzes der die Plattform betreibenden Facebook Ltd. in Irland ist bei deutschsprachigen Postings deutscher Nutzer wohl auch von der Anwendbarkeit deutschen (Straf-)Rechts auszugehen, da der Handlungsort solcher Hetzkommentare regelmäßig im Inland liegt und auch der Taterfolg hier in Deutschland eintritt (BGH NJW 2004, 2158 – Schöner Wetten; BGHSt. 46, 212 zur Auschwitzlüge).

5.5.3.2 Haftung von Facebook erst ab Kenntnis

Wie eingangs in diesem Kapitel bereits dargestellt, gilt auch bei strafrechtlich relevanten Aussagen für den Betreiber solcher Internetplattformen die Haftungsprivilegierung des § 10 Telemediengesetz (TMG). Danach hat er keine Verpflichtung, nutzergenerierte Inhalte vorab zu prüfen oder proaktiv nach Rechtsverletzungen zu suchen. Eine (straf-)rechtliche Verantwortlichkeit von Facebook ist jedoch nicht mehr ausgeschlossen, wenn Rechtsverletzungen hinreichend konkret gemeldet werden (sog. Notice-and-Takedown-Grundsatz). Sobald Facebook von dem rechtsverletzenden Kommentar positiv Kenntnis nehmen kann, entfällt nämlich richtigerweise das Haftungsprivileg des § 10 TMG (KG, Beschluss vom 25.08.2014, Az. 4 Ws 71/14). Folglich ist eine konkrete Meldung des Rechtsverstoßes, in bestem Fall unter Nennung der jeweiligen Rechtsnormen, zwingende Voraussetzung, um den jeweiligen Plattforminhaber rechtlich in Anspruch zu nehmen.

5.5.3.3 Verpflichtung zur Löschung

Wie bereits mehrfach erläutert, bestehen Beseitigungs- und Unterlassungsansprüche für rechtsverletzende Inhalte der Nutzer gemäß §§ 823 Abs. 1, 1004 BGB auch gegenüber Facebook, wenn das Soziale Netzwerk Rechtsverletzungen aufgrund einer hinreichend konkreten Meldung nach Kenntnisnahme nicht löscht.

Entsprechende zivilrechtlich begründete Ansprüche auf Beseitigung und Unterlassung kann gegebenenfalls nur derjenige geltend machen, der in seinen subjektiven Rechten betroffen ist. Dies ist bei Facebook-Nutzern, die möglicherweise direkt angegangen und beleidigt werden, durchaus denkbar. Bei Sammelbeleidigungen (also z. B. Beleidigungen einer bestimmten Gruppe von Menschen) werden sich entsprechende zivilrechtlich begründete Ansprüche gegen Facebook mangels Eingriff in subjektive Rechte nur schwer argumentieren lassen.

5.5.3.4 Strafrechtliche Verantwortung von »Facebook«

Schlussendlich verbleibt die Frage, ob Facebook möglicherweise selbst strafrechtlich verantwortlich gemacht werden kann. Da sich Gesellschaften (hier die Facebook Ltd.) grundsätzlich nicht strafbar machen können, bleibt nur eine etwaige Strafbarkeit der Geschäftsführung der Facebook Ltd. Da die Geschäftsführer im Zusammenhang mit rechtsverletzenden Nutzerkommentaren selbst nicht tätig geworden sind, ist nur eine Begehung durch Unterlassung i. S. des § 13 StGB denkbar. Nach dieser Vorschrift könnte eine Strafbarkeit der Geschäftsleitung nur dann begründet werden, wenn diese trotz einer Garantenstellung eine mögliche und rechtlich gebotene Handlung (hier: die Löschung gemeldeter Inhalte) nicht vorgenommen hat.

Bei Vorliegen dieser Voraussetzungen ist eine Strafbarkeit der Geschäftsleitung wegen Beihilfe zu einer der genannten Straftaten oder wegen Unterlassens denkbar. Diesbezüglich ist jedoch zu sagen, dass sich ein entsprechendes Strafverfahren mangels einschlägiger Rechtsprechung im Bereich der Rechtsfortbildung bewegt. Insofern scheint das Ergebnis unsicher, selbst wenn eine Anzeige hinreichend konkret und rechtlich begründet würde. Eine einfache, nicht näher rechtlich begründete Anzeige gegen Facebook bei der Polizei wird angesichts der Komplexität wohl kaum Ergebnisse bringen.

Haftung für nutzergenerierte Beiträge (User Generated Content)

Denkbar sind folgende Maßnahmen gegen rechtswidrige Hass- oder Hetzkommentare:

So können Sie gegen Hass- und Hetzkommentare vorgehen	
1. Meldung bei Facebook	Eine Meldung bei Facebook ist die wohl schnellste Methode, Inhalte aus dem Internet zu entfernen. Hierbei empfiehlt es sich, sich auf die Gemeinschaftsstandards von Facebook zu beziehen und – wenn möglich – konkret zu begründen, warum es sich im vorliegenden Fall um »Hate Speech« im Sinne der US-amerikanischen Rechtsprechung handelt. Darunter fallen solche Äußerungen, die geeignet sind, eine Person oder eine Gruppe aus Gründen der Rasse, Religion, Geschlecht oder sexuellen Orientierung zu beschimpfen, einzuschüchtern oder zu belästigen und zu Gewalt, Hass oder Diskriminierung aufzurufen. Weitere Fragen zur Löschung auf Facebook beantwortet das Soziale Netzwerk selbst auf seiner Infoseite »Meldung von Inhalten«.
2. Anwaltliche Abmahnung	Unabhängig davon können bei persönlicher Betroffenheit z.B. durch eine anwaltliche Abmahnung zivilrechtliche Ansprüche auf Beseitigung und Unterlassung direkt gegenüber dem Autor der Hasskommentare geltend gemacht werden. Diese führen oft schneller zu einer Reaktion als eine Anzeige bei der Polizei.
3. Anzeige bei Polizei oder Staatsanwaltschaft	Eine Anzeige bei Polizei oder Staatsanwaltschaft kann bei Vorliegen eines Straftatbestandes, z.B. einer üblen Nachrede oder einer Beleidigung – je nach Einzelfall – eine sinnvolle zusätzliche Maßnahme sein.
4. Meldung an Arbeitgeber des Autors	Ist der Autor des Kommentars bei einem Unternehmen beschäftigt, kann auch eine Meldung der Rechtsverletzung beim Arbeitgeber Erfolg versprechen.

So können Sie gegen Hass- und Hetzkommentare vorgehen	
5. Mögliche Reaktionen des Arbeitgebers	Arbeitgeber sollten gerade bei Äußerungen, die dem privaten Bereich zuzuordnen sind, die Zulässigkeit arbeitsrechtlicher Maßnahmen genau prüfen (lassen). Dabei hat stets eine an den Grundsätzen der Rechtsprechung ausgerichtete Abwägung zwischen Meinungsfreiheit des postenden Arbeitnehmers und berechtigten Interessen des Arbeitgebers stattzufinden. Zur (zukünftigen) Absicherung entsprechender Probleme mit Mitarbeiter-Postings in Sozialen Netzwerken ist Unternehmen die Einführung einer Social-Media-Richtlinie zu empfehlen. Sollten aktuelle Fragen um solche Hasskommentare in einer bestehenden Richtlinie nicht adressiert sein, ist eine Ergänzung zur Sensibilisierung der Mitarbeiter und Absicherung entsprechender Reputationsrisiken des Unternehmens zu erwägen.

5.6 Geltung des Netzwerkdurchsetzungsgesetzes (NetzDG)

Um rechtswidrige Hasskommentare und einige weitere Rechtsverletzungen in den Sozialen Netzwerken einzudämmen, hat der Deutsche Bundestag kürzlich das sogenannte Netzwerkdurchsetzungsgesetz (NetzDG) beschlossen. Dieses Gesetz verpflichtet die Betreiber solcher Sozialer Netzwerke unter Androhung von Bußgeldern bis zu fünf Millionen Euro Hinweise auf strafbare Inhalte zügig zu bearbeiten und diese gegebenenfalls zu löschen.

Das Netzwerkdurchsetzungsgesetz verpflichtet Plattformbetreiber, ein wirksames und transparentes Verfahren für den Umgang mit Beschwerden vorzuhalten, das für Nutzer leicht erkennbar, unmittelbar erreichbar und ständig verfügbar ist. Offensichtlich rechtswidrige Inhalte müssen in der Regel innerhalb von 24 Stunden nach Eingang der Beschwerde entfernt werden. Für Inhalte, deren Rechtswidrigkeit nicht offensichtlich ist, gilt im Grundsatz eine Sieben-Tages-Frist. Eine Überschreitung soll möglich sein, wenn begründet mehr Zeit für die rechtliche Prüfung benötigt wird.

Neben einigen anderen rechtlichen Problemen ist das Gesetz massiv dafür kritisiert worden, dass es die Rechtsdurchsetzung »privatisiert«, indem der Plattformbetreiber entscheiden muss, ob ein Inhalt offensichtlich rechtswidrig ist oder nicht. Hier befürchten die Kritiker ein sogenanntes »Overblocking«, weil die Plattformbetreiber zur Vermeidung der Bußgelder möglicherweise übervorsichtig löschen, was zu einer Einschränkung der Meinungsfreiheit in den Sozialen Medien führen könnte.

Das NetzDG gibt den Betroffenen von Rechtsverletzungen zunächst neue rechtliche Möglichkeiten gegen die Äußerungen vorzugehen, die der Katalog in §1 Abs. 3 NetzDG auflistet.

Da das NetzDG nur für die Sozialen Netzwerke gilt, die mehr als 2 Millionen registrierte Nutzer haben, ist der Anwendungsbereich auf einige wenige Internetplattformen wie Facebook, Twitter, aber auch XING beschränkt.

Unter Berücksichtigung des NetzDG wird es zukünftig wohl erleichterte Möglichkeiten geben, rechtsverletzende Inhalte löschen zu lassen.

6 Datenschutz im Social Web

6.1 Die Grundlagen

Die zentralen Vorschriften für den Datenschutz finden sich aktuell im → Telemediengesetz (TMG) und dem Bundesdatenschutzgesetz (BDSG).

Ab dem 25. Mai 2018 wird der Datenschutz EU-weit von der Datenschutzgrundverordnung (DSGVO) geregelt werden. Im Rahmen dieser Auflage sollen deshalb zunächst die aktuell geltenden datenschutzrechtlichen Implikationen dargestellt werden, um nachfolgend in einem gesonderten Kapitel die Änderungen zusammenzufassen, die mit der DSGVO einhergehen.

6.1.1 Das Telemediengesetz (TMG)

Das TMG regelt die Anforderungen, die der Betreiber zu beachten hat, wenn er → personenbezogene Daten über ein Telemedium (z.B. eine Webseite oder ein Soziales Netzwerk) erhebt. §13 TMG legt in Absatz 1 fest, dass der Anbieter eines (Internet-)Dienstes seine Nutzer zu Beginn des Nutzungsvorgangs über Art, Umfang und Zwecke der Erhebung und Verwendung **personenbezogener Daten** in allgemein verständlicher Form informieren muss, sofern eine solche Unterrichtung nicht bereits vorher erfolgt ist.

Wie das → Bundesdatenschutzgesetz (BDSG), stellt das für Internetdienste vorrangige Telemediengesetz also auf den Begriff der »personenbezogenen Daten« ab. Nur wenn personenbezogene Daten verarbeitet werden, greifen überhaupt die Datenschutzvorgaben des Telemediengesetzes bzw. des Bundesdatenschutzgesetzes ein.

Der §13 TMG enthält für den Betreiber eines Telemediendienstes außerdem die Pflicht, den Nutzer auf sein Widerrufsrecht hinzuweisen (Abs. 3), die Pflicht zur Anzeige der Weitervermittlung von Daten (Abs. 5) sowie auf Nachfrage die Auskunftserteilung über die zu seiner Person gespeicherten Daten (Abs. 7).

Betreiber einer entsprechenden Internetpräsenz sollten demnach in jedem Fall eine leicht auffindbare → Datenschutzerklärung vorhalten, die gemäß § 13 TMG über die Datenerhebung informiert.

6.1.2 Personenbezogene Daten: Dreh- und Angelpunkt des Datenschutzes

Personenbezogene Daten sind nach der Definition des §3 Abs. 1 BDSG »Einzelangaben über persönliche oder sachliche Verhältnisse einer bestimmten oder bestimmbaren natürlichen Person (Betroffener)«. Diese Einzelangaben werden sehr weit gefasst.

- So fallen unter »persönliche Verhältnisse« Angaben zu dem Betroffenen selbst, seine Identifizierung und Charakterisierung (z. B. Name, Anschrift, Familienstand, Geburtsdatum, Staatsangehörigkeit, Konfession, Beruf, Erscheinungsbild, Eigenschaften, Aussehen, Gesundheitszustand, Überzeugungen).
- Die »sachlichen Verhältnisse« betreffen Angaben über einen auf den Betroffenen beziehbaren Sachverhalt, wie z. B. seinen Grundbesitz.

Immer dann, wenn entsprechende Daten in oder über die Sozialen Medien verarbeitet werden, sind vom Diensteanbieter die Vorgaben des → Telemediengesetzes zu beachten.

Auch im Telemedienrecht gilt der Grundsatz des → Verbots mit Erlaubnisvorbehalt (§ 12 TMG). Das bedeutet, dass man personenbezogene Daten nur verwenden darf, wenn dies gesetzlich ausdrücklich erlaubt wird oder dazu eine Einwilligung des jeweils betroffenen Nutzers vorliegt.

Wenn also personenbezogene Daten der Social Web Nutzer gesammelt oder verwendet werden, sollte grundsätzlich sichergestellt werden, dass die konkrete Datenverwendung

- entweder ausdrücklich durch eine gesetzliche Vorschrift für zulässig erklärt wird oder
- der Nutzer vor der Datenerhebung oder -verwendung entsprechend § 13 TMG umfassend aufgeklärt wird und seine ausdrückliche Zustimmung (Opt-in) dazu erklärt hat.

6.1.3 Legitimation der Datenerhebung und -verarbeitung

Neben der Datenschutzerklärung muss der Betreiber des Telemediums dafür Sorge tragen, dass die Datenerhebung und -verarbeitung auch entsprechend der Vorgaben des TMG legitimiert werden kann.

Es gilt ein sogenanntes Verbot mit Erlaubnisvorbehalt. Die Datenerhebung bzw. -verarbeitung ist danach verboten, wenn nicht einer der gesetzlichen Legitimationstatbestände eingreift.

Nach § 14 TMG dürfen personenbezogene Daten gespeichert und verarbeitet werden, soweit dies für die Begründung, inhaltliche Ausgestaltung oder Änderung eines Vertragsverhältnisses zwischen dem Diensteanbieter und dem Nutzer erforderlich sind (Bestandsdaten).

Nutzungsdaten, wie zum Beispiel
- Merkmale zur Identifikation des Nutzers,
- Angaben über Beginn und Ende sowie des Umfangs der jeweiligen Nutzung und
- Angaben über die vom Nutzer in Anspruch genommenen Telemedien, dürfen nach § 15 TMG nur erhoben und verarbeitet werden, wenn dies erforderlich ist, um die Inanspruchnahme des jeweiligen Telemediums zu ermöglichen und abzurechnen (Nutzungsdaten).

Die obenstehenden Ausführungen machen bereits deutlich, dass die Datenerhebung und -verarbeitung auf Grundlage der gesetzlichen Erlaubnisnormen nur sehr eingeschränkt zulässig ist. Deswegen bietet eine ausdrückliche Einwilligung des Betroffenen gemäß § 12 Abs. 1 TMG oft eine sinnvolle Alternative. Hierauf basiert auch die Datenverarbeitung zahlreicher Sozialer Netzwerke, die den Nutzer bei der ersten Anmeldung über die weitergehende Datenverarbeitung informieren und aktiv (Opt-in) zustimmen lassen.

Ob neben der Datenschutzerklärung eine zusätzliche Einwilligung erforderlich ist, hängt mithin davon ab, ob und wie personenbezogene Daten erhoben, verarbeitet oder an Dritte weitergegeben werden. Ob besondere Funktionen in den Sozialen Medien, wie z. B. der Facebook Like Button, eine solche Einwilligung erfordern und wie dies in der Praxis umgesetzt werden kann, wird in den nachfolgenden Kapiteln dargestellt.

Eine datenschutzrechtliche Einwilligung erfordert in der Regel eine aktive Zustimmungserklärung des Betroffenen (→ Opt-in). Häufig wird dies so realisiert: Der Nutzer muss der Erklärung des Anbieters zur Datenerhebung und -verarbeitung durch das Setzen eines Häkchens in einer Checkbox zustimmen. Dieses Verfahren genügt den datenschutzrechtlichen Anforderungen.

Ist eine Einwilligung nötig, muss der Diensteanbieter auch sicherstellen:
- dass die Einwilligung protokolliert wird (§ 13 Nr. 2 TMG),
- der Inhalt der Einwilligung für den Nutzer jederzeit abrufbar ist (Nr. 3) und
- er seine Einwilligung mit Wirkung für die Zukunft jederzeit widerrufen kann (Nr. 4).

Über diese Widerrufsmöglichkeit muss der Nutzer in der → Datenschutzerklärung informiert werden.

> **Tipp: Mit einer Einwilligung sind Sie auf der sicheren Seite**
> So gut wie jede Art der Datenerhebung oder -verarbeitung ist zulässig, wenn hierzu eine informierte Einwilligung des Nutzers vorliegt.

6.2 Social Media Monitoring: das »Durchsuchen« des Social Web

Auch in Deutschland haben viele Unternehmen das große Potenzial des Sozialen Internets erkannt. Bevor sie jedoch selbst aktiv werden, nähern sich Unternehmen dem Phänomen häufig, indem sie bei den Dialogen und der Meinungsbildung zuhören und sie beobachten.

Social Media Monitoring heißt hier das aktuelle Zauberwort. Es symbolisiert als ersten Schritt einer Social-Media-Strategie das Beobachten, Filtern und Analysieren von nutzergenerierten Inhalten (sog. User Generated Content) auf Social-Media-Plattformen wie z.B. Facebook, Twitter, YouTube etc. Monitoring wird daneben im Reputations- und Krisenmanagement und zur

6 Social Media Monitoring: das »Durchsuchen« des Social Web

Markt- und Wettbewerbsanalyse eingesetzt. Tatsächlich bietet die systematische Recherche und Auswertung vieler Informationen im Social Web für Unternehmen interessante und sehr wichtige Erkenntnisse. Zukünftig wird das Beobachten des Social Web daher auch für das Customer Relationship Management (CRM) sowie für die Marktforschung und das Produkt- und Innovationsmanagement an Bedeutung gewinnen. Insofern ist eine entsprechende Aus- und Bewertung der Informationen im Social Web auch für neue Geschäftsmodelle eine interessante Grundlage.

> **Tipp: Wie Monitoring funktioniert** !
>
> Um herauszufinden, was in den Sozialen Medien über sie geschrieben wird, können Unternehmen entweder die im Internet zugänglichen Werkzeuge nutzen oder aber einen der professionellen Anbieter mit dem Monitoring über individualisierte Suchroutinen beauftragen. Letzteres ist ab einem gewissen Komplexitätsgrad hinsichtlich der Konfiguration der Suchwörter, der Zahl der Quellen und spezifischer Zielsetzung sicherlich ratsam.

6.2.1 Datenschutz: zentrales Problem des Social Media Monitoring

Eine zielgerichtete Erhebung von Daten aus Facebook, XING & Co. steht allerdings in einem unausweichlichen Spannungsverhältnis zum Thema Datenschutz. Für Unternehmen sollte die Einhaltung von datenschutzrechtlichen Vorgaben ein wichtiger Aspekt bei der Auswahl des Dienstleisters im Bereich Social Media Monitoring sein. Auch beim Einsatz eigener Monitoring-Werkzeuge sollten Unternehmen sich der datenschutzrechtlichen Grenzen bewusst sein.

Neben allgemeineren datenschutzrechtlichen Einflüssen wird – je nach Ausrichtung der Monitoring-Routinen – auch das Thema Arbeitnehmerdatenschutz beim Social Media Monitoring relevant werden. Oft wird ein Unternehmen bei entsprechenden Suchroutinen nach der eigenen Marke auch auf Informationen und Aussagen der eigenen Mitarbeiter stoßen. Auch wegen der mittlerweile in die nächste Legislaturperiode verschobenen gesetzlichen Neuregelung des Arbeitnehmerdatenschutzrechts kommen Monitoring betreibende Unternehmen, die nicht blindlings in Probleme mit Datenschutzbehörden hineinlaufen wollen, an einer rechtlichen Risikoanalyse nicht vorbei. Auch wenn in diesem relativ neuen Themenfeld rechtlich Einiges noch nicht abschließend geklärt ist, werden hier die Grenzen nachgezeichnet und Risiken erläutert, aber auch zulässige Gestaltungen dargestellt.

6.2.2 Ist Monitoring überhaupt zulässig?

6.2.2.1 Datenschutzrechtliche Grundlagen

Nach §4 Bundesdatenschutzgesetz (BDSG) ist die Erhebung, Verarbeitung und Nutzung **personenbezogener Daten** nur zulässig, wenn der Betroffene eingewilligt hat oder eine Rechtsvorschrift die jeweilige Datenverwendung auch ohne Einwilligung zulässt. Das gilt aber nur bei → personenbezogenen Daten (siehe Kapitel 6.1.2). Soweit also keine personenbezogenen Daten i.S. des §3 Abs. 1 BDSG betroffen sind, d.h. keine Informationen, die einer bestimmten oder bestimmbaren natürlichen Person zuzuordnen sind, greift das → Bundesdatenschutzgesetz überhaupt nicht ein.

Das bei personenbezogenen Daten geltende → Verbot mit Erlaubnisvorbehalt bezieht sich auf jede Stufe der Verwendung personenbezogener Daten. Danach muss beim Social Media Monitoring nicht nur bei der Erhebung personenbezogener Daten, sondern auch bei der Speicherung oder einer weitergehenden Datenverarbeitung (d.h. Auswertung, Aggregation etc.) die Zulässigkeit geprüft werden.

Nachdem der jeweils Betroffene, dessen Daten erhoben werden, in aller Regel nicht in die Erhebung durch unbekannte Dritte (sprich dem »monitorenden« Unternehmen) eingewilligt hat, bleiben als legitimierende Rechtsvorschriften nur die weiteren Regelungen des → Bundesdatenschutzgesetzes (BDSG).

6.2.2.2 Datenerhebung aus öffentlich zugänglichen Quellen (§ 28 Abs. 1 Nr. 3 BDSG)

Eine ganz zentrale Vorschrift ist deshalb § 28 Abs. 1 Nr. 3 BDSG (für Monitoring-Anbieter entsprechend § 29 Abs. 1 Satz 1 Nr. 2 BDSG). Danach dürfen Daten, die öffentlich zugänglich sind, auch per Social Media Monitoring erhoben werden. Dabei darf aber das schutzwürdige Interesse des Betroffenen an dem Ausschluss der Verarbeitung oder der Nutzung das berechtigte Interesse der verantwortlichen Stelle nicht offensichtlich überwiegen. Diese Vorschrift geht von dem Grundsatz aus, dass es demjenigen, der sich aus allgemein zugänglichen Quellen unterrichten darf, auch grundsätzlich gestattet sein muss, die dort zugänglichen Daten zu speichern. Öffentlich zugänglich sind juristisch gesprochen alle Informationsquellen, »die sich sowohl ihrer technischen Ausgestaltung als auch ihrer Zielsetzung nach dazu eignen, einem individuell nicht bestimmbaren Personenkreis Informationen zu vermitteln« (Simitis in: Simitis, Hrsg., BDSG § 28 Rn. 189). Damit sind Informationen aus dem Internet immer dann als öffentlich zugänglich zu werten, wenn sie zulässigerweise als für jedermann zugängliche Daten im World Wide Web verfügbar gemacht worden sind.

- Informationen, die nur unter gewissen Einschränkungen verfügbar sind, z.B. weil sie nur von angemeldeten Nutzern eines Sozialen Netzwerkes eingesehen werden können, sind dagegen nicht als für jedermann, und damit nicht als öffentlich zugänglich zu werten. In solchen Fällen kann zwar nicht § 28 Abs. 1 Nr. 3 BDSG herangezogen werden, unter Umständen aber andere Normen des BDSG als gesetzliche Rechtfertigung.
- Wenn aber nur öffentlich zugängliche Informationen die Datenbasis des Social Media Monitoring sind, ist die Erhebung zulässig, wenn der Verarbeitung nicht offensichtliche Interessen des Betroffenen entgegenstehen. Das hängt letztlich von der Sensibilität der Daten ab.
- Diese Vorschrift ermöglicht bei entsprechender Konfiguration der Monitoring Tools also bereits eine Beschränkung datenschutzrechtlicher Risiken.

6.2.2.3 Anonymisierung und Pseudonymisierung von Daten

Gefragt nach der datenschutzrechtlichen Zulässigkeit, erwidern Anbieter von Monitoring Tools gern, diese Vorgaben seien nicht betroffen, da ja keine persönlichen Informationen wie z.B. Namen erhoben werden würden. Diese Argumentation greift aber oft zu kurz, weil es bei den vom BDSG geschützten Daten um personenbezogene Daten i.S. des §3 BDSG, also um deutlich mehr als nur Namen, Anschrift o.Ä., geht. Daher wird man bei der datenschutzrechtlichen Beurteilung genauer hinschauen müssen. Nachdem aber tatsächlich nur Daten mit einem entsprechenden Personenbezug i.S. des §3 Abs. 1 BDSG geschützt sind, ist es möglich, durch eine Anonymisierung oder Pseudonymisierung Daten so zu modifizieren, dass die jeweilige Nutzung zulässig ist bzw. wird. Bei der Anonymisierung (§3 Abs. 6 BDSG) werden alle Informationen aus den zu speichernden Daten dauerhaft entfernt, die zur Identifizierung der dahinterstehenden Person notwendig sind. Das kann die (Weiter-) Verwertung zulässig machen. Pseudonymisieren (§3 Abs. 6a BDSG) hingegen ist das Ersetzen des Namens und anderer Identifikationsmerkmale durch ein Kennzeichen zu dem Zweck, die Bestimmung des Betroffenen auszuschließen oder wesentlich zu erschweren.

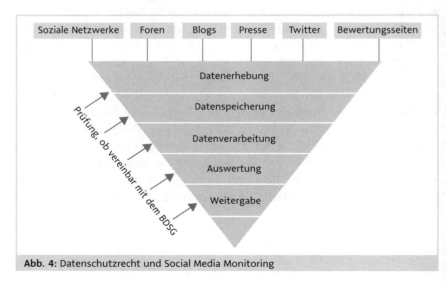

Abb. 4: Datenschutzrecht und Social Media Monitoring

Social Media Monitoring: das »Durchsuchen« des Social Web 6

Datenschutzkonformes Monitoring ist also grundsätzlich möglich. Beim »Aufsetzen« eines Monitoring Tools sollte bedacht werden, dass jeder einzelne Monitoring-Schritt den Datenschutzvorgaben entsprechen muss: Angefangen von der Erhebung der Daten über deren notwendige Speicherung und Verarbeitung bis hin zu einer etwaigen Weitergabe an das beauftragende Unternehmen, muss – soweit personenbezogene Daten verwertet werden – eine gesetzliche Vorschrift aus dem BDSG die Datenverwendung legitimieren.

6.2.3 Vertrag über Auftragsdatenverarbeitung: für beide Seiten sinnvoll

Wer einen Dritten mit der Erhebung oder Verarbeitung geschützter Daten beauftragt, bleibt selbst nach §11 Abs. 1 BDSG für die Einhaltung des Datenschutzrechts verantwortlich. In diesen Fällen (z.B. bei Beauftragung eines Monitoring Anbieters durch ein Unternehmen) liegt es im höchsteigenen Interesse des Auftraggebers, einen Vertrag über eine Auftragsdatenverarbeitung mit den Inhalten des §11 Abs. 2 BDSG zu schließen, um so für eine Datenschutzkonformität des Monitorings sorgen zu können. Auch für Social Monitoring Anbieter lohnt sich ein solcher Vertrag: Sie können über den Abschluss dieser Verträge das Vertrauen ihrer Kunden gewinnen.

> **Tipp: Im Vorfeld absichern** !
>
> Unternehmen sollten auch beim Monitoring- nicht zuletzt aufgrund der steigenden öffentlichen Wahrnehmung – seriös und informiert mit dem Thema Datenschutz umgehen. Sie sollten sicherstellen, dass die oben beschriebenen Mindestanforderungen an den Schutz personenbezogener Daten eingehalten werden.

6.3 Big Data: Umgang mit großen Datenmengen

6.3.1 Herausforderung für den Datenschutz

Wir leben im Zeitalter von »Big Data«. In vielen Bereichen entstehen erhebliche Datenmengen in digitalisierter Form. Technische Fortschritte im Bereich der Rechnerleistung und die massive Zunahme an Speicherkapazitäten (Stichwort: Cloud-Computing) tragen dazu bei, dass immer größere Datenmengen gespeichert und verarbeitet werden können. Verstärkt wird diese Entwicklung dadurch, dass immer mehr Menschen über das Internet immer mehr Daten und Informationen produzieren (z.B. in Sozialen Netzwerken) bzw. über mobile Endgeräte oder andere Sensoren (Stichwort: RFID) Daten generieren, die es vor einigen Jahren noch überhaupt nicht gegeben hat.

Hinzu kommen neue Erkenntnisse und Fortschritte bei der Datenanalyse (Data Analytics) und Auswertung großer Datenbestände (Data Mining).

Die Aus- und Bewertung der entstehenden Datenmengen kann in bisher kaum ausgeschöpftem Ausmaß zum Wohl der Menschen, aber auch zum Wachstum der globalen Ökonomie beitragen, indem damit Innovationen und Produktivität vorangetrieben werden können. Bei vielen Experten besteht Einigkeit, dass hier ein neuer Markt mit spezifischen Werten entsteht (Stichwort: »Data is the new Oil«).

Fragen wie »Wem gehören diese Daten?« und »Wer darf diese Daten und Informationen wie und zu welchen Zwecken aus- und verwerten?« werden sich in unmittelbarer Zukunft vermehrt stellen. Diese und weitere zahlreiche rechtliche Fragen sind bisher nur ansatzweise diskutiert und gelöst worden.

6.3.1.1 Big-Data-Projekte: Überwachung wie bei Big Brother?

> **Beispiel: Auswertung von Bewegungsdaten** !
> Im Jahr 2012 schockte die Firma O2 einige ihrer Kunden mit der Mitteilung, deren Bewegungsdaten, die sich aus der Nutzung mobiler Endgeräte ergeben, nun zu monetarisieren. Nach dem damaligen Bericht von netzpolitik.org sollten Bestandsdaten (Geschlecht, Alter) mit Bewegungsdaten zusammengeführt werden, um die Erkenntnisse daraus an (Werbe-)Kunden weiterzugeben.

Neben der bisweilen undifferenzierten, nichtsdestotrotz nachvollziehbaren Befürchtung eines »Big Brother Szenarios«, bei dem jeder Schritt verfolgt wird, gibt es bei solchen »Big Data« Projekten zahlreiche datenschutzrechtliche Fragen zu beachten.

Wenn es Unternehmen – wie im Fall von O2 – nicht schaffen, solche Projekte nachvollziehbar zu kommunizieren und Kundenbedenken frühzeitig mit Aufklärung zu begegnen, wird Big Data in Zukunft stets als Bedrohung gesehen werden. Wenn es Institutionen und Unternehmen aber gelingt, die datenschutzrechtlichen Probleme »aufzufangen« und sauber und transparent abzubilden, kann Big Data zu den oben skizzierten positiven Folgen führen.

6.3.1.2 Datenschutzrechtliche Grundlagen

Nach §4 Bundesdatenschutzgesetz (BDSG) ist die Erhebung, Verarbeitung und Nutzung personenbezogener Daten nur zulässig, wenn der Betroffene eingewilligt hat oder eine andere Rechtsvorschrift die jeweilige Datenverwendung auch ohne entsprechende Einwilligung legitimiert (sog. Verbot mit Erlaubnisvorbehalt).

Soweit also keine personenbezogenen Daten i.S. des §3 Abs. 1 BDSG, also keine Informationen betroffen sind, die einer bestimmten oder bestimmbaren natürlichen Person zuzuordnen sind, greift das Bundesdatenschutzgesetz überhaupt nicht ein.

1. Gestaltungsmöglichkeit: Anonymisierung oder Pseudonymisierung

Nach dem BDSG sind tatsächlich nur Daten geschützt, die einen Personenbezug i.S. des §3 Abs. 1 BDSG aufweisen.

Demgemäß ist es möglich, durch eine Anonymisierung oder Pseudonymisierung Daten so zu modifizieren, dass die jeweilige Nutzung zulässig ist bzw. wird. Bei der Anonymisierung (§3 Abs. 6 BDSG) werden alle Informationen aus den zu speichernden Daten dauerhaft entfernt, die zur Identifizierung der dahinterstehenden Person notwendig sind, was die (Weiter-)Verwertung zulässig machen kann. Pseudonymisieren (§3 Abs. 6a BDSG) hingegen, ist das Ersetzen des Namens und anderer Identifikationsmerkmale durch ein Kennzeichen zu dem Zweck, die Bestimmung des Betroffenen auszuschließen oder wesentlich zu erschweren. Wenn Daten also hinreichend anonymisiert werden, steht das BDSG auch der Auswertung von Big Data eigentlich nicht mehr im Weg.

Unzureichend ist die Anonymisierung selbstverständlich, wenn Dritte die Daten wieder de-anonymisieren können. De-Anonymisierung muss also möglichst ausgeschlossen werden.

2. Gestaltungsmöglichkeit: Einwilligung

Die Verarbeitung personenbezogener Daten ist stets zulässig, wenn der Betroffene gemäß §4a BDSG eingewilligt hat. §4a Satz 2 BDSG bestimmt außerdem:

Der Betroffene ist im Rahmen einer rechtswirksamen Einwilligung auf den vorgesehenen Zweck der Erhebung, Verarbeitung oder Nutzung sowie, soweit nach den Umständen des Einzelfalles erforderlich oder auf Verlangen, auf die Folgen der Verweigerung der Einwilligung hinzuweisen.

Es braucht also eine hinreichende Aufklärung, wie welche Daten gespeichert und verarbeitet werden. Stimmt der Betroffene dieser vor der Datenverarbeitung zu, ist diese als zulässig anzusehen. Ist die Erteilung nicht für das Rechtsgeschäft zwingend, genügt aus datenschutzrechtlicher Sicht wohl eine Opt-out-Klausel, sonst bedarf es einer aktiven Zustimmungshandlung (Opt-in).

3. Gestaltungsmöglichkeit: Datenerhebung aus öffentlich zugänglichen Quellen

Für die geschäftsmäßige Verarbeitung von Big Data stellt §29 Abs. 1 Satz 1 Nr. 2 BDSG eine weitere mögliche Erlaubnisnorm dar. Danach dürfen Daten, die öffentlich zugänglich sind, erhoben werden, es sei denn, dass das schutzwürdige Interesse des Betroffenen an dem Ausschluss der Verarbeitung oder Nutzung gegenüber dem berechtigten Interesse der verantwortlichen Stelle offensichtlich überwiegt.

Diese Vorschrift geht davon aus, dass es demjenigen, der sich aus allgemein zugänglichen Quellen unterrichten darf, auch grundsätzlich gestattet sein muss, die dort zugänglichen Daten zu speichern. Öffentlich zugänglich sind alle Informationsquellen, »die sich sowohl ihrer technischen Ausgestaltung als auch ihrer Zielsetzung nach dazu eignen, einem individuell nicht bestimmbaren Personenkreis Informationen zu vermitteln« (Simitis in: Simitis [Hrsg.], BDSG §28 Rn. 189). Damit sind Informationen aus dem Internet immer dann als öffentlich zugänglich zu qualifizieren, wenn diese zulässigerweise als für jedermann zugängliche Daten im World Wide Web verfügbar gemacht worden sind. Informationen, die nur unter gewissen Einschränkungen verfügbar sind, z. B. weil diese nur von angemeldeten Nutzern eines Sozialen Netzwerkes eingesehen werden können, sind hingegen nicht als öffentlich zugänglich zu werten. Bei der Sammlung von Big Data in Sozialen Netzwerken kann also nicht auf §29 Abs. 1 Satz 1 Nr. 2 BDSG, unter Umständen aber auf andere Normen des BDSG als gesetzliche Rechtfertigung zurückgegriffen werden.

Wenn also öffentlich zugängliche Informationen als Datenbasis des jeweiligen Big Data Ansatzes dienen, ist die Erhebung zulässig, soweit der entsprechenden Verarbeitung nicht offensichtliche Interessen des Betroffenen entgegenstehen. Das wird schlussendlich von der Sensibilität der Daten abhängen. Diese Vorschrift ermöglicht bei entsprechender Konfiguration also bereits eine Beschränkung datenschutzrechtlicher Risiken.

Neben einigen weiteren Gestaltungsoptionen ermöglichen die dargestellten gesetzlichen Rahmenbedingungen in vielen Fällen also eine datenschutzkonforme Ausgestaltung des jeweiligen Big Data Ansatzes. Bei der datenschutzrechtlichen Prüfung ist schlussendlich zu beachten, dass jeder einzelne

Datenverarbeitungsschritt, also die Erhebung, die notwendige Speicherung und Verarbeitung bis hin zu einer etwaigen Weitergabe, mit einer gesetzlichen Vorschrift aus dem BDSG legitimiert sein muss.

Da bei Big Data Projekten aber in der Regel nicht Informationen zu einzelnen Personen Ergebnis sein sollen, sondern allgemeinere Erkenntnisse (wie z. B. das Nutzungs- oder Kaufverhalten einer bestimmten Altersgruppe oder eines bestimmten Geschlechts), wird sich bei einem der Datenverarbeitungsschritte eine Anonymisierung durchführen lassen.

Aus den vorgehenden Ausführungen wird deutlich, dass sich Big Data Ansätze durch ein durchdachtes Zusammenwirken der verschiedenen Gestaltungsmöglichkeiten durchaus auch im Einklang mit deutschem Datenschutzrecht organisieren und durchführen lassen.

6.3.1.3 Bewertung des Projekts »Smart Steps« von O_2

Auch das Projekt »Smart Steps« ließe sich auf Grundlage der im Telekommunikationsbereich spezielleren Sondervorschrift des §98 Telekommunikationsgesetz (TKG) insofern zulässig gestalten, wenn die entsprechenden Standortdaten »nur im zur Bereitstellung von Diensten mit Zusatznutzen erforderlichen Umfang und innerhalb des dafür erforderlichen Zeitraums verarbeitet werden, wenn sie anonymisiert wurden oder wenn der Teilnehmer dem Anbieter des Dienstes mit Zusatznutzen seine Einwilligung erteilt hat«. Sollten im Rahmen des Projekts auch Bestandsdaten bzw. anderweitige Verkehrsdaten verarbeitet oder weitergegeben werden, sind überdies die §95 Abs. 1 Satz 2 TKG bzw. §96 Abs. 3 TKG zu beachten.

Auch im Hinblick auf die öffentliche Wahrnehmung ist Unternehmen wie O_2 in jedem Fall zu raten, eine hinreichende Einwilligung der Kunden einzuholen.

Die bei netzpolitik.org dargestellten Einwilligungsformulare würden für eine Weitergabe aggregierter Bestands- und Bewegungsdaten (vorbehaltlich einer hinreichenden Anonymisierung) aber sicher nicht ausreichen. Zum einen ist schon fraglich, ob der Zweck der Datenerhebung und -weitergabe mit »Werbezwecken für Produkte von O_2 und Marktforschung« hinreichend erläutert ist. Nach der Rechtsprechung muss jedoch immer angegeben werden, an wen etwaige datenschutzrechtlich relevante Informationen weitergegeben werden. Die Aussage »Andere Firmen« etwa genügt dabei nicht. Aus den angegebenen Formularen wird jedenfalls nicht klar, welche Daten konkret erhoben und verarbeitet sowie gegebenenfalls an wen weitergegeben werden.

Bei solchen Unklarheiten ist – unabhängig von der datenschutzrechtlichen Beurteilung – Widerstand der Kunden vorprogrammiert.

6.3.1.4 Ein Ausblick zum Datenschutz

Big Data Projekte wie das von O_2 waren erst der Anfang. Mittlerweile sind einige weitere Projekte bekannt geworden, so z.B. das von der SCHUFA geplante Projekt, die Auswertung von Daten aus Sozialen Netzwerken zur Beurteilung der Kreditwürdigkeit, die Analyse der Handydaten von 15 kenianischen Mobilfunkkunden anlässlich der Ausbreitung von Malaria, aber auch die Forschungszwecken dienende Auswertung von 52 Millionen anonymisierten Krankenakten in Großbritannien. Sie zeigen das Potenzial von Big Data, aber auch die Risiken sowie Bedenken in der Bevölkerung.

Die Ausführungen oben verdeutlichen, dass durchaus Gestaltungsmöglichkeiten bestehen, um die Auswertung von Big Data mit den datenschutzrechtlichen Vorgaben in Einklang zu bringen. Je nach Einzelfall oder Werkzeug kann bei Big Data Projekten über eine entsprechend granulare Ausgestaltung die Erhebung personenbezogener Daten vermieden oder über Anonymisierungsmechanismen teilweise im Zusammenwirken mit weiteren Maßnahmen (z.B. dem Abschluss eines Auftragsdatenverarbeitungsvertrages mit dem auswertenden Dienstleister) auf eine rechtssichere Grundlage gestellt werden.

Wegen der wachsenden Bedeutung des Datenschutzes in Zeiten von Internet und Social Media und der steigenden Sensibilität bei Menschen sind die verantwortlichen Stellen gut beraten, die Datenschutzrechte zu achten, und klar zu kommunizieren, welche Daten zu welchen Zwecken wie eingesetzt und verarbeitet werden. Je nach Rechtslage sollte bei den Betroffenen (Kunden) nach einer hinreichenden Aufklärung die Einwilligung (Opt-in) zur jeweiligen Datenerhebung bzw. die Möglichkeit zur Ablehnung (Opt-out) gegeben werden. Transparenz und Kontrollmöglichkeiten der Betroffenen sind elementare Voraussetzungen, um Big Data nicht zu einer unkontrollierbaren Gefahr für die Menschen werden zu lassen und so schlussendlich zu einer Überregulierung zu führen.

Gleichzeitig ist der Gesetzgeber aufgerufen, die aktuelle datenschutzrechtliche Systematik auch im Hinblick auf Big Data zu überdenken und zu überarbeiten. Der allgemeingültige Grundsatz der Datensparsamkeit passt ebenso wenig in die digitale Welt, in der Menschen freiwillig Daten preisgeben, wie der undifferenzierte Ansatz personenbezogener Daten. Vorzugswürdig scheint eine weitergehende Differenzierung nach der Sensibilität von Informationen. Davon sollte abhängig gemacht werden, ob diese Daten ohne weitergehende Voraussetzungen, auf Grundlage eines Opt-out bzw. erst nach einer ausdrücklichen Einwilligung verarbeitet werden dürfen. Die umfassende Aufklärung der Nutzer über die Datenverwendung und -weitergabe ist im Hinblick auf die dringend notwendige Transparenz und das Erfordernis einer informierten Entscheidung der Betroffenen hingegen unverzichtbar.

6.3.2 Urheber- und datenbankrechtliche Probleme bei der Verarbeitung öffentlich zugänglicher Daten

Technische Möglichkeiten über automatische Suchroboter (sog. »Bots«) wie das Crawling, Spidering oder Screen Scraping (siehe dazu das Kapitel 18.2) machen es sehr einfach, enorme Datenmengen aus dem Internet zu durchsuchen, zu speichern und dann für eigene Zwecke zu systematisieren bzw. Dritten in neu zusammengestellter Form zur Verfügung zu stellen. Der Kampf um das Recht, entsprechende Daten auszuwerten bzw. zu verwerten, hat gerade erst begonnen.

6 Big Data: Umgang mit großen Datenmengen

> **Beispiel: Google als mächtige »Auswertungsmaschine«** !
>
> Seit vielen Jahren laden verschiedene Anbieter von Suchmaschinenoptimierungswerkzeugen mit eigenen Suchrobotern (sog. Crawlern) die Google Suchergebnisse herunter und analysieren diese Daten (teilweise auch als Scraped Data bezeichnet). Hieraus werden eigene Erkenntnisse gezogen bzw. auch über entsprechende Suchmaschinenoptimierungswerkzeuge Kunden spezifische Auswertungsdaten verkauft (wie z. B. bei Raven in den USA, aber auch bei Sistrix oder Searchmetrics in Deutschland).
>
> Google wendet sich offensiv gegen solche Anbieter. In den Nutzungsbedingungen von Google heißt es dazu:
>
> »You specifically agree not to access (or attempt to access) any of the Services through any automated means (including use of scripts or web crawlers) and shall ensure that you comply with the instructions set out in any robots.txt file present on the Services.«

Es stellt sich die Frage, ob Google mit solchen Nutzungsbedingungen tatsächlich die Verwertung öffentlich zur Verfügung gestellter Informationen einfach verbieten kann bzw. auf welcher Rechtsgrundlage und wie weitgehend Google hier Verbote aussprechen darf. Diese Frage ist auch für die Zukunft interessant, denn: Daten bedeuten in unserer Informationsgesellschaft Macht; die Hoheit über Big Data bedeutet mehr Macht...

6.3.3 Wer ist »Eigentümer« öffentlicher Daten?

Vorauszuschicken ist, dass »Eigentum« an Informationen aus juristischer Sicht nicht begründet werden kann und der Begriff insoweit eigentlich nicht passt. Dennoch können Informationen oder Daten unter verschiedenen gesetzlichen Voraussetzungen vor dem Zugriff bzw. der Verwertung durch Dritte geschützt sein.

6.3.3.1 Verbot in den Nutzungsbedingungen

Zahlreiche Internetportale verbieten in ihren Nutzungsbedingungen den Einsatz von Suchrobotern (Webcrawler) bzw. das systematische Durchsuchen und Auswerten der zur Verfügung gestellten Daten.

Tatsächlich haben die Betreiber entsprechender Webportale aufgrund ihres virtuellen Hausrechts die Berechtigung, entsprechende Vorgaben für die Nutzung der Plattform zu machen. Rechtlich verbindlich wird die jeweilige Regelung aber nur, wenn der »Scraper« sich unter Anerkennung der Nutzungsbedingungen bei der Plattform registriert hat.

Ist der Zugang dagegen nicht beschränkt bzw. auch ohne Anmeldung möglich (wie z.B. bei Google), kommt den jeweiligen Nutzungsbedingungen ebenso wie allen weiteren einseitigen Erklärungen über von ihr gewollte Nutzungsbeschränkungen keine verbindliche Rechtswirkung für nicht registrierte Besucher der Webseite zu (vgl. OLG Frankfurt, Urteil vom 05.03.2009, Az. 6 U 221/09). Nutzungsbedingungen nützen Google & Co. also nicht unbedingt...

6.3.3.2 Urheberrechtliche Grenzen der Verwertung von Big Data

In Deutschland sind ansonsten vor allem das Urheberrecht und das ebenfalls im Urheberrechtsgesetz (UrhG) zu verortende Datenbankrecht relevant.

Urheberrechtlicher Schutz wird gemäß §2 UrhG nur angenommen, wenn ein entsprechendes schutzfähiges Werk vorliegt. Häufig wird es sich bei Big Data um Texte oder -fragmente handeln, die nur geschützt sind, wenn die notwendige Schöpfungshöhe erreicht wird. Das wird gerade bei einzelnen Fragmenten oder Datenreihen in aller Regel nicht angenommen werden können und hilft insoweit in vielen Fällen nicht weiter.

6.3.3.3 Datenbankrechtliche Grenzen der Verwertung von Big Data

Daher wird es letztlich darauf ankommen, ob durch den Zugriff auf fremde Datenbestände in unzulässiger Weise in das Datenbankrecht nach §87 a ff. UrhG eingegriffen wird. Nach §87b UrhG hat der Hersteller einer Datenbank das ausschließliche Recht, die Datenbank insgesamt oder einen nach Art oder Umfang wesentlichen Teil der Datenbank zu vervielfältigen, zu verbreiten und öffentlich wiederzugeben.

Big Data: Umgang mit großen Datenmengen

Zunächst ist also zu prüfen, ob überhaupt eine geschützte Datenbank i.S. von §87a UrhG vorliegt. Erforderlich hierfür ist eine Sammlung von Daten, die systematisch und methodisch angeordnet und einzeln mithilfe elektronischer Mittel zugänglich gemacht worden sind und für deren Beschaffung, Darstellung oder Überprüfung eine nach Art und Umfang wesentliche Investition erforderlich geworden ist.

Sollten diese Voraussetzungen vorliegen, ist es ohne Zustimmung des Datenbankherstellers verboten, einen nach Art und Umfang wesentlichen Teil der Daten zu vervielfältigen, zu verbreiten oder öffentlich wiederzugeben. Artikel 7 Abs. 1 der Europäische Datenbankrichtlinie besagt, dass »wesentlicher Teil« in qualitativer oder in quantitativer Hinsicht verstanden werden kann. Nur dann, wenn ein entsprechend wesentlicher Teil »entnommen« wird, ist von einem unzulässigen Eingriff in das Datenbankrecht des Inhabers auszugehen. Interessanterweise hat der Bundesgerichtshof in seiner Entscheidung »Zweite Zahnarztmeinung II« (BGH, Urteil vom 01.12.2010, Az. I ZR 196/08) einen Anteil von unter 1/10 nicht als wesentlich angesehen. Auch in seiner Entscheidung »Automobil-Onlinebörse« (BGH, Urteil vom 22.06.2011, Az. I ZR 159/10) hat der Bundesgerichtshof einen rechtswidrigen Eingriff abgelehnt, weil in dem entscheidenden Fall immer nur einzelne Abfragen zu dem jeweils konkreten Suchauftrag gemacht wurden und damit weder die gesamte Datenbank als ganze kopiert wurde, noch »wesentliche Teile« davon betroffen waren.

Diese Ausführungen zeigen bereits, dass das Thema komplex ist. Bei der Entnahme weniger Daten im Verhältnis zur Gesamtdatenbank ist es durchaus denkbar, dass der Datenbankhersteller rechtlich nicht einschreiten kann.

6.3.4 Bewertung des Verbots von Google

Nach deutschem bzw. europäischem Recht dürfte eine rechtliche Durchsetzung des oben skizzierten Verbots durch Google nicht ganz so einfach sein, wie teilweise vermutet wird. Faktisch wird Google sich als in den USA »sitzender« Datenbankinhaber aber aller Voraussicht auch berechtigterweise auf US-amerikanisches Recht berufen. Für eine entsprechende rechtliche Bewertung gibt es sachkundigere Kollegen als einen deutschen Rechtsanwalt, weshalb ich hier keine konkreten Aussagen treffen kann.

Wenn Google allerdings seine hier vermutete Ankündigung wahrmacht, bei Nichtbefolgung des Scraping-Verbots auch den Zugang zur Google AdWords Schnittstelle (API) zu verweigern, sehe ich angesichts der Marktmacht von Google gewisse kartellrechtliche Bedenken.

Nachdem die rechtlichen Fragen nach deutschem Recht nicht so eindeutig sind, bleibt es spannend, die weitere Entwicklung zu beobachten.

Interessant ist das avisierte Verbot seitens Google auch im Hinblick auf die aktuelle Diskussion um das Leistungsschutzrecht, gegen das Google ja opponiert, weil man mit den eigenen Services ja nur auf den Angeboten der Verlage »aufsetze« und eigentlich durch die Verlinkung sogar eher unterstütze. Es stellt sich die Frage, ob dies bei den SEO-Tools, die die öffentlich zugänglichen Suchmaschinenergebnisse nur auswerten und zusätzliche Services anbieten nicht zumindest ähnlich ist ...

6.3.5 Resümee

Big Data bietet zahlreiche neue Möglichkeiten. Vielerorts wird prognostiziert, dass entsprechenden Aggregatoren, die unterschiedliche Arten von (Medien-)Inhalten und Informationen sammeln und diese bestimmten Zielgruppen in aufbereiteter Form zusammenstellen, ein Stück der Zukunft im Internet gehört. Google selbst macht vor, was auch wirtschaftlich in diesem Bereich möglich ist.

Da Informationen aller Art im Internet die entscheidenden Wirtschaftsgüter sind, wird solcherlei Verarbeitung von Daten und vor allen deren Veredlung auch weiter an Bedeutung gewinnen. Bereits heute sieht man, dass Aggregatoren in vielen Bereichen als Gatekeeper fungieren, von deren (Nicht-)Vermittlung – wie z.B. Google, Reiseportale oder Preisvergleichsseiten – bereits heute schon einiges abhängt.

Die obenstehenden Ausführungen zeigen, dass es hierfür rechtliche Rahmenbedingungen gibt. Auch in diesem Bereich ist allerdings noch einiges in Entwicklung.

Nachdem wir bereits einige Geschäftsmodelle in diesem Bereich prüfen durften, sind wir gespannt, wie sich die rechtlichen Fragen um das »Eigentum« an Daten weiterentwickeln. Die obenstehenden Ausführungen zeigen, dass sich mit ausgeklügelten Modellen auch rechtskonforme Ansätze herausarbeiten lassen.

6.4 Europäischer Datenschutz ab 25. Mai 2018 – Änderungen durch die Datenschutzgrundverordnung

Aufgrund der zunehmenden Bedeutung, die dem Datenschutz gerade hinsichtlich der Internetnutzung zukommt, hat die Europäische Union beschlossen, den Datenschutz mit der ab 25. Mai 2018 in der gesamten EU verbindlich geltenden Datenschutzgrundverordnung (DSGVO) neu zu regeln.

Ab dem Stichtag sind auch hinsichtlich der Sozialen Medien also nicht mehr das Telemediengesetz und das Bundesdatenschutz relevant, sondern die Datenschutzgrundverordnung. Unternehmen und betroffenen Nutzern bleibt nicht mehr viel Zeit, sich auf die nachfolgend skizzierten Änderungen ein- bzw. die eigenen Internetpräsenzen umzustellen.

Nachfolgend sollen die Änderungen zunächst allgemein dargestellt werden, um nachfolgend auf die Aspekte hinzuweisen, die hinsichtlich Social Media besonders relevant erscheinen.

6.4.1 Die Änderungen im Einzelnen

6.4.1.1 Der räumliche Anwendungsbereich Art. 3 DSGVO

Die DSGVO gilt zunächst für alle Unternehmen und Datenverarbeiter mit Sitz innerhalb der Europäischen Union.

Darüber hinaus konstituiert die Verordnung das sogenannte Marktortprinzip für Drittanbieter mit Sitz in Drittstaaten. Sofern Telemedien auch Nutzer innerhalb der Europäischen Union ansprechen bzw. deren Daten verarbeiten, gelten die Regelungen der DSGVO – unabhängig von dem jeweiligen Sitz – auch für ausländische Anbieter (z.B. aus den USA).

6.4.1.2 Datenschutzprinzipien werden gestärkt

In Art. 5 DSGVO findet sich ein ausdrücklicher Katalog der grundsätzlichen Datenschutzprinzipien. Diese Prinzipien sollen als Leitlinien der Gestaltung und Ausrichtung des betrieblichen Datenschutzes dienen und auch im Rahmen von Abwägungen, die unter der Datenschutzgrundverordnung vermehrt erforderlich werden, Berücksichtigung finden.

Privacy by Design (Art. 25 I DSGVO), welches den Datenschutz bereits durch die Gestaltung verwirklicht sehen möchte und **Privacy by Default** (Art. 25 II DSGVO), also Datenschutz durch eine datenschutzfreundliche Grundeinstellung, wurden als neue Prinzipien aufgenommen. Stärker als bisher wird die Rechenschaftspflicht hervorgehoben (Art. 5 II DSGVO). Danach liegt es in der Verantwortung der Unternehmen, dass die Prinzipien eingehalten werden und sie dies auch nachweisen können. In Zukunft werden Protokollierung, Dokumentation und prozessorientiertes Handeln daher eine noch größere Rolle spielen als zuvor.

6.4.1.3 Höhere Anforderungen an die Datenschutzerklärung (Art. 12 DSGVO)

Die europäische Datenschutzerklärung findet sich in Art. 12 DSGVO (im deutschen Recht: §13 TMG). Das europäische Recht verlangt, dass Informationen in präziser, transparenter, verständlicher und leicht zugänglicher Form in einer klaren und einfachen Sprache vermittelt werden.

Die Formulierung einer solchen Datenschutzerklärung, die gleichsam nicht überladen, sondern präzise und transparent sein soll, stellt eine Herausforderung dar.

Welche Informationen bereitzustellen sind, richtet sich nach Art. 13 DSGVO.

Zukünftig sind die Kontaktdaten des Datenschutzbeauftragten, sofern vorhanden, und gegebenenfalls die berechtigten Interessen an einer Datenverarbeitung zu benennen.

Ab Mai 2018 wird die interne Bewertung im Vorfeld einer Datenverarbeitung, also Fragen nach der Art und Weise der Verarbeitung, dem Zweck und der Erforderlichkeit, noch bedeutsamer werden.

Zusätzlich erfahren die Informationspflichten in Art. 13 II DSGVO eine deutliche Erweiterung. Den Betreibern von Internetpräsenzen und anderen Telemedien ist insofern zu raten, sich rechtzeitig mit den neuen Anforderungen auseinanderzusetzen, um die weiter notwendige Datenschutzerklärung mit dem Stichtag 25. Mai 2018 umstellen zu können.

6.4.1.4 Höhere Anforderungen an die Wirksamkeit der Einwilligung (Art. 6 Abs. I lit. A DSGVO)

Die Einwilligung wird zukünftig unter einen strengen Maßstab gestellt (Art. 7 und 4 Nr. 11 sowie die Erwägungsgründe 32). Insbesondere für die Einwilligung von Minderjährigen im Internet gelten höhere Hürden (Art. 8 DSGVO). Bis zum 16. Lebensjahr müssen die gesetzlichen Vertreter einwilligen. Eine Öffnungsklausel erlaubt es dem jeweils nationalen Gesetzgeber, dieses Mindestalter auf 13 herabzusetzen. Darüber hinaus werden die Verantwortlichen verpflichtet, nachzuweisen, dass der Einwilligende auch tatsächlich das 16. respektive das 13. Lebensjahr überschritten hat. Das wird die Praxis vor einige Probleme stellen, da bekannte Verfahren (wie z. B. Postident) aufgrund ihres zeitlichen Aufwandes häufig nicht praktikabel sind.

Einwilligungen, die vor dem 25. Mai 2018 eingeholt worden sind, wirken grundsätzlich fort, soweit sie den neuen europäischen Anforderungen entsprechen.

Zu den neuen Vorgaben hinsichtlich der Einwilligung im Einzelnen:
- **Form** (Art. 4 Nr. 11 DSGVO, Erwägungsgrund 32)
Möglich ist eine unmissverständliche Willensbekundung in Form einer Er-

klärung oder einer sonstigen eindeutigen bestätigenden Handlung. Eine Opt-out-Option genügt für Letzteres gerade nicht.
- **Freiwilligkeit** (Erwägungsgrund 43)
Die Einwilligung ist bei einem klaren Ungleichgewicht ausgeschlossen. Hierunter fallen Verhältnisse zwischen staatlichen Behörden und Bürgern. Allerdings ist dies auch bei B2C-Beziehungen möglich.
- **Koppelungsverbot** (Art. 7 Abs. 4 DSGVO)
Zukünftig ist es verboten, die Erfüllung eines Vertrages von der Einwilligung in weitere Datenverarbeitungen abhängig zu machen.

Zusammenfassend lässt sich zur Einwilligung sagen, dass sie immer noch die sicherste Grundlage für Datenerhebungen und Datenverarbeitungen darstellt. Indessen wird die Einholung einer Einwilligung erschwert. Unverändert bestehen bleibt dagegen die Protokollierungspflicht für diese Vorgänge.

6.4.1.5 Erlaubnistatbestand der berechtigten Interessen (Art. 6 Abs. I lit. f. DSGVO)

Während Bestands- und Nutzungsdaten weiterhin erfasst werden dürfen, wenn sie zur Vertragsdurchführung erforderlich sind, bedarf es hinsichtlich von Daten, die gerade nicht hierzu genutzt werden, entweder einer Einwilligung oder aber einer gesetzlichen Befugnisnorm. Als solche kommt Art. 6 Abs. I lit. f. DSGVO in Betracht.

Die Verarbeitung ist hiernach zulässig,
1. wenn dies zur Wahrung der berechtigten Interessen des Verantwortlichen oder eines Dritten erforderlich ist.
2. sofern nicht die Interessen oder Grundrechte und Grundfreiheiten der betroffenen Person überwiegen, wobei bei Kindern eine besondere Empfindsamkeit an den Tag zu legen ist.

Aufgrund der erschwerten Einwilligung, wird diese Befugnisnorm an Bedeutung gewinnen.

Was aber sind berechtigte Interessen? Allgemein kann »Interesse« jedes von der Rechtsordnung gebilligte wirtschaftliche oder ideelle Interesse sein.

Also bereits Datensammlung, Auswertung und Analyse für personalisierte Angebote oder zur Bewertung der Kundenzufriedenheit. Eine Zweckmäßigkeit der Datenverarbeitung genügt indessen nicht als Interesse. Das »Interesse« ergibt sich aber aus dem Zweck, welcher in der Datenschutzerklärung anzugeben ist (s. o.).

Ob das Interesse berechtigt ist, ist eine Wertungsfrage, bei der die Datenschutzprinzipien zu berücksichtigen sind. Im Zweifel kommt es auf die Frage an, was ein vernünftiger, das heißt objektiver, Betroffener von Datenverarbeitungsprozessen erwarten würde. Diese »Reasonable Expectations of Privacy« ist bereits aus dem US-amerikanischen Datenschutzrecht bekannt.

Aus objektiver Sicht ist der Einsatz von Webanalyse-Tools und Webtracking daher erwartbar, sofern dies mit bekannten und nicht neuen Technologien geschieht.

Aus den Erwägungsgründen ergeben sich diverse anerkannte berechtigte Interessen:
- Direktwerbung
- interne Verwaltungszwecke
- Betrugsbekämpfung
- Daten- und IT-Sicherheit (insbesondere Abwehr von Schadsoftware, Denial of Service – Attacken, Phishing)
- Verhinderung von Straftaten

Dabei sind jedoch stets die Fragen nach der unbedingten Notwendigkeit und der Verhältnismäßigkeit zu beachten.

Dem Betroffenen steht im Fall des Art. 6 Abs. 1 lit. f. DSGVO nach Art. 21 Abs. I DSGVO ein allgemeines Widerspruchsrecht zu. Offiziell ist damit im Bereich der Datenverarbeitung aus berechtigten Interessen die Zulässigkeit der Verarbeitung bis zum Widerspruch, die sogenannte Opt-out-Lösung, zum Grundprinzip erhoben.

Dieses Widerspruchsrecht steht dem Betroffenen jedoch nicht immer, mithin nur unter bestimmten Voraussetzungen zu (!). Nach dem Wortlaut der Norm muss der Betroffene einen Grund haben. Diese Gründe müssen sich aus einer besonderen Situation ergeben. Das Widerspruchsrecht ist ausgeschlossen, wenn bei einer Abwägung der Interessen das berechtigte Interesse des Unternehmers an der Datenverarbeitung das Interesse des Betroffenen überwiegt.

Zu den Informationspflichten gesellt sich eine Pflicht zur Belehrung hinsichtlich des Widerspruchrechts, die spätestens ab der ersten Kommunikation in klarer Form und getrennt von den übrigen Informationen erfolgen muss.

6.4.1.6 Betroffenenrechte

In Art. 12 ff. DSGVO sieht die Verordnung umfassende Rechte des Betroffenen, also der Person, deren Daten erhoben und verarbeitet werden, vor. Dies sind insbesondere:

Art 12 DSGVO	Transparente Information, Kommunikation und Modalitäten für die Ausübung der Rechte der betroffenen Person
Art 13 DSGVO	Informationspflicht bei Erhebung von personenbezogenen Daten bei der betroffenen Person
Art 14 DSGVO	Informationspflicht, wenn die personenbezogenen Daten nicht bei der betroffenen Person erhoben wurden
Art 15 DSGVO	Auskunftsrecht
Art 16 DSGVO	Recht auf Berichtigung
Art 17 DSGVO	Recht auf Löschung (»Recht auf Vergessenwerden«)
Art 18 DSGVO	Recht auf Einschränkung der Verarbeitung
Art 19 DSGVO	Mitteilungspflicht im Zusammenhang mit der Berichtigung oder Löschung personenbezogener Daten oder der Einschränkung der Verarbeitung
Art 20 DSGVO	Recht auf Datenübertragbarkeit
Art 21 DSGVO	Widerspruchsrecht

6.4.1.7 Sanktionen

Hinsichtlich der Sanktionen tritt mit der DSGVO bei der Auftragsdatenverarbeitung eine gemeinschaftliche Haftung von Auftragnehmer und Auftraggeber in Kraft. Zuvor haftete nur der Auftraggeber.

Des Weiteren steht dem Betroffenen nun ein Recht auf Beschwerde bei den Aufsichtsbehörden zu. Die erheblich erhöhten Bußgelder bewegen sich ab sofort in einem Rahmen bis zu 20.000.000 EUR.

6.4.2 Fazit

Dem nationalen Gesetzgeber stehen diverse Öffnungsklauseln zur Verfügung, so dass noch abzuwarten bleibt, welche endgültige Gestalt die Datenschutzgrundverordnung im grenzüberschreitenden Verkehr in Deutschland annimmt.

Indessen lässt sich bereits jetzt sagen, dass an die Datenschutzerklärung und die Einwilligung erhöhte Anforderungen gestellt werden. Das wird dazu führen, dass der Erlaubnissatz der Datenverarbeitung aus berechtigtem Interesse an Gewicht gewinnen wird. Dies birgt indessen einige Unwägbarkeiten für die Unternehmen, denn die Norm erfordert eine Interessenabwägung, bei der auch die nun gestärkten Datenschutzprinzipien zu berücksichtigen sind. Dokumentation, Protokollierung und prozessorientiertes Denken werden bereits im Vorfeld der Datenverarbeitung wichtiger.

Unternehmen sollten mit der Anpassung ihrer Datenschutzerklärung und dem Einwilligungsprozedere nicht bis ins Frühjahr 2018 zuwarten, sondern sich frühzeitig um die Neujustierung der datenschutzrechtlichen Arbeitsgrundlagen kümmern.

7 Social Media Marketing: Rechtliche Grenzen des Werbens in und über Soziale Netzwerke

7.1 Werben in Sozialen Netzwerken: die Grundsätze

Soziale Netzwerke wie XING, Facebook & Co. eröffnen viele neue Möglichkeiten, um die eigenen Zielgruppen zu erreichen und im Optimalfall auch mit diesen in Dialog zu treten. Aber auch Dienste wie Twitter oder die diversen Videoplattformen sind – wenn man den Berichten der entsprechenden Werbestrategen Glauben schenkt – aus dem Marketing-Mix vieler Unternehmen nicht mehr wegzudenken. Entsprechende Werbemaßnahmen werden gemeinhin unter dem Stichwort Social Media Marketing zusammengefasst.

Die große Reichweite einiger Sozialer Netzwerke, aber auch die Erreichbarkeit spezifischer Zielgruppen über kleinere Communities machen das Social Media Marketing zu einer spannenden und extrem zukunftsträchtigen Werbeform. All diese Faktoren werden nicht nur dafür sorgen, dass immer mehr Werbemaßnahmen im Social Web initiiert werden, sondern auch, dass sich unmittelbare Wettbewerber immer genauer beobachten und – im Fall der Fälle – auch gegen wettbewerbswidrige Maßnahmen der Konkurrenz vorgehen.

Werbung im Internet wird immer aggressiver. So versuchen manche Unternehmen bzw. deren Werbeagenturen, die Herkunft der jeweiligen Werbebotschaft zu verschleiern, indem man vermeintlich unabhängige Privatpersonen für sich sprechen lässt, Bewertungsportale oder Internetforen mit scheinbar »unabhängigen« Eingaben infiltriert. Die Deutsche Bahn, die inszenierte Umfragen bei YouTube einstellen ließ, der etwas unglückliche Fall der »Advertorials« der Süddeutschen Zeitung oder der Bauernverband, der seine Botschaften durch angeblich private Nutzer in Internetforen verbreiten ließ, zeigen neben vielen weiteren Fällen deutlich, dass hier eine ernstzunehmende Entwicklung in die falsche Richtung stattfindet. Sie läuft klar der geltenden Pflicht zur Kennzeichnung kommerzieller Information zuwider.

- Doch welche rechtlichen Rahmenbedingungen sind eigentlich beim Werben in den Sozialen Medien zu beachten?
- Welches nationale Recht gilt, wenn der Betreiber im Ausland sitzt?
- Wer steckt den Rechtsrahmen, an dem sich die Werbeagenturen bzw. die werbenden Unternehmen zu orientieren haben?

Für Social Media Marketing (SMM) in Deutschland sind zum einen die Bestimmungen des Gesetzes gegen den unlauteren Wettbewerb wichtig. Mindestens ebenso relevant sind zum anderen die Nutzungsbedingungen (auch Terms of Service [ToS]) derjenigen Plattform, auf der Werbemaßnahmen durchgeführt werden sollen.

7.1.1 Gilt überhaupt deutsches Recht?

Als richtungsweisende Vorfrage ist zunächst zu klären, welches nationale Recht eigentlich anzuwenden ist. Gilt – wie oft unterstellt wird – nur das nationale Recht des Betreibers, dessen Anwendbarkeit dieser regelmäßig in seinen Nutzungsbedingungen vorsieht? Oder können sich die Werbetreibenden im Fall der Fälle auch auf ihr jeweiliges nationales Recht berufen?

> **Beispiel: Deutsches Recht bei Facebook**
> Facebook sieht für das Nutzungsverhältnis mit deutschen Usern interessanterweise die Anwendbarkeit deutschen Rechts vor (siehe 16.3. Ziff. 2 Facebook »Erklärung der Rechte und Pflichten«).

Die Antwort auf die Frage, ob und inwieweit deutsches Recht gilt, ist komplex und hängt wiederum von vielen Einzelfragen ab. Ganz grundsätzlich gilt im Verhältnis zwischen Betreiber und Nutzer schon das in den Nutzungsbedingungen jeweils vereinbarte Recht, wenn dem nicht z.B. Verbraucherschutzrechte oder andere zwingende nationale Regeln entgegenstehen.

Etwas anders ist die Situation, wenn es um die wettbewerbs-, marken- oder urheberrechtliche Zulässigkeit einer Werbemaßnahme geht. In solchen Fällen entbrennt der Streit in der Regel nicht zwischen dem Werbetreibenden und dem Plattformbetreiber, sondern zwischen dem Werbetreibenden und einem Dritten (z. B. einem unmittelbaren Wettbewerber), der seine Rechte verletzt sieht. Hier wird häufig auch deutsches Recht angewendet werden können.

Der räumliche Anwendungsbereich des deutschen Rechts richtet sich oft nach den sogenannten Kollisionsnormen des Internationalen Privatrechts. Sie sind in den Artikeln 4 bis 9 ROM II (Verordnung [EG] Nr. 864/2007 über das auf außervertragliche Schuldverhältnisse anzuwendende Recht) geregelt. Anwendbar ist nach der zentralen Kollisionsnorm des Art. 4 ROM II das Recht des Staates, in dem der Erfolg der Verletzungshandlung eintritt. Daraus folgt in der Praxis:

Wird die Werbemaßnahme eines Unternehmens in den USA durchgeführt (Handlungsort), entfaltet sie aber in Deutschland ihre Wirkung (Erfolgsort), etwa weil ein deutscher Wettbewerber beeinträchtigt ist oder deutsche Verbraucher angesprochen werden, so ist auch deutsches Recht anwendbar. Insoweit gilt deutsches Recht bei Social Media Marketing auch auf Plattformen ausländischer Anbieter.

7.1.2 Das Gesetz gegen den unlauteren Wettbewerb: Richtschnur für alle Werbemaßnahmen

Ganz entscheidend für die Frage nach der Zulässigkeit von Werbung im Social Web ist das Gesetz gegen den unlauteren Wettbewerb (UWG).

7.1.2.1 Verschleierungstaktik ist verboten

§ 5a UWG verbietet ausdrücklich die Verschleierung des Werbecharakters bei absatzfördernden Handlungen. Eine Werbemaßnahme ist danach nur zulässig, wenn der durchschnittlich informierte Nutzer sie irgendwie auch als Werbebotschaft identifizieren kann. Eines ausdrücklichen Hinweises bedarf es in diesem Zusammenhang jedoch nicht in jedem Fall. Problematisch wird es immer dann werden, wenn der Werbecharakter bewusst verschleiert wird oder der durchschnittlich informierte Internetbesucher diesen nicht erkennen kann. Wer gegen diese Vorschriften verstößt, riskiert → Unterlassungs-

und unter bestimmten Voraussetzungen sogar Schadenersatzansprüche der Wettbewerber. Keine irreführende Werbung

Social Media Marketing muss sich an den Grenzen des §5 UWG und §5a UWG (Irreführende Werbung) messen lassen. Diese Vorschrift soll den Verbraucher vor allem vor inhaltlich falschen Werbeaussagen schützen.

> **Beispiel: Angaben, die immer wahr sein müssen**
> Solche »Umstände«, also Produkt- oder Dienstleistungsinformationen, über die keine irreführenden Angaben gemacht werden dürfen, sind insbesondere die Verfügbarkeit, Art, Ausführung, Vorteile, Risiken, Zusammensetzung, das Zubehör, Verfahren oder der Zeitpunkt der Herstellung, die Lieferung oder Erbringung, die Zwecktauglichkeit, Verwendungsmöglichkeit, Menge, Beschaffenheit, der Kundendienst und das Beschwerdeverfahren, die geographische oder betriebliche Herkunft einer Ware oder einer Dienstleistung.

Eine Irreführung ist es auch, wenn durch eine geschäftliche Handlung (z.B. eine Werbung für eine Dienstleistung oder ein Produkt im Internet) bei den potenziellen Abnehmern eine Verwechslungsgefahr mit der Ware, der Dienstleistung, der Marke oder dem Unternehmenskennzeichen eines Mitbewerbers hervorgerufen wird.

7.1.2.2 Kein Spamming

Die im Zusammenhang mit §7 UWG stehenden Fragen des unzulässigen Spammings werden in Kapitel 7.2 beantwortet.

7.1.2.3 Keine Gewinnspiele mit Werbecharakter

Besondere wettbewerbsrechtliche Vorgaben muss derjenige beachten, der Gewinnspiele durchführt. Gemäß §5a UWG ist es verboten, Preisausschreiben oder Gewinnspiele mit Werbecharakter durchzuführen, ohne die Teilnahmebedingungen klar und eindeutig genug zu fassen.

Werben in Sozialen Netzwerken: die Grundsätze 7

Ein Überblick über das UWG

Wesentlicher Schutzzweck des UWG	Das Wettbewerbsrecht soll einen fairen Wettbewerb gewährleisten. Verstöße gegen Vorschriften des UWG und daraus folgende Ansprüche können daher auch nicht von jedermann, sondern nur von den unmittelbaren Wettbewerbern (d.h. ähnliches Waren- oder Dienstleistungsangebot) oder Wettbewerbsbehörden geltend gemacht werden.
Wichtige Verbote	**Es ist wettbewerbswidrig, …**
Verschleierung des Werbecharakters	… wenn der Werbecharakter von geschäftlichen Handlungen verschleiert wird (z.B. wenn werbliche Kommunikation bewusst als private Aussage »getarnt« wird).
Unklare Verkaufsförderungsmaßnahmen	… bei Verkaufsförderungsmaßnahmen, wie Preisnachlässen, Zugaben oder Geschenken, die Bedingungen für ihre Inanspruchnahme nicht klar und eindeutig anzugeben.
Unklare Teilnahmebedingungen bei Preisausschreiben/Gewinnspielen	… wenn bei Preisausschreiben oder Gewinnspielen mit Werbecharakter die Teilnahmebedingungen nicht klar und eindeutig angegeben werden.
Rufschädigung bzw. Verletzung der Geschäftsehre (§ 4 Nr. 3 UWG)	… wenn die Kennzeichen, Waren, Dienstleistungen, Tätigkeiten oder persönlichen oder geschäftlichen Verhältnisse eines Mitbewerbers herabgesetzt oder verunglimpft werden.
Anschwärzung (§ 4 Nr. 2 UWG)	… wenn über Wettbewerber oder deren Angebote Tatsachen behauptet oder verbreitet werden, die geeignet sind, den Betrieb des Unternehmens oder den Kredit des Unternehmers zu schädigen. Eine Ausnahme kann dann gelten, wenn die Tatsachen nachweislich wahr sind.
Behinderungswettbewerb	… einen Konkurrenten in Verdrängungsabsicht und zielgerichtet so zu behindern, dass seine wettbewerbliche Entfaltungsmöglichkeit beeinträchtigt wird. Eine Behinderung, die als bloße Folge von Wettbewerb auftritt, ist zulässig.

Ein Überblick über das UWG	
Irreführende geschäftliche Handlungen (§ 5 UWG)	... wenn man über sich, seine angebotenen Waren oder Dienstleistungen Angaben macht, die nicht zutreffend sind, wenn man also irreführend handelt. So ist z. B. die Alleinstellungswerbung (»wir sind der preiswerteste Anbieter«) in aller Regel als irreführende geschäftliche Handlung verboten«.
Irreführung durch Unterlassen (§ 5a UWG)	Wenn man dem Verbraucher im konkreten Fall eine wesentliche Information vorenthält, die der Verbraucher je nach den Umständen benötigt, um eine informierte geschäftliche Entscheidung zu treffen, und deren Vorenthalten geeignet ist, den Verbraucher zu einer geschäftlichen Entscheidung zu veranlassen, die er andernfalls nicht getroffen hätte.
Vergleichende Werbung (§ 6 UWG)	Ein Vergleich mit Waren und Dienstleistungen oder dem Unternehmen des Wettbewerbers ist wettbewerbswidrig, wenn er • sich nicht auf Waren oder Dienstleistungen für den gleichen Bedarf oder dieselbe Zweckbestimmung bezieht, • nicht objektiv auf eine oder mehrere wesentliche, relevante, nachprüfbare und typische Eigenschaften oder den Preis dieser Waren oder Dienstleistungen bezogen ist, • im geschäftlichen Verkehr zu einer Gefahr von Verwechslungen zwischen dem Werbenden und einem Mitbewerber oder zwischen den von diesen angebotenen Waren oder Dienstleistungen oder den von ihnen verwendeten Kennzeichen führt, • den Ruf des von einem Mitbewerber verwendeten Kennzeichens in unlauterer Weise ausnutzt oder beeinträchtigt, • die Waren, Dienstleistungen, Tätigkeiten oder persönlichen oder geschäftlichen Verhältnisse eines Mitbewerbers herabsetzt oder verunglimpft oder • eine Ware oder Dienstleistung als Imitation oder Nachahmung einer unter einem geschützten Kennzeichen vertriebenen Ware oder Dienstleistung darstellt.
Unzumutbare Belästigung (§ 7 UWG)	Unaufgeforderte Telefonwerbung, unangeforderte E-Mails (sog. Spam) sind wettbewerbswidrig.

7.1.2.4 »Schwarze Liste« unzulässiger Werbemaßnahmen

Zum 30.12.2008 wurden im deutschen Gesetz gegen den unlauteren Wettbewerb (UWG) zur Umsetzung verschiedener europäischer Richtlinien diverse Änderungen vorgenommen. Neben einzelnen Umformulierungen des Gesetzes wurde auch eine sogenannte Schwarze Liste ins Gesetz aufgenommen. Die Liste, ein Anhang zu §3 UWG, enthält 30 geschäftliche Handlungen, die nach dem Willen des Gesetzgebers immer unzulässig und damit stets wettbewerbswidrig sind. Sie begründen unter Wettbewerbern nicht nur einen → Unterlassungsanspruch, sondern bei entsprechendem → Verschulden auch einen Schadenersatzanspruch.

Viele von diesen ausdrücklich aufgeführten Tatbeständen dürften insbesondere auch für Marketingmaßnahmen im Internet, die neuen Möglichkeiten des Social Media Marketing oder auch des Viralen Marketing, die das Onlinemarketing immer interessanter machen, von Relevanz sein. Bleibt zu hoffen, dass der Gesetzgeber mit den neuen Regelungen diesen spannenden neuen Marketing-Tools keine allzu hohen Hürden in den Weg gelegt hat.

Liest man sich die einzelnen Tatbestände durch, so wird schnell klar, dass in der Schwarzen Liste viele unklare Rechtsbegriffe enthalten sind. Sie müssen sicherlich im Lauf der Zeit noch von der Rechtsprechung konkretisiert werden. Dennoch sollte man Marketingmaßnahmen oder -kampagnen als Werbeunternehmen oder als Berater in diesem Bereich grob durch das nachfolgende Raster laufen lassen, ob einer der Tatbestände unmittelbar eingreift. Im Zweifel sollte man sich über Maßnahmen Gedanken machen, die aus einem Risiko herausführen oder dieses zumindest kalkulierbar machen.

Nach der Schwarzen Liste sind folgende geschäftliche Handlungen immer unzulässig (sog. Verbote ohne Wertungsvorbehalt):

Verbote der Schwarzen Liste	
Vorgetäuschte Zugehörigkeit	Unwahre Angabe eines Unternehmers, zu den Unterzeichnern eines Verhaltenskodexes zu gehören.
Nicht genehmigte Gütesiegel	Verwendung von Gütezeichen, Qualitätskennzeichen oder Ähnlichem ohne die erforderliche Genehmigung.
Täuschung über öffentliche Anerkennung	Unwahre Angabe, ein Verhaltenskodex sei von einer öffentlichen oder anderen Stelle gebilligt.
Vorspiegeln von Sicherheitszertifikaten	Unwahre Angabe, ein Unternehmer, eine von ihm vorgenommene geschäftliche Handlung oder eine Ware oder Dienstleistung sei von einer öffentlichen oder privaten Stelle bestätigt, gebilligt oder genehmigt worden, oder die unwahre Angabe, den Bedingungen für die Bestätigung, Billigung oder Genehmigung werde entsprochen.
Lockangebote	Waren- oder Dienstleistungsangebote im Sinne des §5a Abs. 3 zu einem bestimmten Preis, wenn der Unternehmer nicht darüber aufklärt, dass er hinreichende Gründe für die Annahme hat, er werde nicht in der Lage sein, diese oder gleichartige Waren oder Dienstleistungen für einen angemessenen Zeitraum in angemessener Menge zum genannten Preis bereitzustellen oder bereitstellen zu lassen (Lockangebote). Ist die Bevorratung kürzer als zwei Tage, obliegt es dem Unternehmer, die Angemessenheit nachzuweisen.
Angebote, für die der Unternehmer keine Ware anbieten kann	Waren- oder Dienstleistungsangebote im Sinne des §5a Abs. 3 zu einem bestimmten Preis, wenn der Unternehmer sodann in der Absicht, stattdessen eine andere Ware oder Dienstleistung abzusetzen, etwas Fehlerhaftes vorführt oder sich weigert zu zeigen, was er beworben hat, oder sich weigert, Bestellungen dafür anzunehmen oder die beworbene Leistung innerhalb einer vertretbaren Zeit zu erbringen.

Werben in Sozialen Netzwerken: die Grundsätze **7**

Verbote der Schwarzen Liste	
»Nur noch heute!«- Täuschung	Unwahre Angabe, bestimmte Waren oder Dienstleistungen seien allgemein oder zu bestimmten Bedingungen nur für einen sehr begrenzten Zeitraum verfügbar, um den Verbraucher zu einer sofortigen geschäftlichen Entscheidung zu veranlassen, ohne dass dieser Zeit und Gelegenheit hat, sich anhand von Informationen zu entscheiden.
Andere Sprache des Kundenservice	Kundendienstleistungen in einer anderen Sprache als derjenigen, in der die Verhandlungen vor dem Abschluss des Geschäfts geführt worden sind, wenn die ursprünglich verwendete Sprache nicht Amtssprache des Mitgliedstaats ist, in dem der Unternehmer niedergelassen ist. Dies gilt nicht, soweit Verbraucher vor dem Abschluss des Geschäfts darüber aufgeklärt werden, dass diese Leistungen in einer anderen als der ursprünglich verwendeten Sprache erbracht werden.
Täuschung über Handelbarkeit einer Ware	Unwahre Angabe oder Erwecken des unzutreffenden Eindrucks, eine Ware oder Dienstleistung sei verkehrsfähig.
Versprechen von ohnehin bestehenden gesetzlichen Vorteilen	Unwahre Angabe oder Erwecken des unzutreffenden Eindrucks, gesetzlich bestehende Rechte stellten eine Besonderheit des Angebots dar.
Schleichwerbung	Der vom Unternehmer finanzierte Einsatz redaktioneller Inhalte zu Zwecken der Verkaufsförderung, ohne dass sich dieser Zusammenhang aus dem Inhalt oder aus der Art der optischen oder akustischen Darstellung eindeutig ergibt (als Information getarnte Werbung).
Falsches Gefahrenpotenzial	Unwahre Angaben über Art und Ausmaß einer Gefahr für die persönliche Sicherheit des Verbrauchers oder seiner Familie für den Fall, dass er die angebotene Ware nicht erwirbt oder die angebotene Dienstleistung nicht in Anspruch nimmt.
Plagiatswerbung	Werbung für eine Ware oder Dienstleistung, die der Ware oder Dienstleistung eines Mitbewerbers ähnlich ist, wenn dies in der Absicht geschieht, über die betriebliche Herkunft der beworbenen Ware oder Dienstleistung zu täuschen.

Verbote der Schwarzen Liste	
Schneeballsysteme, Empfehlungsmarketing und Co	Einführung, Betrieb oder Förderung eines Systems zur Verkaufsförderung, das den Eindruck vermittelt, allein oder hauptsächlich durch die Einführung weiterer Teilnehmer in das System könne eine Vergütung erlangt werden (Schneeball- oder Pyramidensystem).
Pseudo-Geschäftsaufgabe	Unwahre Angabe, der Unternehmer werde demnächst sein Geschäft aufgeben oder seine Geschäftsräume verlegen.
Täuschung über Gewinnchancen	Angabe, durch eine bestimmte Ware oder Dienstleistung ließen sich die Gewinnchancen bei einem Glücksspiel erhöhen.
Täuschung über einen Gewinn	Unwahre Angabe oder Erwecken des unzutreffenden Eindrucks, der Verbraucher habe bereits einen Preis gewonnen oder werde ihn gewinnen oder werde durch eine bestimmte Handlung einen Preis gewinnen oder einen sonstigen Vorteil erlangen, wenn es einen solchen Preis oder Vorteil tatsächlich nicht gibt, oder wenn jedenfalls die Möglichkeit, einen Preis oder sonstigen Vorteil zu erlangen, von der Zahlung eines Geldbetrags oder der Übernahme von Kosten abhängig gemacht wird.
Falsche Heilungsversprechen	Unwahre Angabe, eine Ware oder Dienstleistung könne Krankheiten, Funktionsstörungen oder Missbildungen heilen.
Täuschung über Marktverhältnisse	Unwahre Angabe über die Marktbedingungen oder Bezugsquellen, um den Verbraucher dazu zu bewegen, eine Ware oder Dienstleistung zu weniger günstigen Bedingungen als den allgemeinen Marktbedingungen abzunehmen oder in Anspruch zu nehmen.
Täuschung über Preisausschreiben	Angebot eines Wettbewerbs oder Preisausschreibens, wenn weder die in Aussicht gestellten Preise noch ein angemessenes Äquivalent vergeben werden.

Verbote der Schwarzen Liste

Gratis-Angebote, die keine sind	Angebot einer Ware oder Dienstleistung als »gratis«, »umsonst«, »kostenfrei« oder dergleichen, wenn hierfür gleichwohl Kosten zu tragen sind. Dies gilt nicht für Kosten, die im Zusammenhang mit dem Eingehen auf das Waren- oder Dienstleistungsangebot oder für die Abholung oder Lieferung der Ware oder die Inanspruchnahme der Dienstleistung unvermeidbar sind.
Falsche Zahlungsaufforderungen	Übermittlung von Werbematerial unter Beifügung einer Zahlungsaufforderung, wenn damit der unzutreffende Eindruck vermittelt wird, die beworbene Ware oder Dienstleistung sei bereits bestellt.
Unternehmen gibt sich als Verbraucher aus	Unwahre Angabe oder Erwecken des unzutreffenden Eindrucks, der Unternehmer sei Verbraucher oder nicht für Zwecke seines Geschäfts, Handels, Gewerbes oder Berufs tätig.
Vortäuschen eines Kundendienstes	Unwahre Angabe oder Erwecken des unzutreffenden Eindrucks, es sei im Zusammenhang mit Waren oder Dienstleistungen in einem anderen Mitgliedstaat der Europäischen Union als dem des Warenverkaufs oder der Dienstleistung ein Kundendienst verfügbar.
Ohne Vertragsabschluss kein Entkommen	Erwecken des Eindrucks, der Verbraucher könne bestimmte Räumlichkeiten nicht ohne vorherigen Vertragsabschluss verlassen.
Kein Gehen auf Aufforderung	Bei persönlichem Aufsuchen in der Wohnung die Nichtbeachtung einer Aufforderung des Besuchten, diese zu verlassen oder nicht zu ihr zurückzukehren, es sei denn, der Besuch ist zur rechtmäßigen Durchsetzung einer vertraglichen Verpflichtung gerechtfertigt.
Stress und Arbeit verursachende Schikane	Maßnahmen, durch die der Verbraucher von der Durchsetzung seiner vertraglichen Rechte aus einem Versicherungsverhältnis dadurch abgehalten werden soll, dass von ihm bei der Geltendmachung seines Anspruchs die Vorlage von Unterlagen verlangt wird, die zum Nachweis dieses Anspruchs nicht erforderlich sind, oder dass Schreiben zur Geltendmachung eines solchen Anspruchs systematisch nicht beantwortet werden.

Verbote der Schwarzen Liste	
An Kinder gerichtete Werbung	Die in eine Werbung einbezogene unmittelbare Aufforderung an Kinder, selbst die beworbene Ware zu erwerben oder die beworbene Dienstleistung in Anspruch zu nehmen oder ihre Eltern oder andere Erwachsene dazu zu veranlassen.
Nicht bestellte Ware wird mit Rechnung versendet	Aufforderung zur Bezahlung nicht bestellter Waren oder Dienstleistungen oder Aufforderung zur Rücksendung oder Aufbewahrung nicht bestellter Sachen, sofern es sich nicht um eine nach den Vorschriften über Vertragsabschlüsse im Fernabsatz zulässige Ersatzlieferung handelt.
Psychischer Druck	Ausdrückliche Angabe, dass der Arbeitsplatz oder Lebensunterhalt des Unternehmers gefährdet sei, wenn der Verbraucher die Ware oder Dienstleistung nicht abnehme.

Als Verantwortlicher im Unternehmen kommt man nicht umhin, sich mit dieser Liste zumindest ein wenig zu beschäftigen. Dabei geht es darum, ein grobes Gefühl für heikle Werbemaßnahmen zu entwickeln, die nach der Liste verboten sein könnten, um dann beurteilen zu können, ob möglicherweise Rechtsrat einzuholen ist. In Werbeagenturen sollten die Mitarbeiter entsprechend sensibilisiert werden. So verhindert man, dass Kunden rechtswidrige Werbekonzepte verkauft werden.

Die Schwarze Liste verbotener geschäftlicher Handlungen birgt wegen der nicht immer trennscharfen Rechtsbegriffe einiges Streitpotenzial. Hier gilt es, die zukünftige Rechtsprechung zu beachten. Bei Handlungen, die denen der Liste entsprechen könnten, sollte man ein wenig Vorsicht walten lassen und überlegen, wie man die rechtlichen Risiken verhindern oder zumindest reduzieren kann.

7.1.2.5 Gefahrenherd Mitarbeiter?

Einige in der Presse bekannt gewordene (Verdachts-)Fälle zeigen, dass z.B. verschleierte Werbemaßnahmen und andere wettbewerbsrechtlich rele-

Werben in Sozialen Netzwerken: die Grundsätze 7

vante Manipulationen im Social Web auch durchaus aufgedeckt werden können. Diese Fälle gehen dann oft kommunikativ für das Unternehmen »nach hinten los«. Über gerichtliche Folgen gab es dagegen im Hinblick auf Social Media bisher aber eher wenig Konkretes. Der nachfolgend skizzierte Fall, bei dem es sogar zu einer einstweiligen Verfügung des LG Hamburg gekommen ist, zeigt auf, wie wichtig es für Unternehmen ist, die eigenen Mitarbeiter für kommunikative und rechtliche Folgen bei Facebook, Twitter & Co. zu sensibilisieren. Zahlreiche Unternehmen führen in diesem Zusammenhang derzeit Social Media Guidelines oder eine Policy ein, um so entsprechende Risiken vom Unternehmen fernzuhalten.

> **Beispiel: Social-Media-Fall der ARAG Rechtsschutzversicherung** !
>
> Der hier skizzierte Fall der ARAG Rechtsschutzversicherung zeigt die Risiken, die entstehen können, wenn Mitarbeiter eines Unternehmens – teilweise mit durchaus positiver Intention – versuchen, verschleiert im Social Web für das Unternehmen und/oder seine Produkte zu werben:
> Im RSV-Blog, der von zwei Anwälten betrieben wird, wird über Erfahrungen mit unterschiedlichsten Rechtsschutzversicherungen berichtet. Wie bei einem Blog üblich, können sich die Besucher der Internetseite über Kommentare an der Diskussion beteiligen. Unter einem eher kritischen Beitrag zur ARAG mit dem Titel »ARAG macht Probleme« wurde von einem Nutzer folgender Kommentar eingestellt:
> »Die ARAG ist die beste Rechtsschutzversicherung, die es gibt. Einmal angefragt, schon kam die Deckungszusage, mein Anwalt als auch ich sind begeistert. Weiter so ARAG und mit dem neuen Produkt Recht & Heim ist die ARAG unschlagbar. Eine der fairsten und kompetentesten Versicherungen, die ich kenne.«
> Trotz einiger werbetypischer Formulierungen erweckte dieser Kommentar zunächst den Eindruck, dass er von einem Kunden der ARAG Rechtsschutzversicherung stammte. Aufgrund der auffälligen und etwas zu euphorischen Gestaltung prüften die Betreiber des Blogs jedoch die IP-Adresse fanden heraus, dass diese feste Anschlusskennung der ARAG-Rechtsschutzversicherung zugeordnet werden kann. Damit ist der Eintrag mit hoher Wahrscheinlichkeit von einem Firmenrechner der ARAG eingestellt worden. Dieser Fall zeigt deutlich, dass es mit der Anonymität im Internet nicht immer ganz so weit her ist, wie manche (Arbeitnehmer) meinen.
> Auf Grundlage der eindeutigen Zuordnung haben die Betreiber des Blogs die ARAG wegen verschleierter Werbung und damit u.a. wegen eines Verstoßes gegen §4 Nr. 3 UWG (alte Fassung) abgemahnt. Seitens der ARAG wollte man den Verstoß

119

nicht einräumen und hat wohl vorgetragen, ein etwaiger Eintrag sei nicht dem Unternehmen zuzurechnen. So findet sich in dem Blogbeitrag, der über den Fall berichtet, auch ein Kommentar, der vermeintlich von der ARAG Konzernkommunikation stammt, und der die rechtliche Verantwortlichkeit weiterhin in Zweifel zieht.

Diese Einschätzung scheint im Hinblick auf die Zurechnungsnorm des §8 Abs. 2 UWG aus meiner Sicht relativ abwegig. Die Vorschrift lautet: »Werden die Zuwiderhandlungen in einem Unternehmen von einem Mitarbeiter oder Beauftragten begangen, so sind der Unterlassungsanspruch und der Beseitigungsanspruch auch gegen den Inhaber des Unternehmens begründet.« Verschiedene Gerichtsentscheidungen (siehe etwa OLG Köln, Urteil vom 24.5.2006, Az. 6 U 200/05) haben dazu festgestellt, dass sich Unternehmen grundsätzlich nicht mit dem Argument, der Mitarbeiter habe ohne Wissen des Unternehmens gehandelt oder sogar gegen eine Weisung gehandelt aus der Verantwortung ziehen können.

Ganz offensichtlich hat auch das LG Hamburg, bei dem die Betreiber des Blogs aufgrund der Uneinsichtigkeit der ARAG eine einstweilige Verfügung beantragt haben, sich für eine Zurechnung des Eintrags zum Unternehmen entschieden. Die IP-Adresse hat dem LG Hamburg genügt, um die ARAG Versicherung wegen verschleierter Wettbewerbshandlungen gemäß §§4 Nr. 3 UWG (alte Fassung) in Verbindung mit §8 Abs. 2 UWG zur Unterlassung zu verurteilen. Die ARAG hat bis heute offensichtlich kein Rechtsmittel gegen diese einstweilige Verfügung eingelegt und diese damit offensichtlich akzeptiert.

Das Beispiel zeigt: Die Sozialen Medien versetzen jeden Mitarbeiter faktisch in die Lage, produkt- oder unternehmensrelevante Informationen ins Internet zu stellen. Wie im Fall der ARAG-Rechtsschutzversicherung meinen es die Mitarbeiter ja in der Regel sogar gut, wenn sie entsprechende (eigene) Maßnahmen ergreifen.

Das relativ strenge Wettbewerbsrecht des UWG macht es für Unternehmen aber relativ unwägbar, wann eine Äußerung eines Mitarbeiters gegen wettbewerbsrechtliche Vorgaben verstößt. Was passiert, wenn Produktmanager in Zukunft auf die vermeintlich gute Idee kommen, die Produkte in entsprechend verschleierter Form im Social Web zu bewerben oder z.B. auf der Facebook-Seite des Wettbewerbers rechtlich bedenkliche Kommentare zu hinterlassen? In vielen Fällen wird auch zu diskutieren sein, ob eine »Werbemaßnahme« eines Mitarbeiters tatsächlich dem Unternehmen zugerechnet werden kann. Der §8 Abs. 2 UWG wird bisher – wie im Beispiel beschrieben – hier eher weit interpretiert.

Der geschilderte Fall zeigt relativ deutlich, dass Unternehmensrichtlinien für die Kommunikation im Social Web zur Minimierung offensichtlicher Risiken sehr viel Sinn machen, mit wachsender Bedeutung der Sozialen Medien vielleicht sogar erforderlich werden. Aufgrund von Internetrecherchen ist davon auszugehen, dass die ARAG sogar Guidelines hat, die aber wohl nicht im Internet zugänglich sind. Insofern ist unklar, ob die relevanten Gefahren in den Sozialen Medien nicht hinreichend deutlich gemacht worden sind oder möglicherweise nicht entsprechend in den Köpfen der Mitarbeiter angekommen sind.

> **Tipp: Nur die richtigen, auf die Branche abgestimmten Guidelines helfen** !
>
> Nach unserer Erfahrung ist es elementar, nicht einfach irgendwelche Guidelines einzuführen, die in erster Linien zeigen sollen, wie offen man den neuen Möglichkeiten der Sozialen Medien gegenübersteht. Leider dienen viele der veröffentlichten Guidelines nicht allein dem Zweck, den Mitarbeitern Leitplanken zu geben, sondern eben oft auch dem Ziel, sich nach außen als innovatives und aufgeschlossenes Unternehmen zu präsentieren.
>
> Schlussendlich sollte es bei diesem Thema nicht primär um Außendarstellung, sondern um die Gestaltung individueller Rahmenbedingungen für das eigene Unternehmen und die Mitarbeiter gehen. Dabei sollten Branchenspezifika berücksichtigt werden, aber auch die Unternehmenskultur und die tatsächliche Bereitschaft, sich dem Internet und den Sozialen Medien zu öffnen. Dabei sollte jedes Unternehmen sein eigenes Tempo gehen.
>
> Einige Unternehmen begleiten die Einführung entsprechender Richtlinien mit ergänzenden Schulungen, um dafür Sorge zu tragen, dass die notwendige Medienkompetenz auch tatsächlich vermittelt werden kann. Unternehmen, die es schaffen, für kommunikative, aber auch elementare rechtliche Implikationen in den Sozialen Medien zu sensibilisieren, können offensichtlichen Risiken durch die steigende Nutzung von Social Media deutlich besser begegnen. Schlussendlich können nur Mitarbeiter, die die Grenzen tatsächlich auch kennen, entscheiden, ob sie diese überschreiten oder nicht. Die meisten Fehler, die dem Unternehmen auch tatschlich Schaden zufügen können, entstehen aus Unwissenheit oder Fahrlässigkeit. Dem gilt es mit entsprechenden Maßnahmen – unter anderem mit den in einem nachfolgenden Kapitel beschriebenen Social Media Guidelines – entgegen zu wirken.

7.1.3 Nutzungsbedingungen: die »Gesetze« der Plattformbetreiber

Das Rechtsverhältnis zwischen dem Plattformbetreiber und dem jeweiligen Nutzer richtet sich in der Regel nach den Nutzungsbedingungen, die bei der ersten Anmeldung akzeptiert werden. Sie bilden – soweit die Regelungen wirksam sind – also den Rechtsrahmen für das Social Media Marketing. Diese Vertragsbedingungen bleiben (jedenfalls unter Zugrundelegung deutschen Rechts) auch grundsätzlich mit genau dem Inhalt der ersten Anmeldung wirksam, wenn sie nicht in zulässiger Weise (d.h. in der Regel mit ausdrücklicher Zustimmung) geändert werden.

7.1.3.1 Der Betreiber bestimmt die Spielregeln

Den Betreibern von Sozialen Netzwerken und anderen Internetplattformen steht das sogenannte virtuelle Hausrecht zu. Aufgrund dessen können sie die »Spielregeln« festlegen. Sie können also bestimmen, was auf der Plattform zulässig und was verboten sein soll. Unter bestimmten Voraussetzungen (siehe hierzu Kapitel 5) können sie auch für das verantwortlich gemacht werden, was Dritte auf der Seite einstellen. Insoweit liegt es im höchsteigenen Interesse des jeweiligen Betreibers, die Regeln der Plattform klar zu kommunizieren und über Nutzungsbedingungen mit dem jeweils angemeldeten Nutzer rechtsverbindlich zu vereinbaren.

- Manche Plattformen verbieten Werbemaßnahmen in ihren Geschäftsbedingungen, wenn nicht eine entsprechende vertragliche Abrede bzw. eine ausdrückliche Zustimmung vorliegt. Dann ist eine Werbemaßnahme schon allein aufgrund dieses Verstoßes gegen die Nutzungsbedingungen vertragswidrig.
- Weit verbreitet sind auch Bedingungen, welche die Durchführung jeder Form von Gewinn- und Glückspielen auf der Plattform selbst verbieten.
- Bisweilen finden sich auch Regelungen, die zulässige und unzulässige Werbeinhalte (z.B. Verbot der Bewerbung von Alkohol, Tabak, Glückspiel etc.) festlegen.

Auf den Plattformen werden Werberegeln wegen des wachsenden Wettbewerbs und tendenziell strengerer staatlicher Vorgaben in Zukunft immer wichtiger.

7.1.3.2 Facebook: viele Regeln – viel Verwirrung

Nachfolgend werden einige Werbevorgaben von Facebook, als einem der derzeit gefragtesten Werbeplätze, dargestellt. Interessant ist zunächst, dass Facebook jedenfalls für deutsche Nutzer – entgegen einem weit verbreiteten Irrglauben – nicht kalifornisches, sondern deutsches Recht ausdrücklich für anwendbar erklärt (siehe Ziff. 15 Facebook »Erklärung der Rechte und Pflichten« mit Verweis auf Ergänzung »Für Nutzer mit Wohnsitz in Deutschland« unter https://www.facebook.com/terms/provisions/german/index.php).

Mal abgesehen von dieser positiv zu bewertenden Tatsache, sind die Nutzungsbedingungen von Facebook verwirrend und teilweise in sich widersprüchlich.

7.1.3.3 Prinzipielles von Facebook

Als vertragliche Grundlage für alle Nutzer dient zunächst die »Erklärung der Rechte und Pflichten«. Von dort führen Links zu weiteren Regeln, wie z. B.
- den Werberichtlinien und
- den Richtlinien für Werbekampagnen (= Richtlinien für Promotions).

Regeln für Werbemaßnahmen nennen auch die Facebook Site Governance, auf die in der »Erklärung der Rechte und Pflichten« Bezug genommen wird und die im Wesentlichen datenschutzrechtliche Vorgaben (auch im Zusammenhang mit Werbung) enthalten.

Betrachtet man allein diese vielen unterschiedlichen Bedingungen, wird schon klar, wie unübersichtlich Fragen der Zulässigkeit von Werbemaßnahmen bzw. damit einhergehende Themen bei Facebook geregelt sind. Immer wieder laut werdende Kritik an unserem Gesetzgeber wegen unverständlicher und unübersichtlicher Vorschriften, die teilweise berechtigt ist, relativiert sich bei der Durchsicht der Facebook-Regeln.

Einige relevante Grenzen für Werbemaßnahmen auf Facebook ergeben sich schon aus Nr. 3 der »Erklärung der Rechte und Pflichten«.

Regel bei Facebook	Bedeutung
In der »Erklärung der Rechte und Pflichten«	
Nr. 3 Ziff. 1:	
Du wirst keine nicht genehmigten Werbekommunikationen (beispielsweise Spam) auf Facebook versenden oder auf andere Art auf Facebook posten.	Hiermit verbietet nicht nur das Gesetz, sondern auch Facebook selbst Spam auf der Plattform.
Nr. 3 Ziff. 2:	
Du wirst mittels automatisierter Mechanismen (wie Bots, Roboter, Spider oder Scraper) keine Inhalte oder Informationen von Nutzern erfassen oder auf andere Art auf Facebook zugreifen, sofern du nicht unsere Erlaubnis hast.	Ohne ausdrückliche Erlaubnis von Facebook sind technische Hilfsmittel wie Bots, Roboter, Spider oder Scraper verboten, auch wenn sie möglicherweise einem legitimen Zweck dienen.
Nr. 3 Ziff. 3:	
Du wirst keine rechtswidrigen Strukturvertriebe, wie beispielsweise Schneeballsysteme, auf Facebook betreiben.	Verbot illegaler Vertriebssysteme
Nr. 3 Ziff. 5:	
Du wirst keine Anmeldeinformationen einholen oder auf ein Konto zugreifen, das einer anderen Person gehört.	Verbot, auf Login-Daten oder sonst in unzulässiger Art und Weise auf andere Konten zuzugreifen.
Nr. 3 Ziff. 6:	
Du wirst andere Nutzer weder tyrannisieren noch einschüchtern oder schikanieren.	Verbot entsprechender Äußerungen und Handlungen.

Werben in Sozialen Netzwerken: die Grundsätze 7

Regel bei Facebook	Bedeutung
Nr. 3 Ziff. 7:	
Du wirst keine Inhalte posten, die verabscheuungswürdig, bedrohlich oder pornografisch sind, zu Gewalt auffordern oder Nacktheit sowie Gewalt enthalten.	Verbot entsprechender Inhalte. Besonders bei der Veröffentlichung von »nackten Tatsachen« wird Facebook sehr schnell tätig.
Nr. 3 Ziff. 8:	
Du wirst keine externen Anwendungen entwickeln oder unterhalten, die alkoholspezifische oder andere für Minderjährige ungeeignete Inhalte (einschließlich Werbeanzeigen) enthalten, ohne entsprechende Altersbeschränkungen einzuhalten.	Verbot entsprechender Äußerungen und Handlungen.
In den Richtlinien für Promotions* Siehe https://www.facebook.com/page_guidelines.php	
Ziff. 1:	
Promotions auf Facebook sind im Rahmen der Anwendungen auf facebook.com zu organisieren, entweder auf einer Canvas-Seite oder über eine Anwendung auf dem Reiter einer Facebook-Seite.	Es dürfen nur Applikationen von Facebook für Werbung genutzt werden. Werbeaktionen auf Facebook außerhalb einer solchen Applikation sind verboten.
Ziff. 2:	
Promotions auf Facebook müssen folgende Elemente enthalten: 1. Eine vollständige Freistellung von Facebook von jedem Teilnehmer. 2. Anerkennung, dass die Promotion in keiner Weise von Facebook gesponsert, unterstützt oder organisiert wird bzw. in keiner Verbindung zu Facebook steht. 3. Offenlegung, dass der Teilnehmer die Informationen [dem/den Empfänger(n) der Informationen] und nicht Facebook bereitstellt.	Facebook distanziert sich damit von der Werbung, um eine Haftung zu vermeiden.

Regel bei Facebook	Bedeutung
Ziff. 3:	
Du darfst keine Facebook-Funktionen als Registrierungs-/Einstiegsmechanismen für die Promotion verwenden. Beispielsweise darf das Anklicken von »Gefällt mir« auf einer Seite bzw. der Besuch eines Ortes nicht zur automatischen Registrierung bzw. Teilnahme eines Teilnehmers an einer Promotion führen.	Es ist natürlich auch möglich, eine Werbeaktion außerhalb von Facebook zu veranstalten und dafür auf der Plattform zu werben, wenn dabei die gesetzlichen und Facebook-spezifischen Regeln eingehalten werden. Wichtig ist, dass bei einer Werbung in keiner Weise auf Facebook verwiesen werden darf: Es dürfen vor allem keine Facebook-Funktionen zur Teilnahme an der Promotion (Ziff. 3) oder zur Abstimmung über die Promotion (Ziff. 4) genutzt werden. Der Gewinner darf auch nicht über Facebook benachrichtigt werden (Ziff. 6).
Ziff. 4:	
Du darfst die Registrierung bzw. die Teilnahme an einer Promotion nicht für Nutzer bedingen, die durch die Nutzung von Facebook-Funktionen eine Handlung durchführen – außer durch die »Gefällt mir«-Angabe auf einer Seite, das Besuchen eines Ortes auf Facebook oder das Verbinden mit deiner Anwendung. Beispielsweise darfst du für die Registrierung bzw. Teilnahme nicht zur Bedingung machen, dass dem Nutzer ein Pinnwandeintrag gefällt bzw. der Nutzer ein Foto kommentiert oder ein Foto an einer Pinnwand postet.	

* Sie gelten für sämtliche Wettbewerbe, Werbegeschenke oder Preisausschreiben; in der Tabelle Werbeaktion genannt.

7.1.3.4 Die Werberichtlinien von Facebook

Auch für die offiziellen Facebook Advertisements, die direkt auf der Plattform gebucht werden können, gibt es Grenzen. Sie sind in den Werberichtlinien (http://www.facebook.com/ad_guidelines.php) niedergelegt. In III. der Richtlinien zum Inhalt von Werbeanzeigen steht:

Werben in Sozialen Netzwerken: die Grundsätze **7**

> *Werbetreibende müssen sicherstellen, dass ihre Werbeanzeigen allen geltenden Gesetzen, Verordnungen und Richtlinien entsprechen. Sämtliche Behauptungen in Werbeanzeigen sind angemessen zu begründen. Werbeanzeigen dürfen keine Nutzer beleidigen. Werbeanzeigen sowie in diesen beworbene Angebote dürfen weder falsch, täuschend oder irreführend sein noch Spam enthalten. Werbeanzeigen dürfen keine illegalen Produkte oder Dienste enthalten bzw. bewerben. Werbeanzeigen dürfen nicht die Rechte Dritter verletzen.*

Die wenigen Auszüge aus den Regeln deuten das nur schwer überschaubare »Regelungsgewirr« an, das für Werbung bei Facebook einschlägig ist. Darüber hinaus finden sich neben teilweise unverständlichen Regularien auch Diskrepanzen zwischen der englischen Fassung verschiedener Richtlinien und ihrer deutschen Übersetzung.

7.1.3.5 Welche Folgen haben Verstöße gegen Nutzungsbedingungen?

Die bekannten Social Networks sehen unterschiedliche Folgen für Verstöße gegen die Nutzungsbedingungen bzw. gegen geltendes Recht vor. In aller Regel behalten sich die Plattformbetreiber abgestufte Rechte vor. Sie reichen von der Verwarnung über die Löschung der gegen die Nutzungsbedingungen verstoßenden Werbung bis hin zum Ausschluss der jeweiligen Nutzer von der Plattform. → Vertragsstrafen sind vorgesehen für Fälle, in denen versucht wird, mit Skripten oder Ähnlichem das System zu manipulieren.

Weit verbreitet sind außerdem sogenannte Freistellungsklauseln, nach denen der Nutzer die Plattform von Ansprüchen Dritter freizustellen hat. Sie legen Folgendes fest: Wird der Plattformbetreiber wegen einer Rechtsverletzung (z.B. wegen Verstoßes gegen Marken-, Wettbewerbs- oder Urheberrecht) in Anspruch genommen oder auch verklagt, so ist der jeweilige Nutzer verpflichtet, die vom Betreiber geforderten Schadensersatzzahlungen oder andere (Rechtsanwalts-)Kosten zu übernehmen.

Bei schuldhaftem Verstoß gegen die Nutzungsbedingungen können unter bestimmten Voraussetzungen auch Schadenersatzansprüche geltend gemacht werden.

Bei Werbung in Social Networks sollten also die einschlägigen Vorgaben der Plattform (jedenfalls in grobem Rahmen) bekannt sein.

> **Beispiel: Regeln bei Facebook**
> Nur wer den von Facebook gesteckten Rahmen kennt, kann Vorsorge gegen die Sperrung einer Werbeaktion treffen, um auch im Social Web erfolgreiches Marketing zu betreiben.

Eine Plattform wie Facebook wird im höchsteigenen Interesse wohl nur in seltenen Fällen, und nur, wenn sich Dritte über eine konkrete Werbeaktion beschweren, überhaupt tätig werden. Dann aber droht nicht nur die Einstellung und Löschung der konkreten Werbeaktion bzw. vielleicht sogar der ganzen Seite, sondern zumindest theoretisch auch der Ausschluss des jeweiligen Nutzers von der Plattform. Im Zusammenhang mit Gewinnspielen und klar rechtswidrigen Werbemaßnahmen geht die Tendenz eher zu einer schärferen Kontrolle durch Wettbewerber.

7.1.3.6 Developer Principles und Policies

Immer wichtiger werden im Werbebereich die Richtlinien für die Facebook-Plattform, die Developer Principles and Policies von Facebook (developers. facebook.com/policy/Deutsch/). Sie enthalten Regeln für die Einbindung von sogenannten Applikationen und Games. Das Regelwerk gilt primär für die Programme, die über die Programmierschnittstellen (API – application programming interface) ins Facebook System eingebunden werden können. Es sollte bei den spannenden Werbemöglichkeiten über solche Applikationen ebenfalls beachtet werden, um eine Sperrung durch Facebook zu vermeiden.

> **Tipp: Machen Sie sich schlau!** !
> Nicht nur Facebook hat Nutzungsbedingungen. Planen Sie Werbemaßnahmen in anderen Netzwerken, wie z.B. XING, Lokalisten & Co, aber auch bei Twitter und den Videoplattformen, macht es Sinn, dort die einschlägigen Regeln zur Werbung zu kennen.

> **Achtung: Werbeagenturen schulden rechtmäßige Konzepte** !
> Rechtlich zulässige Werbekonzepte sind vor allem für die Werbe- und Kreativagenturen von Bedeutung. Sie haften grundsätzlich für die Rechtmäßigkeit der für den Kunden konzipierten Werbeaktion. Die umfassende Kontrolle, ob eine geplante Werbemaßnahme mit dem Recht vereinbar ist, gehört zu den wesentlichen vertraglichen Pflichten einer Werbeagentur gegenüber ihrem Auftraggeber. Die Agentur muss die Werbung grundsätzlich auf ihre Zulässigkeit überprüfen und den Auftraggeber auf Bedenken hinweisen. Wettbewerbswidrige Werbung ist ansonsten als mangelhafte Leistung der Agentur anzusehen (Oberlandesgericht Düsseldorf, CR 2004, 466). In entsprechenden Fällen drohen neben einem Reputationsschaden auch Regressansprüche des Kunden. Diese können nicht nur auf Rückzahlung des bereits geleisteten Honorars, sondern auch auf Ersatz von Abmahnungs- oder Verfahrenskosten bzw. sogar Kosten für die Neukonzeption und -durchführung der Werbemaßnahme gerichtet sein. Daher sollten Werbeagenturen den Rechtsrahmen kennen, den es für Werbemaßnahmen im Social Web zu beachten gilt.

7.1.4 Auch wichtig: das Urheberrecht

Wie für sonstige Werbung sind auch für Social Media Marketingmaßnahmen natürlich die Vorgaben des → Urheberrechts zu beachten. Sind fremde Inhalte (also Texte, Bilder, Audio- oder Videoinhalte) nach dem Urheberrechtsgesetz (UrhG) geschützt, sollten diese Werke nur verwendet werden,
- wenn die notwendige Zustimmung des Urhebers dazu eingeholt worden ist oder
- die Verwendung über das → Zitatrecht des §51 UrhG gerechtfertigt ist.

Mehr dazu lesen Sie in Kapitel 3.1.1.

! **Achtung: Urheberrechtlicher Schutz von Werbetexten**
Auch Werbetexte können urheberrechtlich geschützt sein. So hat z.b. das Oberlandesgericht (OLG) Köln ein Unternehmen zum Schadenersatz verurteilt, das fremde Produkttexte zur Werbung für Sportschuhe verwendet hatte. Die Auffassung der Richter: Auch Werbetexte sind geschützt, wenn sie denn eine »individuelle Wortwahl und Gedankenführung« aufweisen (OLG Köln, Urteil vom 30.09.2011, Az. 6 U 82/11).

7.1.5 Ebenfalls zu beachten: Marken- und Kennzeichenrechte

Wenn eine bestimmte Bezeichnung oder ein Logo geschützt ist, sollte es ohne Zustimmung des Berechtigten nicht genutzt werden. Hier relevant sind insbesondere eingetragene Marken, geschäftliche Bezeichnungen (z.B. Firmennamen), teilweise auch geografische Herkunftsangaben (z.B. Frankfurter Würstchen). Wenn jemand die geschützte Bezeichnung eines anderen tatsächlich gewerblich und zur Kennzeichnung (eigener) Waren oder Dienstleistungen nutzt, drohen → Unterlassungs-, häufig auch Schadenersatzansprüche.

7.2 Direktmarketing im und über das Social Web

Spam-E-Mails sind ein allgemein bekanntes und weit verbreitetes Problem. Zwischenzeitlich hat es sich auf viele Soziale Netzwerke übertragen. Netzwerke wie Facebook, Twitter & Co. werden von vielen Internetanwendern regelmäßig genutzt. Jeder dieser Anbieter sieht die Möglichkeit vor, über die Plattform interne Nachrichten zu verschicken. Diese Vorteile haben auch die Versender von Werbebotschaften erkannt und nutzen sie, um vermeintlichen Kunden Werbung zukommen zu lassen. Der Versand von Werbebotschaften über diese Kanäle nimmt daher ständig zu.

Und tatsächlich genießen Werbenachrichten in den Netzwerken wahrscheinlich eine viel größere Aufmerksamkeit als Werbe-E-Mails, die oft in der Flut von Spam untergehen oder in Spamfiltern hängenbleiben. Das Phänomen wird Plattformbetreiber, die diese Botschaften in den Nutzungsbedingungen oft untersagen, aber auch die Nutzer in Zukunft daher noch stark beschäftigen.

> **Beispiel: Erfolgreiche Klage von Facebook**
>
> So klagte z. B. Facebook vor einem US-Gericht gegen den professionellen Spamversender Sanford Wallace. Dieser hatte viele Millionen Spam-Nachrichten über das interne Facebook-Message-System geschickt. Facebook hat dafür von den Gerichten einen Schadensersatz von 711 Mio. Dollar (entspricht derzeit ca. 558 Mio. EUR) zugesprochen bekommen. Auch die Staatsanwaltschaft hat strafrechtliche Ermittlungen gegen die Betreiber von Sanford Wallace aufgenommen.

Darf ein deutsches Unternehmen z. B. bei XING allen Kontakten oder auch Dritten Nachrichten mit werblichen Inhalten zusenden? Darf ein Unternehmer in Deutschland über den eigenen Twitter-Account alle Follower über die Direct Messages ungefragt mit regelmäßigen Produktinformationen beglücken? Oder handelt es sich bei entsprechenden Fällen um Spam im Sinne des Gesetzes gegen den unlauteren Wettbewerb und damit abmahnfähiges Verhalten des Versenders bzw. des werbenden Unternehmens?

7.2.1 Gibt es Spam in Sozialen Netzwerken?

Ob Werbebotschaften über das interne Messagesystem als rechtswidriger Spam zu deklarieren sind, richtet sich im Wesentlichen nach §7 Abs. 2 Nr. 3 UWG (Gesetz gegen den unlauteren Wettbewerb). Danach liegt eine verbotene unzumutbare Belästigung immer dann vor, wenn Werbung unter Verwendung einer automatischen Anrufmaschine, eines Faxgerätes oder **elektronischer Post** versandt wird, ohne dass eine vorherige ausdrückliche Einwilligung des Adressaten vorliegt.

»Elektronische Post« ist nach der Definition in der europäischen Datenschutzrichtlinie für elektronische Kommunikation jede über ein öffentliches Kommunikationsnetz verschickte Text-, Sprach-, Ton- oder Bildnachricht, die im Netz oder im Endgerät des Empfängers gespeichert werden kann, bis sie von diesem abgerufen wird.

Damit fallen wohl auch Nachrichten innerhalb eines Sozialen Netzwerkes unter diese Regelung. Genauso wie eine E-Mail, sind entsprechende Nachrichten in der Regel kostenlos. Sie eignen sich für die massenhafte Versendung von Botschaften und damit insbesondere für Werbung, womit sie auch dem Regelungszweck nach unter den §7 Abs. 2 Nr. 3 UWG fallen dürften. Werden sie ohne vorherige ausdrückliche Einwilligung des Adressaten versendet, ist dies stets eine unzumutbare und damit unzulässige Belästigung. Konsequenterweise gelten dann auch die Verbote des §7 Abs. 2 Nr. 4 UWG für Werbung mit einer Nachricht,

- bei der die Identität des Absenders, in dessen Auftrag die Nachricht übermittelt wird, verschleiert oder verheimlicht wird oder
- bei der keine gültige Adresse vorhanden ist, an die der Empfänger eine Aufforderung zur Einstellung solcher Nachrichten richten kann.

7.2.2 Opt-in-Verfahren als richtiger Weg

Wer also zulässige Werbebotschaften über die Sozialen Netzwerke versenden möchte, sollte die üblichen Grundsätze des »Permission Marketing« (→ Opt-in) bzw. die → Erlaubnistatbestände des §7 Abs. 3 UWG berücksichtigen. Sonst drohen eine → Abmahnung des Empfängers bzw. Dritter, entsprechende Maßnahmen des Plattformbetreibers (wie im Facebook-Beispiel oben) und möglicherweise auch hohe Bußgelder.

Gefährlich ist auch die Verschleierung des Werbecharakters in solchen internen Nachrichten. Hier können Ansprüche der Wettbewerber aus §§ 5a UWG begründet werden.

! **Tipp: Werbeagenturen aufgepasst!**

Auch Werbe- oder Internetagenturen sollten diese Regeln unbedingt beachten, wenn sie ihren Kunden zu Werbemaßnahmen auf ebendiesen Plattformen raten. Die umfassende Kontrolle einer Werbemaßnahme auf Rechtmäßigkeit ist eine wesentliche Vertragspflicht gegenüber dem Auftraggeber. Werbeagenturen müssen Konzepte auf Zulässigkeit überprüfen und den Auftraggeber auf eventuelle Bedenken hinweisen. Wettbewerbswidrige Werbung ist – mal unabhängig von dem möglichen Rufschaden – mangelhaft und berechtigt den Auftraggeber zur → Minderung, zum → Rücktritt vom Vertrag oder zieht sogar Schadenersatzforderungen nach sich. Werbeagenturen sollten Werbekonzepte bei etwaigen rechtlichen Unklarheiten im Social Media Umfeld also einer rechtlichen Prüfung unterziehen (lassen).

7.3 Eigene Brand-Communitys und Co.: Gestaltung von Nutzungsbedingungen

Interessanten Projekten (wie z.B. Harley Davidson) in den USA folgend, versuchen sich auch einzelne deutsche Unternehmen an sogenannten Marken-Communities auf eigenen Plattformen (z.B. das Vielfliegerprogramm von Miles&More). Bei der Gestaltung der Nutzungsbedingungen für solche Brand-Communitys oder andere vergleichbare unternehmenseigene Plattformen sollten die Betreiber einige Besonderheiten beachten.

Da die meisten der nachfolgend aufgeführten Themenkomplexe auch in eigenen Regelungspunkten niedergelegt werden sollten/können, zeigt die nachfolgende Auflistung eine mögliche Struktur etwaiger Nutzungsbedingungen.

1.	Zielgruppe
	Sofern eine Beschränkung der Nutzer angestrebt wird, sollte dies auch ausdrücklich formuliert werden. Sinnvoll sind häufig altersmäßige Beschränkungen. um jugendschutzrechtliche Probleme – soweit möglich – zu vermeiden.
2.	Leistungsgegenstand
	Essenziell ist die Definition des Leistungsgegenstandes (als des Angebots der Community) natürlich, wenn es sich um einen kostenpflichtigen Dienst handelt. Aber auch bei kostenlosen Communities sollte kurz eingegrenzt werden, was die Plattform anbietet und welche wesentlichen Funktionen enthalten sind.
3.	Registrierung
	Im Zusammenhang mit der Registrierung sollten das Anmeldeprozedere und die dabei erhobenen Daten kurz dargestellt werden. In der Regel wird bei der Registrierung die Zustimmung zu den Nutzungsbedingungen und auch der Datenschutzerklärung eingeholt. In die Datenschutzerklärung, der im Rahmen einer eigenen Erklärung (Opt-in) zugestimmt werden muss, sind dann alle Regelungen aufzunehmen, die die Erhebung personenbezogener Daten und der jeweiligen Nutzung (Newsletter, Besucheranalyse, Datenweitergabe usw.) beschreiben.

4.	**Kostenpflichtigkeit**
	Wichtig ist natürlich die Erläuterung, ob der jeweilige Dienst kostenpflichtig ist und welche Kostenmodelle gelten sollen. Bei den weit verbreiteten Freemium-Modellen, die kostenlose Grundfunktionen und die optionale Buchung kostenpflichtiger Zusatzdienste anbieten, ist detailliert zu regeln, welche Einzeldienste oder Module kostenlos bzw. -pflichtig sind.
5.	**Einräumung urheberrechtlicher Nutzungsrechte**
	In aller Regel können die Nutzer verschiedene Inhalte wie Texte, Bilder, Audio- und Videoinhalte uploaden. Unverzichtbarer Bestandteil jeder Nutzungsbedingung im Social Media Umfeld ist daher die Einräumung der notwendigen Nutzungsrechte an den eingestellten Inhalten. Dabei hängt die Reichweite der Rechteinräumung maßgeblich vom jeweiligen Anwendungsszenario und auch vom konkreten Geschäftsmodell ab.
	Oft entsteht bei Communities früher oder später der Wunsch, die Inhalte z. B. zur Bewerbung der Plattform auf anderen Webseiten, in oder über Mobile Apps oder für Printprodukte zu verwenden. Gegebenenfalls ist es sinnvoll, dies schon frühzeitig in der jeweiligen Klausel zur Rechteinräumung anzulegen. In diesem Zusammenhang sollten aber auch die Interessen der jeweiligen Nutzer und die Wahrnehmung solcher Regelungen bei der individuellen Gestaltung berücksichtigt werden.
6.	**Zulässigkeit von Inhalten und Verhaltensregeln**
	Auch aus Haftungsgesichtspunkten ist zu empfehlen, in den Nutzungsbedingungen klar zu kommunizieren, welche Inhalte erwünscht – viel wichtiger aber noch – welche Inhalte in der Community verboten sein sollen. So sollten regelmäßig z. B. folgende Inhalte verboten werden: • Keine Werke (sprich Texte, Bilder, Videos etc.), an denen nicht entsprechende urheberrechtliche Nutzungsrechte bestehen • Keine Beleidigungen oder unwahre Tatsachen über Dritte • Keine Bilder mit fremden Personen ohne Zustimmung derselben • Keine Verletzung fremder Datenschutzrechte • Keine strafrechtlich relevanten Inhalte (z. B. rassistische Äußerungen) • Keine jugendgefährdenden Inhalte (z. B. bei Communities mit Nutzern unter 18 Jahren) Zusätzlich zu dieser nicht abschließenden Liste unzulässiger Inhalte sollten auch allgemeine Verhaltensregeln integriert werden, die regelmäßig von der Ausrichtung der Community abhängen. Üblich sind das Einhalten einer gewissen Netikette, ein Verbot von übermäßiger Werbung (oft auch) und das Verbot inhaltlich unzulässiger Werbung etc.

Eigene Brand-Communitys und Co.: Gestaltung von Nutzungsbedingungen 7

7.	Konsequenzen bei Verstößen gegen die Nutzungsbedingungen
	Natürlich sollten auch die Konsequenzen aufgezeigt werden, die in Fällen von Verstößen drohen. Bewährt hat sich dabei ein abgestuftes System, dass von der Schwere des Verstoßes abhängt. Je nach »Verschulden« des jeweiligen Nutzers und nach Schwere des konkreten Verstoßes sollten deren Folgen festgesetzt werden: Angefangen vom Löschen des konkreten Inhalts über eine Verwarnung des Nutzers bis hin zum Ausschluss aus der Community. Dies bewahrt den Betreiber regelmäßig vor Zensurvorwürfen und stützt die eigene Argumentation für den Fall, dass seitens eines Mitglieds tatsächlich einmal rechtliche Ansprüche wegen unzulässigen Löschens »seiner« Inhalte oder eines unberechtigten Ausschlusses geltend gemacht werden sollten.
8.	Haftungsfreistellung
	Unter bestimmten Umständen können die Betreiber einer Community auch für rechtswidrige Inhalte Dritter, die auf der Plattform veröffentlicht werden, rechtlich in Anspruch genommen werden (siehe hierzu das Kapitel 5.2). Bewährt hat sich deshalb eine Klausel, die den Rückgriff des Community-Betreibers gegenüber dem Nutzer regelt, der den rechtswidrigen Inhalt eingestellt hat. Wirtschaftliche Schäden (wie Schadenersatzzahlungen, Rechtsverfolgungskosten) können so an den verantwortlichen Nutzer weitergereicht werden.
9.	Gewährleistung und Haftung
	Üblich ist zudem die Integration einer Klausel, die die Gewährleistung der Plattform für etwaige Mängel, aber auch die Haftung gegenüber dem Nutzer regeln. An dieser Stelle wird üblicherweise die Gewährleistung und Haftung der Plattform eingeschränkt. Dabei sollte berücksichtigt werden, dass entsprechende Beschränkungen AGB-rechtlich nach § 309 Nr. 7 und Nr. 8 BGB nur bis zu einem bestimmten Maß zulässig sind.
10.	Kündigung
	Sinnvoll ist auch eine Regelung, mit welchen Fristen der jeweilige Account vom Plattformbetreiber, aber auch dem Nutzer gekündigt werden kann und – soweit erforderlich – wie eine etwaige Kündigung abgewickelt wird. Hierbei sollten die ordentliche Kündigung mit einer entsprechenden Kündigungsfrist genauso wie die Möglichkeit zur außerordentlichen Kündigung vorgesehen sein.

11.	Änderungsvorbehalt
	Häufig stellt sich im Laufe der Zeit Änderungsbedarf für die Nutzungsbedingungen (häufig im Zusammenhang mit der Einräumung der Nutzungsrechte, siehe Nr. 5) heraus. Insofern ist ein Änderungsvorbehalt wichtig. Fehlt eine solche Klausel bei den in der Anmeldung akzeptierten Nutzungsbedingungen, führt dies regelmäßig dazu, dass alle Nutzer späteren Änderungen der AGB ausdrücklich (im Sinne eines »Opt-in«) zustimmen müssen.
12.	Gerichtsstand und anwendbares Recht
	Im Rahmen des Zulässigen sollte in den Nutzungsbedingungen das im Verhältnis Nutzer-Plattformbetreiber geltende nationale Recht geregelt werden. Ebenso wichtig ist es im Interesse der Plattform, den jeweiligen Gerichtsstand (in der Regel der jeweilige Unternehmenssitz) für etwaige Streitigkeiten zu regeln, um den Plattformbetreiber davor zu bewahren, ständig vor verschiedenen Gerichten in Anspruch genommen zu werden.

7.4 Spam-Nachrichten im eigenen Netzwerk verhindern

Tatsächlich finden sich in vielen Nutzungsbedingungen von Sozialen Netzwerken bereits Regelungen, die es den Usern untersagen, den Dienst für Spamming zu verwenden. Für Verstöße sehen die Bedingungen vor, dass die Nutzer gesperrt, gekündigt oder gar mit einer Vertragsstrafe belegt werden können.

Solche Regelungen sind aus meiner Sicht unerlässlich, um Plattformbetreibern durchgreifende Handlungsoptionen zu eröffnen. Entsprechende Klauseln in Nutzungsbedingungen oder AGB sind in der Regel auch zulässig, insbesondere wenn der Plattformbetreiber die Maßnahmen auf den massenhaften Versand entsprechender E-Mails beschränkt. Die Aufnahme einer angemessenen → Vertragsstrafe kann hier durchaus als »scharfes Schwert« dienen. Sie hilft bisweilen auch, komplizierte Auseinandersetzungen über die Höhe des konkreten Schadens in einem Gerichtsverfahren zu vermeiden.

> **Tipp: Setzen Sie sich durch!** !
> Plattformbetreiber sollten gegen hartnäckiges und massenhaftes Spamming nachdrücklich vorgehen und besonders dreiste Versender auf → Unterlassung bzw. Schadenersatz in Anspruch nehmen. Schließlich können Spam-Kampagnen nicht nur dem Ruf der Plattform schaden. Sie belasten bei gewissem Umfang auch IT-Kapazitäten über das übliche Maß hinaus.
> Betreiber sollten über die Einführung einer Funktionalität nachdenken, mit der Nutzer interne Nachrichten als Spam melden können. So kann Spam leichter identifiziert werden.

7.4.1 Werbemonopol nutzen

Um Werbebotschaften in zulässiger Weise im Social Web zu versenden, brauchen Unternehmen die Zustimmung der Adressaten. Das eröffnet Plattformbetreibern ganz neue Geschäftsansätze. So können sie entsprechende »Werbeplätze« in den Newslettern an interessierte Unternehmen verkaufen. Plattformbetreibern ist es im Gegensatz zu ihren Nutzern (jedenfalls mit entsprechend gestalteten Datenschutzbestimmungen) nämlich erlaubt, ihren Kunden auch werbliche Informationen per interner Message oder E-Mail zuzuschicken (z. B. in Newslettern).

Ich nehme an, dass Facebook im Beispielsfall oben nicht nur wegen einer möglichen Rufschädigung mit aller Härte gegen den Spammer vorgegangen ist. Eine Rolle spielte sicherlich auch, dass die Plattform ihr Monopol auf den Versand von Werbebotschaften über das interne Nachrichtensystem nicht gefährden wollte. So zu handeln wie Facebook kann aber sogar rechtlich geboten sein. Und zwar deswegen, weil es durchaus sein kann, dass ein Plattformbetreiber – zumindest ab Kenntnis der rechtswidrigen Handlung auf der Plattform (wie z. B. massenhaftem Spamming) – sogar als → Mitstörer dafür verantwortlich gemacht werden kann, wenn er nicht entsprechende Maßnahmen ergreift.

7.5 Tell a Friend: Empfehlungsmarketing im Internet

Viele Online-Shops und andere Plattformen bieten eine Funktion an, mit der man ganz einfach Freunde, Bekannte oder Kollegen über den jeweiligen Inhalt (sei es ein konkretes Produkt, einen Artikel oder ein anderweitiges Angebot) informieren kann. Dazu gibt man auf der Website die E-Mail-Adresse des Dritten ein und kann noch eine kurze Botschaft beifügen. Der Plattformbetreiber sendet die Empfehlung dann per E-Mail an den Dritten.

7.5.1 Sind Empfehlungen erlaubt?

Was viele Plattformbetreiber nicht wissen ist, dass diese sogenannte Tell-a-Friend-Funktion auf Grundlage einer Entscheidung des Landgerichts Nürnberg (Beschluss vom 04.03.2004, Az. 4 HKO 2056/04) rechtswidrig ist. Nach Auffassung der Nürnberger Richter wird bei dieser Art der mittelbaren Werbung der Dritte, der die Empfehlung erhält, unzumutbar belästigt. Die Richter sehen darin einen Verstoß gegen §7 Abs. 2 Nr. 3 und Nr. 4 UWG, der einen → Unterlassungsanspruch begründet und auch von Wettbewerbern abgemahnt werden kann.

Zumindest teilweise wurde diese Entscheidung auch vom Oberlandesgericht Nürnberg (Urteil vom 25.10.2005, Az. 3 U 1084/05) im Berufungsverfahren bestätigt: Immer dann, wenn die Empfehlungsmail weitere Werbung enthält, liegt ein wettbewerbsrechtlicher Verstoß vor. Der empfehlende Kunde werde dann als Instrument missbraucht, verbotene Werbung ohne Einwilligung des Empfängers an diesen zu versenden.

Mit ähnlichen Argumenten hat auch der Bundesgerichtshof (Az. I ZR 65/14) in seinem Urteil vom 14.01.2016 entschieden, dass der sogenannte Freundefinder von Facebook bzw. die durch diesen verschickten E-Mails als belästigende Werbung gegen §7 Abs. 1 und 2 Nr. 3 UWG verstoßen. Mit dieser Funktion hatte sich Facebook von neu registrierten Nutzern E-Mailadressen von Kontakten geben lassen, um diese in das Soziale Netzwerk einzuladen. Der Bundesgerichtshof sah in der Einladungs-Mail keine Handlung des Nutzers, sondern eine Werbung von Facebook. Mangels Einwilligung der eingeladenen Nutzer stellten diese E-Mails einen Verstoß gegen das »Spam-Verbot« des §7 Abs. 1 und 2 Nr. 3 UWG dar

In der Pressemitteilung des Bundesgerichtshofes wurde hierzu weiter ausgeführt:

> *Der unter anderem für das Wettbewerbsrecht zuständige I. Zivilsenat hat heute entschieden, dass die mithilfe der Funktion »Freunde finden« des Internet-Dienstes »Facebook« versendeten Einladungs-E-Mails an Personen, die nicht als »Facebook«-Mitglieder registriert sind, eine wettbewerbsrechtlich unzulässige belästigende Werbung darstellen. Der I. Zivilsenat hat weiter entschieden, dass »Facebook« im Rahmen des im November 2010 zur Verfügung gestellten Registrierungsvorgangs für die Funktion »Freunde finden« den Nutzer über Art und Umfang der Nutzung von ihm importierter Kontaktdaten irregeführt hat.*
> *Der Kläger ist der Bundesverband der Verbraucherzentralen und Verbraucherverbände in Deutschland. Die in Irland ansässige Beklagte betreibt in Europa die Internet-Plattform »Facebook«.*
> *Der Kläger nimmt die Beklagte wegen der Gestaltung der von ihr bereit gestellten Funktion »Freunde finden«, mit der der Nutzer veranlasst wird, seine E-Mail-Adressdateien in den Datenbestand von »Facebook« zu importieren, und wegen der Versendung von Einladungs-E-Mails an bisher nicht als Nutzer der Plattform registrierte Personen auf Unterlassung in Anspruch. Der Kläger sieht in dem Versand von Einladungs-E-Mails an nicht als Nutzer der Plattform registrierte Personen eine den Empfänger belästigende Werbung der Beklagten im Sinne von § 7 Abs. 1 und 2 Nr. 3 UWG*. Er macht ferner geltend, die Beklagte täusche die Nutzer im Rahmen ihres Registrierungsvorgangs in unzulässiger Weise darüber, in welchem Umfang vom Nutzer importierte E-Mail-Adressdateien von »Facebook« genutzt würden.*
> *Das Landgericht hat der Klage stattgegeben. Die Berufung ist ohne Erfolg geblieben. Der Bundesgerichtshof hat die Revision der Beklagten zurückgewiesen.*
> *Einladungs-E-Mails von »Facebook« an Empfänger, die in den Erhalt der E-Mails nicht ausdrücklich eingewilligt haben, stellen eine unzumutbare Belästigung im Sinne des § 7 Abs. 2 Nr. 3 UWG dar. Die Einladungs-E-Mails sind Werbung der Beklagten, auch wenn ihre Versendung durch den sich*

bei »Facebook« registrierenden Nutzer ausgelöst wird, weil es sich um eine von der Beklagten zur Verfügung gestellte Funktion handelt, mit der Dritte auf das Angebot von »Facebook« aufmerksam gemacht werden sollen. Die Einladungs-E-Mails werden vom Empfänger nicht als private Mitteilung des »Facebook«-Nutzers, sondern als Werbung der Beklagten verstanden.
Quelle: Auszug aus der Pressemitteilung des Bundesgerichtshofes Nr. 007/2016 vom 14.01.2016

Nachvollziehbarerweise ist der Bundesgerichtshof der Argumentation von Facebook nicht gefolgt, dass der Hinweis »Sind deine Freunde schon bei Facebook?« bzw. unter »Dein Passwort wird von Facebook nicht gespeichert« verlinkte weitere Erläuterungen nicht genügten, um die neu registrierten Nutzer hinreichend über die Erhebung und Verarbeitung der importierten E-Mail-Adresse zu informieren.

7.5.2 Werbeerfolge vs. rechtliches Risiko

Klar ist, dass mit dieser werbeunfreundlichen Rechtsprechung zahlreiche interessante Werbemöglichkeiten abgeschnitten werden. Trotzdem (oder eben aus Unkenntnis über die Rechtslage) nutzen zahlreiche Internet- und E-Commerce-Plattformen solche Funktionalitäten. Sie nehmen das Abmahnrisiko wohl (bewusst) in Kauf, weil die potenziellen Werbeerfolge das Risiko überwiegen. Schließlich wird diese Werbeform unter dem Begriff »Virales Marketing« von vielen Werbefachleuten angepriesen. Als verantwortlicher Werber bzw. Plattformbetreiber sollte man das Risiko aber zumindest kennen, um es einschätzen zu können und – soweit opportun – auch Maßnahmen zur Risikominimierung zu treffen.

7.5.3 Strategien zur Risikovermeidung

E-Mail-Werbung an private und gewerbliche Empfänger ist generell nur unter engen Grenzen zulässig. Zur E-Mail-Werbung zählen nach der aktuellen Rechtsprechung Arten der Freundschaftswerbung, wie die Tell-a-Friend Funktion oder auch sogenannte E-Cards, wenn sie werbliche Aussagen enthalten. Wie bereits erläutert, sehen die Nürnberger Gerichte in der Tell-a-

Friend Funktion eine unzumutbare Belästigung des Empfängers (§7 Abs. 2 UWG), weil dieser nicht wie vom Gesetz gefordert, dem Empfang der Werbe-Mail zugestimmt hat.

Problematisch ist, dass die Einwilligung des Empfängers zur E-Mail-Werbung stets vom Werbetreibenden zu beweisen ist. Kann er dies nicht, was bei der Tell-a-Friend Funktion die Regel ist, kann er vom Empfänger in Anspruch genommen werden und auch von Wettbewerbern abgemahnt werden.

Nach Auffassung des LG Nürnberg gilt dies wohl für jede nur denkbare Tell-a-Friend Funktion. Das übergeordnete Oberlandesgericht nimmt dagegen eine Rechtswidrigkeit nur an, wenn die Tell-a-Friend Mail neben der jeweiligen Produktempfehlung auch noch eine darüberhinausgehende Werbung enthält (z. B. einen Hinweis auf bestimmte Sonderangebote o. Ä.). Die Auffassung des OLG scheint sich durchzusetzen.

> **Tipp: So vermeiden Sie Abmahnungen**
>
> Folgende Maßnahmen vermeiden bzw. reduzieren das Risiko, wegen solcher Empfehlungsfunktionen rechtlich in Anspruch genommen zu werden:
> - Fügen Sie der Empfehlung keine zusätzliche Werbung bei.
> - Gestalten Sie die Empfehlungsmail so, dass der Nutzer der Tell-a-Friend-Funktion als eigentlicher Absender genannt wird.
> - Nehmen Sie einen → Disclaimer auf, der zeigt, dass der Plattformbetreiber nicht der eigentliche Veranlasser der E-Mail ist.

Wer gar kein Risiko eingehen möchte, sollte Tell-a-Friend-Mails nur an Bestandskunden schicken bzw. an solche Empfänger, die dem Versand bereits zugestimmt haben. Es bleibt zu hoffen, dass sich die Rechtsprechung in diesem Bereich werbefreundlich konkretisiert.

Wenn die Tell-a-Friend Funktion vom Plattformbetreiber nicht missbraucht wird, um Spam unter einem Deckmantel zu versenden, ist sie ohne weitere Werbung aus meiner Sicht auch wettbewerbskonform. Sie ist dann nur ein Service des Plattformbetreibers, die Weiterleitung einer Empfehlung zu vereinfachen. Das könnte sonst ja auch über eine eigene E-Mail des Empfehlenden erfolgen. Diese Interpretation dürfte dann auch im Interesse des die Empfehlung erhaltenden Verbrauchers sein.

> **Achtung: Datenschutz beachten**
>
> Datenschutzrechtliche Probleme ergeben sich, wenn der Werbetreibende die über die Empfehlungsfunktion gewonnenen Daten des Empfängers (Name, E-Mail-Adresse etc.) für weitere Zwecke (z.B. Newsletter) nutzt oder nutzen möchte. Das widerspricht den Datenschutzgesetzen. Hier sollte zumindest eine Möglichkeit zum Abbestellen weiterer Werbung gegeben werden.

8 Facebook: der Social-Media-Gigant im Fokus

8.1 Die Nutzungsbedingungen von Facebook

Wer sich bei der Facebook-Plattform anmeldet und diese nutzt, erkennt die Facebook-Nutzungsbedingungen in ihrer jeweils geltenden Fassung automatisch an. Dem Betreiber einer Plattform wie Facebook wird über das gerichtlich mehrfach bestätigte »virtuelle Hausrecht« (vgl. z.B. Landgericht München I, Urteil vom 25.10.2006, Az. 30 O 11973/05) die Möglichkeit eingeräumt, Regeln aufzustellen, die in der jeweiligen Netzgemeinschaft gelten sollen. Solche Community Regeln oder Nutzungsbedingungen sind aus rechtlicher Sicht stets als Allgemeine Geschäftsbedingungen (AGB) zu qualifizieren. Nach ihrer wirksamen Einbeziehung in das Nutzungsverhältnis stellen sie die vertragliche Grundlage dar, die zwischen dem Plattformbetreiber und dem jeweiligen Nutzer (teilweise auch mit Wirkung zwischen den Nutzern) gilt. Der Plattformbetreiber kann hier weitergehende Regelungen treffen, als es die einschlägigen Gesetze vorsehen und er kann Verstöße dagegen auch entsprechend sanktionieren.

Bei Facebook wird das Nutzungsverhältnis maßgeblich durch die nachfolgenden Regelwerke bestimmt.
- Erklärung der Rechte und Pflichten
- Datenverwendungsrichtlinien
- Nutzungsbedingungen für Facebook Seiten
- Plattform-Richtlinien
- Bereich für Markengenehmigungen
- Standards der Facebook-Gemeinschaft
- Richtlinien für Werbeanzeigen
- Richtlinien für Facebook Credits
- Zahlungsbedingungen

In der folgenden Tabelle werden die Nutzungsbedingungen, die Facebook zur Regelung der verschiedenen Funktionen seiner Plattform aufgestellt hat, ausgewertet und zusammengefasst.

Regelung	Inhalt
Diensteanbieter/ Vertragspartner	Das Vertragsverhältnis kommt mit der Facebook Ireland Limited Hanover Reach, 5-7 Hanover Quay Dublin 2 Ireland zustande.
Datenweitergabe	Übermittlung der Daten zu Facebook Inc. in die USA
Anwendbares Recht	Vertragsverhältnis mit deutschen Nutzern unterliegt deutschem Recht
Einrichtung des Accounts	Bei der erstmaligen Registrierung zu beachten: - Keine Verwendung von falschen persönlichen Informationen (Verbot der Namenstäuschung/Identitätsanmaßung) - Grundsatz der Aktualität der eigenen Kontaktinformationen - Einrichtung nur von eigenen Profilen (Verbot der Fremderstellung von Profilen/Verbot des nicht autorisierten Handelns für Dritte) - Einrichtung nur eines einzigen persönlichen Accounts (Verbot der Mehrfachnutzung) - Grundsatz der strikten Trennung zwischen ausschließlich privat genutztem Account und kommerzieller Facebook-Seite - Schutz des eigenen Accounts durch sichere Passwörter - Grundsatz der Unübertragbarkeit der eigenen Seiten (Übertragung auf Dritte nur mit schriftlicher Erlaubnis von Facebook)

8 Die Nutzungsbedingungen von Facebook

Regelung	Inhalt
Allgemeine Verhaltensregeln	Es gibt zahlreiche Verhaltensregeln, welche die Kommunikation auf der Plattform selbst reglementieren: - Hassreden/Diskriminierung: Jeder (verbale) Angriff auf einzelne Personen oder ganze Personengruppen aufgrund ihrer Rasse, Volkszugehörigkeit, nationalen Herkunft, Religion, sexuellen Orientierung, Behinderung, ihres Gesundheitszustands oder Geschlechts ist verboten. - Nacktheit und Pornographie: Die Darstellung oder Wiedergabe von pornographischen oder sexuellen Inhalten ist insgesamt verboten, insbesondere, wenn in irgendeiner Art und Weise Minderjährige beteiligt sind. Nacktheit darf nur in Grenzen dargestellt werden. - Selbstverletzung: Jede Aufforderung zu Selbstschädigungen, etwa in Form von Selbstverstümmelung, Essstörungen oder dem Missbrauch harter Drogen, oder deren Androhung oder Verherrlichung, ist verboten und wird unverzüglich entfernt. - Darstellung von Gewalt: Die Darstellung drastischer Gewalt ist häufig Bestandteil aktueller Ereignisse. Ihre Veröffentlichung auf Facebook ist jedoch nur in Grenzen zulässig. Jedwedes Teilen von gewaltdarstellenden Inhalten zum sadistischen Vergnügen ist verboten.
Verhalten gegenüber anderen Nutzern	- Mobbing und Belästigung: Das Mobbing und die Belästigung von einzelnen Personen sind untersagt. Das wiederholte und unerwünschte Versenden von Freundschaftsanfragen oder Nachrichten an andere Nutzer stellt eine Form der Belästigung dar. - Gewalt und Drohungen: Jede glaubhafte Androhung oder Organisation von Gewalt oder Gewalttaten in der echten Welt ist verboten. - Kriminellen oder terroristischen Organisationen ist eine Präsenz auf Facebook verboten. - Jegliche Ankündigung, Planung oder Durchführung von Aktionen, die anderen finanziellen Schaden zufügen oder zufügen könnten, einschließlich Diebstahl und Vandalismus, sind verboten. - Identität und Privatsphäre: Persönliche Informationen anderer Nutzer dürfen ohne deren Zustimmung nicht veröffentlicht werden.

Regelung	Inhalt
Phishing und Spam	Die Facebook-Funktionalitäten dürfen nicht für den Versand nicht genehmigter Werbebotschaften (beispielsweise Spam) missbraucht werden.
Geistiges Eigentum/Rechte Dritter	Auf Facebook ist, wie sonst auch, das Urheber- und Markenrecht zu beachten. Das Posten von entsprechend rechtsverletzenden Inhalten ist daher verboten. Auch die Verwendung der Facebook-eigenen Symbole unterliegt diesen Beschränkungen.
Nutzungsrechte an geposteten Inhalten	<ul><li>Lizenz für gepostete Inhalte: Facebook lässt sich für Inhalte wie Fotos und Videos, die unter die Rechte an geistigem Eigentum (sog. »IP-Inhalte«) fallen und die auf oder im Zusammenhang mit Facebook gepostet werden, eine nicht-exklusive, übertragbare, unterlizenzierbare, gebührenfreie, weltweite Lizenz (»IP-Lizenz«) zur Nutzung einräumen, jedoch mit der Maßgabe, dass die Nutzung dieser Inhalte auf die Verwendung auf oder in Verbindung mit Facebook beschränkt ist. Die Unterlizenzierbarkeit führt nach den Nutzungsbedingungen von Facebook dazu, dass Facebook die Inhalte auch an Dritte weiter lizenzieren darf.</li><li>Löschung von Inhalten: Ein Löschen von Inhalten ist möglich, allerdings bleiben nicht öffentlich zugängliche Sicherheitskopien noch einige Zeit erhalten.</li><li>Einstellung »Öffentlich«: Öffentlich gepostete Inhalte sind von allen einsehbar und abrufbar, auch außerhalb der Facebook-Plattform. Sie sind über den Namen und das Profilfoto dem Ersteller zuzuordnen.</li></ul>
Werbliche Verwendung von Nutzerdaten	Verknüpfte Werbeanzeigen: Mit der Nutzung der Plattform ist eine Einwilligung in die Verwendung des eigenen Namens und Profilbildes zu Werbezwecken verbunden. Eine Einschränkung ist über die Privatsphäre-Einstellungen möglich.

Die Nutzungsbedingungen von Facebook 8

Regelung	Inhalt
Gewinnspiele	Im August 2013 hat Facebook seine Gewinnspielrichtlinien deutlich gelockert. Während Gewinnspiele vorher nur innerhalb von Applikationen (oder auch Canvas-Seiten) zulässig waren, erlaubt Facebook nun auch ausdrücklich die Durchführung eines Gewinnspiels auf der Facebook-Präsenz selbst. Ausdrücklich erlaubt sind nun auch Gewinnspiele, bei denen Nutzer <ul><li>teilnehmen, indem sie Kommentare oder einen Post schreiben oder einen Post »liken«,</li><li>der Seite eine Nachricht schreiben müssen,</li><li>mit den meisten Likes gewinnen.</li><li>Weiter untersagt ist das Teilen bzw. das »Kennzeichnen« von Personen (sog. Tagging) als Gewinnspielmechanismen.</li></ul>Neben den nun gelockerten Gewinnspielrichtlinien von Facebook sollten stets jedoch auch die gesetzlichen Vorgaben eingehalten werden. Weiterhin sollte(n) deshalb<ul><li>transparente Teilnahmebedingungen gestaltet und in das Gewinnspiel einbezogen werden,</li><li>eine Klausel einbezogen werden, dass Facebook an dem Gewinnspiel nicht beteiligt ist,</li><li>eine Datenschutzerklärung darüber aufklären, welche Daten wie erhoben und verarbeitet werden,</li><li>die Namen der Gewinner aus datenschutzrechtlichen Gründen nicht einfach ohne entsprechende Legitimation veröffentlicht werden,</li><li>die Grenzen des Gesetzes gegen den unlauteren Wettbewerb (UWG) (siehe obenstehendes Kapitel) beachtet werden,</li><li>Gewinnspielbenachrichtigungen per privater Nachricht laut Facebook-Bedingungen unterlassen werden.</li></ul>Die erleichterten Vorgaben von Facebook eröffnen neue Optionen bei der Durchführung von Gewinnspielen und der Einbeziehung viraler und sozialer Elemente. Die gesetzlichen Rahmenbedingungen machen die Durchführung eines einfachen Gewinnspiels, wie z.B. »Der Beitrag mit den meisten Likes gewinnt ein iPad«, nicht gerade einfach. Weiter sollten klare Teilnahmebedingungen und eine Datenschutzerklärung einbezogen werden. Insofern bieten Applikationen im Hinblick auf die rechtssichere Durchführung eines Gewinnspiels einige Vorteile. Damit ist die Facebook Pinnwand für Gewinnspiele nun nicht mehr tabu, wenn entsprechende Lösungen gefunden werden, die rechtlichen Vorgaben zu erfüllen.

Facebook: der Social-Media-Gigant im Fokus

Regelung	Inhalt
Facebook-Plug-ins	Die Verwendung der von Facebook zur Verfügung gestellten Plug-ins unterliegt zusätzlichen Beschränkungen: So ist mit der Verwendung und Implementierung der Applikationen auf der eigenen Homepage zugleich die Einwilligung in die Nutzung der über die Applikation auf der Facebook-Seite geposteten Inhalte verbunden.
Mögliche Sanktionen bei Nichteinhaltung der Vorgaben von Facebook	Facebook behält sich in Form eines abgestuften Systems vor, die jeweiligen Posts oder Inhalte zu löschen oder den Account zu entfernen. Bei wiederholten Verstößen ist es sogar denkbar, dass Facebook nach der Löschung eine erneute Einrichtung eines Kontos verhindert.

8.2 Facebook und der Datenschutz

Beispiel: Datenschutz-Trubel um Facebook

Facebook geriet in letzter Zeit nicht nur wegen diverser Datenschutzpannen, sondern auch wegen der Veröffentlichung bzw. Weitergabe der von den Nutzern eingestellten Informationen und Daten verstärkt unter Beschuss. Für Aufruhr hat insbesondere die Ankündigung gesorgt, Profilinformationen an bestimmte, »geprüfte« Webseiten und Anwendungen Dritter weiterzugeben. Auch amerikanische Politiker nahmen sich dieses Themas an und drohten dem Unternehmen mehr oder weniger stark mit rechtlichen Sanktionen.

Betrachtet man die verzweigte Navigation mit einer Vielzahl möglicher Datenschutzeinstellungen bei Facebook, fällt auf, dass bei vielen datenschutzrelevanten Funktionen die Grundeinstellung zwar ein → Opt-out zulässt, aber bei dem Nutzer vor dem spezifischen Einsatz seiner Daten eben nicht die Zustimmung (im Sinne eines Opt-ins) eingeholt wird. Vor diesem Hintergrund und dem Aufwand, dem sich ein User stellen muss, wenn er die Einstellungen zum Schutz seiner Daten vornehmen will, muss sich Facebook die Frage gefallen lassen, ob man dem Nutzer tatsächlich die Kontrolle belassen will oder (aus wirtschaftlichen Gründen) die Entscheidungen über den Dateneinsatz primär in der eigenen Hand behalten will.

Verschiedene aktuelle Änderungen bei Facebook bestätigen deutlich die Zielrichtung des Unternehmens: Es will die Daten seiner Nutzer standardmä-

Facebook und der Datenschutz 8

ßig der Öffentlichkeit zugänglich machen bzw. diese Daten auch an »überprüfte« (pre-approved) Webseiten und Anwendungen Dritter weiterleiten.

Der Datenschutz bei Facebook ist auch hierzulande ein Thema. Immer mehr Inhalte, die früher als »privat« behandelt wurden, wurden im Laufe der Zeit von Facebook standardmäßig öffentlich gemacht. Der Nutzer kann dies nur verhindern, indem er über die komplexen Privacy Einstellungen ausdrücklich widerspricht. Daher lohnt ein genauerer Blick, inwieweit die Grundeinstellungen und die Maßnahmen von Facebook mit den (datenschutz-)rechtlichen Grundlagen in Deutschland – insbesondere denen des → Telemediengesetzes (TMG) und des → Bundesdatenschutzgesetzes (BDSG) – überhaupt noch konform gehen. Im Hinblick auf den deutlich erhöhten Strafrahmen der ab Mai 2018 europaweit geltenden Datenschutzgrundverordnung ist aber davon auszugehen, dass Facebook sich bemühen wird, die neuen Vorgaben einzuhalten bzw. zukünftig umzusetzen.

Aktuell legen die deutschen Datenschutzgesetze – neben zahlreichen weiteren Details – vor allem noch folgende Grundlagen fest:

- Das **Prinzip der informierten Entscheidung** sieht vor, dass der Nutzer vor der Erhebung, Speicherung und Verwertung seiner Daten über den jeweiligen Dateneinsatz umfassend aufgeklärt wird. Stimmt der Nutzer entsprechend aufgeklärt (bei Sozialen Netzwerken oft über die Nutzungsbedingungen oder die → Datenschutzerklärung) zu, ist der jeweilige Dateneinsatz auch grundsätzlich zulässig.
- Weiterhin gilt der **Grundsatz der jederzeitigen Widerrufsmöglichkeit**. Danach muss der Nutzer zu jedem Zeitpunkt der Nutzung seiner personenbezogenen Daten widersprechen und deren Löschung verlangen können. Ohne entsprechende Aufklärung über dieses Löschungsrecht ist auch die Zustimmung zu einer → Datenschutzerklärung unwirksam.
- Als weitere übergeordnete datenschutzrechtliche Vorgaben sind der → **Transparenzgrundsatz** und das → **Prinzip der Datensparsamkeit** zu beachten.

Der Gründer von Facebook, Mark Zuckerberg, propagiert immer wieder ein Weniger an Privatsphäre und ein Mehr an Sharing-Philosophie. Bei den Nutzern ist dagegen – in Ansehung der Möglichkeiten, aber auch Risiken des Internet – ein steigendes Bewusstsein für Datenschutz festzustellen.

In diesem Kapitel wird dargestellt, welche rechtlichen Grundsätze für die Verwendung von Nutzerdaten in Social Networks gelten. An diesen muss sich gemäß §1 Abs. 5 BDSG nach Auffassung einiger Juristen auch Facebook orientieren. Dabei wird auch die notwendige, in der Diskussion aber oft übersehene Differenzierung zwischen datenschutzrechtlich relevanten Daten und sonstigen Inhalten (wie Texten, Bildern, Videos etc.) erläutert.

8.2.1 Ist deutsches Datenschutzrecht überhaupt anwendbar?

Zunächst einmal ist mit dem weit verbreiteten Missverständnis aufzuräumen, dass deutsches Datenschutzrecht im Verhältnis zu ausländischen Anbietern wie Facebook, Google & Co. grundsätzlich nicht gilt.

Entscheidend ist nach dem sogenannten Sitzlandprinzip regelmäßig, in welchem Land die »verantwortliche Stelle« ihren Sitz hat. Im Zusammenhang mit Facebook wird derzeit diskutiert, ob für das Unternehmen deutsches Datenschutzrecht gilt oder ob sich das Unternehmen angesichts seines europäischen Hauptsitzes in Irland am irischen Datenschutzrecht orientieren muss (für Letzteres vgl. die Beschlüsse des OVG Schleswig-Holstein vom 22. April 2013, Az. 4 MB 10/13 und 11/13). Dies wird entscheidend davon abhängen, wo tatsächlich die Datenverarbeitung stattfindet. Wenn dies in den USA geschieht, dann gilt deutsches Recht mangels datenverarbeitender Stelle in Europa, sonst wohl tatsächlich irisches Datenschutzrecht.

Nach §1 Abs. 5 BDSG findet das deutsche Datenschutzrecht nämlich auch Anwendung, wenn ein Unternehmen mit einem Sitz außerhalb der EU (sog. Drittland) dort zwar die Datenverarbeitung vornimmt, aber eine Niederlassung in Deutschland hat. Mit der Eröffnung einer eigenen Niederlassung gilt das deutsche Recht daher z.B. auch für Google.

Rechtswahlklauseln in Nutzungsbedingungen haben in diesem Fall keinen Einfluss auf die Geltung nationaler Datenschutzstandards.

8.2.2 Die Grundprinzipien deutscher Datenschutzgesetze

Bei der Diskussion um das Thema Datenschutz werden bisweilen zwei rechtlich getrennt zu beurteilende Kategorien durcheinandergeworfen.

Bei all den Informationen, die Nutzer in die Sozialen Netzwerke einstellen, ist – wie in der folgenden Abbildung dargestellt – zu unterscheiden zwischen
- personenbezogenen Daten, die für den Datenschutz relevant sind, und
- den sonstigen Inhalten (wie Texten, Bildern, Videos etc.), die nicht als personenbezogene Daten zu qualifizieren sind und deren Nutzung durch Facebook sich damit an urheberrechtlichen Grundsätzen zu orientieren hat.

Bei Bildern oder Videos kann als drittes unabhängiges Rechtsgut noch das → Recht am eigenen Bild betroffen sein. Alle drei Kategorien folgen in der Regel unterschiedlichen Grundsätzen.

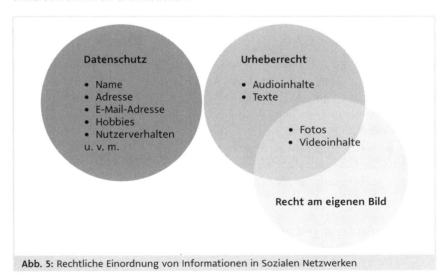

Abb. 5: Rechtliche Einordnung von Informationen in Sozialen Netzwerken

Die deutschen Datenschutzgesetze schützen alle personenbezogenen Daten i.S. des §3 Abs. 1 BDSG, also sämtliche Einzelangaben über persönliche oder sachliche Verhältnisse einer Person (wie Name, Adresse, Beruf etc.). Wenn nicht andere Vorschriften des BDSG oder TMG die Verwendung dieser

Daten rechtfertigen, ist sie – wie oben dargestellt – nur mit Einwilligung des Betroffenen (§ 4a BDSG, § 13 TMG) möglich.

Dieser Themenkomplex soll bei Facebook über die Datenschutzbestimmungen der Plattform geregelt werden.

8.2.3 Wie kann Datenschutz in Social Networks aussehen?

Wie bereits oben festgestellt, steht Facebook im Zusammenhang mit dem Schutz der Nutzerdaten stark in der Kritik. Tatsächlich hinterfragen immer mehr User die zunehmende »Erosion der Privatsphäre« auf der Plattform oder treten sogar aus. Viele fragen sich: Überspannt Facebook nicht zwischenzeitlich den Bogen? Verliert Facebook wegen des Kommerzdrucks die Balance zwischen den (als solches nachvollziehbaren) Unternehmensinteressen und denen der eigenen Nutzer, auf die jedes Soziale Netzwerk zuvorderst angewiesen ist?

Dieses Kapitel setzt sich kritisch mit den Facebook-Datenschutzregeln auseinander. Es zeigt auf, dass ein wirtschaftlich denkendes Social Network auch unter Beachtung deutscher Datenschutzregularien rechtskonform ausgestaltet werden kann. Es soll zugleich belegen, dass das deutsche Datenschutzrecht aus meiner Sicht auch sinnvolle Regelungen enthält, die dem US-amerikanischen System deutlich überlegen sind. Dies zeigt sich nicht zuletzt dadurch, dass nun auch viele Nutzer und Politiker in den USA, die das deutsche Datenschutzbewusstsein« bisher eher belächelt haben, nach stärkerer Regulierung der Sozialen Netzwerke rufen.

8.2.3.1 Anforderungen an ein datenschutzkonformes Social Network

- **Einwilligung des Nutzers:** Für die Speicherung und Verarbeitung personenbezogener Daten gilt der Grundsatz, dass entweder
    - der jeweils Betroffene nach einer entsprechend umfassenden Aufklärung (in der Regel über die → Datenschutzerklärung/Privacy Policy) der Verwendung der Daten zugestimmt haben muss oder

– einer der gesetzlichen Erlaubnistatbestände erfüllt sein muss. Hier müssen die Plattformen ihre Nutzer auch über die jeweiligen Wahl- und Gestaltungsmöglichkeiten beim Datenschutz unterrichten. Ebenso über die Risiken für die Privatsphäre, die mit der Veröffentlichung von Daten in Nutzerprofilen verbunden sind.

Beispiel: Erfüllt Facebook diese Voraussetzungen?

Es darf davon ausgegangen werden, dass Facebook diese Voraussetzungen derzeit nicht erfüllt, nachdem man zur persönlichen Einstellung der Privatsphäre teilweise schon einen entsprechenden Leitfaden braucht. Zwar finden sich zahlreiche Infos hierzu in der Privacy Policy von Facebook. Sie sind aber wegen der komplexen Einstellungsvarianten nur wenig transparent. Zusätzlich hat die Datenschutzerklärung einen immensen Umfang (mit über 5.000 Wörtern länger als die amerikanische Fassung). Diese Fakten legen nahe, dass über die Regularien keine wirksame Einwilligung eingeholt werden kann, weil eben die Bedeutung und Folgen der Einwilligungserklärung nicht hinreichend erläutert werden. Die Regeln verschärfen sich noch einmal, wenn sich Minderjährige anmelden.

- **Aktive Zustimmungserklärung:** Grundsätzlich erfordert die Verwendung personenbezogener Daten eine aktive Zustimmungserklärung des Betroffenen im Sinne eines → Opt-in.

Beispiel: Facebook und die Profilinformationen

Auch hier ist fraglich, ob es rechtlich zulässig ist, standardmäßig eine Vielzahl von Informationen der Öffentlichkeit zugänglich zu machen. Die Weitergabe von Profilinformationen an Dritte ist ohne ausdrückliche und aktive Zustimmung der Nutzer in jedem Fall als Verstoß gegen deutsches Datenschutzrecht zu werten.

- **Einfache Löschung des Profils:** Das Datenschutzrecht schreibt vor, dass Nutzer die Möglichkeit erhalten müssen, ihr Profil auf einfache Weise selbst zu löschen. Die derzeitige Gestaltung von Facebook, bei der die Seite zur Abmeldung nicht einfach zu finden ist, ist insoweit nicht datenschutzkonform.
- **Anonyme Profile:** § 13 Abs. 6 TMG verpflichtet die Anbieter dazu, das Handeln in Sozialen Netzwerken anonym oder unter Pseudonym zu ermöglichen, soweit dies technisch möglich und zumutbar ist. Es geht insoweit nur um die Möglichkeit, anonym im Sozialen Netzwerk auftreten zu können und nicht darum, ob sich Nutzer gegenüber dem Anbieter mit Echt-

daten identifizieren müssen. Facebook verbietet derzeit in seiner »Erklärung der Rechte und Pflichten« eine Anmeldung unter anderem Namen.
- **Technischer Schutz der Daten:** §9 BDSG verpflichtet die Netzwerke, die erforderlichen technisch-organisatorischen Maßnahmen zur Gewährleistung der Datensicherheit zu treffen. Die Maßnahmen sollen vor allem ein systematisches oder massenhaftes Auslesen von Profildaten aus dem Sozialen Netzwerk und Zugriffe auf vertrauliche Informationen verhindern. Auch wenn Datenschutzpannen immer wieder vorkommen werden, müssen Plattformen die Informationen ihrer Nutzer dem technischen Standard entsprechend schützen. Ob dies jeweils gewährleistet ist, muss in jedem Einzelfall von technisch sachverständigen Spezialisten beurteilt werden. Wichtig in diesem Zusammenhang: Seit kurzem gibt es in Deutschland unter den Voraussetzungen des §42a BDSG eine bußgeldbewährte Pflicht, Datenpannen zu melden.
- **Einseitige Änderung von Datenschutzbestimmungen:** Nach dem deutschen Recht ist eine einseitige Änderung von Nutzungsbedingungen nur möglich, wenn:
    - in den ursprünglichen Bedingungen ein wirksamer Änderungsvorbehalt vorgesehen ist,
    - die geänderte Fassung unter Setzung einer angemessenen Reaktionsfrist mitgeteilt wird und
    - ein Hinweis darauf erfolgt ist, dass ohne Reaktion die Zustimmung zu den Änderungen angenommen wird.

Sonst ist bei einer Änderung der vertraglichen Grundlage zwischen Plattform und Nutzer jeweils dessen aktive Zustimmung einzuholen.

Daher ist die einseitige Änderung der Privacy Policy von Facebook gegenüber deutschen Verbrauchern unwirksam. Es gelten damit die Bedingungen fort, die bei der Anmeldung akzeptiert worden sind.

> **Beispiel: Facebook ändert Datenschutzbestimmungen**
>
> Facebook hat in der Vergangenheit immer wieder seine Nutzungs- und Datenschutzbestimmungen geändert. Die Zustimmung der User hierzu hat der Betreiber durch die Weiternutzung der Plattform fingiert: »Your continued use of the Service or the Site after any such changes constitutes your acceptance of the new Terms of Use«.

8.2.3.2 Ein Ausblick

Deutschland hat im Vergleich zu den meisten anderen Ländern einen sehr hohen Datenschutzstandard. Sicher ist nicht alles gut zu heißen, was nationales und europäisches Datenschutzrecht vorschreibt (bzw. noch vorzuschreiben gedenken). Einige Regeln beeinträchtigen die (nachvollziehbaren) Interessen der Internetwirtschaft unverhältnismäßig. Dennoch halte ich das Leitbild des »informierten Nutzers«, der auf der Grundlage einer entsprechenden Aufklärung seine Zustimmung (→ Opt-in) zur Nutzung → personenbezogener Daten und insbesondere einer Weitergabe an Dritte erteilen muss, für richtig. Ist dies gewährleistet, kann die jeweilige Plattform die Daten einsetzen und auch weitergeben. Damit kann – im Einklang mit deutschem und europäischem Datenschutzrecht – sowohl den Interessen der Verfechter der »Sharing-Philosophie« Rechnung getragen werden, als auch denen, die über die Verwendung »ihrer« Daten selbst entscheiden wollen.

Mit der ab Mai 2018 geltenden Datenschutzgrundverordnung werden nun aber in der gesamten Europäischen Union einheitliche Standards geschaffen, die den europäischen Datenschutz für eine lange Zeit prägen werden. Nachdem die Regeln der DSGVO auch uneingeschränkt für Facebook gelten, wird man – nicht zuletzt aufgrund des erheblich erhöhten Strafrahmens – beobachten können, dass sich auch die US-amerikanischen Internetanbieter stärker an den Vorgaben orientieren.

> **Tipp: Datenschutz achten** !
>
> Auch wenn beim Datenschutz einiges – nach wie vor – sehr umstritten ist, zeigt die Erfahrung aus der Beratung, dass Unternehmen mit einer entsprechenden Strategie datenschutzrechtliche Probleme nicht fürchten müssen. Unternehmen sind gut beraten, die datenschutzrechtlichen Probleme bewusst anzugehen und einer vertretbaren Lösung (»to create a defensible position«) zuzuführen. Als Berater zahlreicher Internetunternehmen appelliere ich an die betroffenen Plattformen, die Rechte der Nutzer zu achten und entsprechende Funktionalitäten – was in der Regel auch möglich ist – rechtskonform aufzusetzen, um die eigenen Möglichkeiten nicht wie Facebook zu überreizen.

8.3 Der Problemkreis um den Facebook Like Button

Das Unabhängige Datenschutzzentrum Schleswig-Holstein (ULD) und auch die Datenschutzbehörden einiger anderer Bundesländer warnen die Webseitenbetreiber ausdrücklich vor Social Plug-ins, weil sie gegen die datenschutzrechtlichen Vorschriften verstoßen sollen.

Social Plug-ins sind Funktionalitäten, wie der Facebook-Like- oder der Google+-Button, die von unterschiedlichen Anbietern zur Verfügung gestellt werden. Sie können durch die einfache Übernahme eines kurzen »Computer-Codes« auf Webseiten eingebunden und angezeigt werden.

Die datenschutzrechtliche Diskussion hat sich dabei vor allem auf den sogenannten Facebook-Like-Button konzentriert. Webseitenbetreiber in Schleswig-Holstein, die diesen Dienst verwenden, wurden von den zuständigen Datenschutzbehörden ausdrücklich aufgefordert, die Weitergabe der Daten ihrer Nutzer an Facebook in die USA einzustellen, indem sie die entsprechenden Dienste deaktivieren.

8.3.1 Funktionsweise des Buttons

Die Einbindung des Facebook-Buttons erfolgt technisch über einen sogenannten I-Frame. Er sorgt dafür, dass der Computer des Nutzers über das eingebundene Plug-in direkt mit Facebook kommuniziert. Klar ist zunächst, dass Facebook einen eingeloggten Nutzer, der den Button klickt, erkennt. Die Webseite, die den Button eingebunden hat, erfährt dagegen nicht, wer der Nutzer ist, der die Seite besucht.

Der Problemkreis um den Facebook Like Button 8

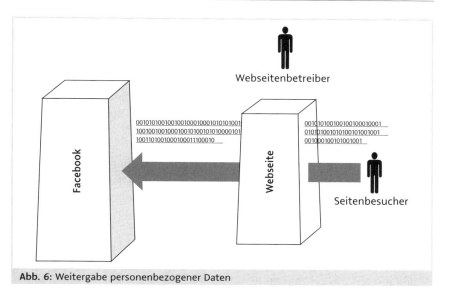

Abb. 6: Weitergabe personenbezogener Daten

Es wird berichtet, dass über den Button deutlich mehr Daten (wie z. B. die IP-Adresse) »ausspioniert« und an Facebook übermittelt werden. Nach einem Beitrag bei chip.de werden offensichtlich auch Daten von Besuchern weitergeleitet, die nicht auf den Button klicken bzw. auch von solchen, die nicht einmal bei Facebook angemeldet sind.

Das Unabhängige Datenschutzzentrum Schleswig-Holstein (ULD) hat seine Prüfungsergebnisse in einem Bericht zusammengefasst. Dort wird auch festgestellt, dass Facebook beim Klicken des Like-Buttons einen Cookie »datr« setzt, der für zwei Jahre auf dem Rechner bleibt und bei Wiederaufruf von Facebook oder anderen Like-Buttons eine Profilbildung ermöglicht. Dieser Cookie wird – nach Feststellungen des ULD – auch bei nicht authentifizierten und nicht bei Facebook angemeldeten Webseitenbesuchern gesetzt. Damit werde seitens des Webseitenbetreibers das Trennungsgebot des §15 Abs. 3 Satz 3 TMG verletzt, so das ULD. Bei angemeldeten Nutzern werde im Rahmen der Auswertung auch noch auf Daten aus den Facebook Profilen zugegriffen.

8.3.2 Rechtlicher Hintergrund

Datenschutzrechtliche Vorschriften kommen – wie oben dargestellt – immer dann zur Anwendung, wenn → personenbezogene Daten i.S. des §3 Abs. 1 BDSG weitergegeben oder verarbeitet werden. Da zumindest Facebook die jeweiligen Nutzer identifizieren kann, geht es ohne Zweifel um entsprechend sensible Daten.

Durch die Einbindung des Buttons treffen nach Auffassung der Datenschutzbehörden auch den Webseitenbetreiber bestimmte datenschutzrechtliche Pflichten, die sich über §2a Abs. 1 TMG nach deutschem Datenschutzrecht richten.

Die Weitergabe solcher personenbezogenen Daten ist danach nur zulässig, wenn

- der jeweilige Besucher vorher zugestimmt hat oder
- ein anderer gesetzlicher Erlaubnistatbestand dies für zulässig erklärt.

Die Zustimmung zu der → Datenschutzerklärung, welche die Nutzer bei der initialen Anmeldung auf der Plattform von Facebook selbst erklären, sorgt wohl nicht für eine Zulässigkeit des Like-Buttons. Die Privacy Policy erklärt nämlich die Datenweitergabe nicht hinreichend konkret und detailliert. Das Einholen einer Zustimmung durch den Webseitenbetreiber i.S. des §13 Abs. 1 TMG (aktives und aufgeklärtes → Opt-in), die unter Umständen integriert werden könnte, erscheint wenig praktikabel.

Teilweise wird vertreten, dass die Datenweitergabe über §15 Abs. 1 TMG legitimiert werden könnte. Dagegen spricht, dass eine so umfangreiche Datenweitergabe, wie sie über die Facebook Plug-ins offensichtlich erfolgt, wohl nicht für die Ermöglichung oder Abrechnung des betroffenen Telemedienangebots erforderlich ist und eine Weitergabe solcher Inhaltsdaten an Dritte von §15 TMG wohl grundsätzlich nicht erfasst wird.

Die Anmeldung bei Facebook und das Akzeptieren der Privacy Policy von Facebook reicht – auch nach Auffassung des ULD – nicht, um eine wirksame Zustimmung der bei Facebook angemeldeten Nutzer annehmen zu können.

Der Problemkreis um den Facebook Like Button 8

In der Privacy Policy wird nicht genau genug und transparent dargestellt, welche → personenbezogenen Daten wie verarbeitet werden.

Die Nutzung des Like-Buttons ist also wohl nur zulässig, wenn die Nutzer nach umfassender Aufklärung über die konkrete Datenverarbeitung und vor der Einblendung des Plug-ins ausdrücklich zugestimmt haben.

Dies bestätigt auch ein Beschluss des sogenannten Düsseldorfer Kreises. In ihm kommen regelmäßig die obersten Aufsichtsbehörden für den Datenschutz zusammen und besprechen bzw. beschließen gemeinsame Linien bei datenschutzrechtlichen Themen.

Ein Auszug aus dem Beschluss:

> *In Deutschland ansässige Unternehmen, die durch das Einbinden von Social Plug-ins eines Netzwerkes auf sich aufmerksam machen wollen oder sich mit Fanpages in einem Netzwerk präsentieren, haben eine eigene Verantwortung hinsichtlich der Daten von Nutzerinnen und Nutzern ihres Angebots. Es müssen zuvor Erklärungen eingeholt werden, die eine Verarbeitung von Daten ihrer Nutzerinnen und Nutzer durch den Betreiber des Sozialen Netzwerkes rechtfertigen können. Die Erklärungen sind nur dann rechtswirksam, wenn verlässliche Informationen über die dem Netzwerkbetreiber zur Verfügung gestellten Daten und den Zweck der Erhebung der Daten durch den Netzwerkbetreiber gegeben werden können. Anbieter deutscher Websites, die in der Regel keine Erkenntnisse über die Datenverarbeitungsvorgänge haben können, die beispielsweise durch Social Plug-ins ausgelöst werden, sind regelmäßig nicht in der Lage, die für eine informierte Zustimmung ihrer Nutzerinnen und Nutzer notwendige Transparenz zu schaffen. Sie laufen Gefahr, selbst Rechtsverstöße zu begehen, wenn der Anbieter eines Sozialen Netzwerkes Daten ihrer Nutzerinnen und Nutzer mittels Social Plug-in erhebt. Wenn sie die über ein Plugin mögliche Datenverarbeitung nicht überblicken, dürfen sie daher solche Plug-ins nicht ohne Weiteres in das eigene Angebot einbinden.*
> Quelle: Beschluss der obersten Aufsichtsbehörden für den Datenschutz im nicht-öffentlichen Bereich vom 8. Dezember 2011 zum Datenschutz in Sozialen Netzwerken

Die Meinung des Düsseldorfer Kreises zur Einbindung von Social Plug-ins führt die Rechtsauffassung der Datenschutzbehörden aus Schleswig-Holstein fort. Der Beschluss deutet – wie schon prognostiziert – darauf hin, dass sich die Datenschutzbehörden der anderen Länder der Einschätzung des ULD zur (Un-)Zulässigkeit der Einbindung von Social Plug-ins anschließen.

8.3.3 Besteht Abmahngefahr?

Fehlt also eine hinreichende → Datenschutzerklärung, ist die Einbindung des Like-Buttons in jedem Fall ein Verstoß gegen deutsches Datenschutzrecht. Eine Abmahnung ist unabhängig davon aber nur dann berechtigt, wenn ein Wettbewerber (also derjenige, der ähnliche Waren oder Dienstleistungen wie der Webseitenbetreiber anbietet) aufgrund des Datenschutzverstoßes auch eine Verletzung des → Wettbewerbsrechts begründen kann.

Die Richter sind sich hier uneins. Bei vergleichbaren Datenschutzverstößen hatten verschiedene Gerichte (u.a. OLG Hamburg, Urteil vom 09.06.2004, Az. 5 U 186/03) den Wettbewerbsbezug abgelehnt. Andere sind hingegen von einer Wettbewerbsrechtsverletzung ausgegangen (OLG Stuttgart, Urteil vom 22.02.2007, Az. 2 U 132/06).

Die Einbindung des Like-Buttons kann – vor allem mit zunehmender Bedeutung der Social Plug-ins – durchaus kommerziellen Charakter haben. Daher lässt sich in vergleichbaren Fällen auch ein Wettbewerbsbezug argumentieren. Trotzdem halte ich die Gefahr von gehäuften Abmahnungen aktuell für gering. Solange entsprechende → Unterlassungsansprüche nicht von einem deutschen Gericht festgestellt werden, dürften Abmahnungen die Ausnahme bleiben.

8.3.4 Status quo und Ausblick

Zweifellos muss das deutsche Datenschutzrecht im Hinblick auf die Chancen, aber auch die Herausforderungen des Internet dringend überarbeitet werden. Tatsächlich scheint hier ja auf europäischer Ebene etwas auf dem

Weg zu sein. Auch zukünftige gesetzliche Regelungen werden jedoch eine Aufklärung der Nutzer über die konkrete Datenverarbeitung als zentralen Bestandteil enthalten. Sinnvoll wäre es, in einem »Stufensystem« festzulegen,

- welche Daten so sensibel sind, dass der Betroffene ihrer Verwendung zustimmen muss, und
- für welche Daten ein einfacher Datenschutzhinweis ohne Zustimmungsvorbehalt ausreicht bzw. die Datenverarbeitung einfach so zulässig ist.

Zwischen dem Recht auf informationelle Selbstbestimmung des Nutzers und den notwendigen und spannenden Anwendungsszenarien des Internet braucht es eine interessengerechte Abwägung. Daher verbieten sich meiner Meinung nach extreme Positionen wie »Post Privacy« ebenso wie zu weitgehende Einschränkungen für simple Datenverarbeitungen, die dem Internet teilweise systemimmanent sind. Bis zu einer entsprechend ausgewogenen rechtlichen Grundlage ist es aber wohl noch ein weiter Weg.

Natürlich kann man diskutieren, ob die aktuelle Auseinandersetzung nicht besser direkt mit Facebook geführt werden sollte, statt allein die Webseitenbetreiber zu benachteiligen. Trotzdem ist die Wahrnehmung dieses Themas in einer breiteren Öffentlichkeit als bisher zumindest schon einmal ein wichtiger Schritt in die richtige Richtung.

8.3.5 Strategien für Webseitenbetreiber

Bis zur gesetzlichen Klärung sollten betroffene Webseitenbetreiber sich über ihre Strategien zum Thema klarwerden. Sie sollten darüber nachdenken, ob Plug-ins auf ihrer Website wirklich nötig sind.

Fraglos fahren die Datenschutzbehörden hier eine harte Linie. Wenn man sich aber aus technischer und/oder rechtlicher Sicht mit der Materie beschäftigt, so lassen sich die Risiken nicht ganz von der Hand weisen. Wer fremde Werkzeuge auf der eigenen Webseite einbindet, sollte schon wissen, was diese mit den Daten der eigenen Webseitenbesucher anstellen. Das ist in der Praxis jedoch oft nicht der Fall. Unternehmen schulden aber nach meiner Auffassung ihren Webseitenbesuchern (bzw. Kunden) ein gewisses

Maß an Transparenz. So sollten Nutzer wissen, wie und ob Daten von ihnen bei einem Besuch auf der Webseite verarbeitet bzw. vielleicht sogar weitergegeben werden. Menschen mit IT-Sachverstand berichten mir, dass solche Plug-ins künftig noch mehr datenschutzrechtlich relevante Funktionalitäten enthalten können bzw. auch enthalten werden.

Viele integrieren derzeit bei Plug-ins gleichzeitig auch einen Datenschutzhinweis. Er ist zwar keine Zustimmung des Nutzers, verschafft aber den Seitenbesuchern eine gewisse Transparenz. Eine vernünftige Aufklärung würde erfordern, dass Facebook offenlegt, welche Daten von eingeloggten Facebook-Nutzern, aber auch von Dritten »abgegriffen« werden. Erst dies würde Webseitenbetreiber nämlich in die Lage versetzen, die datenschutzrechtlichen Vorgaben zu erfüllen, und die eigenen Seitenbesucher über den Umfang der Datenerhebung im Detail zu informieren.

In jedem Fall ist ein dringender Appell an Facebook zu richten, nicht nur im Hinblick auf den Like Button, sondern auch bei den anderen Social Plug-ins für deutlich mehr Transparenz zu sorgen. Es ist nicht hinnehmbar, dass weiter unbekannt bleibt, welche Daten diese Plug-ins eigentlich genau erheben.

> **Tipp: Richtiger Umgang mit Social Plug-ins**
>
> Unternehmen, die datenschutzrechtliche Risiken vermeiden möchten, sollten sich mit einem Button nach der Zwei-Klick-Methode absichern. Dabei wird die Funktionalität von Facebook so verändert, dass zunächst nur eine Grafik angezeigt wird und erst nach dem Anklicken dieser Grafik der Facebook Like-Button aktiviert wird. In die Grafik sollte eine Datenschutzerklärung eingebunden werden, in der der Nutzer über die Aktivierung und die datenschutzrechtlichen Folgen aufgeklärt wird. Erklärt dieser Hinweis die Datenerhebung und -weitergabe an Facebook bzw. eine → Opt-out Möglichkeit, lässt sich argumentieren, dass der Nutzer eine hinreichende Einwilligung zur entsprechenden Datenerhebung erteilt hat. Ähnliche Lösungen sind – mit geringfügigen Differenzierungen – wohl auch für weitere Social Plug-ins, wie die von Google +, Twitter und viele weitere, denkbar.
> Diese Lösung ist datenschutzkonformer als die einfache Einbindung des Facebook Like-Buttons. Daher haben auch einzelne Datenschutzbehörden bereits geäußert, dass sie vorläufig solche Ersatzlösungen hinnehmen werden (siehe dazu z.B. den 30. Tätigkeitsbericht des Landesbeauftragten Datenschutz Baden-Württemberg). Als datenschutzrechtlich zulässige Alternative erscheint zudem die Einbindung der vom Heise-Verlag entwickelten sogenannten »Shariff-Lösung« sinnvoll. Sie nutzt

Buttons in Form von einfachen HTML-Links, die nicht mehr über Umwege eingebettet werden müssen. Damit wird der erste Klick, mit dem die Buttons bisher aktiviert werden mussten, überflüssig. Die Kommunikation mit den sozialen Netzwerken übernimmt ein auf dem Server abgelegtes Skript, das sich als Vermittler zwischen soziales Netzwerk und Nutzer schaltet. Nutzer stehen erst dann mit Facebook, Google oder Twitter direkt in Verbindung, wenn sie aktiv werden. Vorher können die sozialen Netzwerke keine Daten über sie erfassen.

8.4 Datenschutzrechtliche Zulässigkeit von Facebook Custom Audiences

Facebook bietet eine Vielzahl unterschiedlicher Marketingwerkzeuge, deren datenschutzrechtliche Zulässigkeit seit einiger Zeit diskutiert wird.

Im Zentrum der Diskussionen steht Facebooks Werkzeug »Custom Audiences« (deutsch »benutzerdefinierte Zielgruppe«), über das Streuverluste in der Werbung effektiv reduziert werden können.

Bei der datenschutzrechtlichen Bewertung ist grundsätzlich zu unterscheiden zwischen der Retargeting-Funktion »Custom Audiences from Website«, bei deren Einsatz bei Besuchern der eigenen Webseite ein Facebook-Pixel gesetzt wird, über das dann der jeweilige Nutzer auf Facebook wieder angesprochen werden kann, und »Custom Audiences from File«, bei dem Kundenlisten an Facebook übermittelt werden können.

8.4.1 Zulässigkeit des Retargeting über »Custom Audiences from Website«

Auch wenn die datenschutzrechtliche Zulässigkeit von »Custom Audiences from Website« noch nicht abschließend geklärt ist, scheinen sich die konkreten Anforderungen langsam zu konkretisieren. In einer Stellungnahme zu einem konkreten Fall teilte das Bayerischen Landesamt für Datenschutz mit, dass es das Retargeting über das Facebook-Pixel bei Einhaltung konkreter Vorgaben als zulässig ansieht. Diese Stellungnahme schafft damit mehr Rechtssicherheit bei Webseitenbetreibern, die »Custom Audiences from

Website« einsetzen wollen, bzw. bei Unternehmen, in denen die eigenen Datenschutz- oder Rechtsabteilungen Bedenken bezüglich des Einsatzes geäußert hatten.

Nach der nachvollziehbaren Auffassung der Bayerischen Landesdatenschutzbehörde ist beim Einsatz von »Custom Audiences from Website« entscheidend, dass die Vorgaben des §15 Abs. 3 TMG eingehalten werden.

Nach §15 Abs. 3 TMG darf ein Webeseitenbetreiber auch für Zwecke der Werbung pseudonyme Nutzungsprofile erstellen, sofern der Nutzer dem nicht widerspricht. Der Diensteanbieter hat den Nutzer des Weiteren im Rahmen der Unterrichtung nach §13 Abs. 1 TMG auf sein Widerspruchsrecht hinzuweisen.

An der Stellungnahme der Bayerischen Landesdatenschutzbehörde, die sonst teilweise sehr konservative Interpretationen vertritt, ist vor allem neu, dass die Datenschützer bestätigen, dass die Nutzungsprofile, die im Rahmen von »Custom Audiences from Website« erstellt werden, als pseudonyme Daten gewertet werden.

Damit steht §15 Abs. 3 TMG als Legitimationstatbestand für Facebook Retargeting offen.

Wer »Custom Audiences from Website« einsetzt, sollte in Zukunft also dafür Sorge tragen, dass die Nutzer der eigenen Webseite in der Datenschutzerklärung über Art, Umfang und Zwecke der konkret stattfindenden Datenverarbeitung sowie über die Verarbeitung in Staaten außerhalb der EU in allgemein verständlicher Form und über ihr bestehendes Widerspruchsrecht unterrichtet werden. Wie bei anderen Analysewerkzeugen auch, sollte die Ausübung des Widerspruchsrecht über ein konkretes Opt-out ermöglicht werden.

Werden diese Vorgaben eingehalten, ist der Einsatz von Facebook »Custom Audiences from Website« auf Grundlage der ausdrücklichen Stellungnahme der Bayerischen Landesdatenschutzbehörde als zulässig anzusehen. Die weitere Entwicklung des Themas, insbesondere weitere Stellungnahmen der Datenschutzbehörden sollten aber beachtet werden.

8.4.2 Zulässigkeit des Datenabgleichs über »Custom Audiences from File«

Die Anforderungen an die datenschutzrechtliche Zulässigkeit von »Custom Audiences from File«, also die Weitergabe von »gehashten« E-Mail-Adressen oder Telefonnummern ist hingegen noch nicht abschließend geklärt.

8.4.2.1 Wie »Custom Audiences from Website« funktioniert

Facebook Custom Audiences machen es über den sogenannten Werbeanzeigenmanager oder den Power Editor möglich, Telefonnummern, E-Mails oder Facebook IDs einzustellen, die mit den bei Facebook gespeicherten Nutzerdaten abgeglichen werden. Im Rahmen des Werkzeugs werden die Daten aber nicht direkt an Facebook übertragen, sondern zunächst über ein Hashing-Verfahren verschlüsselt.

Nach verschlüsselter Übermittlung der Daten an Facebook über den eigenen Facebook-Account bzw. an eine entsprechende Schnittstelle nimmt Facebook einen Abgleich zwischen den vom Unternehmen übermittelten Hashwerten und den entsprechenden Daten der bei Facebook registrierten Nutzer aus von Facebook selbst berechneten Hashwerten vor. Durch diesen Abgleich kann Facebook identifizieren, welche Facebook-Nutzer von den Unternehmen werblich angesprochen werden sollen. Durch das Hashing-Verfahren wird zugleich vermieden, dass Facebook nutzbare Klardaten von den Betroffenen erhält. Die Hashwerte werden von Facebook nach eigener Angabe unmittelbar nach dem Abgleich gelöscht.

8.4.2.2 Datenschutzrechtliche Grundlagen zur Funktionsweise von Custom Audiences

Wie bereits in Kapitel 6.1 dargestellt, dürfen personenbezogene Daten gemäß §4 Abs. 1 BDSG verarbeitet werden, wenn ein gesetzlicher Erlaubnistatbestand dies legitimiert oder der Betroffene in die konkrete Datennutzung eingewilligt hat (sog. Verbot mit Erlaubnisvorbehalt).

Damit ist zunächst die Frage zu klären, ob das geschilderte Verfahren überhaupt eine Übermittlung personenbezogener Daten im Sinne des BDSG darstellt. Personenbezogene Daten sind nach §3 Abs. 1 BDSG Einzelangaben über persönliche oder sachliche Verhältnisse einer bestimmten oder bestimmbaren natürlichen Person. Bei den vom Unternehmen verwendeten Daten (E-Mail-Adresse, Telefonnummer oder Facebook-ID) handelt es sich zunächst natürlich um personenbezogene Daten.

Beim Hashing werden die personenbezogenen Daten durch ein Kennzeichen ersetzt, zu dem Zweck, die Bestimmung des Betroffenen auszuschließen oder wesentlich zu erschweren. Daher ist dieses Verfahren als Pseudonymisierung im Sinne des §3 Abs. 6a BDSG anzusehen. Kann die Stelle, die die Daten verarbeitet (hier Facebook), die Pseudonymisierung nicht umkehren, da ihr die Reidentifizierung nicht möglich ist, so sind die Daten für sie anonym.

Davon ausgehend, dass das gewählte Hashing-Verfahren nach dem derzeitigen Stand der Technik eine Rückrechnung verhindert und Facebook die übermittelten Hashwerte unmittelbar nach dem Abgleich löscht, dürfte ein realistisches Risiko einer Reidentifizierung auf Grundlage der übermittelten Daten eigentlich ausscheiden. Diese Annahme könnte über entsprechende Regelungen in einem Vertrag über eine Auftragsdatenverarbeitung mit Facebook zusätzlich abgesichert werden.

Die Argumentation, nach der ein Personenbezug der zu übermittelnden Daten verneint werden kann, findet durchaus Anhänger in der juristischen Literatur. Allerdings sind im Datenschutzrecht zahlreiche Fragen durchaus umstritten bzw. die Aspekte könnten von den Datenschutzbehörden restriktiver interpretiert werden. Aufgrund dieser Unwägbarkeiten sollten bei Projekte dieser Art auch die Wahrscheinlichkeit und das potenzielle Risiko einer Datenschutzverletzung bewertet werden. Um hier auf der sicheren Seite zu sein, sollte beim Einsatz von Facebook Custom Audiences stets individuell geprüft werden, ob sich auch andere Wege einer datenschutzkonformen Nutzung der Custom Audiences gestalten lassen.

8.4.2.3 Datenschutzrechtliche Legitimation von »Custom Audiences from File«

Geht man davon aus, dass personenbeziehbare Informationen übermittelt werden, wäre die Nutzung der Custom Audiences nur zulässig, wenn eine gesetzliche Legitimation die Verwendung des Werkzeugs rechtfertigt.

Die Nutzung von Custom Audiences ist rechtlich sicher zulässig, wenn das Unternehmen zuvor eine Einwilligung der Betroffenen eingeholt hat (§ 4 BDSG). Unternehmen sollten deshalb in Erwägung ziehen, zukünftig – z. B. im Rahmen der schon gängigen Einwilligungserklärungen zur Versendung von E-Mail-Newslettern – auch entsprechende Einwilligungen zur Datengewinnung aus und zur Werbeansprache in und über die Sozialen Medien einzuholen. Für entsprechende Datenbestände dürfte sich die Nutzung von Custom Audiences (und anderen zukünftigen Auswertungsoptionen und Werbemitteln in Sozialen Medien) und möglicherweise auch weitergehender Möglichkeiten im Bereich von Social Customer Relationship (Social CRM) dann perspektivisch ohne Weiteres datenschutzkonform gestalten lassen.

Denkbar wäre eine datenschutzkonforme Nutzung des Werkzeugs zudem, wenn der Datenabgleich als Auftragsdatenverarbeitung im Sinne des § 11 BDSG durchgeführt wird. Erforderlich dafür ist zunächst ein detailliert umrissener Auftrag an Facebook, der auf die Erledigung einer speziellen Aufgabe (hier: Abgleich gehashter Daten und danach Löschung) konkretisiert wird. In einem solchen Auftragsdatenverarbeitungsvertrag muss Facebook zudem dazu verpflichtet werden, sich an den Rahmen dieses Auftrags zu halten. Insbesondere ist vertraglich sicherzustellen, dass Facebook mit den Daten keine Geschäftszwecke wahrnimmt, die außerhalb des Datenabgleichs liegen. Dies kann und sollte vertraglich geregelt und gegebenenfalls über entsprechende Belege abgesichert werden. Wenn und soweit der Vertrag den Anforderungen des § 11 Abs. 1 Satz 1 BDSG im Hinblick auf Custom Audiences genügt, was bei Vorlage eines entsprechenden Musters von Facebook individuell geprüft werden sollte, ist eine datenschutzkonforme Nutzung denkbar.

8.4.2.4 Umsetzung von Facebook »Custom Audiences from File«

Das Bayerische Landesdatenschutzbehörde vertritt bezüglich Facebooks »Custom Audiences from File« weiter die Auffassung, dass ein solcher Datenabgleich nur auf der Grundlage einer ausdrücklichen Einwilligung des Betroffenen im Sinne von §4 BDSG erlaubt sei.

Unternehmen, die »Custom Audiences from File« einsetzen wollen, sollten unter Berücksichtigung der Herkunft und Legitimationsgrundlage der zu verwendenden Daten bzw. unter Abwägung der datenschutzrechtlichen Risiken prüfen, ob der Einsatz gesetzlich legitimiert werden kann oder eben eine informierte Einwilligung (Opt-in) bezüglich der im Rahmen von »Custom Audiences from File« stattfindenden Datenverarbeitung einholen. Oft scheint die Einholung eines solchen »Social Opt-in« perspektivisch sinnvoll, um Datenbestände zu schaffen, die auch für zukünftige Werbemöglichkeiten bei Facebook eingesetzt werden können.

8.5 Der weitergehende Problemkreis: Facebook-Login auf der eigenen Internetpräsenz

Derzeit erkennen viele Betreiber von Internetpräsenzen noch nicht, dass sich die datenschutzrechtliche Problematik des Facebook Like-Buttons bei vielen anderen Diensten von Facebook & Co. (sog. Social Plug-ins) ebenso stellt. Im Rahmen dieses Facebook-Kapitels wird deshalb nachfolgend die datenschutzrechtliche Zulässigkeit des sogenannten Facebook-Logins erläutert, einem Angebot von Facebook, das es Betreibern von eigenen Präsenzen (z.B. Internetshops) ermöglicht, Nutzer zu personalisieren, indem sich diese mittels ihrer Facebook-Kontaktdaten bei der eigenen Webseite registrieren. Dabei werden von Facebook Nutzerdaten inklusive der Freundeslisten an den Anbieter, der die Registrierung via »Facebook-Login« zulässt, übertragen.

Ob es für die Rechtmäßigkeit eines solchen Verfahrens genügt, allein in den allgemeinen Datenschutzbestimmungen darauf zu verweisen, dass auch Facebook Daten verarbeitet werden, wie dies vielfach aktuelle Praxis ist, dürfte im Hinblick auf den Umfang der Daten, die hierbei übermittelt werden, datenschutzrechtlich äußerst fraglich sein.

Der weitergehende Problemkreis: Facebook-Login auf der eigenen Internetpräsenz 8

Zwar macht es der Facebook-Login Usern sehr einfach und unkompliziert, fremde Internetangebote zu nutzen, ohne selbst umfangreich Persönliches angeben zu müssen. Er bietet insofern einige Vorteile und erhöht offensichtlich auch die Verweildauer. Jedoch ist den meisten Verwendern wohl kaum bewusst, welche Daten damit wann und wie weitergegeben werden.

8.5.1 Funktionsweise des Facebook-Login

Mit dem Facebook-Login wird dem Nutzer eine vereinfachte Authentifizierung bei Online-Angeboten Dritter durch die Verwendung seiner Facebook-Kontaktinformationen ermöglicht. Formuliertes Ziel ist es, die Angebote auf anderen Seiten »sozialer« zu gestalten und so ein verbessertes Nutzererlebnis zu ermöglichen. Der Einzelne soll sich auf verschiedenen Internetseiten mit derselben Identität bewegen können. Nicht der sich anmeldende Nutzer gibt seine persönlichen Angaben unmittelbar ein, sondern Facebook übermittelt diese an den Webseitenbetreiber. Dieser verarbeitet dann im Rahmen seines Angebots diese Daten. Sodann werden Daten, die bei der Nutzung des Internetangebots entstehen, wiederum zurück an Facebook übertragen.

8.5.2 Die Datenschutzbestimmungen von Facebook

In den Datenschutzbestimmungen von Facebook wird hinsichtlich dieser Daten erklärt:

> *Wenn du dich mittels Facebook anmeldest, leiten wir deine Nutzerkennnummer an die betreffende Webseite weiter (...), wir teilen im Rahmen dieses Prozesses jedoch nicht ohne deine Erlaubnis deine E-Mail-Adresse oder dein Passwort mit dieser Webseite.*

Es würden nur die Daten, die im »öffentlichen Profil« gespeichert sind, übermittelt. Zu diesen zählen das Netzwerk sowie die Informationen, die »auf eigenen Wunsch öffentlich zugänglich« sind als auch »diejenigen Daten, die immer öffentlich zugänglich sind«. Das sind Name, Profil- und Titelbilder, Nutzername und Nutzerkennung.

Daneben werden auch die »Nutzerkennnummern deiner Freunde« (die Freundesliste) übermittelt. Dies diene dazu, »dass die Anwendung dein Nutzungserlebnis umfeldorientierter gestalten kann, weil du dadurch deine Freunde innerhalb der Anwendung auffinden kannst«. Facebook weist sodann daraufhin, dass mithilfe der Einstellungen, was öffentlich zugänglich sein soll und was nicht, die Verarbeitung der meisten Informationen kontrolliert werden könne.

8.5.3 Datenschutzrechtliche Fragen

Datenschutzrechtliche Fragen des »Facebook-Login« wurden bislang allein anlässlich der Einführung des Musikanbieters »Spotify« diskutiert. Hier wurde vornehmlich kritisiert, dass der Zugang zunächst ausschließlich über Facebook möglich war und damit eine pseudonyme Nutzung nicht möglich sei und zudem grundsätzlich Bedenken gegen die Datenverarbeitung durch Facebook bestünden. Zwischenzeitlich hat sich bei vielen entsprechenden Anbietern ein zweigleisiges Verfahren etabliert: alternativ zum »Facebook-Login« kann man sich – bei »Spotify« wie auch bei zahlreichen anderen Anwendungen – auch »klassisch« registrieren. Damit sind jedoch nicht sämtliche rechtlichen Bedenken ausgeräumt.

8.5.3.1 Personenbezug des »öffentlichen Profils«

Bei den übermittelten Daten handelt es sich um »personenbezogene Daten« i.S. des §3 Abs. 1 Bundesdatenschutzgesetz (BDSG), da sowohl die öffentlichen Nutzerinformationen als auch die in einer Freundesliste enthaltenen Angaben die persönlichen Verhältnisse einer bestimmbaren Person betreffen. Grundsätzlich gilt daher, dass die Verarbeitung nur zulässig ist, wenn ein Erlaubnistatbestand erfüllt ist, also entweder eine gesetzliche Bestimmung die Datenverarbeitung erlaubt, oder der Betroffene eingewilligt hat.

8.5.3.2 Verantwortlichkeit für die Datenverarbeitung des Login

Wer für die Datenverarbeitung des Logins verantwortlich ist und ob überhaupt deutsches Datenschutzrecht anwendbar ist, hängt zunächst davon ab, wer beim Einsatz des Login-Tools als »verantwortliche Stelle« i.S. des §3 Abs. 7 BDSG anzusehen ist.

Im Hinblick darauf, dass es sich um ein Angebot handelt, welches Facebook konzeptioniert hat, könnte man zunächst meinen, dass die verantwortliche Stelle allein das soziale Netzwerk ist, und Angebote, die den Login nutzen, Daten lediglich im Auftrag von Facebook verarbeiten.

Genau genommen ist es aber genau anders herum: Nicht das Internetangebot verarbeitet Daten für Facebook, sondern eigentlich will der Anbieter, der die Registrierung via »Facebook-Login« ermöglicht, primär die Daten von Facebook für seinen eigenen Dienst nutzen. Es handelt sich damit letztlich um eine Funktionsübertragung mit der Folge, dass wohl beide beteiligten Parteien – sprich der Webseitenbetreiber und Facebook – voll für die Verarbeitung verantwortlich sind.

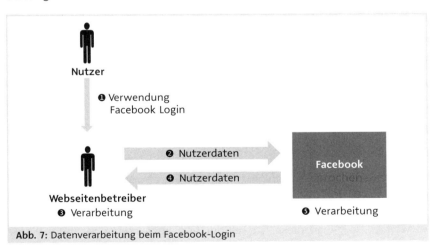

Abb. 7: Datenverarbeitung beim Facebook-Login

- Nach der Verwendung des Facebook-Logins durch den Nutzer (siehe in der Abbildung Schritt 1) folgen prinzipiell vier einzelne rechtfertigungsbedürftige Schritte des Umgangs mit Nutzerdaten:

- Die Übermittlung der Nutzerdaten von Facebook an den Webseitenbetreiber (siehe Schritt 2),
- dessen Verarbeitung (siehe Schritt 3),
- die Zurückübermittlung der hinzugewonnenen Kenntnisse an Facebook (siehe Schritt 4),
- und schließlich deren Verarbeitung durch Facebook (siehe Schritt 5).

Für den zweiten und fünften Schritt muss eine Rechtsgrundlage im Verhältnis zwischen Facebook und dem Nutzer vorliegen. Für den dritten und vierten Schritt hängt die Rechtmäßigkeit davon ab, ob der Webseitenbetreiber gegenüber dem Nutzer eine Rechtfertigung vorweisen kann.

Daraus folgt, dass der Webseitenbetreiber, der den Zugang über den Facebook-Login ermöglicht, daher für die Verarbeitung der Daten eine gesetzliche Ermächtigung oder eine Einwilligung des Nutzers benötigt.

8.5.3.3 Gesetzliche Legitimation des Facebook-Login

Da über den Facebook-Login unterschiedlichste Daten (Bestands-, Nutzungs- und Inhaltsdaten) übermittelt werden, die auch nicht alle für die Inanspruchnahme des jeweiligen Dienstes erforderlich sind, wird sich eine Legitimation über § 14 Abs. 1 TMG oder § 15 TMG nicht begründen lassen.

Auch das Bundesdatenschutzgesetz weist keine Legitimationstatbestände auf, die die unterschiedlichen Datenverarbeitungsvorgänge für die unterschiedlichen Daten umfassend rechtfertigen könnten.

8.5.3.4 Einwilligung durch Nutzung des Facebook-Login

Vereinzelt wird jedoch vertreten, dass der Nutzer, der den Facebook-Login verwendet, ja genau diese Art Legitimation über »sein« Facebook Konto wünsche und insofern damit natürlich auch im datenschutzrechtlichen Sinne einverstanden sei. Insoweit stellt sich allerdings die Frage, ob die Datenverarbeitung durch den Facebook-Login tatsächlich aufgrund einer Einwilligung des Nutzers gemäß § 4a Abs. 1 BDSG gerechtfertigt ist.

Der weitergehende Problemkreis: Facebook-Login auf der eigenen Internetpräsenz 8

In der Tat erklärt sich das Mitglied eines sozialen Netzwerks bei seiner Anmeldung dort regelmäßig auch mit der Geltung der Nutzungsbestimmungen und auch der Datenschutzerklärung einverstanden. Zwingende Voraussetzung einer wirksamen Einwilligungserklärung ist allerdings, dass es sich um eine aufgeklärte Willenserklärung handelt. Sie muss freiwillig, für den konkreten Fall und mit entsprechender Kenntnis der Sachlage erfolgen (§ 4a Abs. 1 BDSG). Diese Regelungen sind Ausdruck des datenschutzrechtlichen Transparenzgebots und sind wegen dessen überragender Bedeutung nicht abdingbar.

Nicht zuletzt aufgrund der Komplexität und der unübersichtlichen Gestaltung der entsprechenden Bedingungen bei Facebook (siehe etwa die Datenverwendungsrichtlinien), kann faktisch aber wohl kaum davon ausgegangen werden, dass die Mitglieder von Facebook wirklich wissen, welche Daten wann an wen übermittelt werden.

Auf Grundlage der (diskutablen) Entscheidung des OVG Schleswig-Holstein ist allerdings bezüglich Facebook zumindest fraglich, ob deutsches Datenschutzrecht für die Datenverarbeitung des Sozialen Netzwerks selbst überhaupt anwendbar ist. Das Verwaltungsgericht hatte Eilanträgen von Facebook stattgegeben, weil deutsches Recht nach der Europäischen Datenschutzrichtlinie und dem Bundesdatenschutzgesetz auf die Verarbeitung der Facebook-Nutzerdaten nicht anwendbar sei, sondern ausschließlich irisches Datenschutzrecht (Beschlüsse vom 22.04.2013, Az. 4 MB 10/13 und 11/13).

Im Hinblick auf den Webseitenbetreiber, der die Facebook-Login-Funktion einbindet, wird jedoch von deutschem Datenschutzrecht ausgegangen werden können und damit von der Verpflichtung, eine datenschutzkonforme Einbindung des entsprechenden Social Plug-ins sicherzustellen.

Tipp: Opt-in als Lösung

Für einen datenschutzkonformen Einsatz des Login-Tools empfiehlt es sich daher, dass vor dem Abschluss des Registrierungsvorgangs via »Facebook-Login« der Nutzer auf der Anbieterseite über eine zustimmungspflichtige Datenschutzerklärung (Opt-in) informiert wird, welche Daten in der Folge von dem sozialen Netzwerk und an dieses übermittelt werden.

Dieses Ergebnis legt auch die Entschließung der 85.Konferenz der Datenschutzbeauftragten des Bundes und der Länder »Soziale Netzwerke brauchen Leitplanken« nahe. In der am 15. März 2013 verabschiedeten »Orientierungshilfe Soziale Netzwerke« gehen die Datenschutzbeauftragten davon aus, dass die Einbindung von Social Plug-ins auf Webseiten deutscher Anbieter unzulässig ist, wenn diese automatisch eine Datenübertragung an den jeweiligen Anbieter auslöst und die Internetznutzer nicht hinreichend vorher darüber informiert wurden.

Idealerweise sollte auch die Möglichkeit eingeräumt werden, dass der sich registrierende Kunde selbst entscheiden kann, welche Daten übermittelt werden sollen – ob etwa auch die Freundesliste übertragen werden soll.

Abhängig davon, ob und in welchem Ausmaß die jeweilige Funktion personenbezogene Daten weitergibt, stellen sich die obenstehenden datenschutzrechtlichen Fragen in unterschiedlichem Ausmaß bei sämtlichen nachfolgenden Facebook Plug-ins:

- Like-Button
- Send-Button
- Follow-Button
- Comments
- Share Dialog
- Activity Feed
- Recommendations Box
- Recommendations Bar
- Like Box
- Login Button
- Registration
- Facepile

Die Einbindung des »Facebook-Logins« auf deutschen Webseiten fördert ein datenschutzrechtliches Dilemma zu Tage: Der Einzelne hat kaum noch die Kontrolle über seine Daten – denn kaum einer wird wissen, welche Daten übermittelt werden. Der Schutz informationeller Selbstbestimmung, zu dem die deutschen Anbieter verpflichtet sind, droht leer zu laufen. Das Datenschutzrecht stößt hier derzeit an seine (nationalen) Grenzen.

Das Interesse an immer neuen Instrumenten zur Gestaltungen einer individuell ausgerichteten, sozial gestalteten digitalen Präsenz bleibt ungebremst – gleichzeitig steigt gesamtgesellschaftlich das Bewusstsein für Datenschutz. Die Herausforderung für Anbieter von Onlinediensten wie auch für Gesetzgebung und Juristen besteht darin, im Angesicht einer zunehmenden Individualisierung der Internetnutzung der informationellen Selbstbestimmung der Nutzer dennoch Geltung zu verschaffen.

Grundvoraussetzung hierfür ist zunächst, dass Facebook die notwendige Transparenz herstellt, indem Nutzer hinreichend deutlich aufgeklärt werden, aber auch Anbieter von entsprechenden Plug-ins durch entsprechende Informationen in die Lage versetzt werden, ihre Seitenbesucher ordentlich zu informieren. Dann aber kann die Verantwortlichkeit nicht allein auf die Betreiber des sozialen Netzwerks abgewälzt werden.

Insoweit sollten sich auch all jene, die Social Plug-ins einsetzen, für die Datenverarbeitung der Besucher »ihrer« Webseite verantwortlich fühlen. Der Webseitenbetreiber, der den »Facebook-Login« ermöglichen möchte, sollte durch entsprechende Aufklärung Bewusstsein erzeugen, indem er offen aufzeigt, welche Daten wann an wen übermittelt werden und zu welchen Zwecken sie verwertet werden. Dann sollte über eine nachfolgende Einwilligungserklärung (Opt-in) bzw. entsprechende Funktionen (sog. Privacy-by-Design) eine möglichst weitgehende Kontrollierbarkeit sichergestellt werden. Wenn dies gelingt, können datenschutzrechtliche Bedenken ausgeräumt und die informationelle Selbstbestimmung gestärkt werden.

8.6 Haftungsrisiko: Teilen von Inhalten über Facebook (sog. Sharing)

Plattformen wie Facebook oder Google Plus sind so angelegt, dass interessante Inhalte anderer Webseiten oder Blogs einfach und ohne weitergehende technologische Hürden an einen begrenzten Kreis eigener Kontakte (»Freunde«) oder öffentlich weitergegeben werden können. Oft genügt ein Klick, um fremde Texte, Bilder und Videos zu teilen. Was bei dieser praktischen Sharing-Funktion oft nicht bedacht wird, ist die rechtliche Perspektive.

Ein zentraler Aspekt, der zu Haftungsrisiken führen kann, ist die urheberrechtliche Fragestellung, ob der jeweilige Inhalt – problematisch vor allem bei Bildern und/oder Videos – überhaupt an anderer Stelle veröffentlicht werden darf. Dienste wie Facebook oder Google Plus übernehmen bei Empfehlung einer interessanten Webseite in der Regel auch Bilder oder Videos – oft in Form von Miniaturansichten (sog. thumbnails).

Problematisch kann auch die Frage werden, inwieweit der »teilende« Nutzer für die Weiterverbreitung haftbar gemacht werden kann, wenn der jeweilige Inhalt selbst – z.B. bei Beleidigungen – Rechte Dritter verletzt. Die Frage, ob das Weiterverbreiten von schädigenden Aussagen Dritter über Personen im Rahmen der Werkzeuge der Sozialen Medien nicht auch eine Verantwortlichkeit des »Verbreiters« nach sich ziehen soll, ist durchaus aktuell.

Dieses Kapitel soll deshalb darüber aufklären, inwieweit ein Nutzer für das »Sharen« fremder Inhalte haftbar gemacht werden kann und wie entsprechende Risiken reduziert werden können.

Auch wenn hier hinsichtlich der Haftungsrisiken rechtlich vieles noch nicht abschließend geklärt ist, lassen sich mit der entsprechenden Sachkenntnis doch einige juristische Probleme vermeiden.

Im Gegensatz zu Aussagen einzelner Anwaltskollegen, die die damit einhergehenden Risiken in wirtschaftlicher Hinsicht deutlich überzeichnet darstellen, soll es hier nicht darum gehen, eine unnötige Verunsicherung auszulösen. Das Risiko allein wegen des Sharings in Anspruch genommen zu werden, ist faktisch relativ gering, weil diese Rechtsverletzungen (jedenfalls derzeit) oft nicht verfolgt werden. Dennoch kommen in der Praxis einzelne rechtliche Auseinandersetzungen immer wieder vor.

8.6.1 Urheberrechtsverletzung durch das Teilen bei Facebook?

Zahlreiche Inhalte im Internet sind urheberrechtlich geschützt. Dies führt dazu, dass allein dem Urheber die wesentlichen Verwertungsrechte zustehen und dessen Inhalte auch grundsätzlich nur mit seiner Zustimmung im Internet veröffentlicht werden können.

Haftungsrisiko: Teilen von Inhalten über Facebook (sog. Sharing) 8

Was gilt aber, wenn durch das Teilen auf Facebook das Bild eines Fotografen ohne dessen Zustimmung auf der Plattform veröffentlicht wird?

Während Facebook, Google Plus & Co. beim Sharing von Texten nur kurze Auszüge daraus übernehmen, denen jedenfalls im Regelfall für sich alleine keine Schutzfähigkeit mehr zukommen dürfte (Ausnahmen sind denkbar), stellen sich bei der Veröffentlichung fremder Bilder oder Videos z.b. in der eigenen »Timeline« bei Facebook durchaus einige urheberrechtliche Fragen.

Legt man nämlich den Beschluss des LG Berlin vom 15.03.2008 (Az. 15 O 103/11) zugrunde, wird man davon ausgehen müssen, dass der teilende Nutzer als »Herr des Angebots« der eigenen Facebook-Seite angesehen wird und insoweit grundsätzlich für selbst eingestellte Inhalte unmittelbar verantwortlich gemacht werden kann. Das LG Berlin hatte in einer insoweit vergleichbaren Konstellation geurteilt, dass sich der Einbindende das streitgegenständliche Bild »zu eigen mache« und damit das Exklusivrecht des Urhebers auf öffentliche Zugänglichmachung (§ 19a UrhG) verletze. In diesem Zusammenhang haben die Berliner Richter auch festgestellt, dass etwaige Haftungsprivilegierungen aus dem Telemediengesetz (TMG) in entsprechenden Fällen nicht eingreifen.

Und tatsächlich wird man eine legitimierende Zustimmung des Urhebers zum Teilen »seiner« Inhalte auf Facebook & Co. nicht ohne Weiteres annehmen können. Die bloße Veröffentlichung von geschützten Inhalten im Internet führt wohl nicht dazu, dass sie deshalb jeder Nutzer einer Social-Media-Plattform beliebig weiter veröffentlichen darf.

Die Tatsache, dass viele Facebook-Nutzer das Risiko einer Urheberrechtsverletzung nicht sehen, resultiert häufig aus dem Irrglauben, die Veröffentlichung sei ja nur so etwas wie ein Zitat. Leider wird die Einbindung der Texte, Bilder oder Videos nur in den seltensten Fällen den gesetzlichen Vorgaben eines Zitats (§ 51 UrhG) nach deutschem Urheberrecht gerecht. Ein Zitat erfordert einen spezifischen Zitatzweck, z.B. durch die eigene geistige Auseinandersetzung mit dem übernommenen Inhalt. Überdies dürfte der Linkhinweis bei Google Plus, Facebook & Co. den Anforderungen an eine hinreichende Quellenangabe nicht genügen.

Teilweise wird auch einfach der US-amerikanische Rechtsgedanke des »Fair Use« übertragen, der so in Deutschland jedoch nicht existiert.

Festzuhalten bleibt damit, dass das Anzeigen fremder Bilder oder Videos, aber auch schutzfähiger Textteile im eigenen »Stream« bei Facebook, Google Plus & Co. durchaus urheberrechtliche Relevanz besitzt, in den allermeisten Fällen aber bis dato kaum verfolgt wird und deshalb auch gerichtlich noch relativ ungeklärt ist. In Zukunft wird die Gerichte vor allem die Frage beschäftigen, ob das übliche »Sharing« von Inhalten überhaupt eine urheberrechtlich relevante Nutzungshandlung ist, was kontrovers diskutiert wird und derzeit wohl von der individuellen technischen Gestaltung abhängig gemacht wird. Aufgrund der Tatsache, dass der Nutzer hierauf aber ohnehin keinen Einfluss hat, und in Ansehung einiger entsprechender Gerichtsentscheidungen (siehe oben LG Berlin) ist ein urheberrechtliches Risikopotenzial durchaus gegeben.

Wie auch das nachfolgende Beispiel zeigt, können die Risiken einer urheberrechtlichen Inanspruchnahme beim Teilen von geschützten Inhalten (vor allem von Bildern und Videos) aufgrund der bisher noch unklaren Rechtslage nicht gänzlich ausgeschlossen werden.

> **Beispiel: Abmahnung wegen Teilen eines Bildes auf Facebook**
> Im März 2015 berichtete eine deutsche Anwaltskanzlei auf ihrem Blog über eine Abmahnung, die ein Fotograf gegenüber einer Fahrschule wegen Verletzung seiner Urheberrechte ausgesprochen hatte. Deren Anlass: Die Fahrschule hatte ein Bild des Fotografen (auf dem wohl der Fußballer Marco Reus beim Einsteigen in ein Auto zu sehen war) durch das Teilen eines Artikels der Bild-Zeitung über den Facebook Share Button auf der eigenen Facebook Seite veröffentlicht. Offensichtlich hatte sich der Fotograf daran gestört, dass er dabei nicht als Urheber des Bildes ausgewiesen worden war. Diese Meldung sorgte für eine große Empörungswelle in den Sozialen Medien.

8 Haftungsrisiko: Teilen von Inhalten über Facebook (sog. Sharing)

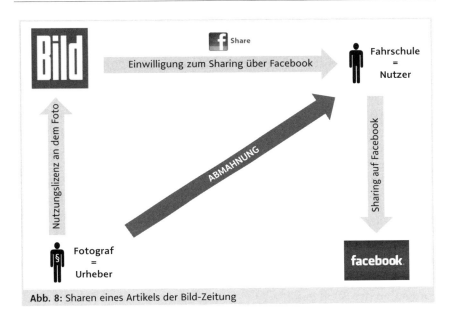

Abb. 8: Sharen eines Artikels der Bild-Zeitung

Auch wenn sich die Parteien aus diesem Beispiel nachfolgend wohl außergerichtlich geeinigt haben, ist die Frage der urheberrechtlichen Verantwortlichkeit bei diesem »Teilen« fremder Inhalte auch weiter von erheblicher Bedeutung. Tatsächlich hat ein Fotograf gegenüber demjenigen, der ein Foto vervielfältigt oder verbreitet, urheberrechtliche Ansprüche. Ob dabei das Bild selbst kopiert wird oder dies über eine automatische Funktion (z. B. den Share Button) erfolgt, dürfte nach der Rechtsprechung keine Rolle spielen. Auch dass das Bild – so wie beim Facebook Sharing üblich – in einer Miniaturansicht (»thumbnail«) verwendet wird, ändert nichts daran, dass die Gerichte darin grundsätzlich eine urheberrechtsverletzende Verwendung sehen.

In der sogenannten Vorschaubilder-Rechtsprechung hatte der BGH bereits – verkürzt dargestellt – entschieden, dass derjenige, der seine Inhalte ins Internet einstellt, sich nicht gegen »übliche Nutzungshandlungen im Internet« wehren kann, sofern nicht entsprechende (technisch mögliche) Vorkehrungen gegen diese Erfassung getroffen worden sind (BGH, Urteil vom 29.04. 2010, Az. I ZR 69/08, Vorschaubilder I). Dies gilt nach der sogenannten Vorschaubilder-II-Entscheidung sogar dann, wenn ein Dritter, dem Nutzungsrechte von dem Urheber eingeräumt worden sind, die Bilder seinerseits ins Internet gestellt hat (vgl. BGH, Urteil vom 19.10.2011, Az. I ZR 140/10, Vorschaubilder II). Offensichtlich neigt der BGH vor allem bei verkleinerten Vorschaubildern, die den Besuch der jeweiligen Webseite nur »anteasern« und den »Genuss« des eigentlichen Werkes nicht ersetzen, dazu, unter bestimmten Voraussetzungen von einer noch zulässigen Nutzungshandlung auszugehen.

Die im Beispiel genannte Abmahnung dürfte der Konstellation des Vorschaubilder-II-Urteils sehr nahekommen. Der Fotograf wird der Bild-Zeitung wohl – wie in der Grafik oben dargestellt – in einem Lizenzvertrag Nutzungsrechte an seinem Foto eingeräumt haben. Die Zeitung hat auf ihrer Webseite, auf dem das Foto nachfolgend veröffentlicht worden ist, einen Facebook Sharing Button integriert. Dieser hat zu dem Sharing auf der Facebook-Seite der Fahrschule und dann zu der nachfolgenden Abmahnung durch den Fotografen des Fotos geführt.

Insofern erscheint es – auch wenn entsprechende Rechtsprechung im Bereich Sozialer Medien bisher nicht ergangen ist – nicht unwahrscheinlich, dass sich Internetnutzer, die von Webseiten teilen, auf denen ein Sharing Button eingebunden ist, in vergleichbaren Konstellationen mit Verweis auf die Vorschaubilder-II-Rechtsprechung erfolgreich gegen entsprechende Abmahnungen wehren können.

! **Tipp**

Gerade bei urheberrechtlichen Abmahnungen aufgrund von Sharing oder Embedding kann es wegen der ungeklärten Rechtslage Sinn machen, sich gegen Abmahnungen zur Wehr zu setzen. Solange hier keine obergerichtliche Rechtsprechung existiert, scheinen auch Abmahnwellen höchst unwahrscheinlich, da sie ja auch für den Abmahnenden ein rechtliches Risiko darstellen.

8.6.2 Ein Sharing-Urteil mit Missverständnissen

Spezifische Rechtsprechung zur urheberrechtlichen Relevanz beim Sharing fremder Inhalte existiert bisher nicht. Das LG Frankfurt hatte in seinem Urteil vom 17.07.2014 (Az. 2-03 S 2/14) bisher »nur« entschieden, dass mit der Einbindung eines Share Buttons die schlichte Einwilligung seitens des Webseitenbetreibers zum Ausdruck komme, dass der Inhalt eben geteilt werden dürfe.

Die Entscheidung des LG Frankfurt wurde in manchen Medien wohl fehlerhaft dahingehend gedeutet, dass es für Webseitenbetreiber urheberrechtlich riskant sei, den Button einzubinden, wenn man sich von den jeweiligen Rechteinhabern nicht entsprechende Nutzungsrechte habe einräumen lassen, dass die Bilder auch geteilt werden dürfen.

Diese Interpretation würde dazu führen, dass bald alle Social-Media-Sharing-Buttons verschwinden müssten, weil sie sonst unkalkulierbare Risiken für die Webseitenbetreiber (im obenstehenden Fall also die BILD-Zeitung) bedeuten würden, im Falle der (teilweise massenhaften) Verbreitung der Inhalte über Soziale Medien von dem jeweiligen Urheber dafür in Anspruch genommen zu werden. Nicht einmal große Medienhäuser lassen sich derzeit Nutzungsrechte zum Angebot des Teilens der verwendeten Inhalte bei Twitter, Facebook & Co. einräumen, sondern eben Rechte zur Veröffentlichung auf den eigenen Präsenzen.

Die weithin verbreitete Warnung, dass die Betreiber von Internetpräsenzen nun Regressansprüche fürchten müssten, wenn sie sich hinsichtlich der teilbaren Inhalte nicht auch umfassende Nutzungsrechte haben einräumen lassen, ist auch unter Berücksichtigung des Urteils des LG Frankfurt nicht zwingend. Dass ein Sharing Button urheberrechtliche Nutzungsrechte vermittle, ergibt sich aus dem Urteil des LG Frankfurt wohl nicht. Tatsächlich stellt das oben genannte Urteil des LG Frankfurt »nur« fest, dass die Verwendung eines Sharing Buttons auf einer Webseite richtigerweise jedenfalls nicht dazu legitimiert, diesen konkreten Inhalt – unabhängig von der Sharing Funktion – ohne Legitimation des Urhebers im Internet zu verwenden.

Unabhängig von dem Frankfurter Urteil wird es spannend sein zu beobachten, ob Internetmedien, die Inhalte zum Teilen anbieten, dafür rechtlich verantwortlich gemacht werden können, wenn der Urheber die Verbreitung in den Sozialen Medien gerade nicht über eine ausreichende Nutzungslizenz erlaubt hat. Tatsächlich kann z.B. ein Fotograf ein legitimes Interesse daran haben, dass seine Bilder nicht unkontrolliert in den Sozialen Medien kursieren. Tatsächlich wird – abhängig vom Einzelfall und der konkreten Nutzungslizenz – möglicherweise derjenige rechtlich verantwortlich gemacht werden können, der die Verbreitung durch die Einbindung eines Sharing Buttons erst ausgelöst hat. Ist diese Frage in Lizenzverträgen nicht klar geregelt, wird wohl die Zweckübertragungsregel bei der Frage herangezogen werden müssen, ob der jeweilige Lizenzvertrag das Teilen in den Sozialen Medien nicht abdeckt. Das ließe sich z.B. bei einem Lizenzvertrag mit der BILD-Zeitung über die Veröffentlichung eines Bildes auf der Webseite, die bekanntermaßen Sharing Buttons enthält, möglicherweise auch noch argumentieren.

8.6.3 Praxisempfehlungen

Das oben genannte Beispiel und die Berichterstattung über die »skandalöse« Abmahnung machen es offensichtlich: Unternehmen sollten sich von Panikwellen nicht ohne weitergehende Recherche verunsichern lassen, vor allem dann nicht, wenn sie durch Sekundärquellen (mit teils gefährlichem juristischen Halbwissen) ausgelöst oder weitergetragen werden. In der Aufmerksamkeitsökonomie des Internets zählen knallige, aufmerksamkeitsheischende Überschriften und News. Hier lohnt sich (gerade auch im juristischen Bereich) die genaue Lektüre der Primärquelle bzw. die Absicherung über andere sachkundige Quellen. So gibt es zu den meisten Themen auch einige Blogs, die sich seit Jahren bemühen, Informationen sorgsam und akkurat aufzubereiten und ausgewogen zu informieren.

Klar ist außerdem, dass im Bereich des Sharing und des Embedding weiter diverse Rechtsfragen offenbleiben. Das Urteil des Europäischen Gerichtshofs zur Zulässigkeit des Embedding bei Facebook hilft nicht weiter, weil Facebook die Inhalte beim Sharing wohl auf den eigenen Server kopiert und nicht nur technisch einbettet (»embedded«). Die beiden Vorgänge sind urheberrechtlich grundsätzlich unterschiedlich zu bewerten.

Dem »normalen« Internetnutzer, der derzeit nicht gänzlich auszuschließende Risiken im Bereich des Sharing weiter reduzieren will, kann die Beachtung der vor einiger Zeit entwickelten Social Media Sharing Policy vielleicht einige wichtige Hinweise vermitteln.

Ansonsten sollte die Rechtsprechung weiter verfolgt werden. Tatsächlich ist davon auszugehen, dass demnächst weitere Urteile zu den urheberrechtlichen Fragen des Sharing etwas mehr Klarheit bringen, unter anderem auch, ob die Vorschaubilder-Rechtsprechung vielleicht entsprechend Anwendung findet.

Auch wenn die Einräumung von Nutzungsrechten zur Ermöglichung des Teilens nicht zwingend erforderlich scheint, sollten Anbieter von Medieninhalten im Internet ihre (teils erheblich veralteten) Lizenzverträge im Hinblick auf die neuen Möglichkeiten der Sozialen Medien prüfen und nötigenfalls überarbeiten. Damit könnten auch die Nutzer, die ja zum Teilen angehalten werden sollen, weitergehend vor Ansprüchen der Urheber »geschützt« werden. Die aktuelle Berichterstattung zeigt, dass sich in diesem Bereich und auch in der Rechtsprechung einiges bewegt, was jedenfalls bei professionellen Anbietern nicht unberücksichtigt bleiben sollte.

Auch wenn die nachfolgenden Praxistipps die Bedienerfreundlichkeit und komfortable Nutzung der Sharing-Funktionalitäten einschränken, so kann man bestehende rechtliche Risiken damit doch entscheidend reduzieren.

1. **Einfacher Link statt unmittelbare Einbindung**
   Immer mehr Gerichte tendieren zu der Auffassung, dass einfache Verlinkungen, also ohne die (grafische) Einbindung eines Inhaltes, im Grundsatz keine urheberrechtliche Relevanz haben. Der Grund: Bei einfachen Links wird von den Richtern in der Regel kein Eingriff in das Recht auf öffentliche Zugänglichmachung (mehr) angenommen.
2. **Ergänzen eigener Anmerkungen**
   Wer auf das unmittelbare Einbinden fremder Inhalte mittels der Sharing-Funktion nicht verzichten will, eröffnet sich eine weitere Verteidigungslinie gegen etwaige urheberrechtliche Ansprüche, wenn er dem geteilten Inhalt eigene Ausführungen hinzufügt und die Quelle entsprechend angibt. Er kann sich dann — im Fall der Fälle — auf das Zitatrecht (§51 UrhG) berufen.
3. **Posten von Webseiten mit Sharing Button**
   Wer Inhalte von Webseiten einbindet, die einen Facebook Like-Button vorhalten, wird argumentieren können, dass der Verwender solcher Buttons ja damit gerade zum Ausdruck bringt, dass das »Sharing« auf Facebook gewünscht ist. Gleiches gilt natürlich auch für die Buttons von Google Plus, Twitter & Co.

»Teilende« Nutzer sollten mögliche Rechte an den geteilten Inhalten nicht aus dem Blick verlieren. Zwar bietet die Berücksichtigung der obenstehenden Hinweise aufgrund der dargestellten Unwägbarkeiten natürlich keine absolute Rechtssicherheit. Jedoch können urheberrechtliche Risiken damit erheblich reduziert werden. Es bleibt zu hoffen, dass der Gesetzgeber bei einer der nächsten Novellen des Urheberrechts die angedeuteten Probleme einer interessengerechteren Lösung zuführt. Markus Beckedahl, ein Berliner Netzaktivist, hatte diesen Problemkreis vor einiger Zeit mit folgenden Worten umschrieben: »Jeder, der das Internet aktiv benutzt, begeht die ganze Zeit Urheberrechtsverletzungen«. Auch wenn diese plakative Aussage einige Kritik geerntet hat und das Problem sicher deutlich überzeichnet, so bedarf es tatsächlich erheblicher weiterer Diskussionen um dringend erforderliche, praxistaugliche gesetzliche Änderungen. Deren Ziel sollte es sein, alltägliche private Nutzungen des Internets, die die Verwertungsinteressen der Rechteinhaber nicht unverhältnismäßig beeinträchtigen, nicht mehr als Urheberrechtsverstoß zu werten.

8.6.4 Linkhaftung: Verantwortung für die Aussagen anderer?

In der breiten Öffentlichkeit ist kaum bekannt, dass beim Teilen fremder Aussagen (z.B. bei Beleidigungen) auch für den Teilenden das Risiko einer rechtlichen Verantwortlichkeit bestehen kann, wenn die ursprüngliche Aussage selbst Rechte Dritter verletzt. Bei genauer Betrachtung ist es grundsätzlich nachvollziehbar, dass z.B. mit der Weiterverbreitung unwahrer, rufschädigender Äußerungen auch der (Ruf-)Schaden grösser wird. Insoweit kann sich der »teilende« Nutzer allein mit dem Hinweis, die Aussage käme ja ursprünglich gar nicht von ihm, nicht gänzlich aus der Verantwortung flüchten.

Die sogenannte Verbreiterhaftung ist im Bereich der »alten Medien« nichts Neues, weshalb hier einiges an Rechtsprechung existiert (vgl. BGH, Urteil vom 06.04.1976, BGHZ 66,182 [190 f.]). Es ist nur logisch, dass sie sich in den Sozialen Medien, in denen jeder Internetnutzer in der Lage ist, fremde Inhalte zu »sharen«, fortsetzt.

8 Haftungsrisiko: Teilen von Inhalten über Facebook (sog. Sharing)

Insoweit ist für jeden Nutzer von Social Media nun relevant geworden, wann ihn durch das Teilen von Inhalten auch eine rechtliche Verantwortlichkeit für die fremden Aussagen treffen kann. Die Gerichte werden bei entsprechenden Fragen derzeit wohl die Grundsätze der Linkhaftung zugrunde legen. Trotz offensichtlichen Regelungsbedarfs wurde bei der Einführung des Telemediengesetzes (TMG) keine Regelung zur Linkhaftung aufgenommen. Daher sind die Grundsätze heranzuziehen, die im Wege der richterlichen Rechtsfortbildung von einzelnen Gerichten entwickelt worden sind. Sie gehen bei Links auf fremde Inhalte davon aus, dass auch der Linksetzende zur Unterlassung verpflichtet werden kann, wenn er sich die fremde Aussage »zu eigen« gemacht hat. Entscheidend ist also, in welchen Kontext der Linksetzende den Link gestellt hat.

> **Beispiel: Zu-Eigen-Machen von Aussagen** !
>
> Wer bei Facebook einen Inhalt teilt und mit einem Kommentar wie »Schaut mal hier, wie interessant!« versieht, kann wegen eines »Zu-Eigen-Machens« selbst in Anspruch genommen werden, wenn der verlinkte Inhalt Rechte Dritter verletzt (vgl. auch LG Frankfurt, Az. 3-08 O 46/10).

Demgegenüber wird man eine Verantwortlichkeit für den Link verneinen müssen, wenn sich der teilende Nutzer durch seinen Kommentar zum Inhalt distanziert. Der Kommentar »Schaut mal hier, wie abwegig!«, wird in der Regel aus einem Haftungsrisiko herausführen. Auch wenn diese Grundsätze der Linkhaftung, die wohl auf das »Sharing« übertragen werden müssen, zu einigen Unwägbarkeiten führen, hat man sich derzeit bei einer rechtlichen Betrachtung der Risiken daran zu orientieren. Dies zeigen auch einige Urteile, bei denen es um vergleichbare Sachverhalte ging:

So wurde vom LG Berlin (Urteil vom 27.04.2010, Az. 27 O 190/10) die Verantwortlichkeit eines Webseitenbetreibers angenommen, weil er einen fremden RSS-Feed auf der eigenen Internetseite eingebunden hatte, in dem der Klägerin unterstellt worden war, mit einem bekannten Basketballer ein Verhältnis gehabt zu haben. Der Webseitenbetreiber habe sich – laut LG Berlin – mit der Einbindung des RSS-Feed auch dessen Inhalte zu eigen gemacht und könne sich nun nicht darauf berufen, dass er die Aussagen nicht selbst getätigt habe.

Im Einzelnen führt das LG Berlin dazu aus:

> *Vielmehr hat er als »Herr des Angebots« die von ...de abonnierten RSS-Feeds eingestellt. Damit hat er sich die beanstandete Nachricht, mag diese auch von einem von ihm benannten Presseorgan verfasst worden sein, zu eigen gemacht und seinem Angebot hinzugefügt. Mag dem durchschnittlichen Nutzer der Internetseite auch nicht verschlossen geblieben sein, dass die Mitteilung von »rss...de« verfasst worden ist, hat der Antragsgegner jene jedoch – ohne jegliche Prüfung vor der Freischaltung des Beitrags – veröffentlicht. Mit dem lapidaren Hinweis auf seinen Haftungsausschluss vermag er sich von den übernommenen RSS-Feeds nicht ernsthaft zu distanzieren. Dass er als Betreiber des offenen Portals sehr wohl Einfluss auf den Inhalt der Beiträge nehmen kann, stellt er selbst nicht in Abrede. Es ist davon auszugehen, dass er die rechtliche Möglichkeit zur Verhinderung der rechtswidrigen Handlung hatte.*

Die dort ausgeführten Grundsätze, aufgrund derer die Berliner Richter einen Unterlassungsanspruch für begründet hielten, lassen sich entsprechend auf die Frage der Verantwortlichkeit im Falle des Teilens von rechtsverletzenden Aussagen übertragen.

In seinem Urteil vom 18.06.2015 (Az. I ZR 74/14) hat der BGH die dargestellten Grundsätze der Linkhaftung noch einmal ausdrücklich bestätigt und ausgeführt. Danach sei eine rechtliche Verantwortlichkeit des Linksetzers für den verlinkten Inhalt nur möglich, wenn dieser sich die fremden Aussagen inhaltlich so »zu eigen mache«, dass deutlich wird, dass er auch die inhaltliche Verantwortung dafür übernehmen wolle. Ist der unzulässige Inhalt der verlinkten Internetseite nicht deutlich erkennbar, haftet derjenige, der den Link setzt, grundsätzlich erst ab Kenntnis von der Rechtswidrigkeit der Inhalte, sofern er sich den Inhalt nicht zu eigen gemacht hat. Derjenige, der den Hyperlink setzt, ist ab der Kenntnis der Rechtsverletzungen auf der verlinkten Internetseite zur Prüfung verpflichtet. Dies gilt sogar dann, wenn eine Rechtsverletzung nur schwer erkennbar war. Vorbehaltlich der weiteren Entwicklung in der Rechtsprechung ist im Hinblick auf das Sharing deshalb regelmäßig von den obenstehenden Grundsätzen des »Zu-Eigen-Machens« auszugehen.

8.6.5 Die Verletzung von Rechten Dritter

Die Haftung des teilenden Nutzers wegen eines Zu-Eigen-Machens der Aussagen eines Dritten, kommt freilich immer nur dann in Frage, wenn der geteilte Inhalt auch tatsächlich die Rechte Dritter verletzt. Hier sind unterschiedliche Verstöße denkbar. Neben Persönlichkeitsrechtsverletzungen (wie Beleidigungen oder unzulässigen Rufschädigungen) oder Wettbewerbsrechtsverstößen kommen auch Verletzungen von Datenschutzrechten in Betracht. Denkbar ist auch, dass die Weiterverbreitung von falschen Aussagen über Produkte oder Unternehmen als unzulässiger Eingriff in den eingerichteten und ausgeübten Gewerbebetrieb oder sogar als Markenrechtsverletzung gewertet wird.

Wer entsprechend Inhalte teilt, kann nach den Grundsätzen zur Linkhaftung, d.h. im Falle eines »Zu-Eigen-Machens«, zumindest auf Unterlassung in Anspruch genommen und damit auch kostenpflichtig abgemahnt werden.

Auch wenn sich rechtliche Maßnahmen in der Regel erst einmal gegen den ursprünglichen Poster richten, sind durchaus Fallgestaltungen denkbar, in denen der (oder die) teilenden Nutzer in den Fokus geraten. So z.B., wenn der ursprüngliche Autor im Ausland sitzt und daher nur schwer zu greifen ist oder wenn der geteilte Inhalt bei spezifischen Suchworten entsprechend gut bei Google & Co. gelistet ist. Gerade im letzten Fall wird derjenige, dessen Rechte verletzt sind, ein gesteigertes Interesse haben, auch gegen den Nutzer vorzugehen, der den Inhalt geteilt hat.

Beispiel: Der Fall des PR-Bloggers

Das zeigt auch ein Fall, in dem ich den als PR-Blogger bekannten Klaus Eck – der mir erlaubt hat, die Angelegenheit hier zu skizzieren – vertreten habe. Er hatte 2010 über Google Buzz den Blogbeitrag eines ebenfalls nicht ganz unbekannten Journalisten geteilt. In dem satirischen Originalbeitrag war eine Dame genannt worden. Sie sah in einer – aus ihrer Sicht – missverständlichen Bezeichnung ihrer offiziellen Funktion eine Identitätsverwirrung und damit eine Verletzung ihres Rechts am eigenen Namen (§ 823 BGB). Für das Teilen auf Google Buzz (heute in Google Plus) dieses Beitrags war Klaus Eck abgemahnt und zur Zahlung der entstandenen Anwaltskosten aufgefordert worden.

Die Abmahnung konnte ohne Erstattung der Kosten mit der Argumentation abgewehrt werden, dass es im Hinblick auf die satirische Gestaltung bereits an der Rechtswidrigkeit des Ausgangsbeitrages fehle und vorliegend aufgrund der Umstände des Einzelfalles auch nicht von einem »Zu-Eigenmachen« ausgegangen werden könne. Die Gegenseite hat auf unsere nachdrückliche Forderung, der die skizzierte Argumentation zugrunde gelegt worden ist, nunmehr ausdrücklich die weitere Verfolgung der geltend gemachten Ansprüche gegen unseren Mandanten aufgegeben.

Das Beispiel macht deutlich, dass Ansprüche immer nur dann vorliegen, wenn
1. der Ausgangsbeitrag rechtswidrig ist und
2. ein Zu-Eigen-Machen vorliegt.

Gerade bei der Frage, ob ein Zu-Eigen-Machen vorliegt, hilft es, wenn auch der beratende Rechtsanwalt die Funktionalitäten des jeweiligen Social-Media-Dienstes versteht und in der Lage ist, mit entsprechenden technischen Details zu argumentieren. Im vorliegenden Fall hat die Kenntnis von Google Buzz bei der Verteidigung gegen die Ansprüche nachhaltig geholfen.

> **Tipp: Kein allzu schnelles Teilen!**
> Wer entsprechende (Abmahn-)Risiken vermeiden will, sollte darauf achten, keine Inhalte zu teilen, die Rechte Dritter verletzen (könnten). Insoweit lohnt es, kritische und/oder rufschädigende Äußerungen vor dem (zu) schnellen Teilen auf mögliche Haftungsaspekte zu prüfen.
> Noch mehr Sicherheit bietet ein Hinweis, der eine individuelle Distanzierung von dem Inhalt des geteilten Beitrages zum Ausdruck bringt. Eine pauschale Distanzierung, so wie man sie wegen der Linkhaftung im Disclaimer vieler Webseiten sieht, wird allerdings nichts nützen. Es wird vor Gericht stets darauf ankommen, inwieweit sich der teilende Nutzer den individuellen Inhalt zu eigen macht bzw. sich von diesem distanziert.

Mit einem gewissen Bewusstsein für die Risiken beim »Sharing« kann man sicher weiter spannende Inhalte teilen. Das Risiko einer Inanspruchnahme ist derzeit ohnehin überschaubar, weil die Geltendmachung entsprechender Ansprüche gegen den »Sharer« noch eher die Ausnahme ist.

Wer die dargestellten Grundsätze kennt, kann aber sicher bewusster und sicherer mit den Möglichkeiten von Social Media umgehen. Die gleichen Grundsätze sind übrigens auch bei sogenannten Kuratierungsplattformen wie scoop.it, Storify & Co. zugrunde zu legen, auf denen Inhalte aus dem Internet zusammengestellt, geordnet und Dritten zur Verfügung gestellt werden können.

8.7 Social Media Sharing Policy

Anfang des Jahres 2013 hat eine (eigentlich vorhersehbare) »Schreckensmeldung« die deutsche Internetgemeinde in Aufruhr versetzt. Nach einer Meldung eines Rechtsanwaltskollegen wurde von einer Kanzlei die wohl erste urheberrechtliche Abmahnung wegen eines Vorschaubildes bei Facebook ausgesprochen. Und auch in der Folgezeit kam es zu weiteren Abmahnungen in ähnlich gelagerten Fällen.

Wie oben bereits dargestellt, gibt es im Zusammenhang mit der Sharing- oder Teilen-Funktion vieler Sozialer Netzwerke noch einige offene rechtliche Fragen.

Da Fotos in Deutschland grundsätzlich urheberrechtlich geschützt sind und auch die Miniaturisierung durch sogenannte Vorschaubilder (sog. thumbnails) an der rechtlichen Bewertung grundsätzlich nichts ändert, ist die Veröffentlichung entsprechender Vorschaubilder bei Facebook, Google+ & Co. durchaus von urheberrechtlicher Relevanz.

Daher bietet es sich für Unternehmen an, eine einfach verständliche Social Media Sharing Policy zu veröffentlichen, die die Mitarbeiter für die Sharing Problematik sensibilisiert und die wichtigsten Stolpersteine bzw. Praxishinweise zur Reduzierung rechtlicher Risiken darstellt.

Social Media Sharing Policy

	Empfehlung	Erläuterung
Hohes Risiko	Keine Veröffentlichung fremder Fotos ohne Zustimmung des Rechteinhabers (inkludiert auch Vorschaubilder)	Fotos sind immer urheberrechtlich geschützt. Unter welchen Voraussetzungen das Teilen/Sharing der Fotos auf Facebook & Co. einen Urheberrechtsverstoß darstellt, ist noch nicht gerichtlich entschieden.
	Keine Veröffentlichung anderer urheberrechtlich geschützter Werke ohne Zustimmung	Auch Texte, Audio- und Videoinhalte können unter bestimmten Voraussetzungen (§ 2 UrhG) urheberrechtlich geschützt sein. Deren Veröffentlichung und Verbreitung kann gegen die Rechte des Urhebers verstoßen.
	Keine Veröffentlichung von Fotos, auf denen Personen abgebildet sind, ohne deren Zustimmung	Aufgrund des Rechtes am eigenen Bild (§ 22 Kunsturhebergesetz) dürfen Personen im Internet grundsätzlich nur mit deren Zustimmung oder bei Vorliegen der Ausnahmen des § 23 Kunsturhebergesetz abgebildet werden.
	Keine Äußerung oder Verbreitung rechtswidriger Aussagen (Beleidigungen, Schmähkritik u. Ä.)	Wer unwahre Tatsachen, Beleidigungen oder andere Rechtsverletzungen (weiter-)verbreitet, kann auf Unterlassung und unter Umständen auch auf Schadenersatz haften

Social Media Sharing Policy

	Empfehlung	Erläuterung
Geringeres Risiko	Inhalte von Seiten mit Empfehlungsbuttons teilen	Das Teilen von urheberrechtlich geschützten Inhalten mit Zustimmung des Rechteinhabers ist in der Regel erlaubt. Derjenige, der Sharing-Buttons auf seine Webseite setzt, dürfte sich rechtsmissbräuchlich verhalten, wenn er danach Urheberrechtsverletzungen geltend machen würde.
	Beschränkung der Privatsphäre-Einstellungen	Der immer wieder geäußerte Tipp, die Privatsphäre-Einstellungen auf den eigenen Bekannten- und Freundeskreis zu beschränken, verhindert zwar keine (Urheber-)Rechtsverletzungen, mindert aber natürlich rein faktisch das Entdeckungsrisiko erheblich.
	Nur Inhalte aus ausländischen Quellen teilen	In den USA legitimiert die sog. Fair-Use-Regel oft das Teilen über Social Media. Wer nur Inhalte aus entsprechenden Rechtsordnungen »teilt«, welche die Fair-Use-Regelung kennen, mindert damit das rechtliche Risiko.

Social Media Sharing Policy

	Empfehlung	Erläuterung
Kein Risiko	Vorschaubild vor Veröffentlichung entfernen	Das Vorschaubild lässt sich in der Regel durch »Wegklicken« (Funktion (x)) entfernen. Der verbleibende Link ist unproblematisch. Damit können urheberrechtliche Risiken für Vorschaubilder also beseitigt werden.
	Beachtung des Zitatrechts (§ 51 UrhG)	Urheberrechtlich geschützte Inhalte dürfen in den Grenzen des Zitatrechts (§ 51 UrhG) in beschränktem Umfang auch ohne Zustimmung veröffentlicht werden.
	Nur Inhalte übernehmen, die keine Haftungsgefahr bergen	Soweit das Teilen rechtlich bedenklicher Inhalte (siehe oben unter Hohes Risiko) vermieden wird, besteht grundsätzlich kein Risiko.
	Löschen fremder Inhalte nach Kenntnisnahme von einem (potenziellen) Rechtsverstoß	Nach eindeutiger Rechtsprechung können Betreiber von Social-Media-Präsenzen für Rechtsverletzungen durch fremde (d.h. von Dritten gepostete) Inhalte nur verantwortlich gemacht werden, wenn sie trotz (nachweislicher) Kenntnisnahme von dem jeweiligen Rechtsverstoß diesen nicht unverzüglich entfernen.

Wie man der Policy entnehmen kann, sind nur einige der des Öfteren in den Medien kolportierten Maßnahmen wirklich geeignet, rechtliche Risiken zu beseitigen. Die Veröffentlichung von urheberrechtlich geschützten Inhalten im Internet bedeutet nicht, dass jeder andere sie durch »Teilen« anderweitig veröffentlichen darf.

Entgegen häufiger anderslautender Meldungen gibt es zu diesen Fragen in Deutschland bisher weder eine Klage, geschweige denn eine gerichtliche Entscheidung. Panikmache wegen etwaiger Massenabmahnungen auf Grundlage einzelner Abmahnungen halte ich derzeit für unangebracht.

Privatpersonen oder Unternehmen, die Risiken vorbeugen wollen, sind sicher gut beraten, die Hinweise in der obenstehenden Sharing Policy – je nach Risikobereitschaft – zu berücksichtigen. Unternehmen können sich zusätzlich absichern, indem Mitarbeiter, die in der ersten Reihe agieren, so z.B. Social Media Manager, die die jeweiligen Kanäle bei Facebook, Twitter & Co. bedienen, entsprechend geschult oder über ausformulierte Guidelines sensibilisiert werden.

9 Influencer Marketing

9.1 Schleichwerbung in Social Media – rechtliche Grenzen des Einsatzes von Influencern und Testimonials

Immer mehr Unternehmen machen sich im Rahmen des sogenannten Influencer Marketing die Reichweite zunutze, die Prominente wie z. B. Schauspieler oder Sportler, aber auch »Stars« der Social-Media-Kanäle, so z. B. mehr oder weniger bekannte oder reichweitenstarke Instagrammer, YouTuber oder Blogger haben.

> **Beispiel: Zusammenarbeit von DM mit Bibi** !
> Die Drogeriekette DM arbeitet seit einiger Zeit mit Bibi zusammen, die über ihren YouTube-Kanal »Bibis Beauty Palace«, aber auch diverse andere Präsenzen auf Facebook, Instagram & Co. eine Reichweite von mehreren Millionen Followern innerhalb einer relevanten Zielgruppe erzielt. Auf ihren Kanälen stellt Bibi, z. B. im Rahmen sogenannter Hauls (= Einkaufsfeldzug), zahlreiche Produkte vor. Die Marke DM hat damit aus werblicher Sicht einen interessanten Weg gefunden, ihre Produkte über Bibi, die in der Zielgruppe eine hohe Glaubwürdigkeit und Authentizität genießt, zu präsentieren.

Zahlreiche Postings solcher Influencer über Produkte in den Sozialen Medien sind allerdings nicht von der Begeisterung für das Produkt veranlasst, sondern vertraglich geregelt und damit schlussendlich nichts anderes als bezahlte Werbung, die ohne entsprechende Kennzeichnung als verschleierte Werbung verboten ist.

Wenn entsprechende vertraglich oder wirtschaftlich motivierte Produktempfehlungen oder -bilder nicht eindeutig als Werbebotschaften identifiziert werden können, so werden die Fans/Follower und damit die Verbraucher in die Irre geführt, womit die Posts gegen den Grundsatz der Werbewahrheit (»truth in advertising«) verstoßen. Dies Praktiken sind nicht nur in der Europäischen Union, sondern auch in den USA verboten.

9.1.1 Influencer Marketing bei Instagram, Facebook & Co.

Das Problem verschärft sich nun durch die Sozialen Medien. Prominente Testimonials und andere potenzielle Influencer haben über Instagram, Facebook & Co. völlig neue Möglichkeiten, ihre Fans zu erreichen. Klar ist, dass eine entsprechende Reichweite in Social Media kombiniert mit einem passenden Image Prominente als Markenbotschafter und Werbeträger (kurz: als Social Media Testimonial) in besonderem Maße interessant machen. Wer bei Twitter wie Mesut Özil derzeit über 10,1 Millionen Follower (https://twitter.com/MesutOzil1088) oder wie Heidi Klum über 3,4 Millionen Fans (https://twitter.com/heidiklum) auf direktem Weg erreicht, hat ein werbewirksames Medium geschaffen. Diese Reichweite und der direkte Draht zu den Followern bieten damit auch spannende neue Optionen für das Marketing, solange eben für die notwendige Transparenz gesorgt wird.

Häufig wird aber genau diese Vermischung von eigenen Postings und wirtschaftlich motivierten Botschaften durch Prominente und damit die Verschleierung der Werbung als entscheidender Vorteil gesehen und ausgenutzt.

9.1.2 Rechtliche Grenzen für Influencer Marketing in den USA

Zur Vermeidung einer Täuschung der Verbraucher hat die amerikanische Handelsbehörde FTC schon im Jahr 2009 spezifische Regeln eingeführt, um »truth in advertising« gerade auch bei der Werbung durch entsprechende Prominente als Testimonials oder z.B. Blogger, die Testgeschenke erhalten haben (sog. Endorsements), zu gewährleisten.

In den USA ist es zwingendes Recht, dass Postings von Prominenten im Internet über ein bestimmtes Produkt einen klaren und leicht aufzufindenden Hinweis (»clear and conspicious disclosure«) enthalten, in dem die Leser über das (Rechts-)Verhältnis zwischen dem werbenden Unternehmen und dem Testimonial aufgeklärt werden. Nach den geltenden FTC-Guidelines ist das werbetreibende Unternehmen nicht nur dafür verantwortlich, dass der Blogger einen rechtskonformen Disclaimer veröffentlicht, sondern auch dafür, dass sich in dem jeweiligen Beitrag keine Informationen finden, die für den Verbraucher irreführend (z. B. durch objektiv falsche Angaben) sein könnten. In den USA muss also ein werblich motivierter Facebook Post aus Transparenzgründen mit einem entsprechenden Werbehinweis (z. B. #ad) bzw. einem klarstellenden Disclaimer versehen werden.

Für die Einhaltung der Vorgaben haftet das jeweils werbende Unternehmen und nicht (nur) das Testimonial.

> **Achtung** !
>
> Werden in den Medien auch amerikanische Endverbraucher adressiert (z. B. durch englischsprachige Inhalte auf Facebook). So kann ein Verstoß gegen die genannten FTC-Guidelines auch zu rechtlichen Folgen für das Unternehmen und das Testimonial in den USA führen, so z. B. ein Bußgeld nach sich ziehen.

9.1.3 Rechtliche Grenzen für Influencer Marketing in Deutschland

Rechtliche Grenzen für Werbung ergeben sich in Deutschland zunächst einmal aus dem Gesetz gegen den unlauteren Wettbewerb (UWG). Es verbietet unter den verschiedenen Ziffern des §4 UWG unterschiedliche Verhaltensweisen. Entsprechende Rechtsverletzungen können grundsätzlich aber nicht von jedermann geltend gemacht werden. Sie begründen – bis auf wenige Ausnahmen – nur Ansprüche der jeweiligen Wettbewerber (also der Anbieter vergleichbarer Waren oder Dienstleistungen) auf Unterlassung, Auskunft und Schadensersatz.

Wird werbliche Kommunikation von Unternehmen (oder deren Agenturen) bewusst verschleiert, indem man Dritte gezielt dazu bringt, unter dem Deckmantel vermeintlich privater und unbeeinflusster Aussagen, Werbebotschaften in die Welt zu tragen, so ist das auch nach deutschem Recht als Verstoß gegen §5a UWG wettbewerbswidrig.« Darüber hinaus sehen §6 Abs. 1 Nr. 1 TMG und §58 Abs. 1 Satz 1 RfStV (Rundfunkstaatsvertrag) vor, dass werbliche Kommunikation als solche kenntlich gemacht wird.

Bei Verstößen gegen diese Verpflichtungen können in den Fällen »gekaufter« Werbepostings in den Sozialen Medien nicht nur der werbende Influencer hierfür rechtlich verantwortlich gemacht werden, sondern in der Regel auch das beauftragende Unternehmen. §8 Abs. 2 UWG sieht nämlich eine Zurechnung zum Unternehmen immer dann vor, wenn ein Beauftragter für das Unternehmen aufgrund eines vertraglichen oder anderen Verhältnisses tätig ist. Damit ist wohl nicht nur das wettbewerbswidrige Verhalten der Influencer als solches zurechenbar, sondern wohl auch der Inhalt der entsprechenden Postings. Finden sich dort also Informationen, die den Verbraucher irreführen (vgl. §5a UWG), so kann das Unternehmen – wie in den USA – auch für die täuschenden Inhalte verantwortlich gemacht werden.

Nachdem im Grundsatz sowohl das Unternehmen als auch der Prominente jeweils auf Unterlassung ihres Tatbeitrages in Anspruch genommen werden können, kann ein Wettbewerber entscheiden, ob nur gegen einen oder gegen beide vorgegangen werden soll. In entsprechenden Fällen können unter Umständen sogar Schadenersatzansprüche geltend gemacht werden. Und auch die Landesmedienanstalten haben bereits begonnen, nach entsprechender Sensibilisierung für die Transparenzanforderungen rechtlich gegen Verstöße vorgehen zu wollen.

Auch in Deutschland ist Unternehmen insofern dringend zu raten, die jeweils beauftragten Influencer entsprechend anzuweisen und dafür zu sorgen, dass diese die »Beziehung« zum Unternehmen nicht nur transparent machen, sondern auch dafür Vorkehrung treffen, dass die Inhalte nicht gegen Wettbewerbsrecht (z.B. wegen Irreführung) verstoßen.

9.2 Rechtliche Verantwortlichkeit der werbenden Unternehmen

Das OLG Celle (Az. 13 U 53/17) hat die Drogeriemarktkette Rossmann mit Urteil vom 06.07.2017 wegen eines nicht ausreichend gekennzeichneten Instagram-Postings eines von Rossmann bezahlten Influencers zur Unterlassung verurteilt. Sollte Rossmann das eigene Influencer Marketing zukünftig nicht hinreichend kennzeichnen, droht ein Ordnungsgeld von bis zu 250.000 EUR.

Auslöser des Urteils war das von Rossmann bezahlte Posting eines Influencers, in dem dieser ein Foto mit dem folgenden Posting auf seinem Instagram-Profil veröffentlicht hatte:

Rechtliche Verantwortlichkeit der werbenden Unternehmen 9

»An alle Sparfüchse: AUFGEPASST! NUR morgen gibt es in allen Filialen von #rossmann & im Online Shop 40% Rabatt auf Augen Make-Up! Viel Spaß beim Einkaufen! @mein_rossmann Eyes: R deL Y. Mascara & M. N. Y. The Rock Nudes Lidschatten Palette
#blackfriday #ad #eyes #shopping #rabatt #40prozent«

Hierfür hatte der Verband Sozialer Wettbewerb e.V. die Firma Rossmann mit dem Argument abgemahnt, dass es sich hierbei um ein werbliches Posting handele, welches gemäß §5a UWG, §6 TMG und §58 RStV als Werbung gekennzeichnet werden müsse. Der Verband Sozialer Wettbewerb, der mit derselben Argumentation auch eine Vielzahl weiterer Abmahnungen gegen Instagram-Nutzer ausgesprochen hatte, vertritt dabei die Auffassung, dass der im Posting enthaltene Hashtag #ad den kommerziellen Hintergrund des Postings nicht hinreichend kennzeichne.

Nachdem die geforderte Unterlassungserklärung von Rossmann offensichtlich nicht abgegeben worden war, hatte der Verband Sozialer Wettbewerb bei dem LG Hannover eine einstweilige Verfügung beantragt.

Während das LG Hannover in seinem Urteil noch die Auffassung vertreten hatte, dass sich der werbliche Charakter hinreichend aus den Umständen des Postings ergebe, hat das OLG Celle nun auf die Berufung des klagenden Verbandes entschieden, dass das Posting jedenfalls nicht so gekennzeichnet sei, dass ein durchschnittlicher Nutzer der Plattform Instagram den kommerziellen Zweck des Postings zweifelsfrei erkenne.

Sofern Rossmann hier nicht in Revision geht, ist das Urteil rechtskräftig.

Zunächst ist darauf hinzuweisen, dass sich das Urteil selbst nur auf bezahlte Postings bezieht, also auf die Fälle, bei denen der Influencer ein konkretes Entgelt für seine Postings bezieht. In diesen Fällen ist mit dem Urteil des OLG Celle tatsächlich davon auszugehen, dass der werbliche Hintergrund des Postings auf jeden Fall zu kennzeichnen ist.

Entscheidend ist dann also, dass ein durchschnittliches Mitglied des angesprochenen Verbraucherkreises, also hier ein durchschnittlicher Nutzer des jeweiligen Mediums, den kommerziellen Zweck auch zweifelsfrei erkennt.

199

Entsprechend der Hinweise, die die Landesmedienanstalten vor einiger Zeit in ihrer Richtlinie »Antworten auf Werbefragen in sozialen Medien« veröffentlicht haben, wird man die Anforderungen an die Werbekennzeichnung sinnvollerweise von der vertraglichen Absprache, der jeweiligen Gegenleistung (z. B. Honorar oder Produktgeschenk) und von der konkreten Präsentation des Produkts in dem Video oder dem Post abhängig machen müssen. Wie die nachfolgende, an den Richtlinien orientierte Übersicht zeigt, sind die Anforderungen zur Werbekennzeichnung auch vom Wert bzw. der Präsentation des konkreten Produkts abhängig:

Abb. 9: Kennzeichnungspflichten im Influencer Marketing

Das ist bei klar erkennbaren Hinweisen wie »Werbung« oder »Anzeige« in jedem Fall gegeben.

Nach der Rechtsprechung ist eine solche Kennzeichnung nur dann entbehrlich, wenn sich der kommerzielle Charakter aus den Umständen ergibt. Aus meiner Sicht lässt sich hier durchaus argumentieren, dass Instagram-Nutzer durch Begriffe wie »Sparfüchse« oder »@my_rossmann« sowie den diversen Hashtags wie #rossmann, #blackfriday, #ad, #shopping, #rabatt und #40prozent den werblichen Hintergrund des Postings erkennen.

Aufgrund des Urteils vom OLG Celle ist nun davon auszugehen, dass eine Kennzeichnung mit #ad, die in einer Vielzahl von Hashtags »untergeht«, jedenfalls nicht ausreicht.

Abschließend sei noch einmal darauf hingewiesen, dass sich die eindeutige Feststellung der Kennzeichnungspflicht in dem Urteil des OLG Celle auf bezahlte Postings und nicht auf die Vielzahl von Fällen bezieht, in denen Influencer Produkte kostenlos zugesandt bekommen, über die die Influencer ohne inhaltliche Beeinflussung und ohne weitere Gegenleistung auf ihren Social-Media-Kanälen berichten.

Ob hier ebenfalls entsprechend strenge Kennzeichnungspflichten bestehen oder unter Bezugnahme auf die rechtlichen Regelungen im Bereich Product Placement unter bestimmten Voraussetzungen auf die Kennzeichnungen verzichtet werden kann, ist jedenfalls gerichtlich noch nicht geklärt. Aufgrund einer Abmahnung des Verbandes Sozialer Wettbewerb führe ich für eine Instagram-Nutzerin derzeit ein Verfahren vor dem LG Stuttgart (11 O 142/17), das die rechtlichen Fragen im besten Falle auch für die zuletzt genannten Fälle kostenloser Produktproben eindeutig klärt. Sobald hier ein Urteil ergeht, werde ich in meinem Internetblog unter www.rechtzweinull. de davon berichten.

9.3 Empfehlungen für Unternehmen, Agenturen und Influencer

Das Urteil des OLG Celle hat – wenig überraschend – bestätigt, dass nicht nur die direkt werbenden Influencer, sondern eben auch die dahinterstehenden Unternehmen rechtlich dafür verantwortlich sind, dass die Postings entsprechend der gesetzlichen Vorgaben als Werbung gekennzeichnet werden. Gemäß § 8 Abs. 2 UWG haftet bei Wettbewerbsverstößen eines Beauftragten (hier der Influencer) nämlich stets auch der jeweilige Auftraggeber (hier also Rossmann). Dies führt – wie in dem Rossmann-Fall – dazu, dass bei mangelnder Kennzeichnung des Influencers eben auch das dahinterstehende Unternehmen oder eben auch die den Influencer vermittelnde Agentur rechtlich haftbar gemacht werden können.

Die Einhaltung der Kennzeichnungsregeln bzw. die Vermeidung rechtlicher Risiken liegt mithin im Interesse aller Beteiligten.

Statt wie Rossmann erst durch Urteil dazu gezwungen zu werden, sollten die beauftragenden Unternehmen bzw. Agenturen deshalb klare Kennzeichnungsregeln aufstellen, deren Einhaltung vertraglich an die Influencer weitergegeben werden. Die konkreten Anforderungen an die Werbekennzeichnung sollten sinnvollerweise von der vertraglichen Absprache, der jeweiligen Gegenleistung (z.B. Honorar oder Produktgeschenk), dem Kanal und von der konkreten Präsentation des Produkts in dem Video oder dem Post abhängig gemacht werden.

Je nach Umfang bzw. Komplexität des Influencer-Marketing-Projektes sollten die Vereinbarungen mit den Influencern Regelungen zu den folgenden Aspekten enthalten:

- Vertragsgegenstand
- Pflichten des Influencers (z.B. Zahl/Frequenz/Inhalte der Postings)
- etwaige (Gegen-)leistungen des Unternehmens
- Einhaltung der Kennzeichnungspflichten, sonst Risikoverteilung
- Geheimhaltungspflichten (soweit erforderlich)
- Nutzungsrechte an den produzierten Medien (soweit erforderlich)
- Mitwirkungspflichten des Influencers (soweit erforderlich)
- Rechtsfolgen bei Verstößen (soweit erforderlich)

9.4 Zusammenfassung

Influencer Marketing bleibt eine spannende Alternative zu herkömmlichen Werbeformen.

Die aktuellen Abmahnungen und Gerichtsentscheidungen zeigen jedoch, dass sich die Akteure im Influencer Marketing nicht mehr darauf berufen können, in einem »rechtlichen Graubereich« zu agieren, indem die rechtlichen Anforderungen gänzlich unklar seien.

Richtig ist, dass noch nicht alle Fragen abschließend gerichtlich beantwortet sind. Dies gilt aber für eine Vielzahl von Rechtsfragen im Digitalbereich.

Wer im Influencer Marketing jedes rechtliche Risiko vermeiden will, der kann dies bereits mit einer hinreichenden Kennzeichnung bzw. mit der Weitergabe klarer Vorgaben an die Influencer tun.

Auch wenn nach dem Urteil des OLG Celle davon auszugehen ist, dass ein versteckter Hinweis #ad nicht ausreicht, sind – je nach Umständen des Postings (Honorar oder kostenlose Produktprobe) –Gestaltungen denkbar, bei denen sich die Kennzeichnung aus den Umständen des Postings ergibt oder sie sogar verzichtbar ist. Akteure, die diese genauen Grenzen im Bereich der Kennzeichnungspflichten austesten wollen, sollten unter Berücksichtigung des Urteils des OLG Celle, der Beachtung zukünftiger Rechtsprechung und unter Abwägung der tatsächlichen Risiken eine eigene Kennzeichnungsstrategie und -linie ausarbeiten bzw. ausarbeiten lassen. Unternehmen, die Influencer beauftragen, sollten diese dann im Interesse der Vermeidung eigener rechtlicher Risiken auf die Einhaltung dieser Kennzeichnungsregeln hinweisen bzw. verpflichten.

10 Social Customer Relationship Management (Social CRM): Kunden gewinnen und halten

10.1 Grundlagen des Social CRM

Soziale Netzwerke bieten im Bereich des Customer Relationship Managements (CRM) neue spannende Möglichkeiten, Neukunden für Produkte und Dienstleistungen zu gewinnen, aber auch Beziehungen zu Bestandskunden zu pflegen. Tatsächlich spricht vieles dafür, dass entsprechende Strategien und Maßnahmen der Akquise und des Kundenbeziehungsmanagements in den Sozialen Medien (immer öfter unter dem Stichwort Social CRM zusammengefasst) mehr Erfolg versprechen als z.B. E-Mail-Marketing. Zahlreiche Profilinformationen können helfen, potenzielle Kundengruppen deutlich besser zu identifizieren, als dies z.B. beim E-Mail-Marketing möglich ist.

Tatsächlich haben viele Unternehmen inzwischen damit begonnen, ihr Kundenbeziehungsmanagement auch auf die Sozialen Medien zu erstrecken oder ganz bewusst Social CRM im Unternehmen einzuführen. Agenturen und Unternehmen, die sich diesen perspektivischen Möglichkeiten nähern wollen, ist eine rechtzeitige Auseinandersetzung mit den rechtlichen Implikationen zu raten. Denn was bei diesem wachsenden Trend mit all seinen Chancen und Möglichkeiten nicht übersehen werden sollte, sind die bestehenden rechtlichen Grenzen, die bei entsprechenden Marketing- und Servicemaßnahmen über die Sozialen Medien natürlich genauso zu beachten sind wie bei traditionelleren Maßnahmen. Diese ähneln den Rahmenbedingungen bei E-Mail- oder anderen Maßnahmen des Permission Marketing. Sie sollen einem angemessenen Ausgleich zwischen den (Werbe-)Interessen der Wirtschaft und dem Kundeninteresse vor übermäßiger »Werbebelästigung« dienen.

Tatsächlich stellen immer mehr Nutzer von Sozialen Netzwerken fest, dass das Aufkommen von unverlangter Werbung (sog. Spam) ständig zunimmt. Bei der Erhebung und Verarbeitung von Kundendaten in oder über die Sozialen Medien sind jedoch die datenschutzrechtlichen Vorgaben ebenso anzuwenden wie die im Wettbewerbsrecht festgelegten Grenzen der Ansprache von neuen oder bestehenden Kunden. So ist davon auszugehen, dass §7 Abs. 2 Nr. 3 UWG, der für E-Mail-Werbung die vorherige Zustimmung des Empfängers voraussetzt (sog. Permission Marketing), auch für die Kundenakquise in und über Soziale Netzwerke gilt.

Oft lassen sich die gesetzlichen Anforderungen (z.B. der Zustimmungsvorbehalt) erfüllen, wenn man die notwendigen Erklärungen im Rahmen der Möglichkeiten von Facebook, XING & Co. entsprechend abbildet.

10.2 Gesetzliche Rahmenbedingungen

10.2.1 Datenschutzrechtliche Anforderungen

Vor der Frage, welche Voraussetzungen zu erfüllen sind, damit der (potenzielle) Kunde in den Sozialen Medien werblich kontaktiert werden darf, stellen sich in der Regel datenschutzrechtliche Fragen. Dabei regeln das Bundesdatenschutzgesetz (BDSG) bzw. das Telemediengesetz (TMG), ob personenbezogene Daten der Kunden erhoben, gespeichert und verarbeitet werden dürfen. Personenbezogene Daten sind nach §3 BDSG alle Einzelangaben über persönliche oder sachliche Verhältnisse einer bestimmten oder bestimmbaren natürlichen Person (Betroffener). Wenn also im Rahmen des Kundenakquise Name, Adresse, E-Mail, Hobbys etc. erhoben oder verarbeitet werden, sind die datenschutzrechtlichen Vorgaben zu beachten.

Eine entsprechende Datenverarbeitung ist für solche Kundendaten nur unter engen Grenzen zulässig. Im Bereich des Social CRM kommen vor allem die folgenden Erlaubnistatbestände in Betracht:
- Mit Einwilligung
  Nach §28 Abs. 1 Satz 1 BDSG kommt eine Datenverarbeitung in Betracht, wenn der Betroffene zuvor über den jeweiligen Dateneinsatz aufgeklärt worden ist und ausdrücklich (auch elektronisch) eingewilligt hat (Opt-in). Dabei ist stets auf die Möglichkeit des Widerrufs der Einwilligung hinzuweisen.

- Erforderlich für Rechtsgeschäft
  Personenbezogene Daten dürfen nach §28 Abs. 1 Satz 1 BDSG auch verarbeitet werden, wenn dies für die Begründung, Durchführung oder Beendigung eines rechtsgeschäftlichen oder rechtsgeschäftsähnlichen Schuldverhältnisses mit dem Betroffenen erforderlich ist.
- Listenprivileg
  Nach dem sogenannten Listenprivileg (§28 Abs. 3 Satz 2 BDSG) können bestimmte Daten auch ohne Einwilligung zum Zwecke der Eigenwerbung eingesetzt werden, wenn die Daten bei Betroffenen erhoben worden sind oder aus allgemein zugänglichen Quellen stammen. Das Listenprivileg ist eine Ausnahmeregelung im deutschen Datenschutzrecht, die es erlaubt, personenbezogene Daten zu Werbezwecken und zu Zwecken der Markt- und Meinungsforschung zu nutzen und an Dritte weiterzugeben. Es ist somit unter anderem die Rechtsgrundlage für den Adresshandel.

Über einen der genannten Erlaubnistatbestände lässt sich die Erhebung, Speicherung und Verarbeitung von Kundendaten oft rechtskonform ausgestalten. Dabei sollte allerdings beachtet werden, dass jede Stufe der Datenverwendung (d.h. Datenerhebung, -speicherung, -verarbeitung und -weitergabe) jeweils legitimiert und damit datenschutzrechtlich zulässig gestaltet werden können sollte.

10.2.2 Wettbewerbsrechtliche Anforderungen

Entscheidend für die Kundenansprache in Sozialen Netzwerken ist auch der bereits genannte §7 Abs. 2 Nr. 3 UWG. Er fordert für die Werbung per »elektronischer Post« (wie z.B. per E-Mail) die vorherige Zustimmung des Adressaten. Nach dieser Vorschrift liegt eine unzumutbare Belästigung immer dann vor, wenn Werbung unter Verwendung einer automatischen Anrufmaschine, eines Faxgerätes oder eben elektronischer Post versandt wird, ohne dass eine vorherige ausdrückliche Einwilligung des Adressaten vorliegt. In diesem Zusammenhang stellt sich zunächst die Frage, ob Werbebotschaften im elektronischen Posteingang bei Facebook, Twitter & Co. tatsächlich als rechtswidriger Spam i.S. von §7 Abs. 2 Nr. 3 UWG zu deklarieren sind.

Unter Zugrundelegung der Definition von »elektronischer Post« in der europäischen Datenschutzrichtlinie für elektronische Kommunikation gilt diese Regelung für jede über ein öffentliches Kommunikationsnetz verschickte Text-, Sprach-, Ton- oder Bildnachricht, die im Netz oder im Endgerät des Empfängers gespeichert werden kann, bis sie von diesem abgerufen wird. Damit fallen wohl auch Nachrichten innerhalb eines Sozialen Netzwerkes – wie auch SMS (short message service) und MMS (multi media service) – unter diese Regelung. Genauso wie die E-Mail sind entsprechende Nachrichten in der Regel kostenlos. Sie eignen sich damit auch für die massenhafte Versendung von Botschaften und damit insbesondere für Werbung, womit diese auch vom Regelungszweck her unter die oben genannte Vorschrift fallen dürften. Da §7 Abs. 2 Nr. 3 UWG auf solche Nachrichten innerhalb Sozialer Netzwerke anwendbar ist, dürfte jede an einen privaten Posteingang adressierte Werbenachricht ohne vorherige ausdrückliche Einwilligung des Empfängers stets eine unzumutbare und damit unzulässige Belästigung darstellen. Konsequenterweise gelten diesbezüglich dann auch die Verbote des §7 Abs. 2 Nr. 4 UWG für die Werbung mit einer Nachricht, bei der die Identität des Absenders, in dessen Auftrag die Nachricht übermittelt wird, verschleiert oder verheimlicht wird oder bei der keine gültige Adresse vorhanden ist, an die der Empfänger eine Aufforderung zur Einstellung solcher Nachrichten richten kann.

Wer also zulässigerweise Werbebotschaften über die Sozialen Netzwerke versenden möchte, sollte also die üblichen Grundsätze des Permission Marketing (Opt-in) bzw. die Erlaubnistatbestände des §7 Abs. 3 UWG berücksichtigen. Sonst drohen eine Abmahnung des Empfängers bzw. Dritter, mögliche Maßnahmen des Plattformbetreibers und möglicherweise auch erhebliche Bußgelder. Gefährlich ist auch die Verschleierung eines etwaigen Werbecharakters in solchen internen Nachrichten, weil dann auch weitergehende Ansprüche der Wettbewerber aus §§4 Nr. 3 und Nr. 11 UWG begründet werden könnten.

Bei jedweder Form von Werbung sind darüber hinaus die etwas allgemeineren Regelungen des Gesetzes gegen den unlauteren Wettbewerb (UWG) zu beachten. Neben diesen Vorgaben könnte auch die sogenannte Schwarze Liste relevant werden, die 30 Tatbestände aufführt, die stets eine Wettbewerbswidrigkeit begründen (siehe hierzu auch das Kapitel 7.1.2.4).

10.2.3 Social CRM: Potenziale nutzen – rechtliches Risiko eindämmen

Auch bei Kampagnen im Social Web sind die rechtlichen Vorgaben einzuhalten. Potenzielle und bestehende Kunden können und dürfen demnach auch in Sozialen Netzwerken nicht einfach mit werblichem Hintergrund »angesprochen« werden.

Beim Customer Relationship Management im Social Web ist in der Regel also eine zweistufige Prüfung vorzunehmen. Wenn personenbezogene Kundendaten erhoben oder verarbeitet werden, sind die Vorschriften des Bundesdatenschutzgesetzes zu beachten. Während das Datenschutzrecht die Rechtmäßigkeit der Datenerhebung regelt, bestimmt sich die Zulässigkeit der konkreten Kundenansprache (d.h. über Telefon, E-Mail oder eben wie hier über Soziale Netzwerke) nach dem Wettbewerbsrecht. Oft lassen sich die Anforderungen beider Regelungsregimes mit einer entsprechenden Zustimmungserklärung abbilden. Bei den jeweils zu erfüllenden rechtlichen Vorgaben ist regelmäßig auch noch danach zu differenzieren, ob Verbraucher (B2C) oder Geschäftskunden (B2B) angesprochen werden sollen.

Unternehmen ist im Hinblick auf die rasanten Entwicklungen zu raten, Möglichkeiten der Ansprache, aber auch des Kundensupports über Social Media auch schon in aktuellen Zustimmungserklärungen (z.B. beim altbewährten E-Mailnewsletter) zu integrieren.

Die Optionen, die Social CRM bietet, sind bisher nur in Ansätzen realisiert. Auch wenn es für einzelne Branchen bereits erste Aktivitäten und auch Best Practices gibt, eröffnet sich in Deutschland derzeit noch ein interessanter und wenig erschlossener Markt.

11 Markenschutz im Social Web

> **Zusammenfassung**
>
> Über die neuen Kommunikationsmöglichkeiten der Sozialen Medien verlieren die Unternehmen mehr als jemals zuvor die Kontrolle über ihre Unternehmens- und Produktmarken. Dieses Phänomen ist unausweichlich. Es muss für Unternehmen also darum gehen, sich die Kontrolle so gut wie möglich zu bewahren. Wie das geht, wird in diesem Kapitel beschrieben.
>
> Immer mehr Unternehmen müssen erkennen, dass die neuen Formen der (Kunden-)Kommunikation im Social Web massive Auswirkungen auf jede Facette der eigenen Unternehmens- und/oder Produktmarken haben. Marketingkampagnen in Social Media werden interaktiver und erfordern deutlich kürzere Reaktionszeiten. Darüber hinaus haben Kunden, Mitarbeiter und Wettbewerber über die Social-Media-Plattformen zahlreiche Möglichkeiten, über die Marken und Produkte eines Unternehmens – positiv wie auch negativ – zu »sprechen«.
>
> Vor dem Hintergrund dieser rasanten Entwicklung ist es für Markenverantwortliche bzw. die Zuständigen in den Rechtsabteilungen von erheblicher, zukünftig noch wachsender Bedeutung, die genannten Entwicklungen in die Strategie zur Entwicklung, aber auch Verteidigung der Marke mit einzubeziehen. Aus der mehrjährigen Beratung vieler Unternehmen zu den Auswirkungen in den Sozialen Medien lassen sich die folgenden zentralen Erkenntnisse zusammenfassen.

11.1 Die ganz eigenen Gesetze des Social Web

Unternehmen müssen erkennen, dass die gesamte Kommunikation in und über Social Media Auswirkungen auf ihre Marke und deren Wahrnehmung haben kann. Dass z. B. die ersten Ergebnisse bei Google zu den eigenen Marken von erheblicher Bedeutung sind, ist vielerorts angekommen. Dabei werden allerdings viele Gespräche über die eigenen Marken übersehen. Immer mehr Unternehmen führen deshalb Social Media Monitoring ein, um sich einen Überblick zu verschaffen, was über das Unternehmen und die Produkte im Internet geschrieben wird.

> **Tipp: Hilfe durch Suchmaschinen und Dienstleister**
> Suchmaschinen wie Google bzw. ein sinnvolles Monitoring helfen, Äußerungen über die eigene Marke und deren Wahrnehmung insgesamt zu identifizieren.

Extreme Beispiele wie das von Dominos Pizza, bei dem Mitarbeiter einen ekelerregenden Umgang bei der Zubereitung der Pizzen gefilmt und auf YouTube veröffentlicht haben, zeigen, welchen massiven Schaden eine Marke über Social Media nehmen kann. Dies gilt erst Recht, wenn solche Veröffentlichungen lange unbemerkt im Netz stehen bleiben.

11.1.1 Der Umgang mit Kritik

Unternehmen sollten als negativ identifizierte Internetbeiträge entsprechend bewerten. In vielen Fällen werden sie sich negative Äußerungen und Kritik gefallen lassen müssen. Zum einen, weil die Kommunikation in den Sozialen Medien eine gewisse Kritikfähigkeit bei den Unternehmen erfordert, zum anderen aber, weil Löschungsbemühungen gerade bei Facebook & Co. oft als Zensur wahrgenommen werden. Ganz im Sinne des sogenannten Streisand-Effektes hat der Versuch, negative Einträge z.B. auf der eigenen Facebook Präsenz selbst zu löschen oder unter Hinweis auf (marken-)rechtliche Ansprüche weitgehend unbemerkt löschen zu lassen, häufig zum gegenteiligen Ergebnis geführt. Oft solidarisiert sich die Community mit demjenigen, dessen Eintrag gelöscht worden ist und sorgt nachfolgend für eine noch größere Verbreitung des als schädigend eingeschätzten Beitrags.

11.1.2 Strategien zum Umgang mit negativen Äußerungen

Bei jedweder Maßnahme sollten also stets die kommunikativen Folgen bedacht werden. In einigen Fällen ist bei Kenntnis der Dynamiken des Social Web von Maßnahmen also eher abzuraten.
- Viele Fälle lassen sich bei entsprechender Dialogfähigkeit der Verantwortlichen tatsächlich auf kommunikativer Ebene deutlich besser lösen.
- Es gibt aber auch zahlreiche Fälle, in denen – gerade unter rechtlichen Gesichtspunkten – schädigende Beiträge in Social Media nicht einfach hingenommen werden sollten. Immer dann, wenn zu weitgehend in le-

gitime Interessen des Unternehmens eingegriffen wird oder die Marke in rechtswidriger Art und Weise geschädigt wird, sollten weitergehende Maßnahmen erwogen werden bzw. können aus rechtlicher Sicht sogar erforderlich sein (z. B. um einer »Verwässerung« der Marke entgegenzuwirken).

Aber auch wenn sich ein Unternehmen für weitergehende Maßnahmen entscheidet, sollten in Zeiten von Social Media unbedingt die möglichen kommunikativen Folgen abgewogen und bewusst Schritte eingeleitet werden. Es sollten verschiedene »Pfeile im Köcher« sein, von denen dann auch die situationsangemessene Maßnahme ausgewählt werden sollte.

In vielen Fällen konnte die Löschung klar rechtsverletzender und schädigender Beiträge in Facebook & Co. erreicht werden, ohne dass es irgendwelche negativen PR-Effekte gegeben hätte. Zu negativer Bekanntheit sind nur einige wenige Fälle gekommen, bei denen sich die Betroffenen aus kommunikativer bzw. rechtlicher Sicht nicht optimal verhalten haben. Auch in diesen Fällen stellt sich am Ende jedoch die Frage, inwieweit die jeweilige Unternehmensmarke durch den nachfolgenden sogenannten Shitstorm – der zwar oft schnell und gewaltig kommt, sich dann aber auch genauso schnell wieder auflöst – tatsächlich (wirtschaftlich) messbaren Schaden genommen hat.

11.1.3 Die richtigen Kanäle beobachten

Ohne Frage sollten die Mitarbeiter, die die Social-Media-Kanäle eines Unternehmens bedienen, das notwendige fachliche Know-how besitzen, um die Marke entsprechend der Strategie zu entwickeln bzw. Schäden von der Marke möglichst fernzuhalten. Dazu gehören kommunikative, aber auch – zumindest rudimentäre – (medien-)rechtliche Kenntnisse.

Es sind aber – wie gesagt – nicht nur die eigenen Kanäle, die die Markenwahrnehmung beeinflussen, sondern eben auch das, was Dritte über das Unternehmen und dessen Produkte, Dienstleistungen, aber auch dessen Mitarbeiter berichten.

> **Beispiel: Die verschiedenen Info-Wege**
> Relevant sind insofern natürlich die Sozialen Netzwerke (wie Facebook, XING), Blogs und Microblogs (wie Twitter) und die Videoplattformen (wie YouTube). Immer wichtiger werden hier allerdings auch die diversen Bewertungsportale, die auch weiterhin wie Pilze aus dem Boden schießen.

Alles, was dort über die Marke gesprochen wird, schlägt positiv oder negativ zu Buche.

Um die Relevanz der Äußerung richtig werten zu können, spielt nicht nur der Inhalt, sondern vor allem die Reichweite der Aussage eine bedeutende Rolle. So sind z.B. Aussagen von Twitter-Nutzern mit großer Follower-Zahl wichtiger, als Äußerungen in irgendeinem unbekannten Nischen-Forum. Ein großes Thema haben die Unternehmen immer wieder auch mit einzelnen (vor allem negativen) Aussagen, wenn diese bei Suchmaschinen wie Google bei Eingabe eines relevanten Suchbegriffs (z.B. dem Unternehmens- oder Produktnamen) hoch gelistet sind.

Die Botschaft an dieser Stelle ist natürlich nicht, dass man bei allen negativen Aussagen (rechtlich) aktiv werden sollte, sondern zunächst nur, dass man zur Kenntnis nimmt, was über die Marke im Internet »gesprochen« wird (Social Media Monitoring), um danach die Relevanz der Aussagen zu prüfen.

11.2 Risiken durch Mitarbeiter

Auch die Mitarbeiter sprechen in Social Media über ihre Arbeit, über eigene Erfahrungen, die Produkte oder das Unternehmen. Selbst wenn sie das nicht in ihrer Mitarbeitereigenschaft tun, sind sie doch über entsprechende Angaben z.B. bei XING oder auch bei Facebook als Mitarbeiter eines Unternehmens identifizierbar. Immer wieder wird mir von Fällen berichtet, in denen sich Mitarbeiter (teilweise ohne jeden Bezug zum Unternehmen) negativ darstellen, weshalb man – teilweise berechtigt – ungünstige Auswirkungen auf das Unternehmen befürchtet.

11.2.1 Mitarbeiter als Markenbotschafter

Klar ist, dass Aktivitäten mehr als jemals zuvor im Internet sichtbar sind. Im Falle der Zuordnung zu einem Unternehmen führt das dazu, dass der Mitarbeiter – positiv wie negativ – auch ein Stück weit als Markenbotschafter wahrgenommen werden kann.

Unternehmen, die ihren Mitarbeitern (z.B. mit Social Media Guidelines oder Schulungen) die notwendige Medienkompetenz vermitteln, können von dieser Entwicklung vielleicht sogar profitieren. Andernfalls ist es stark dem Zufall überlassen, ob und wie die Mitarbeiter in Bezug auf das Unternehmen wahrgenommen werden.

11.2.2 Negative Äußerungen über die Konkurrenz

Problematisch und möglicherweise sogar wettbewerbsrechtlich relevant kann es werden, wenn Mitarbeiter (teilweise mit den besten Absichten) anfangen, im Netz über die Wettbewerber oder deren Produkte zu schreiben.

> **Beispiel: Werbung bei der Konkurrenz für die eigenen Produkte** !
> So gab es Fälle, in denen Mitarbeiter auf der Facebook-Seite des unmittelbaren Wettbewerbs Einträge hinterlassen haben, um die eigenen Produkte anzupreisen oder sie unmittelbar mit den Produkten des Wettbewerbers zu vergleichen.

Sind Mitarbeiter einem bestimmten Unternehmen zuzuordnen, kann in solchen Fällen das Gesetz gegen den unlauteren Wettbewerb (UWG) relevant werden, welches Unternehmen im Bereich der Werbung relativ strikte Grenzen setzt. Der kürzlich in der Presse diskutierte Fall der ARAG zeigt, was aus gutgemeinten Aktivitäten der Mitarbeiter im Social Web folgen kann.

Die Einführung einer Social Media Richtlinie ist eine wichtige Maßnahme, Sorge dafür zu tragen, dass die eigenen Mitarbeiter nicht mangels der notwendigen Medienkompetenz der Marke schaden.

11.3 Richtiger Umgang mit den Melde- und Löschverfahren der Plattformen

Social-Media-Plattformen können für Rechtsverletzungen ihrer Nutzer haftbar gemacht werden, wenn der jeweilige Betreiber nach Kenntnisnahme von einem Rechtsverstoß, diesen nicht von der jeweiligen Plattform entfernt (sog. Notice-and-Takedown-Grundsatz). Zu ihrer rechtlichen Absicherung haben die meisten Social-Media-Plattformen eigene Melde- und Löschverfahren (= Takedown Procedures), mit denen sie bei entsprechender Glaubhaftmachung eines Rechtsverstoßes teilweise sehr schnell mit der Löschung des Beitrags reagieren können.

Immer wieder berichten Mandanten, dass Facebook & Co. rechtsverletzende Einträge bei einer einfachen Meldung über die Formulare nicht gelöscht haben bzw. teilweise nicht einmal reagiert haben.

Tipp: Die richtigen Knöpfe drücken

Nach unserer Erfahrung ist es hier wichtig, dass man die Rechtsverletzung ausreichend begründet. Außerdem hilft es immens, wenn sich die Takedown-Notice an die richtige Stelle richtet und einige wichtige Buzz Words fallen. Darüber hinaus hat in einigen Fällen – auch wenn es ein wenig anachronistisch anmutet – ein Fax an die jeweilige Internetplattform geholfen.

Richtiger Umgang mit den Melde- und Löschverfahren der Plattformen 11

Checkliste: So schützen Sie Ihre Marken

Unternehmen sollten Monitoring betreiben, wie die Marke im Internet und den Sozialen Medien wahrgenommen wird.

Bei negativen oder schädigenden Aussagen sollten – abhängig von der jeweiligen Relevanz und Reichweite – mögliche Maßnahmen geprüft und ggf. eingeleitet werden. So kann es z. B. das Ziel sein, den negativen Eintrag im Google Index zu verdrängen oder bei rechtlichen Ansprüchen zu entfernen bzw. entfernen zu lassen.

Unternehmen sollten versuchen, missbräuchlichen oder irreführenden Verwendungen der eigenen Marken in den Sozialen Medien (z. B. durch Account-Grabbing) entgegenzuwirken.

Social Media Richtlinien sollten eingeführt werden, um den Mitarbeitern die notwendige Medienkompetenz, aber auch die rechtlichen Implikationen zu vermitteln, um entsprechende Fehler zu vermeiden.

Mitarbeiter, die die Social-Media-Präsenzen der Unternehmen »bedienen«, haben eine besondere Verantwortung für die Unternehmensmarken. Mit diesen Mitarbeitern sollte deshalb eine intensive Schulung durchgeführt und eine besondere (Zusatz-)Vereinbarung zum Arbeitsvertrag getroffen werden.

Social Media bietet neue Möglichkeiten, Kunden zu betreuen (sog. Social Customer Relationship Management) und diese über positive Erfahrungen als »Markenbotschafter« zu gewinnen.

12 Social Media im Unternehmen

12.1 Mitbestimmung des Betriebsrates

Mit Beschluss vom 13.12.2016 hat des Bundesarbeitsgericht (Az. 1 ABR 7/15) – im Gegensatz zur Vorinstanz des LAG Düsseldorf (Beschluss vom 12.01.2015, Az. 9 TaBV 51/14) – unter Annahme bestimmter Voraussetzungen entschieden, dass die Einrichtung und der Betrieb einer Facebook-Seite eines Unternehmens der Mitbestimmungspflicht des Betriebsrates unterliegen.

12.1.1 Pinnwandfunktion bei Facebook = Mitbestimmung des Betriebsrats

Die dem Beschluss zugrunde liegende Pressemitteilung beginnt mit folgendem Hinweis:

»Ermöglicht der Arbeitgeber auf seiner Facebook-Seite für andere Facebook-Nutzer die Veröffentlichung von sogenannten Besucher-Beiträgen (Postings), die sich nach ihrem Inhalt auf das Verhalten oder die Leistung einzelner Beschäftigter beziehen, unterliegt die Ausgestaltung dieser Funktion der Mitbestimmung des Betriebsrats.«

Demnach führt die Pinnwandfunktion auf der Facebook-Seite des Arbeitgebers nach der Auffassung des Bundesarbeitsgerichtes auch zu einer Mitbestimmungspflicht des Betriebsrates.

Hintergrund des Verfahrens war ein Unterlassungsantrag des Betriebsrates eines Unternehmens, welches Blutspenden betreibt. Dieser hatte verlangt, dass der Betriebsrat bezüglich der Einrichtung und des Betriebs firmeneigener Facebook-Seiten mitbestimmen muss. Als das Unternehmen dem nicht gefolgt war, hat der Betriebsrat per Unterlassungsantrag verlangt, dass die Facebook-Seite nur unter Beachtung der Mitbestimmungsrechte des Betriebsrates gemäß §87 Abs. 1 Nr. 1 BetrVG (weiter) betrieben werden darf. Der Betriebsrat sah vor allem die Gefahr, dass eine Häufung negativer Kommentare über einzelne Mitarbeiter zu weiteren Folgen für diesen führen könnten. Jedenfalls müsse der Arbeitgeber aber mit dem Betriebsrat die genaue Ausgestaltung der Seite abstimmen, wenn er diese weiter nutzen wolle.

Nach Auffassung des BAG unterliegt insbesondere die Kommentarfunktion auf der Facebook-Seite der Mitbestimmung, weil hier für andere Facebook-Nutzer die Veröffentlichung von sogenannten Besucher-Beiträgen (Postings) ermöglicht wird, die sich nach ihrem Inhalt auf das Verhalten oder die Leistung einzelner Beschäftigter beziehen (können).

Der Entscheidung liegt die Regelung des §87 Abs. 1 Nr. 6 BetrVG zugrunde, wonach der Betriebsrat bei der »Einführung und Anwendung von technischen Einrichtungen, die dazu bestimmt sind, das Verhalten oder die Leistung der Arbeitnehmer zu überwachen«, ein Mitbestimmungsrecht hat.

12.1.2 Nutzerpostings als »technische« Mitarbeiterüberwachung?

Die entscheidende Frage für die Mitbestimmungspflicht ist mithin, ob die Kommentarfunktion tatsächlich dazu bestimmt ist, das Verhalten oder die Leistung der Arbeitnehmer zu überwachen. Hierzu ist grundsätzlich zu sagen, dass der Begriff der Bestimmtheit in der Rechtsprechung in der Regel sehr weit ausgelegt wird, so dass auch die technischen Einrichtungen einbezogen werden, die zur Überwachung des Verhaltens und der Leistung der Mitarbeiter geeignet sind. Das Bundesarbeitsgericht hat schon vor 40 Jahren entschieden, dass es nicht darauf ankommt, ob der Arbeitgeber tatsächlich vorhat, das Verhalten oder die Leistung des Mitarbeiters zu überwachen – und dies, obwohl im Regierungsentwurf der Regelung ausdrücklich darauf hingewiesen wurde, dass nur solche technischen Einrichtungen mitbestimmungspflichtig seien, »die den Zweck haben, das Verhalten oder die Leistung der Arbeitnehmer zu überwachen« (BT-Drucks., VI/1786 S.48/49). Das hat das BAG aber nicht angefochten: Es sei kein Unterschied, ob seine (Anm. Keppler: also die des Arbeitnehmers) Überwachung das erklärte Ziel der technischen Einrichtung oder nur ein Nebeneffekt sei. Es sei auch irrelevant, ob die Daten ausgewertet werden oder werden sollen – Überwachung begänne nicht erst mit der Auswertung (BAG a.a.O.).

Dennoch darf man sich wundern, da die Kommentarfunktion bei Facebook – trotz mancher, technisch kaum zu verhindernder Kunden- und Nutzerkommentare über Mitarbeiter – typischerweise nicht dafür gedacht ist, Verhalten und Leistungen der Mitarbeiter zu überwachen.

Hinzu kommt, dass Nutzer einige andere Werkzeuge in Sozialen Medien ebenso für Kommentare über Mitarbeiter genutzt werden können. Gleiches gilt schon heute für Telefon und E-Mail, die auch nicht als mitbestimmungspflichtig angesehen werden. Das tatsächliche »Problem« des Betriebsrates liegt wohl eher in der Veröffentlichung der Beschwerden. Die geschaffene Öffentlichkeit hat mit einer etwaigen die Mitbestimmung auslösenden Überwachungstätigkeit des Unternehmens im Grunde nichts zu tun.

12.1.3 Objektive und unmittelbare Eignung zur Überwachung

Dem BAG hat es vorliegend ausgereicht, dass die Kommentarfunktion bei Facebook als technische Einrichtung objektiv und unmittelbar zur Überwachung geeignet sei. Auf der einen Seite ist das natürlich nachvollziehbar. Die Betriebsräte sollen nicht durch warme Worte der Arbeitgeber in ihren Rechten beschnitten werden – nach dem Motto: »Wir wollen ja gar nicht überwachen, aber leider haben wir jetzt die Informationen ...« Hier ist sicherlich Differenzierung vonnöten.

Aber den Zweck und die Zielrichtung völlig außer Acht zu lassen, ist in Anbetracht des technischen Fortschritts – denken wir nur an unsere Smartphones – in der Pauschalität aus unserer Sicht kaum haltbar und war vom Gesetzgeber so wohl auch kaum vorhergesehen.

Das LAG Düsseldorf hatte den Antrag des Betriebsrates in der Vorinstanz hingegen mit nachvollziehbarer Begründung unter anderem deshalb zurückgewiesen, weil Facebook eben typischerweise nicht auf Mitarbeiterkontrolle ausgelegt sei, wie z. B. Zeiterfassungssysteme. Facebook sei deshalb keine technische Einrichtung im Sinne des § 87 Abs. 1 Nr. 6 BetrVG, weil eine etwaige Überwachung gerade nicht durch die technische Einrichtung selbst erfolge.

12.1.4 Fazit zum Beschluss des Bundesarbeitsgerichtes vom 13.12.2016

Zurzeit muss jedes mitbestimmte Unternehmen also damit rechnen, dass der Betriebsrat bezüglich der Facebook-Seite seine Mitbestimmung einfordert bzw. ohne Mitbestimmung die Einstellung der Seite oder zumindest der Kommentarfunktion einfordert.

Mittelfristig müssen die genau ausgeführten Gründe der Entscheidung des Bundesarbeitsgerichts abgewartet werden. Denn die ausführlich und fundiert begründete Entscheidung der Vorinstanz (LAG Düsseldorf 12.01.2015, Az. 9 TaBV 51/14) differenziert an verschiedenen Punkten. Bisher wissen wir nur, dass das BAG sagt: Wenn Mitarbeiter in Kommentaren beurteilt werden, greift §87 Abs. 1 Nr. 6 BetrVG. Allerdings findet sich im letzten Absatz der Pressemitteilung ein Hinweis darauf, dass es jedenfalls auch um die Entscheidung des Arbeitgebers geht, Postings unmittelbar zu veröffentlichen, also die Pinnwandfunktion zuzulassen.

Die heutigen technischen Möglichkeiten und Social Media spiegeln sich natürlich nicht in jahrzehntealten Gesetzen wieder. Es ist Aufgabe der Rechtsprechung, diese entsprechend anzuwenden und in die heutige Zeit zu transformieren. Das hat das BAG hier wohl verpasst. Haben die Richter darüber nachgedacht, dass ihnen das sonst selber passieren könnte? Ein Schelm, wer Böses dabei denkt.

12.1.5 Handlungsempfehlungen

Sollte der Betriebsrat seine Mitbestimmung einfordern, werden sich Unternehmen nun Gedanken machen müssen, wie die aufgeworfenen Themen im Rahmen der Mitbestimmung des Betriebsrates sinnvollen Lösungen zugeführt werden können.

Denkbare Gestaltungen wären eine Betriebsvereinbarung, die den Betrieb der Facebook-Seite (bzw. anderer von der Argumentation ebenfalls betroffener Social-Media-Präsenzen) regeln und einer interessengerechten Regelung zuführen.

Sollte es dem Betriebsrat nur um die Kommentarfunktion gehen, so könnte in einer Betriebsvereinbarung oder außerhalb einer solchen vereinbart werden, dass Kommentare Dritter, die Mitarbeiter nennen, unverzüglich gelöscht werden. Die Nutzer, die sich beschweren, werden unter Hinweis auf datenschutzrechtliche Gründe auf übliche Beschwerdekanäle (E-Mail, Telefon) verwiesen.

Dies ist eine Praxis, die wir Mandanten ohnehin empfehlen und die derzeit wohl schon von vielen Unternehmen gelebt wird.

Sollte tatsächlich eine weitergehende Betriebsvereinbarung ausgehandelt werden, so ist dringend zu empfehlen, dass auf Seiten des Betriebsrates wie auch des verhandelnden Unternehmensvertreters eine hinreichende Kenntnis der Funktionen und Werkzeuge bzw. der gestalterischen und technischen Möglichkeiten bei Facebook (bzw. anderen Sozialen Netzwerken) vorhanden ist. Das hilft nach unserer Erfahrung immens, praxistaugliche und interessengerechte Lösungen zu finden bzw. zu vereinbaren. Zudem wird empfohlen, eine etwaige Vereinbarung nicht ausdrücklich auf Facebook zu beschränken, sondern eben auch andere Netzwerke einzubeziehen, bei denen sich ähnliche Fragen auch stellen (können).

12.2 Warum Unternehmen Social Media Guidelines brauchen

Beispiel: Mitarbeiter beleidigen Vorstandsvorsitzenden Zetsche auf Facebook

Im Mai 2011 stellten Verantwortliche der Daimler AG fest, dass der Vorstandsvorsitzende Zetsche in der Facebook Gruppe »Daimler Kollegen gegen Stuttgart21« zusammen mit der Bundeskanzlerin und dem Vorstand der Deutschen Bahn als »Spitze des Lügenpacks« bezeichnet wurde. Die Äußerung selbst war – klar erkennbar – von einem Daimler-Mitarbeiter eingestellt worden. Darüber hinaus hatten einige weitere Kollegen die Aussage »geliked«. Die Rechtsabteilung des Unternehmens hat diese vermeintliche Beleidigung an Facebook gemeldet und die Plattform zur Löschung der Aussage aufgefordert. Zudem wurden die betroffenen Mitarbeiter, die über Facebook ohne Weiteres identifiziert werden konnten, im Personalgespräch auf die Unzulässigkeit solcher Äußerungen hingewiesen. Im weiteren Verlauf wurden – zunächst im Internet – Vorwürfe laut, Daimler würde

> seine Arbeitnehmer auf Facebook überwachen und die Meinungsfreiheit unzulässig beschränken. Der Vorfall wurde später von etablierten Medien wie Spiegel, Bild und auch dem amerikanischen Wirtschaftsmagazin Forbes aufgegriffen (siehe auch die nachfolgende Reaktion von Daimler auf dem Unternehmensblog).

Das Social Web hat sich im Privatleben und mittlerweile auch im Arbeitsalltag etabliert. Es ist für viele Unternehmen (und wenn auch nur über die Mitarbeiter) heute schon gelebte Realität. Für Experten steht es außer Frage, dass die Social Media Dienste (wie XING, Facebook, Twitter und viele andere), die allenthalben als Kommunikationskanal genutzt werden, auch in den nächsten Jahren weiter an Bedeutung gewinnen werden. Dies zeigen nicht zuletzt deren immense Zuwachsraten.

Doch nicht nur die Unternehmen selbst tummeln sich auf diesen Diensten, sondern auch deren Mitarbeiter und Kunden sind dort unterwegs. Die Sozialen Medien versetzen jeden Internetnutzer, der früher reiner Konsument war, heutzutage ohne technische Hürden in die Lage, als Produzent jederzeit Inhalte wie Texte, Bilder, aber auch Audio- und Videobeiträge zu veröffentlichen und damit jedem zugänglich zu machen. Das bringt für Unternehmen neue Herausforderungen mit sich. Früher wurde über Marketingagenturen oder PR-Abteilungen zentral gesteuert, was aus dem Unternehmen an die Öffentlichkeit dringen sollte.

Schnelle Medien wie Twitter, aber auch Blogs, Communities und Foren, in denen die Mitarbeiter selbst (und in der Regel ungesteuert) kommunizieren, setzen diese bewährten Filter außer Kraft.

Zahlreiche Vorkommnisse zeigen, dass die eigenen Mitarbeiter durch eine unreflektierte, bisweilen aber auch bewusst schädigende Nutzung dieser neuen Kommunikationsräume tatsächlich zu einem Gefahrenherd für das Unternehmen bzw. ungewollt zu Unternehmenssprechern werden können. Unternehmen sind hier gut beraten, den Mitarbeitern mit Policies zur Nutzung der Sozialen Medien klare Vorgaben, aber auch »Leitplanken« zu geben, was seitens des Arbeitgebers gewünscht bzw. nicht erwünscht ist. Mit solchen Regeln und entsprechender Medienkompetenz können viele Probleme vermieden werden.

In den USA haben sich bereits viele Unternehmen dafür entschieden, die Aktivitäten ihrer Mitarbeiter mit Unternehmensbezug in diesen Medien mit sogenannten Social Media Guidelines zu führen. Social Media Guidelines sind unternehmensinterne Richtlinien, die Vorgaben und Handlungsempfehlungen an die Mitarbeiter zur Nutzung der Sozialen Medien (Communities, Blogs, Twitter etc.) beinhalten.

Denn eines ist klar: Ganz verzichten können Unternehmen auf die Sozialen Medien nicht mehr. Der Einsatz des Social Web bietet für sie ungeahnte neue Ansätze, ihr Geschäft voranzubringen. Gerade im Bereich der sogenannten Wissensarbeit ist man auf die Kooperation anderer angewiesen. Mit den Werkzeugen des Social Web schaffen Unternehmen die Grundlage, um diese Zusammenarbeit zu erleichtern und so weiter voranzutreiben.

12.2.1 Was bewirken Social Media Guidelines?

Einerseits soll mit diesen Regelwerken Gefahren, wie der unkontrollierten Veröffentlichung von internen Informationen, aber auch Sicherheitsrisiken und Produktivitätsverlusten begegnet werden. Andererseits bieten Social Media Regeln eine große Chance, die Vorteile der neuen Möglichkeiten im Unternehmenssinne zu steuern und so positiv einzusetzen. So z.B.:
- über die Netzwerke (Kunden-)Kontakte zu pflegen,
- die vielfältigen Kooperationsmöglichkeiten des Social Web zu nutzen,
- mit der Präsenz des eigenen Unternehmens in diesen Medien und den eigenen Mitarbeitern als Botschafter und Multiplikatoren das eigene Image und die Marke zu stärken.

Da Social Media sowieso »passiert«, halte ich es für einen richtigen, in Zukunft vielleicht sogar unerlässlichen Schritt, die Nutzung der Sozialen Medien durch die Mitarbeiter zu regeln. Viele Arbeitnehmer begrüßen es sogar, wenn ihnen Leitlinien an die Hand gegeben werden, was aus Unternehmenssicht und damit im Arbeitsverhältnis zulässig ist und was nicht. Dabei ist es Sache der Unternehmensführung zu entscheiden, ob der Einsatz von Social Media im Arbeitsalltag gefördert oder restriktiv gehandhabt werden soll. Wie selbstverständlich gibt es in den Unternehmen Regeln zum Umgang mit E-Mails und zur Nutzung des Internet. Social Media Guidelines fehlen bisher jedoch weitgehend. Früher oder später werden aber die Unternehmen in Deutschland erkennen (müssen), dass auch Social Media Guidelines notwendig sind.

12.2.2 Dringendes Regelungsbedürfnis für Unternehmen

Dass hier ein Regelbedürfnis besteht, wird sukzessive auch in Deutschland erkannt. Dies zeigt nicht nur die Berichterstattung führender Branchenzeitungen, sondern auch die Tatsache, dass die ersten deutschen Unternehmen zwischenzeitlich entsprechende Social Media Guidelines eingeführt haben.

Die bisher in Deutschland (und auch in den USA) existierenden Guidelines regeln allerdings eine der entscheidendsten Fragen in der Regel nicht: Ist die Nutzung dieser Sozialen Medien auch während der Arbeitszeit erlaubt oder sogar gewünscht bzw. wenn ja in welchem Umfang?

> **Beispiel: Unklarheiten bei den SAP Guidelines**
>
> Wenn man die 2009 veröffentlichten Social Media Participation Guidelines von SAP genau liest, so fällt auf, dass sie sich auf »private, individual participation in social media channels« beziehen. Was heißt das aber für die Mitarbeiter? Darf/Soll Social Media auch während der Arbeitszeit genutzt werden und wenn ja, in welchem Umfang ist die Nutzung als zulässig anzusehen?

Von vielen Unternehmen (und auch Beratern) wird übersehen, dass Social Media Guidelines einen Kernbereich des arbeitsrechtlichen Vertragsverhältnisses zwischen Arbeitnehmer und Arbeitgeber betreffen. Es ist deshalb also nicht damit getan, allgemeine Hinweise für das kommunikative Verhalten im Social Web zu geben. Um bei den Arbeitnehmern tatsächlich Sicherheit im Umgang mit dem Social Web zu erzeugen, muss sich der Arbeitgeber entscheiden, ob bzw. inwieweit er die Nutzung dieser Medien im Rahmen der Arbeitszeit wirklich will. Auch wenn die Grenze zwischen beruflicher und privater Nutzung tatsächlich immer mehr verschwimmt, ist klar festzustellen, dass der Arbeitgeber auf die Nutzung von Communities, Twitter und Co. im privaten Bereich ohnehin keinerlei Einflussmöglichkeit hat.

In diesem Kapitel möchte ich die rechtlichen Einflüsse, die – resultierend aus dem zugrunde liegenden Arbeitsverhältnis – eine wichtige Rolle bei der Gestaltung solcher Richtlinien (oft auch in der Form einer → Betriebsvereinbarung) spielen, skizzieren. Die Erfahrung im Bereich der rechtlichen Beratung zu Social Media zeigt, dass neben fundiertem rechtlichem Wissen zu diesem Thema die besten Ergebnisse immer im Zusammenwirken mit der Unternehmensführung und den Kommunikationsverantwortlichen eines Unternehmens erzielt werden.

Wer diese, bisweilen auch unter dem Stichwort Enterprise 2.0 diskutierten, Entwicklungen und das Bedürfnis nach Leitlinien ignoriert, vergibt möglicherweise die Chance, das Unternehmen und sensible Informationen zu schützen. In jedem Fall aber versperrt er sich die Option, die Nutzung von Social Media selbst aktiv zu steuern und so die positiven Effekte im Interesse der eigenen Wettbewerbsfähigkeit gewinnbringend einzusetzen.

12.2.2.1 Mitarbeitercoaching: Welche Risiken und Gefahren bestehen?

Eine ganz wichtige Funktion, welche die Social Media Guidelines erfüllen sollten, ist die Aufklärung über Gefahren der Sozialen Medien und die Schaffung des notwendigen Bewusstseins bei den Mitarbeitern. Viele Mitarbeiter nutzen Communities und andere Kommunikationskanäle des Internets sowohl privat als auch geschäftlich, ohne sich der möglichen Folgen bewusst zu sein.

Aufgeklärt werden sollte über Kommunikationsmechanismen wie auch über mögliche rechtliche Folgen der Nutzung der Sozialen Medien. Datenschutz-, Urheberrechts- und Sicherheitsaspekte sollten dabei ebenso Themen sein, wie auch der Respekt vor Kollegen, Kunden und Wettbewerbern.

Zusätzlich sind Schulungen ein sinnvolles Werkzeug, um für weitergehende Aufklärung zu sorgen und konkrete Fragen der Mitarbeiter zu beantworten. Bei vielen Arbeitnehmern herrscht Unsicherheit, was im Internet geschrieben werden darf und was nicht, was aus Unternehmenssicht akzeptiert wird und wer in Notfällen für Fragen zur Verfügung steht. Dieser Aufklärungsaufgabe sollten sich Unternehmen rechtzeitig annehmen. Hierfür bedarf es eines abgestimmten inhaltlichen Konzepts, in das sowohl die Erfahrung der PR- bzw. Kommunikationsabteilung als auch das entsprechende juristische Know-how eingebracht werden sollten.

12.2.2.2 Welche Infos sind vertraulich?

Echtzeit-Medien wie z.B. Twitter geben jedem die Möglichkeit, alle möglichen Informationen sofort im Internet zu veröffentlichen. Sie bergen damit Risiken. So können in solchen Medien auch unternehmensrelevante und vertrauliche Informationen einfach und schnell weitergegeben werden.

> **Beispiel: »Zwitschernder« Abgeordneter**
>
> Dass solche vertraulichen Inhalte auf allen Ebenen schnell (und teilweise unreflektiert) ihren Weg ins Netz finden, zeigte ein Vorkommnis bei der letzten Bundespräsidentenwahl: Ein Bundestagsabgeordneter hatte noch vor der offiziellen Bekanntgabe die Ergebnisse auf Twitter »verkündet«.

Solche unerwünschten Veröffentlichungen auf Echtzeit-Medien, in Blogs oder Foren können für viele Unternehmensbelange risikoreich sein. Mal abgesehen von negativen Meldungen über Mängel oder Produktionsfehler bei Waren ist z.B. auch die Preisgabe interner Infos von börsennotierten Unternehmen äußerst kritisch.

Für all diese Fälle können Social Media Guidelines mit entsprechenden Vorgaben Grenzen aufzeigen, damit Informationen nicht über Kommunikationskanäle wie Twitter, aber auch in Communities oder Blogs den Weg ungewollt ins Internet finden. In Amerika haben einschlägige Erfahrungen offensichtlich dazu geführt, dass viele Arbeitgeber sämtliche Dienste wie Twitter, Facebook & Co. mittlerweile technisch blocken. Statt sich aber durch ein komplettes Verbot alle Möglichkeiten des Social Web zu verbauen, halte ich hier einen differenzierteren Ansatz für sinnvoll, bei dem das Unternehmen bewusst entscheidet, welche Werkzeuge eingesetzt werden sollen und welche nicht.

12.2.2.3 Wie viel Social Media darf sein?

Ein elementarer – in Social Media Guidelines häufig aber vernachlässigter – Regelungspunkt ist der Umfang der Nutzung Sozialer Netzwerke. Fraglos können die Sozialen Medien zur Produktivität des Arbeitnehmers beitragen. Ebenso klar ist aber, dass die Nutzung von Communities, Blogs oder Twitter ein großer Zeitfresser sein kann. Der Arbeitnehmer muss seine Arbeitskraft zu den arbeitsvertraglich vereinbarten Zeiten in den Dienst des Unternehmens stellen. Der Arbeitgeber muss eine Verschwendung von Arbeitszeit nicht hinnehmen. Wenn ein Unternehmen also die Nutzung der Sozialen Medien steuern will, sollte es festlegen:

- ob die Medien während der Arbeitszeit genutzt werden dürfen,
- welche Plattformen besucht werden dürfen/sollen,
- ob es eine zeitliche Beschränkung für die Nutzung geben soll.

Viele der bisher bekannten Social Media Guidelines treffen hierzu allerdings keine Aussagen. Zu den arbeitsrechtlichen Hintergründen kommen wir im weiteren Verlauf dieses Kapitels.

12.2.2.4 Add as friend: Wenn Vorgesetzte zu Freunden werden

Ein durchaus problematischer (oft aber übersehener) Gesichtspunkt in Guidelines ist das Verhältnis der Mitarbeiter untereinander und das des Vorgesetzten zu seinen Mitarbeitern in den diversen Social Networks. Insbesondere letzteres kann zu Problemen führen, wenn der Vorgesetzte und dessen Mitarbeiter zu »Freunden« werden mittels der Funktion »Freunde hinzufügen« (»Add as friend«). Auch wenn diese Entwicklung im Grunde zu begrüßen ist, führt die Tatsache, dass die Grenzen zwischen privaten und geschäftlichen Informationen verschwimmen, zu einigen gravierenden rechtlichen Implikationen.

Mal abgesehen davon, dass der Vorgesetzte so möglicherweise Informationen erlangt, die das Verhältnis nur belasten, kann es sogar sein, dass er ab deren Kenntnis sogar zum Handeln verpflichtet ist.

> **Beispiel: Man muss nicht alles wissen**
>
> Erfährt der Vorgesetzte z.B. bei Facebook, dass Mitarbeiter von anderen diskriminiert werden oder ein Mitarbeiter betrunken zur Arbeit erscheint, so kann er zu weiteren Nachforschungen oder sogar zur Meldung an weitere Stellen verpflichtet sein.

Je mehr private Details ein Vorgesetzter von seinen Mitarbeitern kennt, desto höher ist sein Risiko, dass sich ein später gekündigter Arbeitnehmer darauf beruft, eine Kündigung verstoße gegen das → Allgemeine Gleichbehandlungsgesetz (AGG). Das Gesetz verbietet Diskriminierung wegen verschiedener Kriterien (z.B. Rasse, Religion oder Weltanschauung, sexuelle Identität). Schulungen oder eben Social Media Guidelines sollten auch hier zumindest das notwendige Bewusstsein schaffen.

12.2.3 Welcher rechtliche Rahmen für Guidelines gilt

Das Verhältnis zwischen Arbeitgeber und Arbeitnehmer und damit die Frage, ob und inwieweit die Nutzung des Social Web geregelt werden kann, richten sich im Wesentlichen nach dem → Arbeitsrecht. Dieses bestimmt sich aus dem individuellen Arbeitsvertrag, der durch die gesetzlichen Vorschriften ergänzt wird. Die Einführung von Social Media Guidelines gegenüber den Mitarbeitern hat sich also an diesen Vorgaben zu orientieren.

Grundsätzlich hat der Arbeitgeber das sogenannte → Direktions- oder Weisungsrecht. Er kann also die im Arbeitsvertrag nur rahmenmäßig umschriebenen Leistungspflichten des Arbeitnehmers insbesondere nach Art, Ort und Zeit näher ausgestalten. Daher kann der Arbeitgeber auch Einsatz und Umfang von Social Media regeln. Folgende Regelungskomplexe sollten dabei beachtet werden:

12.2.3.1 Festlegen des Nutzungsumfangs

Wie so oft, hinkt die Entwicklung der Rechtsprechung dem Fortschritt des Internets massiv hinterher. Dies gilt vor allem auch im Bereich der Internetnutzung am Arbeitsplatz. Höchstrichterliche Entscheidungen existieren allenfalls zu Fragen der privaten Nutzung von Internet und E-Mail und sind daher noch weit weg von den Problemen, die mit der Nutzung des Social Web einhergehen.

Für die Internetnutzung gilt seit einer Entscheidung des Bundesarbeitsgerichts im Jahr 2005 (BAG, Urteil vom 07.07.2005, Az. 2 AZR 581/04) Folgendes: Privates Internet-Surfen ist grundsätzlich nicht erlaubt, es sei denn, der Arbeitgeber hat dies ausdrücklich gestattet oder duldet es trotz Kenntnis. Ein Arbeitnehmer, der ohne klare Erlaubnis des Unternehmens ausgiebig privat surft, kann abgemahnt oder bei entsprechendem Umfang sogar direkt gekündigt werden. In vielen Unternehmen ist es allerdings so, dass es keine klare Regelung zur privaten Internetnutzung gibt und das Surfen einfach geduldet wird. Um den Arbeitnehmern hier Unsicherheit zu nehmen, empfiehlt sich also in jedem Fall eine klare Regelung. Aufgrund der neu auftretenden speziellen Problemstellungen durch die Sozialen Medien sollten die Richtlinien unter Einbeziehung entsprechender Fragen erstellt bzw. ergänzt werden.

Der Arbeitgeber kann den Umfang des privaten Surfens und damit auch den Umfang der Nutzung der Sozialen Medien während der Arbeitszeit mit einer sogenannten Nutzungszuweisung steuern: Denkbar sind nicht nur ein vollständiges Verbot privater Nutzung, sondern auch Abstufungen. So z.B., indem die private Nutzung nur außerhalb der Arbeitszeit oder nur innerhalb gewisser zeitlicher Grenzen gestattet wird. Natürlich ist auch eine vollständige Freigabe der Internetnutzung möglich. Dann sollte an die notwendige Eigenverantwortung und das Bewusstsein bei den Mitarbeitern plädiert werden.

12.2.3.2 Schutz von Betriebs- und Geschäftsgeheimnissen

Der Verrat von → Geschäfts- oder Betriebsgeheimnissen oder anderen marktrelevanten Interna kann den Arbeitgeber zur fristlosen Kündigung berechtigen (Landesarbeitsgericht Berlin, Urteil vom 10.07.2003, Az. 16 Sa 545/03). Dieser Fakt ist nicht neu, bekommt aber mit den erweiterten Kommunikationsmöglichkeiten der Sozialen Medien eine neue Dimension. Gleiches gilt für das Phänomen des sogenannten Whistleblowing, bei dem Unternehmensinterne zur Aufdeckung von Missständen, aber auch Gefahren Informationen bewusst an die Öffentlichkeit geben. Hierfür sind (anonyme) Blogs in besonderem Maße geeignet.

Social Media Guidelines sollten auch hier aufklären und die gravierenden Folgen eines solchen Verhaltens aufzeigen.

Ob eine konkrete Äußerung der arbeitsrechtlich ohnehin geltenden Verschwiegenheitspflicht des Arbeitnehmers unterfällt, hängt natürlich vom Einzelfall ab. Eine Geheimhaltungspflicht des Arbeitnehmers besteht, wenn von einem berechtigten betrieblichen Interesse des Unternehmens an der Geheimhaltung ausgegangen werden kann. Neben diesen allgemeinen, für alle Arbeitnehmer geltenden Grundsätzen können der Arbeitsvertrag und eben auch Social Media Guidelines Verschwiegenheitsverpflichtungen konkretisieren und/oder erweitern. Mitarbeiter können sich aufgrund ihrer besonderen Pflichtenstellung nicht darauf berufen, es handle sich um eine private Meinungsäußerung, die von der grundgesetzlich eingeräumten Meinungsfreiheit (Art. 5 Grundgesetz) geschützt ist.

12.2.3.3 Keine Verbreitung unternehmensschädlicher Äußerungen

Auch wenn Mitarbeiter nicht gleich Betriebs- oder Geschäftsgeheimnisse im Internet verbreiten, sind daneben doch viele Äußerungen denkbar, die dem Interesse des Unternehmens zuwiderlaufen können. So teilen sich Mitarbeiter (ob anonym oder nicht) gerne in Social Networks, Blogs oder Twitter mit: über das eigene Unternehmen, Produkte, Kollegen oder Vorgesetzte.

Hier ist zu unterscheiden zwischen privaten, von der Meinungsäußerungsfreiheit gedeckten Aussagen und solchen, die vom Arbeitgeber geregelt und auch sanktioniert werden können.

Unzulässig sind:
- bewusste Geschäfts- oder Rufschädigungen,
- Drohungen und Beleidigungen,
- falsche Tatsachenbehauptungen,
- Äußerungen, die den Betriebsfrieden ernstlich gefährden und die weitere Zusammenarbeit mit Arbeitgeber und Kollegen unzumutbar machen.

Die Grenze entsprechender Äußerungen zu kritischen, aber von der Meinungsfreiheit noch gedeckten Aussagen ist fließend. Eine kritische Auseinandersetzung mit dem eigenen Unternehmen oder dessen Produkten dürfte – auch wenn das natürlich den Unternehmensinteressen zuwiderläuft – in aller Regel zulässig sein. Solche Aussagen können weder von Social Media Guidelines verhindert werden, noch dürfen irgendwelche arbeitsrechtlichen Maßnahmen daran geknüpft werden. Anders könnte der Sachverhalt allerdings zu beurteilen sein, wenn sich der Arbeitnehmer auf dieselbe Weise während der Arbeitszeit äußert. In dieser Zeit muss er seine Arbeitskraft nämlich ausschließlich in den Dienst des Arbeitgebers stellen und andere arbeitsfremde Tätigkeiten unterlassen. In extremen Fällen können Verstöße dagegen zu einer arbeitsrechtlichen Abmahnung führen.

12.2.4 Hat der Betriebsrat Mitbestimmungsrechte?

Bei der Einführung von Social Media Guidelines sind in jedem Fall etwaige Mitbestimmungsrechte des Betriebsrates zu beachten.

Ob der Betriebsrat einbezogen werden muss, richtet sich nach §87 Abs. 1 Nr. 1 und Nr. 7 Betriebsverfassungsgesetz (BetrVG) und hängt maßgeblich von der inhaltlichen Gestaltung (also den adressierten Themen) der Social Media Richtlinien ab. Nach Auffassung des Bundesarbeitsgerichts (BAG) ist bei der Richtlinie für jede einzelne Regelung zu prüfen, ob der Betriebsrat ein Mitbestimmungsrecht hat oder nicht. Die Grundsatzentscheidung des BAG ist im Jahre 2008 zum »Code of Business Conduct« des Hauses Honeywell getroffen worden (BAG, Beschluss vom 22.07.2008, Az. 1 ABR 40/07), mit der klaren Aussage: »Das Mitbestimmungsrecht an einzelnen Regelungen begründet nicht notwendig ein Mitbestimmungsrecht am Gesamtwerk.«

Insofern ist also für jede einzelne Klausel in den Social Media Guidelines zu prüfen, ob mit ihr Fragen der Ordnung des Betriebs und des Verhaltens der Arbeitnehmer im Betrieb geregelt werden, was nach §87 Abs. 1 Nr. 1 BetrVG zur Mitbestimmungspflicht des Betriebsrats führt. Auch bei der Einführung oder Anwendung technischer Einrichtungen, die objektiv dazu geeignet sind, das Verhalten oder die Leistung der Arbeitnehmer zu überwachen, ist der Betriebsrat gemäß §87 Abs. 1 Nr. 7 BetrVG einzubeziehen. Auch dies kann bei bestimmten Social Media Guidelines der Fall sein. Daraus folgt:

Keine Mitbestimmung des Betriebsrats

- Die Darstellung von Unternehmenszielen, der Unternehmensphilosophie oder auch allgemein gültigen Grundsätzen (wie z. B. der Hinweis auf die Pflicht zur Einhaltung der Gesetze) sind grundsätzlich mitbestimmungsfrei.

- Ebenso mitbestimmungsfrei sind Regelungen, die allein dem privat-persönlichen Bereich der Arbeitnehmer zuzurechnen sind, wobei diese häufig ohnehin erst gar nicht vom Unternehmen geregelt werden dürfen.

Mitbestimmung des Betriebsrats

- Mitbestimmungspflichtig sind Regelungen zur Ordnung des Betriebes und des Verhaltens der Arbeitnehmer im Betrieb. Hier ist auf funktionale Fakten abzustellen und nicht nur allein auf die räumliche Umgebung des Betriebes. Gegenstand des Mitbestimmungsrechts ist insgesamt das betriebliche Zusammenleben und Zusammenwirken der Arbeitnehmer. Das Bundesarbeitsgericht hat hier bereits mehrfach entschieden, dass auch als unverbindlich etikettierte Regeln nichts an der Mitbestimmungspflicht ändern. Mitbestimmungspflichtig sind alle Maßnahmen, die darauf gerichtet sind, das Verhalten der Arbeitnehmer zu steuern oder die Ordnung des Betriebs zu gewährleisten (BAG, Beschluss vom 18.04.2000, 1 ABR 22/ 99). Demnach wird z. B. eine Regelung, die in bestimmten Fällen im Social Web die Einschaltung der Kommunikationsabteilung vorsieht, in aller Regel mitbestimmungspflichtig sein.

- Regelungen zur privaten Nutzung des Internets werden regelmäßig als mitbestimmungspflichtig angesehen, wie auch die Einführung eines Formulars zur Abfrage von Vorgaben gemäß einer bestehenden Ethik- oder Verhaltensrichtlinie (BAG, Beschluss vom 28.05.2002, Az. 1 ABR 32/01). Da es bei vielen Regelungen in Social Media Guidelines (zumindest auch) um die Nutzung des Internet über die firmeninterne Infrastruktur (z. B. im Hinblick auf die IT-Sicherheitsmaßnahmen) geht, dürften entsprechende Regelungspunkte mitbestimmungspflichtig sein.

Auch bei weiteren Regelungskomplexen, wie z. B. Hinweisen zu Meinungsäußerungen der Arbeitnehmer, Achtung von Betriebs- und Geschäftsgeheimnissen, Veröffentlichung von Fotos des Unternehmens oder der Kollegen im Einzelnen ist unter Zugrundelegung der dargestellten Vorschriften zu prüfen, ob eine Mitbestimmungspflicht besteht oder nicht.

12.2.4.1 Wenn der Betriebsrat nicht beteiligt wird

Wird der Betriebsrat bei mitbestimmungspflichtigen Regelungen nicht beteiligt, so kann er sein Mitbestimmungsrecht einfordern und dieses Recht gegebenenfalls auch per → einstweiliger Verfügung durchsetzen. Auch aus politischen Gründen ist ein Übergehen des Betriebsrats nicht ratsam: Es schadet der Akzeptanz entsprechender Richtlinien im Unternehmen nachhaltig.

Rechtliche Präzision ist danach bei der Prüfung, ob die angedachten Guidelines im Einzelnen tatsächlich mitbestimmungspflichtig sind oder nicht, unerlässlich. Auch zur Vorbereitung der Verhandlung mit dem Betriebsrat schadet eine solche Prüfung nicht. In entsprechenden Fällen ist es auch wichtig zu wissen, an welchen Stellen der Betriebsrat tatsächlich einschreiten kann und wo nicht …. auch um die Diskussionsschwerpunkte festlegen zu können.

12.2.4.2 Keine Mitbestimmungspflicht – keine Beteiligung?

Eine frühzeitige Einbindung des Betriebs- oder Personalrats ist – unabhängig von einer gesetzlichen Mitbestimmungspflicht – oft sinnvoll. Schlussendlich geht es um die Sensibilisierung der Mitarbeiter. Da hilft es, wenn der Betriebsrat die jeweilige Richtlinie aufgrund einer rechtzeitigen Beteiligung auch inhaltlich mitträgt. Immer öfter werden – gerade auch wegen der arbeitnehmerdatenschutzrechtlichen Implikationen – entsprechende Regelungen im Rahmen einer förmlichen → Betriebsvereinbarung getroffen, die dann ohnehin umfassend mit dem Betriebsrat auszuverhandeln ist. Im Übrigen wäre es politisch fahrlässig, die Meinungsführerschaft des Betriebsrates zu ignorieren und diesen beim Zukunftsthema »Social Media« außer Acht zu lassen. Dabei muss aber bedacht werden, dass oft auch der Betriebsrat erst auf den aktuellen Wissensstand im Bereich Social Media gehoben werden muss, um dem Thema offen und sogar positiv gegenüber zu stehen und um schlussendlich kompetent mitarbeiten zu können. Gute Social Media Guidelines können tatsächlich Leitplanken für Mitarbeiter in den Sozialen Medien sein und damit Sicherheit im Umgang mit dem modernen Internet vermitteln. Insofern sind ausgewogene Social Media Guidelines auch durchaus im Interesse der jeweiligen Arbeitnehmervertretung.

> **! Tipp: Workshop bringt Entscheidungsträger auf Stand**
> Die Erfahrung zeigt, dass entsprechende Mitarbeiterrichtlinien nicht nur Thema der Kommunikationsabteilung sind, sondern zahlreiche andere Bereiche betreffen. Bewährt hat sich deshalb die frühzeitige Einbeziehung der wesentlichen Abteilungen, wie Kommunikation, Personal, IT-Sicherheit, Datenschutz und Recht, aber auch der Geschäftsleitung. Das Thema Social Media und dessen Regelungsbedürfnis ist bei einigen Abteilungen oft noch gar nicht angekommen. Es lohnt sich daher ein initialer Workshop, um für die zu regelnden Fragen zu sensibilisieren.

12.2.5 (K)ein Beispiel: Social Media Participation Guidelines von SAP

SAP, IT- und innovationsaffin, war eines der ersten deutschen Unternehmen, das Social Media Guidelines in Deutschland eingeführt hat. Ob das Ergebnis, die »Social Media Participation Guidelines« von SAP, gelungen ist? In einigen Punkten sind sie sehr kritisch zu sehen, wie nachfolgend gezeigt wird.

12.2.5.1 Privat oder nicht privat?

Die Policy beginnt mit:

> *The following guidelines describe private, individual participation in social media channels such as Facebook, Twitter, personal blogs, forums, YouTube, Flickr etc. for SAP employees.*

Grenzwertig ist hier bereits die Eingrenzung des Anwendungsbereichs auf die private und individuelle Beteiligung (»private, individual participation«) in den Sozialen Medien. Es stellt sich die Frage, inwieweit es dem Arbeitgeber überhaupt zusteht, Richtlinien für die private Kommunikation auf Facebook, Twitter & Co. aufzustellen. Grundsätzlich natürlich überhaupt nicht, wenn keinerlei Arbeitgeberinteressen betroffen sind (so z.B. wenn dies außerhalb der Arbeitszeit geschieht). Hier ist bereits massive Kritik angebracht, die Zweifel an der Rechtmäßigkeit der Guidelines aufkommen lässt. Arbeitgeber-Regelungen sind regelmäßig unzulässig, wenn sie die Arbeitnehmer unangemessen benachteiligen. Bestimmte Verhaltensweisen dürfen nur verboten werden, wenn diesen Verboten berechtigte Interessen des Unternehmens zugrunde liegen. Hieran muss sich jede (verbindliche) Vorgabe des Arbeitgebers messen lassen.

12.2.5.2 Nur Empfehlung oder verbindliche Anweisung?

In diesem Zusammenhang stellt sich die Frage, ob die jeweiligen Guidelines unverbindliche Handlungsempfehlungen oder verbindliche Arbeitgeber-Vorgaben sein sollen. Auch hier treffen die SAP Guidelines keine klare Aussage. Gegen die Annahme lediglich unverbindlicher Empfehlungen sprechen aber z. B. folgende Regelungen:

> *Please note, that any direct communication to analysts, the financial market and/or members of the media must be conducted only through SAP Global Communications.*

Diese Regelung will SAP offensichtlich als verbindliche Vorgabe (»must«) verstanden wissen. In die gleiche Richtung geht folgende Klausel:

> **How to handle media inquiries**
> *Your contributions to social computing and the online conversations around SAP products, solutions, and practices will help advance dialogue, maybe solve some problems, create awareness and possibly attract attention of all kinds, including the media. If a member of the media contacts you, simply notify the Media Relations team in Global Communications via press@sap.com. They will determine the best way to handle the inquiry.*

Warum aber sollte sich ein Mitarbeiter bei Anfragen von Medien, die durch seine privaten Aktivitäten im Social Web (wie z. B. durch sein eigenes Blog) ausgelöst werden, veranlasst fühlen, das PR-Team von SAP zu kontaktieren? Hier bleibt auch unklar, ob diese »Meldung« ans PR-Team obligatorisch oder freiwillig sein soll. Unternehmen sollten diesen wesentlichen Fehler der SAP Guidelines vermeiden: Im Interesse der Mitarbeiter sollten die jeweiligen Richtlinien klar festlegen, ob die Regelungen verbindliche Vorgaben oder unverbindliche Handlungsempfehlungen sind. Nur ein Verstoß gegen verbindliche Regelungen des Arbeitgebers kann arbeitsrechtliche Maßnahmen (wie z.B. eine → Abmahnung) auslösen. Die konkrete Entscheidung darüber obliegt der Geschäftsleitung. Aus meiner Sicht ist es sinnvoll, sowohl verbindliche als auch unverbindliche Regelungen aufzunehmen, diese aber eben auch entsprechend als solche bezeichnen.

12.2.5.3 Wie viel Arbeitszeit darf verschwendet werden?

Im letzten Absatz »Social Computing and your Primary Role« wird Folgendes geregelt:

> Active contribution to social computing in its many forms can be time-consuming, so it is important that this does not interfere with your role at SAP. ... If your manager and SAP Global Communication determines that it is not possible to incorporate your social computing activity into your role at SAP, you should reduce your involvement in social computing and consider posting a statement that explains why you are reducing your online activity.

Dass Aktivitäten im Social Web zeitaufwendig sein können, ist im Grundsatz natürlich richtig. Dieser Absatz steht aber im Widerspruch zu der Tatsache, dass diese Guidelines ja für die private Nutzung gelten sollen. Insofern ist nicht ersichtlich, wie etwa eine zeitaufwendige, private Nutzung des Social Web die Arbeitgeberinteressen berühren soll. Demgemäß steht es SAP auch nicht zu, insofern eine Reduzierung der (»private, individual«) Aktivitäten zu postulieren.

Das eigentliche Problem von SAP ist hier, dass man zwar im Vorspann die Nutzung des Social Web am Arbeitsplatz nicht ausdrücklich zulassen will und insofern den Anwendungsbereich begrenzt, gleichzeitig aber doch etwas zum Problem »Arbeitszeitverschwendung« durch Social Web Aktivitäten am Arbeitsplatz, die in angemessenem Umfang faktisch natürlich geduldet werden, sagen möchte. Dieser Kompromissweg nützt niemandem. Besser wäre eine klare Aussage, ob bzw. inwieweit die Sozialen Medien auch während der Arbeitszeit genutzt werden sollen bzw. dürfen.

12.2.5.4 Was man von SAP lernen kann

Zur Ehrenrettung von SAP muss man sehen, dass das Thema nicht nur neu und schwierig ist, sondern dass in den Guidelines auch viele unterschiedliche Interessen miteinander vereinbart werden müssen. Dennoch ist zusammenfassend festzustellen, dass SAP mit diesen Richtlinien gerade keine klare Linie vorgibt und seinen Mitarbeitern somit auch nicht die notwendigen Leitplanken bietet. Stattdessen wird versucht, zwar die positiven Effekte des Social Web »mitzunehmen«, ohne sich jedoch in wichtigen Punkten klar zu positionieren. Mit solchen Regelungen ist niemandem geholfen.

> **Tipp: Verschaffen Sie sich Überblick!** !
>
> Was tun andere? Um zu wissen, welche Regelungen man selbst treffen möchte, lohnt ein Rundumblick: Weitere bekannte Beispiele für Social Media Richtlinien sind die IBM Social Computing Guidelines (aus meiner Sicht deutlich besser als die SAP Guidelines) mit einer Zusammenfassung, die Intel Social Media Guidelines oder die Guidelines on Public Disclosure von SUN. Auch in den USA gibt es viele Policies, die zeigen, wie Unternehmen mit dem Phänomen Social Media Guidelines umzugehen versuchen.

12.2.6 Wichtige Regeln beim Entwurf von Social Media Guidelines

12.2.6.1 Klares Bekenntnis zum Einsatz von Social Media

Das Beispiel SAP zeigt deutlich, dass unklare Policies nicht nur die Arbeitnehmer verunsichern, sondern auch negative Folgen für den Arbeitgeber haben können. Die Unternehmensführung muss also entscheiden, ob und vor allem inwieweit die Nutzung der Sozialen Medien wirklich gewünscht oder auch nur geduldet wird. Aus meiner Sicht überwiegen bei einer richtigen Nutzung die Vorteile etwaige Risiken bei weitem. Allerdings ist es nur allzu verständlich, wenn sich ein Unternehmen, welches bisher keine wirklichen Erfahrungen mit dem Social Web gesammelt hat, diesem Thema nur vorsichtig und langsam nähert. In diesen Fällen ist eine reglementierte Öffnung zu den Sozialen Medien einer vollständigen Verweigerung sicher vorzuziehen.

12.2.6.2 Klare Ansage zum Nutzungsumfang

Es wird immer schwieriger, zwischen privater und beruflicher Nutzung des Internets zu entscheiden. Das gilt vor allem bei Social Media Diensten. Wenn ein Arbeitgeber die Sozialen Medien während der Arbeitszeit unreglementiert freigibt, ist ihm nach der Rechtsprechung eine Kontrolle der Mediennutzung durch seine Arbeitnehmer verboten. Weder Verbindungs- noch Nutzungsdaten dürfen dann kontrolliert werden, um etwaige Missbräuche aufzudecken. Besser scheint es daher, die (auch) private Nutzung des Arbeitnehmers von dessen Einwilligung abhängig zu machen, dass bestimmte Nutzungsdaten (z.B. besuchte Webseite, Verweildauer) – zumindest bei entsprechendem Missbrauchsverdacht – ausgewertet werden dürfen. Sonst begibt sich der Arbeitgeber aufgrund der rechtlichen Unsicherheiten in unnötige Risiken. Gerade den sogenannten Wissensarbeitern kann man sicherlich ein gewisses Vertrauen entgegenbringen, dass sie die Social Media verantwortungsvoll und unternehmenskonform nutzen. Allerdings wird es unter den Mitarbeitern immer wieder »schwarze Schafe« geben, die die neuen Möglichkeiten missbrauchen. Ein Unternehmen sollte deshalb im ureigensten Interesse auch für diese Fälle Vorsorge treffen. Dabei darf vor allem das Problem einer möglichen Selbstbindung des Unternehmens nicht übersehen werden. Wer mit entsprechenden Guidelines die Nutzung von Sozialen Medien (auch offiziell) ohne Einschränkung zulässt und diese ausdrückliche Erlaubnis auch nicht unter einen möglichen Widerrufsvorbehalt stellt, wird später Schwierigkeiten haben, die einmal zugelassene Nutzung wieder einzuschränken. Darüber hinaus können hier auch Probleme auftreten, wenn der Arbeitgeber z.B. wegen einer übermäßigen Nutzung von Communities, Videoportalen etc. den Zugang zu Sozialen Medien sperren oder gar eine → Abmahnung oder Kündigung aussprechen will. Trotz der vielen Vorteile, die das Social Web bietet, sollte das Risiko der »Arbeitszeitverschwendung« nicht gänzlich außer Acht gelassen werden.

12.2.6.3 Social Media Kompetenz des Guideline Teams

Social Media Policies sollten im Optimalfall von einem Team aus den Bereichen PR, Human Ressources und Recht unter Einbeziehung der Unternehmensleitung zusammengestellt werden. Da solche Richtlinien wesentliche

Schnittstellen aller drei Fachbereiche betreffen, werden die besten Ergebnisse im gemeinsamen Zusammenwirken erzielt. Elementar ist überdies eine entsprechende Social Media Kompetenz der Teammitglieder. Gerade im juristischen Bereich treffe ich häufig auf Anwalts- und auch Inhouse-Kollegen, die Usancen und Mechanismen im Social Media und Community Bereich nicht kennen. Angesichts der erwähnten rechtlichen Probleme und der möglichen Selbstbindung des Unternehmens sollte unbedingt ein interneterfahrener Rechtsanwalt mit in die Runde geholt werden.

12.2.6.4 Beteiligung der Mitarbeiter

Verschiedene Workshops haben gezeigt, dass die Einbindung der eigenen Mitarbeiter die Umsetzung und auch die Akzeptanz von Social Media Guidelines erleichtern kann.

> **Beispiel: Wie Mitarbeiter am besten beteiligt werden** !
> Dabei bietet sich z.B. ein Open Space Workshop zur »Materialsammlung« vor Erstellung der Policy an. Auch eine Diskussion im Wiki nach Fertigstellung und vor »Verabschiedung« der Guidelines ist hilfreich.

12.2.6.5 Klare Entscheidung: Unverbindliche Empfehlungen oder verbindliche Vorgaben?

Social Media Guidelines dienen den Mitarbeitern nur dann als Leitplanke, wenn sie deutlich machen,
- welche Punkte unverbindliche Handlungsempfehlungen sind und
- welche Regeln verbindliche Vorgaben darstellen, die bei einem Verstoß auch eine Sanktion nach sich ziehen.

Dazu gehört es auch, klar zwischen zulässigen (Meinungs-)Äußerungen im Social Web und unzulässiger Weitergabe sensibler Informationen zu unterscheiden. Auch wenn diese Grenze und deren Folgen sich regelmäßig schon aus arbeitsvertraglichen Pflichten ergeben, sollte die Chance genutzt werden, das Bewusstsein hierfür in der Policy zu schärfen. Das gilt vor allem auch wegen der wachsenden Relevanz und Verbreitungsgefahr solcher

Äußerungen im Social Web. Die klare Definition verbindlicher »Spielregeln« erleichtert auch eine Sanktionierung bei Verstößen. Das müssen nicht immer gleich → Abmahnungen oder Kündigungen sein.

> **Beispiel: Es muss nicht immer eine Kündigung sein**
>
> Ein Mitarbeiter beleidigte im unternehmensinternen Intranet Betriebsratskandidaten. Ihm wurde daraufhin für mehrere Monate die Schreib- und Leseberechtigung für das Intranet entzogen. Eine Sanktion, die das Landesarbeitsgericht Frankfurt (LAG Frankfurt/Main, Urteil vom 07.12.2007, Az. 17 SaGa 1331/07) für zulässig hielt. Übrigens auch eine Maßnahme, die sich bei der Definition klarer und vor allem verbindlicher Verhaltensregeln deutlich leichter durchsetzen lässt als bei unklaren Vorgaben.

12.2.6.6 Branchenspezifische Besonderheiten berücksichtigen

Social Media Guidelines sind nicht gleich Social Media Guidelines. Unterschiedliche Unternehmenskulturen, aber auch branchenspezifische Besonderheiten sind zu beachten. Daher ist dringend von der einfachen Übernahme geeignet erscheinender Policies abzuraten.

So unterliegen Ärzte, Anwälte und andere Freiberufler und auch die Finanz- und Bankenbranche besonderen Regularien. Diese unterwerfen die (Außen-)Kommunikation von Informationen besonderen Anforderungen. Eine unkontrollierte Weitergabe von (sensiblen) Informationen kann gerade im Bankensektor zu erheblichen Risiken führen. Aufsichtsbehörden wie die Bundesanstalt für Finanzdienstleistungsaufsicht (BaFin) haben weitgehende Kontroll- und Sanktionierungsmöglichkeiten, wenn relevante Informationen an falsche Empfänger gelangen oder zu früh öffentlich zugänglich gemacht werden. Social Media Policies dieser Branche müssen dem besonders sorgfältig Rechnung tragen. Trotz des sensiblen Bereiches werden sich auch Banken früher oder später Gedanken machen müssen, wie Social Media oder Enterprise 2.0 kontrolliert und im Interesse des Unternehmens eingesetzt werden kann.

Für alle Unternehmen gilt es Vorsicht walten zu lassen, wenn man sich an Policies ausländischer Unternehmen orientieren möchte. Hier ist in aller Regel eine Konformität mit deutschem (Arbeits-)Recht nicht gewährleistet.

12.2.6.7 Lesbarkeit und Verständlichkeit

Trotz aller medienspezifischen und auch rechtlichen Einflüsse sollten die Social Media Guidelines leicht lesbar und verständlich sein. Da es auch stark um die Schaffung von Medienkompetenz geht, ist mit unverständlichen und intransparenten Regelungen niemandem gedient. Im Interesse einer Verbesserung der Medienkompetenz sollten auch ergänzende Schulungen der Mitarbeiter erwogen werden.

Einen Überblick über die wesentlichen Regelungen in Social Media Guidelines verschafft die Checkliste in Kapitel 19.3.

12.2.7 Grundsätze bei der Einführung von Social Media Guidelines im Unternehmen

Nachfolgend möchte ich einige wesentliche Grundätze herausgreifen, die im Zusammenhang mit der Einführung von Social Media Richtlinien im Unternehmen berücksichtigt werden sollten.

12.2.7.1 Schaffung von Medienkompetenz

Als wohl wichtigstes Kriterium für sinnvolle Social Media Richtlinien und damit als ganz zentrale Zielsetzung, sehe ich die Schaffung der notwendigen Medienkompetenz bei den eigenen Mitarbeitern. Viele der neu auftretenden (rechtlichen) Probleme und damit auch Risiken im Umgang mit den Sozialen Medien resultieren stark aus der Tatsache, dass in den Sozialen Medien jeder Internetnutzer (und damit natürlich auch jeder Mitarbeiter eines Unternehmens) alle Arten von Inhalten posten und damit unmittelbar veröffentlichen kann.

Vor dieser Entwicklung konsumierte der normale Nutzer (quasi im Web 1.0) im Internet Inhalte hauptsächlich. Heute gibt es eine unüberschaubare Vielzahl von Plattformen, die ohne große technische Hürden die Veröffentlichung von Texten, Fotos, Audio- und Videoinhalten ermöglichen. Dieser Trend wird in naher Zukunft noch weiter durch die Tatsache verstärkt, dass bald jeder ein internetfähiges Mobiltelefon besitzt, das die ortsunabhängige und jederzeitige Veröffentlichung all dieser Inhalte ermöglicht.

Während früher die Veröffentlichung von Inhalten für eine große Zahl von Lesern und Konsumenten eher wenigen, mehr oder minder ausgebildeten und (jedenfalls rudimentär) auch juristisch informierten Produzenten (Journalisten, PR- und Kommunikationsspezialisten etc.) vorbehalten war, kann heute jeder das im Internet einstellen, was er möchte.

Dies führt natürlich dazu, dass auch viele Personen Inhalte im Internet veröffentlichen, ohne die notwendige Kompetenz für das Medium Internet und die besonderen Dynamiken des Social Web zu haben.

Das vorderste Ziel von Unternehmen muss es daher sein, seinen Mitarbeitern die notwendige Medienkompetenz zu vermitteln. Die Erfahrung zeigt, dass Mitarbeiter, welche die rechtlichen Implikationen (z.B. aus dem Datenschutz, Urheberrecht etc.) kennen, auch bewusster mit dem Medium umgehen. Damit lassen sich die Risiken der Nutzung von Social Media im Unternehmen oder am Arbeitsplatz ganz erheblich reduzieren.

Primärer Zweck von Social Media Richtlinien sollte daher nicht die Bevormundung der Mitarbeiter durch strenge Regeln zur Nutzung sein, sondern die Schaffung der notwendigen Medienkompetenz bei den Mitarbeitern.

12.2.7.2 Leitplanken für Mitarbeiter

Die mangelnde Medienkompetenz führt dazu, dass viele Mitarbeiter Leitplanken zur Orientierung brauchen. Potenzielle Gefahren entstehen oft nicht durch bewusst schädigendes Verhalten der Mitarbeiter, sondern eher durch unbedachte Handlungen, wie z.B. das unreflektierte Veröffentlichen von Informationen.

Mit Social Media Guidelines können solche Leitplanken zur Orientierung geschaffen werden. Hier müssen oft nicht neue Reglementarien und Grenzen aufgestellt werden, sondern die ohnehin geltenden rechtlichen Grenzen und Risiken »nachgezeichnet« und verdeutlicht werden, um nachvollziehbaren Bedenken zu begegnen.

> **Beispiel: Loyalitätspflicht der Arbeitnehmer** !
>
> Jeden Arbeitnehmer treffen als Nebenpflichten aus dem Arbeitsvertrag gewisse Treueverpflichtungen gegenüber seinem Arbeitgeber. Diese beschränken auch den Rahmen, in dem sich ein Arbeitnehmer in der Öffentlichkeit (insbesondere im Internet) kritisch über das jeweilige Unternehmen oder über Vorgesetzte äußern darf. Social Media Richtlinien können Arbeitnehmer, die sich der ohnehin existierenden Grenzen häufig nicht bewusst sind, insoweit sensibilisieren und so – in deren Eigeninteresse – vor unbewussten folgenschweren Grenzüberschreitungen bewahren.

So gibt es noch viele weitere rechtliche Rahmenbedingungen, die ohnehin im arbeitsvertraglichen Verhältnis gelten, die jedoch mit den neuen technischen Möglichkeiten im Social Web bisweilen eine andere Dimension erlangen. Hier lohnt zur Klarstellung ebenfalls die Fixierung in Social Media Guidelines. Darüber hinaus gibt es selbstverständlich auch Problemkreise (wie Produktivitätsverluste durch unverhältnismäßige Nutzung von Sozialen Netzwerken & Co), für die tatsächlich eine neue, individuelle Regelung in den Guidelines getroffen werden muss.

12.2.7.3 Hilfe von innen und von außen

All dies zeigt, dass bei der Einführung von Social Media Guidelines erhebliche rechtliche Implikationen zu beachten sind. Derartige Regeln greifen (wie bisher die unternehmensüblichen Regularien zur privaten Nutzung des Internet) in den Kernbereich des arbeitsvertraglichen Verhältnisses zwischen Mitarbeiter und Unternehmen ein.

Wie die Erfahrung zeigt, lohnt sich hier die Einschaltung eines (möglichst Social Media kundigen) Juristen. Sinnvoll ist dies insbesondere auch, um die Kompatibilität mit sonstigen arbeitsvertraglichen, aber auch anderen unternehmensinternen Regularien sicher zu stellen. Die von der Firma centrestage veröffentlichte Enterprise-2.0-Fallstudie bestätigt, dass Unternehmen bei der Beschäftigung mit Social Media wichtige Themen wie den Datenschutz und auch arbeitsrechtliche Fallstricke noch oft übersehen.

Bei der Erstellung und Einführung von Leitlinien kann neben einem sachkompetenten Team auch die Einbindung solcher Mitarbeiter, die schon im Social Web aktiv sind, Sinn machen. Diese Arbeitnehmer können das Thema verstärkt in das Unternehmen selbst hineintragen.

Auch Schulungen können bei der Einführung von Guidelines sinnvoll sein. Hier können die Mitarbeiter (oder bestimmte Abteilungen) etwas allgemeiner in das Thema Social Media und die denkbaren Werkzeuge eingeführt werden und Fragen stellen. Da im rechtlichen Bereich viel Unsicherheit herrscht und im Internet auch häufig Un- und Halbwahrheiten verbreitet werden, hat sich auch eine Einführung in die urheber-, marken-, aber auch datenschutzrechtlichen Grundlagen in den und für die Sozialen Medien als zweckmäßig erwiesen.

12.2.7.4 »Social Media is here to stay«

Aus meiner Sicht werden deutsche Unternehmen früher oder später nicht umhinkommen, sich mit dem (Massen-)Phänomen Social Web intensiver auseinanderzusetzen und eine eigene Strategie zu entwickeln. Durch die immer stärkere Verstrickung von Privat- und Berufsleben werden aktuell, aber auch in Zukunft immer neue Regelungskomplexe entstehen, die mit Social Media Richtlinien geregelt werden sollten.

Je nach Branche, eigener Unternehmenskultur, je nach Mitarbeiter- und Kundenstruktur sind hier entweder offene oder auch restriktivere Ansätze herauszuarbeiten. Es liegt auf der Hand, dass eine Bank, die bei der Veröffentlichung von Informationen besonderen Regularien unterliegt, mit dem Thema Social Media anders umgehen muss, als z.B. eine Kommunikations- oder PR-Agentur, die diesen Kanal nicht zuletzt zur Präsentation der eigenen Expertise nutzen muss.

> **Tipp: Checkliste nutzen** !
> Nutzen Sie die umfangreiche Checkliste in Kapitel 20.3, um Ihre Social Media Guidelines auf Richtigkeit und Vollständigkeit zu prüfen!

12.3 Social Media Security – Richtlinien zur Reduzierung von Sicherheitsrisiken

Zahlreiche Unternehmen öffnen sich zunehmend den Sozialen Medien. Neben eigenen Aktivitäten in den Bereichen Marketing, PR, Vertrieb oder auch Support erlauben sie ihren Mitarbeitern auch die Nutzung dieser Medien am Arbeitsplatz.

Ein wichtiger Aspekt, der in vielen Unternehmen bei ihrer zu begrüßenden Öffnung gegenüber den Sozialen Medien aber zu kurz kommt, ist der der IT-Sicherheit, nachfolgend als Social Media Security bezeichnet. Social Media Security meint den Schutz vertraulicher Informationen des Unternehmens, aber auch der persönlichen Daten der Mitarbeiter bei der Nutzung von Social Media, unabhängig davon, ob diese am Arbeitsplatz erlaubt ist oder eben »nur« über mobile Endgeräte oder von zuhause aus stattfindet.

In den meisten veröffentlichten Social Media Guidelines fehlt dieser Aspekt oder er wird nur ungenügend angesprochen. Dabei werden die potenziellen Risiken von Social Media von den Mitarbeitern, aber auch von den Unternehmen unterschätzt. Nachfolgend geht es nicht darum, vor der Nutzung der Sozialen Medien zu warnen oder abzuschrecken. Auch in Deutschland werden die Unternehmen dieses Phänomen mittelfristig nicht ausschließen können. Vielmehr sollten die Mitarbeiter sensibilisiert werden, um bestehende Risiken zu minimieren.

12.3.1 Sicherheitsrisiken in den und über die Sozialen Medien

Soziale Medien setzen da an, wo für Hacker, Phisher & Co. das Angriffspotenzial am größten ist: beim Menschen. Solange die Mitarbeiter nicht mit der notwendigen Kompetenz in den Sozialen Medien agieren, können technische Maßnahmen zur Datensicherheit stets über das »Einfallstor« Mensch ausgehebelt werden.

Typische Sicherheitsrisiken sind:
1. die Offenlegung privater und unternehmensinterner Informationen,
2. das »Abgreifen von Passwörtern« (sog. Phishing),
3. die Verbreitung von Schadsoftware,
4. das Social Engineering (d.h. der Versuch, über zwischenmenschliche Beeinflussung, z.B. gefälschte Social Media Profile, an interne Informationen oder technische Infrastrukturen zu gelangen),
5. der Identitätsdiebstahl.

Einige dieser Risiken stellen auch reale Gefahren für elementare Unternehmenswerte dar. Der Schutz des eigenen Know-how bzw. entsprechender Betriebs- und Geschäftsgeheimnisse ist in unserer wissens- und innovationsgetriebenen Wirtschaft ebenso elementar, wie die Verhinderung von Ausfällen der eigenen IT-Infrastruktur.

Mit der wachsenden Bedeutung von Social Media ist eine aktuelle Entwicklung zu beobachten, nach der versucht wird, auch immer mehr Angriffe über Twitter, Facebook & Co. in die Unternehmen hineinzutragen.

Die Integration entsprechender Hinweise auf Social Media Security in die neu aufgesetzten Social Media Guidelines oder auch in bestehende IT-Richtlinien ist unverzichtbar, um die steigende Bedeutung entsprechender Kanäle abzusichern.

12.3.2 Wichtige Regelungsgegenstände der Social-Media-Security-Richtlinien

Auf Grundlage unserer langjährigen Erfahrung möchten wir nachfolgend einige der wesentlichen Regelungspunkte auflisten, die in Social Media Guidelines angesprochen und/oder auch in entsprechenden IT-Datensicherheitsrichtlinien der Unternehmen aufgenommen werden sollten.

- Keine Preisgabe vertraulicher Informationen bzw. von Betriebs- und Geschäftsgeheimnissen des Unternehmens

Social Media Security – Richtlinien zur Reduzierung von Sicherheitsrisiken   12

Entsprechende Regelungen stehen oft schon im Arbeitsvertrag oder ergeben sich aus dem Gesetz. Dennoch lohnt im Hinblick auf die neuen Gefahren in und über die Sozialen Medien eine zusätzliche Sensibilisierung, auch eine Aufklärung, welche Informationen damit gemeint sind.

- Zurückhaltung mit persönlichen Informationen
  Vielen Mitarbeitern fehlt das Bewusstsein für die Reichweite, die Äußerungen und Inhalte in und über Social Media haben können. Häufig fehlt die nötige Medienkompetenz, um die verfügbaren Privatsphäre-Einstellungen der Sozialen Netzwerke so zu konfigurieren, dass Inhalte auch nur da ankommen und verbleiben, wo sie ankommen sollen. Entsprechende Guidelines und/oder Schulungen können die Mitarbeiter so »vor sich selbst« schützen.
- Sichere Passwortgestaltung
  Bis heute verwenden zahlreiche Internetnutzer dieselben Zugangsdaten für sämtliche Plattformen. Einmal auf einer Webseite gehackt oder offengelegt, können Dritte auf sämtliche Plattformen (auch geschäftliche Werkzeuge) zugreifen und dort Missbrauch betreiben. Man sollte den Mitarbeitern deshalb unter anderem empfehlen, voreingestellte Passwörter zu ändern, nicht nur ein Passwort für alle Zugänge zu verwenden, und konkrete Hinweise für die sichere Gestaltung (Zeichenzahl, möglichst Groß- und Kleinschreibung/Zahlen/Sonderzeichen) geben.
- Beschäftigung mit den Nutzungs- und Datenschutzbestimmungen des jeweiligen Netzwerkes
  Die Nutzungsbedingungen (Terms of Service) von Facebook & Co. bestimmen das (Rechts-)Verhältnis zwischen den Nutzern und dem jeweiligen Plattformbetreiber. Die Datenschutzbestimmungen regeln, welche Daten das jeweilige Netzwerk wie verwenden darf. Die Auseinandersetzung mit diesen Dokumenten oder die Vermittlung der wesentlichen Inhalte daraus schaffen Bewusstsein und Medienkompetenz bei den Mitarbeitern und damit schlussendlich mehr Sicherheit für das Unternehmen.
- Kenntnis der Profil- und Privatsphäre-Einstellungen
  Die Privatsphäre-Einstellungen bestimmen, wer welche geposteten Inhalte lesen kann. In der Grundeinstellung sind viele Postings öffentlich. Nur mit Kenntnis der Einstellungen und der entsprechenden Umsetzung können die Mitarbeiter die Reichweite ihrer Postings »kontrollieren«.

- Kritisches Hinterfragen und Nachfragen bei Kontaktanfragen
  Identitätsdiebstahl (also die Übernahme fremder Accounts gegen den Willen des Account-Inhabers) ist ein häufiges Phänomen der Sozialen Medien. Und auch die Gefahr von Social Engineering, also der versuchten Erschleichung von Vertrauen über künstliche oder gefälschte Profile mit der Zielsetzung, bestimmte Handlungsweisen auszulösen (z. B. die Preisgabe vertraulicher Informationen des Unternehmens) nimmt zu. Mitarbeiter sollten daher angehalten werden, auf außergewöhnliche Kontaktaufnahmen oder Anfragen vorsichtig zu reagieren und die fremden Profile genauestens auf deren Authentizität zu untersuchen oder diese zu melden.
- »Think Twice« vor Informations- und Datenweitergabe
  Aus den obenstehenden Gründen sollten die Mitarbeiter insbesondere bei der Weitergabe von sensiblen Informationen eine besondere Vorsicht walten lassen bzw. bei Unsicherheit einen kompetenten Ansprechpartner beiziehen können.
- Vorsicht bei Drittanbieteranwendungen mobil wie auch innerhalb Sozialer Netzwerke
  Innerhalb der Sozialen Netzwerke werden immer mehr Drittanwendungen genutzt. Die modernen Geräte wie iPad & Co. bieten ebenfalls zahlreiche Drittapplikationen, denen häufig weitreichende Zugriffsrechte eingeräumt werden. Die Mitarbeiter sollten vor Installation und Datenfreigabe daher stets die Seriosität der Entwickler von Anwendungen (»Apps«) prüfen.
- Links nicht wahllos klicken
  Häufig werden Links von den »Freunden« bei Facebook & Co. gepostet. Dies gewährleistet jedoch nicht, dass die Zielseite vertrauenswürdig und ungefährlich ist. Hacker und Spammer nutzen (mit Maßnahmen wie Like-Jacking) immer stärker auch die Vertrauensbasis, die die Sozialen Netzwerke bieten. Verkürzte Links machen Zielseiten oft unklar. Hierfür sollte das Bewusstsein der Mitarbeiter geschärft werden.
- Öffentliche Terminals möglichst vermeiden, in jedem Fall ausloggen
  Mitarbeiter sollten von öffentliche Terminals (z. B. in Internetcafés) aus nicht auf Firmenzugänge zugreifen. Wenn das in Notfällen doch einmal erforderlich sein sollte, sollte ein Ausloggen nach der Nutzung selbstverständlich sein.

- Bei öffentlichen WLAN immer HTTPS
  Wenn Mitarbeiter in Ausnahmefällen tatsächlich öffentliche WLANS nutzen müssen, sollten sie darauf achten, dass sie nach Möglichkeit nur Seiten mit sicherem Internetprotokoll, also über https (HyperText Transfer Protocol Secure), nutzen.

12.4 Wer ist der »Eigentümer« von Social Media Accounts?

Je mehr Menschen die Sozialen Medien nutzen, desto mehr zeigen sich auch deren Auswirkungen auf die Arbeitswelt. In vielen Unternehmen sind die neuen Problemstellungen, die sich aus der immer stärkeren Vermischung von privatem und beruflichem Leben im Internet ergeben, nicht bekannt. Privatpersonen, die sich in Sozialen Netzwerken bewegen und dort kommunizieren, sind oft auch als Arbeitnehmer eines bestimmten Unternehmens zu identifizieren. Insoweit stellen sich immer mehr arbeitsrechtliche Fragen.

So häuft sich z.B. folgendes Problem bei Unternehmen: Sind Mitarbeiter, die im Rahmen ihrer Tätigkeit Plattformen wie XING & Co. zur Akquise, Kundenpflege und -verwaltung nutzen, bei einem Wechsel des Arbeitsplatzes zur Herausgabe der dort gesammelten Kundendaten oder sogar des gesamten Accounts verpflichtet? Eine durchaus relevante Frage, wie ein Gerichtsurteil aus England zeigt. Ein ehemaliger Mitarbeiter des Personalvermittlers Hays war nach seinem Ausscheiden aus dem Unternehmen zur Herausgabe von Daten aus dem von ihm genutzten Sozialen Netzwerk verurteilt worden.

> **Beispiel: Ein gut vernetzter Mitarbeiter**
> V. arbeitet als Vertriebsmitarbeiter im Bereich Sales und Marketing. Er ist jung und im Web sozial gut vernetzt. Für seine Firma vertreibt er ein Produkt und die dazugehörenden Folgelieferungen. Er akquiriert sehr erfolgreich im Kreis seiner Bekannten und sonstigen (Internet-)Kontakte. Seine gesamten Kundenkontakte regelt er über seinen XING-Account. Um die Folgelieferungen immer rechtzeitig anzubieten und zu verkaufen, hat V. sich Wiedervorlagen in seinem Outlook-Kalender im Büro notiert. Dabei hat er jeweils die Namen der Kontakte eingetragen.
> V., der kein → nachvertragliches Wettbewerbsverbot in seinem Arbeitsvertrag hat, wechselt irgendwann zu einem Konkurrenten. Sein Nachfolger übernimmt seinen

Kalender. Er kann mit den namentlich bezeichneten Wiedervorlagen nichts anfangen. Der Umsatz bricht ein. Kann die Firma von V. die betreffenden XING-Daten herausfordern? Wem gehören die Daten?

Grundsätzlich muss ein Arbeitnehmer Informationen, die bei ordnungsgemäßer Organisation für die Tätigkeit notwendig sind, auch am Arbeitsplatz hinterlassen. Er darf sie nicht bewusst unterschlagen oder beseitigen.

! **Fortsetzung des Beispiels**

Hätte V. also eine »normale« Kundenkartei in seinem Schreibtisch hinterlassen oder auf seinem Dienst-PC gespeichert, wäre der Fall klar: Selbstverständlich dürfte dann der Arbeitgeber diese nutzen und hätte auch Anspruch auf Herausgabe für den Fall, dass V. die Kundendatei mitgenommen hat.

12.4.1 Wie kann ein Social Media Account zugeordnet werden?

Was aber gilt im Bereich von Sozialen Netzwerken? Darf der Arbeitgeber den gesamten Account oder nur einzelne Kundendaten herausverlangen? Hier stellt sich zunächst die zentrale Frage, wem der XING-Account selbst »gehört«. Indizien hierfür können sich aus den Antworten auf folgende Fragen ergeben:

Zuordnung von Social Media Accounts	
Fragen	**Antworten**
Wer hat den Account angemeldet?	
Was ergibt sich aus der Ausgestaltung (auch Nutzungsbedingungen) des jeweiligen Sozialen Netzwerkes?	
Wer bezahlt etwaige Kosten des Accounts?	
Wie lautet der Account-Name (z. B. Firmenname enthalten)?	
Auf welche E-Mail-Anschrift wurde der Account angemeldet?	
Wird der Account schwerpunktmäßig privat oder geschäftlich genutzt?	

Nach Beantwortung dieser Fragen sind verschiedene Varianten denkbar:
- **Rein privater Account**
  Handelt es sich um einen Account mit rein privatem Charakter (kein Corporate Design) mit der privaten E-Mail-Anschrift, der privaten Adresse, der auch privat bezahlt wird, dürfte der Fall eindeutig sein. V. dürfte hier seinen Account selbstverständlich behalten und weiter nutzen. Er müsste allerdings die Informationen, die zur ordnungsgemäßen Organisation für die weitere Tätigkeit notwendig sind, dem ehemaligen Arbeitgeber zur Verfügung stellen. Die für die ordnungsgemäße Abwicklung erforderlichen (Kunden-)Informationen, insbesondere die Kontaktdaten, hat V. dann an die alte Firma herauszugeben. Jedenfalls muss V. aber in diesem Fall seinem Ex-Arbeitgeber keinen direkten Zugang oder Zugriff auf seinen Account gewähren.
- **Rein dienstlicher Account**
  Handelt es sich jedoch um einen rein dienstlichen Account unter Nennung der geschäftlichen E-Mail-Adresse und der Anschrift des Arbeitgebers, den dieser auch bezahlt, sieht die Sache anders aus. V. müsste dann den Account wohl komplett herausgeben, auch wenn er zwischenzeitlich seine privaten Kontakte hierüber organisiert. Zur Wahrung des Datenschutzes müsste dem Mitarbeiter möglicherweise die Gelegenheit gegeben werden, rein private Kontakte und Korrespondenz zu löschen.
- **Mischformen**
  Mischformen von beruflichen und privaten Accounts sind deutlich schwieriger einzuordnen. Eine solche Variante läge vor, wenn es sich zwar um einen privaten Account (E-Mail-Adresse, Anschrift) handelt, den aber der Arbeitgeber bezahlt. Eine weitere Variante wäre es, wenn zwar die Arbeitgeber-E-Mail-Anschrift angegeben ist, jedoch nur die private Adresse. Es sind auch noch weitere Mischformen denkbar. Eine Pflicht zur Herausgabe des gesamten Accounts wird man in den meisten dieser Fälle wohl nicht begründen können. Nach deutschem Recht wird jedoch dann ein Anspruch des Arbeitgebers auf Herausgabe der im jeweiligen Social Network Profil gespeicherten Kundendaten und gegebenenfalls auch der Kunden-Korrespondenz bestehen. Das folgt aus dem Grundsatz, dass die Informationen, die bei ordnungsgemäßer Organisation für die weitere Tätigkeit des Arbeitgebers notwendig sind, auch am Arbeitsplatz hinterlassen werden müssen.

12.4.2 Wer darf die Kontakte künftig nutzen?

Alle drei oben genannten Varianten haben zu dem Ergebnis geführt, dass der ehemalige Arbeitgeber von V. jedenfalls die Kontaktdaten beanspruchen kann und diese auch künftig im Vertrieb nutzen darf. Darf jedoch auch V. selbst für seine weitere berufliche Tätigkeit die Kontakte heranziehen? Klar ist zunächst, dass V. nach Überlassung des Accounts oder der darin enthaltenen Kundendaten an seinen Ex-Arbeitgeber keine Kopie der Kundendaten mitnehmen dürfte. Dies ist im Zusammenhang mit Kundenkarteien von Gerichten ausdrücklich für unzulässig erklärt worden. Er dürfte aber wohl – sofern kein → nachvertragliches Wettbewerbsverbot besteht – all die Kontakte, die er noch auswendig weiß, nutzen. Komplexer wird diese Thematik dann noch einmal, wenn ein nachvertragliches Wettbewerbsverbot besteht. Die Kontaktaufnahme mit ehemaligen Kunden über XING & Co. wäre ein Verstoß hiergegen und kann gravierende Folgen nach sich ziehen.

12.4.3 Wie können Arbeitgeber Vorsorge treffen?

Arbeitgeber und Arbeitnehmer sollten für solche Fälle unbedingt vorsorgen und klare vertragliche Regelungen treffen. Dies gilt sowohl für die Weiternutzung beruflich eingesetzter Accounts, als auch für die auf diesem Wege erworbenen (Kunden-)Daten. Denkbar sind hier einzelvertragliche Regelungen oder aber – was sich insbesondere in größeren Unternehmen empfiehlt – genaue Angaben in Social Media Guidelines.

> **Tipp: Reden Sie Tacheles!**
>
> Der berufliche Einsatz von Sozialen Netzwerken und anderen modernen Internetmedien macht im Allgemeinen nur Probleme, wenn eine unklare Gemengelage vorliegt. Es sollte eindeutig geregelt werden, wer, was, wann und wie jeweils nutzen darf. Dabei kann es aber nicht so sein, dass die Nutzer Sozialer Medien mit dem Ende ihres Arbeitsverhältnisses auch ihre »elektronische Identität« beim Arbeitgeber hinterlassen müssen. Besser ist hier eine interessengerechte (aber ausdrückliche) Regelung, die klar festschreibt, welche Informationen bei der Beendigung des Arbeitsverhältnisses herausgegeben werden müssen. Dabei sind insbesondere die von der Rechtsprechung bestätigten Interessen des Arbeit-

gebers mit einzubeziehen. So müssen die Informationen, die bei ordnungsgemäßer Organisation für die weitere Tätigkeit notwendig sind, am Arbeitsplatz hinterlassen oder herausgegeben werden.

Die in diesem Kapitel aufgeworfene Frage, ob das rechtliche Instrumentarium noch passt oder zu altbacken oder verstaubt ist, kann einfach beantwortet werden: Das → Arbeitsrecht passt weitgehend, es ist nur auf gänzlich neue Sachverhalte anzuwenden. Bei vielen Problemen bedarf es nicht zwingend neuer gesetzlicher Regelungen. Die abstrakt gefassten arbeitsrechtlichen Normen sind mit ihren bisherigen Wertungen und Maßstäben auf die neuen Sachverhalte anzuwenden. Neue gesetzliche Regelungen sind in aller Regel nicht erforderlich. Sie unterliegen im Übrigen der Gefahr von »situativen« Gesetzen, die einen kurzfristigen technischen und stimmungsmäßigen Sachstand wiedergeben und dabei die erforderliche Abstraktheit vermissen lassen. Arbeitgeber wie Arbeitnehmer tun allerdings gut daran, für die neu auftretenden und unbestreitbaren Probleme saubere, einzelvertragliche oder kollektivvertragliche Regelungen im Arbeitsvertrag oder auch in ergänzenden Social Media Guidelines zu treffen. Sie sollten nicht nur »warme Worte« mit Appellen und Erläuterungen zur Massenwirkung des Internets sein, sondern klare, arbeitsrechtlich relevante Aussagen.

13 (Ver-)Kauf eines Weblogs

> **Zusammenfassung**
>
> Gut eingeführte und besuchte Blogs können für Verlage, aber auch andere Unternehmen eine interessante Ergänzung zu dem bereits bestehenden Angebot sein. Bei dem Verkauf eines Blogs handelt es sich auch rechtlich um einen spannenden Vorgang. Sowohl für den Verkäufer als auch für den Käufer gibt es wichtige Punkte, die sowohl im Vorfeld als auch beim eigentlichen Verkaufsprozess beachtet werden sollten.

> **Beispiel: Das Weblog von Robert Basic**
>
> Als Robert Basic, einer der bekanntesten Blogger Deutschlands, ankündigte, sein Weblog »Basic Thinking« zu verkaufen, und es dann schließlich bei eBay feilbot, ging ein Raunen durch die deutsche Internetszene. Diese Meldung bewegte auch etablierte Medien wie Spiegel Online, FAZ, BILD. Schließlich wurde das Blog für einen Kaufpreis von 46.902 EUR, eine durchaus respektable Summe, erworben.

13.1 Was wird beim Blogverkauf eigentlich verkauft?

In aller Regel kommen
- die Domain,
- die Artikel/Beiträge,
- das Design,
- die Kommentare,
- die von den Kommentatoren angegebenen persönlichen Daten sowie
- andere Daten der Besucher (z.B. Datenbank mit E-Mail-Adressen zum Newsletter-Versand)

als Verkaufsobjekte in Frage.

13.2 Die Verkaufsobjekte und ihre Übertragung auf den Käufer

13.2.1 Die Domain

Die Übertragung der Domain ist relativ unproblematisch. Sie kann mit einer entsprechenden Vertragsklausel auf den Käufer übergeleitet werden.

Der Verkäufer sollte sich dabei bewusst sein, dass ihn nach dem Gesetz die → Gewährleistung dafür trifft, dass der Domain-Name frei von Rechten Dritter ist. Hier können die Vertragsparteien natürlich auch abweichende individuelle Vereinbarungen treffen. Aus Käufersicht sollte der Vertrag eine Mitwirkungspflicht des Verkäufers (z. B. bei Erklärungen gegenüber der DENIC) vorsehen, um die Übertragung dann auch umsetzen zu können.

13.2.2 Die Artikel/Beiträge

Sofern diese vom Blogger selbst erstellt worden sind, genießen sie als sogenannte Schriftwerke im Einzelnen (die entsprechende → Schöpfungshöhe gemäß §2 UrhG vorausgesetzt) oder zusammengefasst zumindest als → Datenbankwerk (§4 Abs. 2 UrhG) oder Datenbank (§87a Abs. 1 UrhG) urheberrechtlichen Schutz. Der Blogger kann dem Käufer die Nutzungs- und wirtschaftlichen Verwertungsrechte an so einer Datenbank übertragen. Solche → Nutzungsrechte werden üblicherweise mit einer → Lizenzvereinbarung eingeräumt, in der im Detail geregelt werden kann, wie weit die Rechteeinräumung reichen soll. Bei einem Verkauf, bei dem die Rechte natürlich möglichst weitgehend übertragen werden sollen, werden die Nutzungsrechte für die Blogbeiträge wohl exklusiv, weltweit und zeitlich unbefristet eingeräumt werden. Dies bedeutet, dass der Blogger seine Beiträge selbst nicht mehr entsprechend nutzen darf. In jedem Fall sollte der Kaufvertrag eine Klausel enthalten, in der die Reichweite der Rechteeinräumung festgehalten wird.

13.2.3 Das Design

Webseitendesign ist in aller Regel mangels hinreichender → Schöpfungshöhe nicht vom → Urheberrecht geschützt. Insofern ergeben sich hier keine Probleme. Soweit ausnahmsweise doch einmal von einer Schutzfähigkeit ausgegangen werden kann, gilt das soeben bei den Artikeln Ausgeführte. Um Unklarheiten vorzubeugen, kann man eine Regelung zum Design auch ausdrücklich in die → Lizenzvereinbarung integrieren.

13.2.4 Die Kommentare

Kommentare von Dritten zum Blog sind nur dann ein Problem beim Verkauf, wenn sie urheberrechtlich geschützt sind. Dies wird in aller Regel nicht der Fall sein, weil sie eben nicht die erforderliche → Schöpfungshöhe erreichen, die das Urheberrecht als Mindeststandard für einen Schutz voraussetzt. Die Rechtsprechung nimmt dies für Texte immer nur an, wenn sie eine gewisse Individualität im Sinne einer persönlichen geistigen Schöpfung aufweisen. Dies wird wohl bei 99% aller Kommentare in Blogs nicht der Fall sein. Wenn im Blog deutlich darauf hingewiesen wurde, dass Kommentare durch die Speicherung einer bestimmten → Lizenz unterstellt werden, die eine Weitergabe erlaubt (z.B. eine geeignete Creative-Commons-Lizenz, siehe hierzu Kapitel 3.2), ist der Käufer auf der sicheren Seite. Eine bestimmte Klausel im Kaufvertrag ist dann nicht notwendig, da sich das Recht des Käufers zur Veröffentlichung dann direkt aus dieser Lizenz ergibt.

13.2.5 Personenbezogene Daten der Kommentatoren

Üblicherweise können Kommentatoren in Blogs personenbezogene Daten wie ihren Namen, die eigene Webseite oder eine E-Mail-Adresse angeben. Fraglich ist, ob auch diese → personenbezogenen Daten an den Käufer verkauft werden dürfen. Die Weitergabe solcher personenbezogenen Daten ist grundsätzlich verboten, unterliegt aber einem sogenannten Erlaubnisvorbehalt. Man darf sie also weitergeben, wenn die Gesetze im Einzelfall eine Weitergabe ausdrücklich erlauben oder der entsprechend aufgeklärte Betroffene der Weitergabe zugestimmt hat. Für den hier in Rede stehenden Fall sieht kein Gesetz eine Erlaubnis vor. Die allermeisten Blogs haben keine → Datenschutzerklärung, mit der die Kommentatoren hinreichend aufgeklärt werden und vor allem wirksam einer Weitergabe ihrer → personenbezogenen Daten zustimmen können. Daher ist die Weitergabe dieser Daten im Rahmen eines Verkaufs wohl unzulässig.

> **Tipp: Löschen von personenbezogenen Daten**
> Um dieses Problem für beide Kaufparteien sinnvoll zu lösen, kann man z. B. vor der Übergabe alle personenbezogenen Daten der Kommentatoren löschen. Auch wenn damit natürlich auch das Blog ein wenig an Wert verliert, ist das wohl der sicherste Weg.

13.2.6 Andere Daten von Besuchern (z. B. Datenbank mit E-Mail-Adressen zum Newsletter-Versand)

Auch hier gilt das soeben Ausgeführte. Soweit es sich bei den Daten nicht um → personenbezogene handelt, dürfte die Weitergabe unproblematisch sein. Bei personenbezogenen Daten (wie z. B. den für den Käufer regelmäßig interessanten E-Mail-Adressen) ist eine Weitergabe nur mit Zustimmung der Betroffenen erlaubt. Diese kann aber eben nur mit einer geeigneten Datenschutzerklärung, der der Betroffene ausdrücklich zugestimmt hat, eingeholt werden.

13.2.7 Server und Software

Sollen der Server und/oder die Blogsoftware mit verkauft werden, müssen auch hierfür besondere Regelungen getroffen werden. Bei Servern kann dies über Kauf oder Miete geregelt werden.

Die Blogsoftware ließe sich mit einem Softwarekaufvertrag übertragen, soweit der Verkäufer Rechteinhaber ist und die Software weiter veräußern kann. Bei einer Open Source Software wie z. B. WordPress könnte sich der Käufer auch eine eigene → Lizenz besorgen.

> **Tipp: Immer schriftlich!**
> Kaufverträge sollten immer schriftlich fixiert sein. Nur ein schriftlicher Vertrag hilft später als Beweis, welche Nutzungsrechte eingeräumt und welche Regelungen sonst noch zwischen den Parteien getroffen wurden.

13.3 Wichtige Regelungen im Kaufvertrag

- Natürlich darf auch der Preis in einem Kaufvertrag nicht fehlen.
- Ein weiterer wichtiger Punkt, über den sich die Vertragsparteien Gedanken machen sollten, ist die → Gewährleistung. Der Verkäufer muss nach dem Gesetz dafür einstehen, dass das, was er verkauft (und damit natürlich auch das Blog) frei von Sach- und → Rechtsmängeln ist (§ 433 Abs. 1 Satz 2 BGB). Frei von Rechtsmängeln heißt, dass den eingeräumten → Nutzungsrechten keine Rechte Dritter (d. h. Urheber- oder Markenrechte) entgegenstehen dürfen.
- Schließlich sollte auch die Haftung des Käufers geregelt werden. Sollte der Verkäufer den künftigen Einsatz des Blogs für bestimmte Zwecke ausschließen wollen (z. B. Glücksspiel etc.), so könnte er sich insofern ein → Rücktrittsrecht einräumen lassen oder eine → Vertragsstrafe vorsehen.
- Für den Käufer ist wegen zukünftiger Urheberrechtsfragen wichtig, dass die → Nutzungsrechte klar und umfassend übertragen werden. Auch eine → Freistellungsvereinbarung mit dem Verkäufer für Ansprüche Dritter wegen Marken- oder Urheberrechtsverletzungen kann Sinn machen.

14 Twitter im Unternehmenseinsatz: rechtssicher zwitschern

> **Zusammenfassung**
> Mittlerweile zwitschern sich auch Großkonzerne wie z.B. Coca-Cola fleißig durch das Internet. Immer wieder zeigt sich, dass die 140 Zeichen kurzen Äußerungen (sog. Tweets) auf dem Micro-Blogging-Dienst Twitter durchaus rechtliche Folgen vor allem für Unternehmen nach sich ziehen können. So werden häufig Fälle bekannt, in denen Unternehmen wegen wettbewerbswidrigen Verhaltens über Twitter abgemahnt werden.

Gerade beim geschäftlichen Einsatz von Twitter (z.B. im Marketing) sollten ein paar besondere »Stolpersteine« durchaus bekannt sein, um kostspielige → Abmahnungen zu vermeiden. In diesem Kapitel wird daher erläutert, wie Unternehmen mit den – vorhandenen, mit entsprechender Sachkompetenz aber kontrollierbaren – rechtlichen Risiken umgehen sollten.

14.1 Dos und Don'ts beim Einsatz von Twitter

14.1.1 Impressum nötig?

Unternehmen sollten bei sämtlichen geschäftsmäßig genutzten Social Media Accounts ein entsprechendes Impressum vorhalten (siehe ausführlich dazu 2.2). Auch für den geschäftlich genutzten Twitter-Account eines Unternehmens gilt natürlich nichts anderes.

Nach §5 des Telemediengesetzes (TMG) sind die notwendigen Angaben auch bei Twitter leicht erkennbar, unmittelbar erreichbar und ständig verfügbar zu halten. Derzeit werden oft die Profilinformationen des jeweiligen Twitter-Kontos genutzt, um dort einen mit »Impressum« benannten Link vorzusehen. Dieser Link führt dann auf die vollständigen Impressumsangaben auf der jeweiligen Unternehmenswebseite. Als Alternative dazu bietet sich die Integration der notwendigen Angaben in einer selbst gestalteten Hintergrundgrafik an. Da diese Informationen aber nicht immer über alle Internetdienste, die auf Twitter zugreifen, ausgeliefert werden, stellt sich die erste Variante insgesamt als rechtssicherer und damit sinnvoller dar.

14.1.2 Haftung für Links auch bei Twitter?

Twitter ist ein hervorragendes Medium, um die eigenen Abonnenten (sog. Follower) über entsprechende Links (in der Regel über gekürzte Links; sog. Short-Links) auf interessante Inhalte hinzuweisen.

Eine Haftung des Linksetzers für die verlinkten Inhalte kommt nur in Frage, wenn er sich dadurch den jeweiligen Inhalt »zu eigen macht«. Bei dieser sogenannten Linkhaftung kommt es auf den Gesamtzusammenhang an, in dem der Link steht, insbesondere den korrespondierenden Text. Die Haftung scheidet daher aus, wenn man sich individuell von dem verlinkten Inhalt distanziert. Ein pauschaler Link Disclaimer (siehe auch → Disclaimer), der für alle verlinkten Seiten ein Zu-Eigen-Machen generell auszuschließen versucht, hilft hierbei aber grundsätzlich nicht.

> **Beispiel: Folgenreicher Link**
>
> In einem vom Landgericht Frankfurt entschiedenen Fall (Beschluss vom 20.04.2010, Az. 3-08 O 46/10) hatte der Linksetzer über Twitter mit dem Hinweis »sehr interessant« auf Webseiten verwiesen, auf denen sich offensichtlich wettbewerbswidrige Aussagen über ein Unternehmen fanden. Das Gericht hatte dem Linksetzer mit einer → einstweiligen Verfügung verboten, auf entsprechende Aussagen zu verlinken.

Der Hinweis »sehr interessant« in der Kombination mit einem Link auf rechtswidrige Aussagen kann zu einer Linkhaftung führen. Anders wäre der Fall wohl zu beurteilen gewesen, wenn der Link mit einem distanzierenden Hinweis veröffentlicht worden wäre.

Die schon lange geforderte gesetzliche Regelung für die Linkhaftung gibt es derzeit noch nicht. Daher sollte man bei der Setzung von Links (ob bei Twitter oder anderen Medien im Internet) auf rechtswidrige Aussagen oder Inhalte die entsprechende Vorsicht walten lassen.

Links auf Aussagen, welche die Grenzen des rechtlich Zulässigen überschreiten (z. B. falsche Tatsachenbehauptungen, Beleidigungen, unzulässige Schmähkritik o. Ä.), sollten – auch im Hinblick auf etwaige Imageschäden des Unternehmens – unterlassen werden. Ist dennoch einmal ein Link auf fremde Aussagen nötig, kann – je nach Fallgestaltung – ein individueller Hinweis helfen, mit dem sich der Verlinkende von der Aussage distanziert. Diese Distanzierung kann aus einer Haftung für die fremden Inhalte herausführen.

14.1.3 Urheberrechtlicher Schutz von Tweets

Die Zahl der deutschen Twitter Nutzer ist in den letzten Jahren stark angestiegen. Durch dieses Wachstum entstehen auch immer häufiger sogenannte Mashups – d. h. (Re-)Kombinationen von unterschiedlichen Inhalten – verschiedener Tweets.

> **Beispiel: Tweets und Mashups** !
>
> Hierzu schreibt der Journalist und Online-Redakteur Dirk Baranek:
> »... Nachrichten oder ganze Accounts werden nach bestimmten gemeinsamen Kriterien gesucht und dann auf einer entsprechenden Website zusammen dargestellt. Das ist nicht ganz uninteressant, weil man dann die Möglichkeit hat, auf einen Blick den entsprechenden Nachrichtenstrom zu sehen, ohne dass man all diesen Leuten folgen muss. So gibt es zum Beispiel bereits Unternehmen, die alle Nachrichten zu ihrem Produkt auf ihrer eigenen Website darstellen. Oder es werden Nachrichten von Politik-Twitterern zusammengefasst.«

Wären solche Tweets oder der ganze Twitter Stream (d. h. die chronologische Abfolge der Tweets eines Autors) nun urheberrechtlich geschützt, wäre eine Veröffentlichung in den Mashups grundsätzlich nur mit Zustimmung des Autors zulässig.

14.1.3.1 Sind einzelne Tweets überhaupt geschützt?

Ob Tweets urheberrechtlich geschützt sind, lässt sich nicht generell beantworten, sondern ist stets eine Frage des Einzelfalls.

Die Kurztexte bei Twitter bedienen sich dem Ausdrucksmittel der Sprache, so dass allein ein urheberrechtlicher Sprachwerkschutz nach §2 Abs. 1 Nr. 1 UrhG in Betracht kommt. Für die urheberrechtliche Schutzfähigkeit kommt es – wie bei allen Werkarten – entscheidend auf das Vorliegen einer persönlichen geistigen Schöpfung im Sinne des §2 Abs. 2 UrhG (sog. → Schöpfungshöhe) an. Dazu müssen die dort genannten Schutzvoraussetzungen vorliegen.

Urheberrechtlichen Schutz genießt danach nur dasjenige Werk, das Ergebnis schöpferischer Tätigkeit ist und so die individuelle Prägung seines Urhebers zum Ausdruck bringt. Diese Prägung muss dabei eine bestimmte Gestaltungs- oder Schöpfungshöhe erreichen. Einfache Alltagserzeugnisse fallen damit aus dem Schutzbereich.

Die konkreten Anforderungen an das Maß der Gestaltungshöhe sind umstritten. Wegen der umfangreichen Befugnisse des Urhebers und der langen Schutzdauer ist mit der Rechtsprechung ein nicht zu geringer Grad an Gestaltungshöhe zu verlangen. Das urheberrechtlich geschützte Werk muss eine erhebliche individuelle Prägung besitzen. Den Grad der Individualität bestimmt die Rechtsprechung durch einen Vergleich des Gesamteindrucks des Originals inklusive seiner prägenden Gestaltungsmerkmale mit der Gesamtheit der vorbekannten Gestaltung, also im Vergleich zu den sonstigen Inhalten des jeweiligen Mediums.

Das Urhebergesetz schließt auf diese Weise Erzeugnisse aus, die aus allgemeinen, insbesondere aus allgemein zugänglichen und naheliegenden Inhalten und Formen bestehen, ohne dass der Urheber etwas Eigenes hinzugefügt hätte. Das Werk muss sich damit entsprechend unterscheiden. Tut es dies nicht, kommt ein Schutz nach dem Urhebergesetz nicht in Betracht. Ob dem Betrachter ein Werk gefällt, ob er es für geschmacklos, witzig oder gar unanständig hält, ist insofern völlig unerheblich. Insofern wird man Kriterien wie Retweets, Favorites oder Follower eines Twitter-Nutzers bei der Beurteilung der Schöpfungshöhe wohl nicht heranziehen können.

Gestaltungshöhe kann sich bei Sprachwerken sowohl aus der Form der Darstellung als auch aus dem dargestellten Inhalt selbst ergeben. In Rechtsprechung und Literatur wird dies gemeinhin bezeichnet als »Gedankenformung und -führung des dargestellten Inhalts«.

Generell für alle Sprachwerke gilt, dass Kürze tendenziell gegen das Erreichen der Gestaltungshöhe spricht: Zwar ist bei Sprachwerken die sogenannte kleine Münze des Urheberrechts geschützt, so dass grundsätzlich auch kurze sprachliche Ausdrucksformen geschützt sein können. Jedoch ist der Gestaltungsfreiraum immer begrenzter, je kürzer das Sprachgebilde ist. Deshalb ist davon auszugehen, dass kurzen Sätzen in der Regel die notwendige Gestaltungshöhe fehlt. Besonders »geistvollen« Versen ist jedoch vereinzelt als »kleine Münze« Schutz zugebilligt worden.

Wendet man die oben ausgeführten Grundlagen auf die üblicherweise bei Twitter veröffentlichten Beiträge an, so ist davon auszugehen, dass der weit überwiegenden Zahl von Tweets – gerade auch wegen der Beschränkung auf 140 Zeichen – wohl kein Urheberrechtsschutz zugebilligt werden kann. Entscheidend ist dabei, dass die Rechtsprechung entsprechend kurzen Sprüchen Urheberrechtsschutz eben nur im Ausnahmefall und nur dann zubilligt, wenn der Urheber mithilfe der Auswahl, der Anordnung und der Kombination verschiedener Wörter seinen schöpferischen Geist in origineller Weise zum Ausdruck zu bringen vermag. Allein die Tatsache, dass ein Spruch einen gewissen Witz entfaltet, führt nach der Rechtsprechung jedenfalls nicht zu einem Urheberrechtschutz.

Dabei ist auch zu berücksichtigen, dass bei solchen sehr kurzen Schriftwerken wie den Tweets, die gerade durch die Dynamik der Sozialen Medien eine große und ständig wachsende Verbreitung finden, ein weitergehendes Freihaltebedürfnis zu berücksichtigen ist als bei manch anderen Werkarten.

Dies führt wohl zu dem Ergebnis, dass Tweets in aller Regel urheberrechtlich nicht geschützt sind, da bei 140 Zeichen nur in Ausnahmefällen eine hinreichende Schöpfungshöhe angenommen werden kann.

14.1.3.2 Ist ein Twitter Stream schutzfähig?

Schutzfähig ist ein Twitter Stream, also eine Vielzahl von Tweets, nur, wenn er als eine Datenbank im Sinne des §87a UrhG angesehen werden muss.

Nach dem sehr juristisch gefassten §87a UrhG ist eine solche Datenbank eine Sammlung von Werken, Daten oder anderen unabhängigen Elementen, die systematisch oder methodisch angeordnet und einzeln mithilfe elektronischer Mittel oder auf andere Weise zugänglich sind und deren Beschaffung, Überprüfung oder Darstellung eine nach Art oder Umfang wesentliche Investition erfordert.

Ein Twitter Stream stellt ohne Weiteres eine Sammlung unabhängiger Elemente dar, die systematisch angeordnet sind und mithilfe elektronischer Mittel zugänglich sind. Wenn also die Beschaffung, Überprüfung oder Darstellung der Inhalte zusätzlich noch eine nach Art und Umfang wesentliche Investition erfordert hat, ist für die zusammengestellten Inhalte wohl von einem entsprechenden urheberrechtlichen Schutz auszugehen. Investition meint hier nicht nur den Einsatz von Geld, sondern auch den Einsatz von Zeit und Mühe.

14.1.3.3 Was ist eine wesentliche Investition?

Der Begriff der wesentlichen Investition ist ein sogenannter unbestimmter Rechtsbegriff, der von den Juristen anhand vieler Praxisfälle mit Leben gefüllt wird und immer von den Umständen des Einzelfalls abhängig zu machen ist. Ausdrücklich festgeschrieben ist im Gesetz nur, dass die Wesentlichkeit sich aus der Qualität oder aus der Höhe der Investition ergeben kann. Bei einer umfangreichen, vielleicht noch thematisch geordneten Linkliste kann man meines Erachtens aber schon von einer wesentlichen Investition und damit einem entsprechenden Schutz aus §87a UrhG ausgehen. Dann dürfen diese Inhalte und auch Teile daraus nicht ohne die Zustimmung des Datenbankinhabers (also des Account-Inhabers) veröffentlicht werden.

14.1.3.4 Vergleichbare Fälle

Zu der hier diskutierten Frage gibt es noch keine Rechtsprechung. Es ist allerdings seit langem anerkannt (Landgericht Köln, Urteil vom 25.08.1999, Az. 28 O 527/98 – kidnet.de; Amtsgericht Roststock, MMR 2001, 631 – Linksammlung), dass insbesondere Linklisten als Datenbanken im Sinne des §87a

UrhG geschützt sein können. Gleiches dürfte auch für Twitter Streams und wohl auch für veröffentlichte Favoritenlisten (Social Bookmarking) gelten. Und zwar immer dann, wenn deren Zusammenstellung eben einen den Voraussetzungen des §87a UrhG genügenden Zeit- oder Geldaufwand erfordert hat.

Grundsätzlich ist es natürlich schade, wenn das (restriktive) → Urheberrecht den ganzen neuen Möglichkeiten der (Re-)Kombination von Inhalten gewisse Grenzen setzt. Bei umfangreichen und über Jahre gesammelten Linkliste ist es aber nachvollziehbar, wenn der Inhaber des Twitter-Accounts gegen eine unerlaubte Veröffentlichung durch andere vorgehen können soll.

Wer seine Inhalte gern veröffentlicht sieht, dem steht es frei, sie unter eine Creative-Commons-Lizenz (CC) zu stellen und so ihre (Weiter-)Verbreitung zu ermöglichen. Zu den Creative-Commons-Lizenzen siehe Kapitel 3.1.2.

14.1.4 Welche juristischen Konsequenzen hat das Retweeten?

Beim Retweeten werden fremde Tweets wiederholt. Retweets sind zum einen unproblematisch, weil eben der einzelne (Original)Tweet in aller Regel nicht urheberrechtlich geschützt ist. Unabhängig davon ist ein solches Retweeten – unter Berücksichtigung der begrenzten Zahl der verfügbaren Zeichen und der Üblichkeit dieser Art des Zitats – auch für den seltenen Fall eines datenbankrechtlichen Schutzes über das → Zitatrecht des §51 UrhG gedeckt, da man den Originalautor nennt.

14.1.5 Direktmarketing über Twitter: Grenzenlos möglich?

Getreu dem Grundsatz »Spam geht da hin, wo das Publikum ist«, werden wir in Zukunft ein immer stärkeres Spam-Aufkommen über die Sozialen Netze beobachten. Wie schnell man als Unternehmen bei Twitter zum Spam-Versender werden kann, zeigt folgender Fall.

> **Beispiel: Abmahnung wegen unerlaubter Direct Messages**
>
> Ein Mann hatte von einem Twitter-Konto, dessen regelmäßige Meldungen er abonniert hatte, eine direkte Nachricht, eine sogenannte Direct Message, kurz DM, mit klar werblichem Inhalt erhalten. Die Zustimmung zum Erhalt werblicher Botschaften via Direct Message war vom Versender, einem Unternehmen, offensichtlich (wie meistens) nicht eingeholt worden. Der Follower mahnte das Unternehmen daraufhin wegen der unverlangten Zusendung von Werbebotschaften ab.

Intern über Social Networks versandte Nachrichten sind elektronische Post im Sinne des Gesetzes gegen den unlauteren Wettbewerb (UWG). Insofern ist es nur konsequent, wenn die unverlangte Zusendung von Werbebotschaften auch über dieses System als Spam im Sinne des §7 Abs. 2 Nr. 3 UWG interpretiert wird.

> **Tipp: Direct Messages nur mit Zustimmung des Followers**
>
> Wer also Werbung über diese Kanäle verbreiten will, sollte sich die notwendige Zustimmung der Empfänger im Wege des → Opt-in – also einer ausdrücklichen vorherigen Zustimmung – einholen.

Das Abonnieren eines Twitter-Accounts (»Following«) beinhaltet noch keine entsprechende Zustimmung zum Versand von Werbebotschaften per Direct Message (DM).

14.1.6 Grenzen aus dem Wettbewerbsrecht

Ein Twitter-Account kann ohne formale Hürden angemeldet werden. Ohne großen Aufwand können bei Twitter-Profile angelegt werden. Immer wieder hat es Fälle gegeben, in denen Social Media Accounts (auch bei Twitter) angemeldet wurden, um bestimmte (Werbe-)Botschaften unter dem Deckmantel einer anderen Identität zu veröffentlichen. So ist es für Unternehmen oder deren Agenturen ein Leichtes, bei Twitter Profile zu registrieren, die suggerieren, es handele sich um die Profile zufriedener Kunden. Doch ist nicht alles, was technisch möglich ist, auch gesetzlich zulässig.

14.1.6.1 Wenn Unternehmen bewusst täuschen

Rechtliche Grenzen für Werbung ergibt sich auch für das Marketing über Twitter zunächst einmal aus dem Gesetz gegen den unlauteren Wettbewerb (UWG). Unternehmen, die den Twitter-Account zwar im geschäftlichen Interesse nutzen, dies aber bewusst nicht zu erkennen geben, kann der Vorwurf einer verschleierten Wettbewerbshandlung (§ 4 Nr. 3 UWG) gemacht werden. Das UWG verbietet in § 4 UWG verschiedene Verhaltensweisen. Wird werbliche Kommunikation von Unternehmen oder deren Agenturen bewusst verschleiert, indem unter dem Deckmantel vermeintlich privater und unbeeinflusster Aussagen, Werbebotschaften in die Welt getragen werden, ist das als Verstoß gegen § 4 Nr. 3 UWG wettbewerbswidrig. Dabei wird werbliche Kommunikation sehr weit interpretiert als jedes Handeln im geschäftlichen Verkehr, welches eigenen oder fremden kommerziellen Interessen dient. Genauso wettbewerbswidrig ist es auch, wenn Unternehmen oder deren Webeagenturen selbst tätig werden und z.B. unter scheinbar privaten Profilen (sprich Fake-Profilen) werbliche Inhalte im Internet veröffentlichen. Diese Rechtsverletzungen können aber nicht von jedermann geltend gemacht werden. Nur die jeweiligen Wettbewerber, also die Anbieter vergleichbarer Waren oder Dienstleistungen, haben Ansprüche auf → Unterlassung, → Auskunft und Schadenersatz.

Neben § 4 Nr. 3 UWG können solche gefälschten Äußerungen auch gegen die Nr. 11 der sogenannten »Schwarzen Liste« verstoßen. Sie ist als Anhang dem UWG beigefügt und führt 30 Verhaltensweisen auf, die immer wettbewerbswidrig sind (siehe hierzu näher Kapitel 7.1.2.4).

Darüber hinaus sehen auch § 6 Abs. 1 Nr. 1 TMG (→ Telemediengesetz) und § 58 Abs. 1 Satz 1 RfStV (Rundfunkstaatsvertrag) vor, dass werbliche Kommunikation auch als solche kenntlich gemacht werden muss.

14.1.6.2 Wie man Täuschungen erkennt

Tatsächlich bietet das Social Web Unternehmen viele Möglichkeiten, werbliche Kommunikation anonym oder unter dem Deckmantel privater Äußerungen im Internet zu streuen. Auch wenn der Nachweis eines Missbrauchs schwierig sein kann, bestehen durchaus technische Möglichkeiten, einen Verstoß zu belegen. So gibt es bereits einzelne Werkzeuge, mit denen man gefälschte Profile erkennen kann.

Gute erste Indizien, die – je nach der jeweiligen Fallkonstellation – für gefälschte oder gekaufte Einträge sprechen können, sind:
- Werbetypische Wortwahl
- Formulierungen, die genau mit denen der offiziellen Werbeträger übereinstimmen
- Übertriebene Lobeshymnen
- Bewertender Nutzer war nur einmal auf der Plattform, um ein Produkt zu bewerten

Bisweilen erlauben auch bestimmte Informationen aus dem Profil des bewertenden Nutzers weitere Rückschlüsse.

Mit der weiter wachsenden Bedeutung des Social Web werden auch die Versuche weiter zunehmen, die Meinungsbildung der Verbraucher in unzulässiger Art und Weise zu manipulieren. Nicht immer sind juristische Schritte der richtige Weg bei Rechtsverletzungen im Social Web. Bei Wettbewerbern (und Werbeagenturen) mit kommerziellen Interessen, die diese anerkannten Grenzen notwendiger Transparenz und der »Truth in advertising« in grober Weise verletzen, kann es aber durchaus nötig sein, juristische Maßnahmen einzuleiten.

> **Tipp: Imageschäden vorprogrammiert**
>
> Neben den rechtlichen Risiken droht bei verschleierter Werbung im Falle der Entdeckung auch ein erheblicher Imageschaden. Unternehmen sollten, auch wegen der im Social Web immer wieder eingeforderten Transparenz, entsprechende Maßnahmen unterlassen bzw. auch die Mitarbeiter zur Unterlassung anhalten.

14.2 Der Verkauf eines Twitter-Accounts

> **Beispiel: Der Twitter-Account von Robert Basic** !
> Nachdem Robert Basic, einer der bekanntesten Blogger Deutschlands, zunächst sein Weblog »Basic Thinking« zu einem Preis von 46.902 EUR verkauft hatte, bot er kurze Zeit später seinen Twitter-Account http://twitter.com/robgreen mit knapp 5.000 Followern zum Verkauf an. Nachdem das Blog seinerzeit über eBay verkauft worden war, konnte der Twitter-Account direkt über Robert Basic erworben werden.

Robert Basics Verkauf war kein Einzelfall. Das Thema Twitter-Verkauf scheint die Blogger immer häufiger zu beschäftigen. In den USA sind schon verschiedene Twitter-Accounts mit teilweise veritablen Follower-Zahlen (so z.B. @breakingNews mit 1.5 Mio. Abonnenten) verkauft worden. Mit Tweexchange existieren auch schon spezielle Versteigerungsplattformen für solche Accounts. Betrachtet man die Vielzahl von Plattformen im Web, dürfte das Thema »Verkauf von Accounts« generell ein interessantes sein. Gerade da, wo (virtuelles) Geld oder andere Werte (wie hier Follower) im Spiel sind, wie z.B. bei eBay, World of Warcraft, Second Life, können Accounts werthaltige Güter sein, an deren Übertragung naturgemäß auch ein wirtschaftliches Interesse bestehen kann.

Einmal unabhängig von den Fragen,
- ob ein Twitter-Account nicht noch stärker als ein Blog an einer Person »hängt«,
- ob es Sinn macht, einen gut abonnierten Twitter-Account als Kommunikationskanal zu übernehmen bzw.
- ob der Aufbau und Verkauf von Twitter-Accounts eine Einnahmequelle sein kann,

beschäftigen uns hier die juristischen Seiten einer solchen Transaktion. Aus rechtlicher Sicht ist klar, dass es sowohl für den Verkäufer als auch für den Käufer wichtige Punkte gibt, die im Vorfeld sowie beim eigentlichen Verkaufsprozess beachtet werden sollten. Dabei stellen sich ein paar grundsätzliche Fragen:

1. Kann man einen Account bei einer Plattform wie Twitter auf Dritte übertragen?
2. Ist der Verkauf ohne die Zustimmung des Plattformbetreibers überhaupt wirksam?
3. Was wird beim Verkauf eines solchen Accounts eigentlich verkauft?
4. Wie werden die einzelnen Verkaufsobjekte auf den Käufer übertragen?
5. Haftet der Verkäufer auch nach der Übertragung des Accounts für etwaige Rechtsverletzungen?

Bereits an dieser Aufzählung sieht man, dass ein eigentlich trivial erscheinender Vorgang aus juristischer Sicht einige Probleme aufwerfen kann. Gerade der Punkt Nr. 2, die Zustimmung des Plattformbetreibers, stellt sich beim Verkauf von Accounts bei großen Plattformen als schwierig bis kaum lösbar dar. Die höchstrichterliche Rechtsprechung zeigt zudem, dass derjenige, der einen Account (sprich die Login Daten) einem Dritten zur Verfügung stellt, sowohl straf- als auch zivilrechtlich für Rechtsverletzungen, die von diesem Account ausgehen, verantwortlich gemacht werden kann.

14.2.1 Was wird eigentlich verkauft?

In aller Regel kommen
- die Account-Kennung (d.h. die Subdomain twitter.com/ACCOUNTNAME),
- die gegenüber dem Plattformbetreiber bestehenden → Nutzungsrechte,
- die Tweets und
- das Design

als Verkaufsobjekte eines Twitter-Accounts in Frage.

14.2.2 Wie werden die Verkaufsobjekte auf den Käufer übertragen?

14.2.2.1 Account-Kennung

Der Verkauf eines Twitter-Accounts ist komplizierter als die Übertragung eines Weblogs. Dies vor allem, weil auch der Plattformbetreiber als Dritter zu berücksichtigen ist. Zwischen dem Plattformbetreiber (hier: Twitter) und dem Verkäufer besteht schließlich ein eigenes, durch die Nutzungsbedingungen konkretisiertes Vertragsverhältnis. Die Rechte an der jeweiligen Subdomain (also: twitter.com/ACCOUNTNAME) und auch alle sonstigen → Nutzungsrechte ergeben sich aus dem Nutzungsvertrag, der zwischen dem Verkäufer und der Plattform (hier: Twitter) bei der Anmeldung geschlossen worden ist.

Fraglich ist nun, ob bzw. wie diese Rechte (und Pflichten) auf den Käufer übertragen werden können. Wenn sich aus den Nutzungsbedingungen der jeweiligen Plattform ergibt, dass das jeweilige Account höchstpersönlich ist bzw. die Übertragbarkeit hier grundsätzlich ausgeschlossen ist, kann der Verkäufer sein Account nicht wirksam übertragen. Die Nutzungsbedingungen von Twitter sagen hierzu jedoch – jedenfalls auf den ersten Blick – nichts.

Und es wird noch komplizierter: Nach deutschem Recht kann ein Dritter (hier: der Käufer) ein Vertragsverhältnis im Wege eines Verkaufs (auch unabhängig von den Nutzungsbedingungen) nur wirksam übernehmen, wenn der Dritte (hier: der Plattformbetreiber) ausdrücklich zustimmt. Es handelt sich nämlich juristisch um eine sogenannte Vertragsübernahme, in der eine Person vollständig in eine bereits bestehende Vertragsposition (hier: mit Twitter) eintritt.

Auch wenn sich dies vorliegend als hinderlich darstellt, ist das Zustimmungserfordernis in solchen Fällen natürlich grundsätzlich richtig und sinnvoll. Sonst könnte dem Plattformbetreiber jeder beliebige Dritte als neuer Vertragspartner »aufgedrückt« werden, ohne dass er darauf Einfluss hätte.

> **Achtung: Ohne Zustimmung von Twitter keine Übertragung möglich** !
> Accounts von Internetplattformen können demnach nur rechtswirksam übertragen werden, wenn der Plattformbetreiber ausdrücklich zustimmt.

Weiter unten setze ich mich deshalb mit der Frage auseinander, wie sich dies bei einem Verkauf für die Haftung auswirkt und wie dieses Dilemma (wenn auch notdürftig) gelöst werden kann.

14.2.2.2 Nutzungs- und Verwertungsrechte an den Tweets

Hier ist entscheidend, ob an den Tweets überhaupt (Urheber-)Rechte bestehen, die vom Verkäufer an den Käufer zu übertragen sind. Im Ergebnis kann man – kurz zusammengefasst – sagen, dass einzelne Tweets mangels Schöpfungshöhe nicht schutzfähig sind. Jedoch kann der sogenannte Twitter Stream – also die gesammelten Tweets – (z. B. in Form einer Linksammlung) als Datenbank i. S. des §87a UrhG urheberrechtlich geschützt sein. Dies unterstellt, muss der Account-Inhaber dem Käufer die → Nutzungs- und wirtschaftlichen Verwertungsrechte an dieser Datenbank übertragen. Solche Nutzungsrechte werden üblicherweise in einer Lizenzvereinbarung eingeräumt. In ihr kann auch geregelt werden, wie weit die Rechteeinräumung reichen soll.

14.2.2.3 Design

Webseitendesign (und damit auch das jeweilige Twitter Design) ist in aller Regel mangels hinreichender → Schöpfungshöhe nicht geschützt. Insofern ergeben sich hier keine Probleme. Soweit ausnahmsweise doch einmal Schutzfähigkeit vorliegt, gilt das Gleiche wie eben bei den Tweets ausgeführt. Um Unsicherheiten vorzubeugen, kann man das Design auch ausdrücklich in eine entsprechende Klausel integrieren.

14.2.3 Was passiert, wenn Twitter dem Kauf nicht zustimmt?

Der auf der Plattform angemeldete Nutzer haftet Twitter bei Rechtsverletzungen. Nur wenn der Plattformbetreiber dem Nutzerwechsel zustimmt, tritt der Käufer voll in die Rechtsstellung des Verkäufers ein und wird somit Vertragspartner des Plattformbetreibers.

Wenn aber mangels Zustimmung des Betreibers die Vertragsübernahme nicht wirksam vollzogen wird, bleibt der Verkäufer im Verhältnis zum Plattformbetreiber der Vertragspartner. Er haftet dann trotz der Übertragung weiter für Rechtsverletzungen, die über den Account begangen werden.

> **Beispiel: Haftung für eBay-Account**
>
> In vergleichbaren Fällen urteilten die deutschen Gerichten genauso: Inhaber eines eBay-Accounts hatten diesen Dritten zur Verfügung gestellt. Der Bundesgerichtshof (BGH) nahm die eigentlichen Account-Inhaber in die Haftung, als von den Dritten über den Account strafbare Handlungen verübt worden waren (BGH, Beschluss vom 29.04. 2008, Az. 4 StR 148/08) bzw. weil die von Dritten eingestellten Angebote Wettbewerbs- und Urheberrechte verletzt hatten (BGH, Urteil vom 11.03.2009, Az. I ZR 114/06; Halsband).

14.2.4 Wichtige Regelungen im Kaufvertrag

14.2.4.1 Gewährleistung

Ein weiterer wichtiger Punkt, über den sich die Vertragsparteien Gedanken machen sollten, ist die → Gewährleistung. Der Verkäufer haftet grundsätzlich dafür, dass das, was er verkauft, frei von Sach- und → Rechtsmängeln ist (§ 433 Abs. 1 Satz 2 BGB). Dies stellt sich beim Verkauf eines Twitter-Accounts als Problem dar: Die Übertragung des Accounts ist **ohne die Zustimmung der Plattform** nicht wirksam (siehe dazu oben Kapitel 16). Ohne Zustimmung läge eine Rechtsmangel vor, für den der Verkäufer grundsätzlich einzustehen hat.

Die einzig denkbare Lösung, den Account auch ohne Zustimmung des Plattformbetreibers zu »verkaufen«, wäre, dass man auf das Risiko einer unwirksamen Übertragung ausdrücklich in Vertrag hinweist und die Haftung des Verkäufers insoweit ausschließt. Wenn der Käufer dies akzeptiert, dürfte er keine → Gewährleistungs- und Haftungsansprüche mehr gegen den Verkäufer haben. Praktikabel ist diese Variante vor allem in Konstellationen, in denen der Plattformbetreiber (hier Twitter) von der Übertragung nicht erfährt und insoweit derjenige, der sich einloggt, auch der Herr über den Account und die zukünftige Nutzung ist.

Bei dieser Lösung sind allerdings die Rechtsbeziehungen des Verkäufers zum Plattformbetreiber zu prüfen, um zu verhindern, dass sich der Verkäufer (z. B. wegen eines ausdrücklichen Verbots der Weitergabe des Accounts oder der Login-Daten) vertragsbrüchig verhält. Ohne Zustimmung des Plattformbetreibers bleibt auch hier das Restrisiko, dass dieser, wenn er von der Übertragung erfährt, den Account möglicherweise löscht (und dies abhängig von den konkreten Nutzungsbedingungen aufgrund des Vertragsbruchs auch darf).

Nachdem der Verkäufer – wie oben ausgeführt – ohne wirksame Vertragsübernahme der Plattform weiter für Rechtsverletzungen haftet, sollte bei dieser Variante außerdem aufgenommen werden, dass der Käufer den Verkäufer im Falle der Rechteverletzung durch zukünftige Tweets von Ansprüchen Dritter freistellt.

Ein Rechtsmangel liegt auch vor, wenn Dritte am Kaufgegenstand Rechte geltend machen können (§ 435 BGB). Beim Verkauf des Accounts dürfen der Subdomain und den eingeräumten Nutzungsrechten also keine Rechte Dritter (d. h. Urheber- oder Markenrechte) entgegenstehen.

14.2.4.2 Nutzungsrechte

Welche → Nutzungsrechte am Account und (sicherheitshalber) auch an den Tweets übertragen werden, sollten beide Parteien im Eigeninteresse schriftlich niederlegen oder zumindest per E-Mail fixieren. Dies gilt vor allem dann, wenn der Verkauf wirtschaftlich relevant ist.

14.2.4.3 Haftung des Käufers

Schließlich sollte auch die Haftung des Käufers geregelt werden. Es ist also festzulegen, inwieweit er haftet, wenn der Verkäufer nach der Übertragung wegen des Twitter-Accounts in Anspruch genommen werden sollte.

14.2.4.4 Preis

Auch der Preis für den Account sollte im Vertrag vereinbart werden, wenn er nicht völlig unerheblich ist.

14.2.4.5 Zukünftiger Einsatz des Accounts

Sollte der Verkäufer den künftigen Einsatz des Accounts für bestimmte Zwecke ausschließen wollen (z.B. Glückspiel etc.), so kann er sich ein → Rücktrittsrecht einräumen lassen oder eine → Vertragsstrafe vorsehen.

14.2.4.6 Vorteilhafte Regelungen für Käufer

Für den Käufer ist es wichtig, dass alle für die Nutzung des Accounts erforderlichen Rechte auch wirksam übertragen werden und dann auch gegenüber dem Plattformbetreiber (hier also Twitter) eingefordert werden können. Dies kann wohl nur im Wege einer wirksamen Vertragsübernahme mit Zustimmung des Plattforminhabers erreicht werden.

Zum Thema »Verkauf von Accounts bei Internetplattformen« hat sich noch keine Rechtspraxis entwickelt – geschweige denn eine gesicherte Rechtsprechung. Es bleibt also spannend, was neue Urteile bringen.

15 WhatsApp: Kontakt zu Kunden per Instant Messaging

Zusammenfassung

WhatsApp hat als relativ simpler Instant Messenger, mit dem man einfach und kostengünstig Texte, aber auch Bilder und Videos an andere Smartphone-Besitzer versenden kann, die mobile Kommunikation revolutioniert. Zwischenzeitlich zählt WhatsApp 32 Millionen Nutzer in Deutschland und 800 Millionen weltweit. Die neue Entwicklung ist ein »Mahnmal« dafür, dass etablierte Player es verpasst haben, die Veränderungen durch die Digitale Transformation rechtzeitig zu erkennen und dem Kunden entsprechende Produkte anzubieten. So kommt es, dass Start-ups sich weit offene Märkte durch entsprechende Einfachheit, Benutzerfreundlichkeit und sozialer Vernetzung innewohnende Dynamiken erobern. WhatsApp ist also zunächst einmal ein beeindruckendes Phänomen, das von Facebook 2014 für – sage und schreibe – 19 Milliarden Dollar übernommen worden ist. Gleichzeitig steht WhatsApp aus teils nachvollziehbaren Gründen wegen der Missachtung datenschutzrechtlicher Standards und unterschiedlichen Sicherheitsrisiken in der Kritik. So verabschieden sich erste Nutzer aus genau diesen Gründen wieder von dem Dienst. WhatsApp ist bereits vom LG Berlin wegen unzulässiger Allgemeiner Geschäftsbedingungen und eines unzureichenden Impressums verurteilt worden (vgl. LG Berlin, Urteil vom 25.11.2014, Az. 15 O 44/13).

Trotz datenschutzrechtlicher Bedenken, die durch die Übernahme seitens Facebook noch verstärkt worden sind, nutzen immer mehr Menschen auch in Deutschland den Dienst mehrmals täglich. Immer mehr Unternehmen sehen diese Entwicklung hin zu mobiler Kommunikation und erwägen, Kanäle wie WhatsApp für das eigene Marketing bzw. entsprechende Kundenkommunikation und -support zu nutzen. Da solche Mobile Messaging Dienste tatsächlich einen neuen und direkten Zugang zum Kunden bieten, häufen sich die Berichte im Internet über erste Gehversuche von Unternehmen mit WhatsApp und über potenzielle Einsatzgebiete (vor allem im Bereich Kundensupport und -service).

15.1 WhatsApp und der Datenschutz

Welche datenschutzrechtlichen Grundsätze gelten, wenn Unternehmen WhatsApp einsetzen?

Diese einfach anmutende Frage stellt sich für Juristen schon insoweit als durchaus komplex dar, weil intensiv diskutiert wird, ob auf Mobile Messenger wie WhatsApp das Telekommunikationsgesetz (TKG) oder das Telemediengesetz (TMG) mit jeweils unterschiedlichen Regelungen anwendbar sind. Nachdem die Übertragung der Signale der Messenger eher die Aufgabe der Internetzugangsanbieter als diejenige von WhatsApp ist, lässt sich rein von technischer Seite ein Messenger-Dienst nur schwierig als Telekommunikationsdienst einordnen. Insoweit werden nachfolgend die eher passenden Vorschriften des Telemediengesetzes zugrunde gelegt.

Ob und wie deutsche Unternehmen WhatsApp zur Kundenkommunikation einsetzen dürfen, hängt entscheidend von der Frage ab, ob das deutsche Unternehmen gegebenenfalls für die Datenverarbeitung von WhatsApp, die den deutschen Datenschutzvorschriften wohl nicht entspricht, verantwortlich ist oder rechtlich eben allein die WhatsApp Inc. als Diensteanbieter für die Rechtskonformität zu sorgen hat. Relevant ist hier vor allem das Urteil des OVG Schleswig (Urteil vom 04.09.2014, Az. 4 LB 20/13). Das Gericht hat die datenschutzrechtliche Verantwortlichkeit des Betreibers einer Facebook-Seite abgelehnt, weil allein Facebook über die Datenverarbeitung entscheide. Das hier angeführte Argument, dass das Unternehmen weder rechtlich noch faktisch Einfluss auf die Datenverarbeitung von Facebook habe, ist unmittelbar auf WhatsApp übertragbar. Unternehmen, die über den Mobilen Messenger mit anderen Nutzern kommunizieren, haben keinerlei Einfluss auf die Datenverarbeitung. Das Landeszentrum für Datenschutz (ULD) hat mit spannender Begründung Revision gegen das Urteil eingelegt, woraufhin das Bundesverwaltungsgericht (BVerwG, Az. 1 C 28.14) dem Europäischen Gerichtshof mit Beschluss vom 25.02.2016 einige elementare Rechtsfragen zur Entscheidung vorgelegt hat. Die weitere Entwicklung sollte also unbedingt beobachtet werden.

Unter Berufung auf das Urteil des OVG Schleswig lässt sich derzeit jedoch wohl begründen, dass Unternehmen für die Datenverarbeitung seitens WhatsApp schlicht nicht verantwortlich sind und insoweit bei der Nutzung des Instant Messaging Dienstes natürlich auch nicht gegen deutsches Datenschutzrecht verstoßen können. Zentraler »Ansprechpartner« für die Datenschutzkonformität des Dienstes wäre mithin allein die WhatsApp Inc. in den USA.

Da im Datenschutzrecht zahlreiche Positionen umstritten sind, lässt sich bei Nutzung von WhatsApp aber durchaus auch eine datenschutzrechtliche (Mit-)Verantwortlichkeit des jeweiligen Unternehmens begründen. So weist das Unabhängige Landeszentrum für Datenschutz Schleswig-Holstein in seiner Revisionsbegründung gegen das Urteil des OVG Schleswig darauf hin, dass unter Zugrundelegung einer ökonomischen Sichtweise durchaus mehrere verantwortliche Stellen für Datenverarbeitungsvorgängen angenommen werden können. Geht man mit der entsprechenden Argumentation von einer datenschutzrechtlichen Mitverantwortlichkeit bzw. einer Mitstörerhaftung (vgl. Mantz, ZD 2014, S. 62 ff.) des Unternehmens bei der Nutzung von WhatsApp aus, ist fraglich, ob der Dienst überhaupt rechtskonform eingesetzt werden kann. Folgt man dieser Position, erscheint es für deutsche Unternehmen sicherer, eigene Messenger für Service und Support aufzubauen oder alternative Anbieter auszuwählen, die deutschem Datenschutzrecht genügen.

Angesichts der derzeitigen Unsicherheiten, sollten Unternehmen bei Einsatz von WhatsApp zumindest die wesentlichen Regelungen des TMG beachten, also z.B. ein ordentliches Impressum vorsehen (§5 TMG) und eine Datenschutzerklärung integrieren, die über Art, Umfang und Zwecke der Erhebung und Verwendung personenbezogener Daten sowie über die Verarbeitung der Daten in Staaten außerhalb des Anwendungsbereichs der Richtlinie 95/46/EG informiert (§13 TMG).

Wie bei vielen neuen Möglichkeiten, die die Digitale Transformation bietet, muss jedes Unternehmen für das jeweilige Anwendungsszenario unter individueller Abwägung der Chancen und Risiken über die Nutzung entscheiden. Dabei sind einzelne Szenarien denkbar (z.B. mit aufgeklärter Einwilligung), mit denen sich der Einsatz von WhatsApp durch Unternehmen rechtskonform gestalten lässt. Die Nutzung von WhatsApp ohne diese Vorkehrungen erscheint derzeit im Hinblick auf die »gefühlte« Vertraulichkeit der direkten Kommunikation und der anhaltenden Sicherheitsbedenken eher rechtlich kritisch.

15.2 Werbung und Kundenansprache über WhatsApp

Welche Vorgaben sind bei der Ansprache von (potenziellen) Kunden über WhatsApp zu beachten? Ist Werbung über WhatsApp zulässig?

Die Antwort auf diese Frage, richtet sich im Wesentlichen nach §7 Abs. 2 Nr. 3 UWG (Gesetz gegen den unlauteren Wettbewerb). Danach liegt eine unzumutbare Belästigung immer dann vor, wenn Werbung unter Verwendung einer automatischen Anrufmaschine, eines Faxgerätes oder elektronischer Post versandt wird, ohne dass eine vorherige ausdrückliche Einwilligung des Adressaten vorliegt. Unter Zugrundelegung der Definition von »elektronischer Post« in der europäischen Datenschutzrichtlinie für elektronische Kommunikation gilt diese Regelung für jede über ein öffentliches Kommunikationsnetz verschickte Text-, Sprach-, Ton- oder Bildnachricht, die im Netz oder im Endgerät des Empfängers gespeichert werden kann, bis sie von diesem abgerufen wird. Damit fallen wohl auch Nachrichten via WhatsApp als Mobilen Messenger unter diese Vorschrift.

Aufgrund der Anwendbarkeit von §7 Abs. 2 Nr. 3 UWG auf solche internen Nachrichten dürfte jede ohne vorherige ausdrückliche Einwilligung des Adressaten entsprechend zugeschickte Werbenachricht stets eine unzumutbare und damit unzulässige Belästigung darstellen. Konsequenterweise gelten hier dann auch die Verbote des §7 Abs. 2 Nr. 4 UWG für die Werbung mit einer Nachricht, bei der die Identität des Absenders, in dessen Auftrag die Nachricht übermittelt wird, verschleiert oder verheimlicht wird oder bei der keine gültige Adresse vorhanden ist, an die der Empfänger eine Aufforderung zur Einstellung solcher Nachrichten richten kann.

Erforderlich ist also eine aufgeklärte und ausdrückliche Einwilligung seitens des Nutzers in die Kontaktaufnahme mit dem Unternehmen. Die Einwilligung stellt sich insoweit unproblematisch dar, als der jeweilige Nutzer die Kontaktaufnahme im und über den Messenger selbst zulassen muss. Um auch eine aufgeklärte Einwilligung zu gewährleisten, sollten Unternehmen bei Aufforderung zur Kontaktaufnahme bzw. auch innerhalb des Dienstes die notwendigen Informationen vorsehen, wie und wozu der WhatsApp-Kontakt genutzt werden soll bzw. darüber aufklären, wie sich der Betroffene von der Kommunikation mit dem Unternehmen wieder »abmelden« kann.

15.3 Ist die Einbindung eines WhatsApp Sharing Buttons zulässig?

Der Einbau des Sharing Buttons, der das Teilen von Internetinhalten mit anderen WhatsApp-Nutzern erleichtert, erscheint – im Gegensatz zur Verwendung des Facebook Like Buttons (siehe Kapitel 8.3) – bei Beachtung einiger weniger rechtlicher Vorgaben unbedenklich.

Bei entsprechendem Einbau des Sharing Buttons als reiner Referrer Link werden bei der verweisenden Webseite keinerlei personenbezogene Daten verwendet. Der Vorgang ist damit datenschutzrechtlich unproblematisch.

15.4 Kann ein Unternehmen wegen Versendung unzulässiger Spamnachrichten abgemahnt werden?

Der Bundesgerichtshof hat die Nutzung einer sogenannten Tell-a-Friend-Funktion in seinem Urteil aus dem Jahr 2013 (Urteil vom 12.09.2013, Az. I ZR 208/12) unter bestimmten Voraussetzungen – insbesondere wenn ein konkreter (wirtschaftlicher) Anreiz zur Weiterempfehlung gegeben wird – als unzulässigen Spam des verantwortlichen Unternehmens (im Sinne von §7 Abs. 2 Nr. 3 UWG) angesehen (siehe auch Kapitel 7.2.1).

Auch wenn das Teilen von (kommerziellen) Inhalten in und über Mobile Messenger, die derzeit eher für private Kommunikation genutzt werden, teilweise als störend empfunden werden könnte, lassen sich die Grundsätze des oben genannten BGH-Urteils aus meiner Sicht jedoch aus folgenden Gründen nicht auf das Teilen über den WhatsApp Sharing Button übertragen:
- Zum einen stellt sich in entsprechenden Fällen allein der teilende Nutzer als Absender.
- Zum anderen greifen die Argumente zum Risiko massenhaften Missbrauchs beim Teilen über WhatsApp nicht so wie bei E-Mail Spam.

Die Integration des WhatsApp Sharing Buttons stellt sich aus diesen Erwägungen also als grundsätzlich zulässig dar.

15.5 Die Nutzungsbedingungen von WhatsApp

Die Terms of Service von WhatsApp (siehe http://www.whatsapp.com/legal/) erlauben ausdrücklich nur die private Nutzung des Dienstes und untersagen eine geschäftliche Verwendung, insbesondere, wenn dies zur Kundenwerbung geschieht (z. B. Nr. 3 C).

Erfahrungsgemäß wird WhatsApp aber nur sehr selten bei Verstößen gegen die Terms of Service tätig. In einzelnen bekannt gewordenen Fällen in den USA kam es bisher allenfalls zu einer Sperrung des jeweiligen WhatsApp-Accounts.

Nach den Terms of Service sollte Folgendes unterlassen werden:
- das Versenden von Werbung oder kommerzieller Kundenansprache,
- das Versenden von Spam und unaufgeforderten Nachrichten,
- die Übermittlung rechtsverletzender und unangemessener Inhalte,
- die (werbliche) Belästigung anderer Nutzer,
- wiederholte Verstöße gegen die Terms of Service,
- die Versendung von Nachrichten über ein automatisiertes System oder eine unautorisierte Applikation.

Da einer Sperrung üblicherweise eine Verwarnung vorausgeht, scheint das Risiko unmittelbarer Folgen seitens WhatsApp gering.

16 Social Media Recruiting: neue Mitarbeiter über XING, Facebook & Co.

> **Zusammenfassung** !
>
> Das Internet wird für die Gewinnung neuer Mitarbeiter immer wichtiger. Dabei setzen viele Unternehmen auf die verschiedenen Social Networks, in denen sich auch die Arbeitnehmer von Morgen tummeln.
> XING, Facebook & Co. bieten neue Optionen, sich in Zeiten drohenden Fachkräftemangels als attraktiver Arbeitgeber darzustellen, interessante Kandidaten zu identifizieren, sich weitergehende Informationen über etwaige Bewerber in den Sozialen Netzwerken zu beschaffen oder diese direkt zu adressieren. Diese Entwicklung entspricht ein Stück weit dem Trend, dass sich auch Mitarbeiter im Sinne des »Personal Branding« teilweise selbst gezielt mit ihren Qualitäten für potenzielle Arbeitgeber im Internet und auch auf Social Networks darstellen. Selbstverständlich sollten Unternehmen bei all dem die wichtigsten rechtlichen Rahmenbedingungen kennen und beachten. Dieses Kapitel skizziert deshalb die zentralen rechtlichen Vorgaben, vor allem auch datenschutzrechtliche Grenzen, die bei Social Media Recruiting beachtet werden sollten.

16.1 Arbeitnehmerdatenschutz: Wie weit darf die Internetrecherche über Mitarbeiter gehen?

Für Arbeitgeber spielt die Frage, wo und wie im Internet über (potenzielle) Mitarbeiter recherchiert werden darf, im Bewerbungsverfahren wie auch im Beschäftigungsverhältnis eine wichtige Rolle.

Datenschutzrechtlich ist die Zulässigkeit von Internetrecherchen noch nicht abschließend geklärt. Die daraus resultierenden Unsicherheiten für Arbeitgeber hat auch der Gesetzgeber erkannt und wollte mit der Neuregelung zum Beschäftigtendatenschutz Klärung schaffen. Doch das Gesetzgebungsvorhaben wurde wieder von der Tagesordnung genommen und liegt wohl vorerst auf Eis.

Die Frage, was in datenschutzrechtlicher Hinsicht zulässig ist bei der Recherche über Bewerber und Beschäftigte im Internet, ist für die Praxis aber natürlich auch aktuell schon ein wichtiges und nicht zu unterschätzendes Thema. Denn bei einem Verstoß drohen neben aufsichtsrechtlichen Sanktionen Schadensersatzansprüche der Betroffenen und eine Beeinträchtigung der Reputation eines Unternehmens.

16.1.1 Bewerberrecherche in Sozialen Netzwerken: aktuelle Rechtslage

Das aktuell einschlägige Bundesdatenschutzgesetz (BDSG) schützt personenbezogene Daten. Das sind alle Informationen über die persönlichen oder sachlichen Verhältnisse (z.B. Alter, Lebenslauf, Qualifikationen, Herkunft, Krankheiten usw.) der betroffenen natürlichen Person. Gemäß §3 Abs. 11 Nr. 7 BDSG gehören auch Bewerber ausdrücklich zu dem insoweit geschützten Personenkreis. Solche Informationen dürfen demnach nur erhoben, verarbeitet oder genutzt werden, wenn das Bundesdatenschutzgesetz dies ausdrücklich erlaubt.

Man stelle sich vor, ein Bewerber ausländischer Herkunft wird im Vorstellungsgespräch auf einige beschränkt zugängliche Erkenntnisse aus Facebook oder sogar auf das ausgedruckte Facebook-Profil angesprochen, dann aber doch abgelehnt. Schnell könnte hier der Vorwurf aufkommen, man habe ihn via Facebook »ausspioniert« und nur wegen seiner ausländischen Herkunft abgelehnt. So sind auch viele andere Fälle denkbar, bei denen Diskriminierungstatbestände (z.B. Rasse, ethnische Herkunft, Geschlecht, Religion oder Weltanschauung, Behinderung, Alter, sexuelle Identität) aus dem Allgemeinen Gleichbehandlungsgesetz (AGG) greifen könnten. Neben rechtlichen Konsequenzen ist dann bei einer weitergehenden Berichterstattung im Internet oder in Printmedien eben auch eine Beschädigung des Rufs des Unternehmens durchaus wahrscheinlich.

Wie weit darf die Internetrecherche über Mitarbeiter gehen? 16

16.1.2 Praxistipps für eine datenschutzkonforme Recherche

Im Hinblick auf die unternehmenseigene Compliance empfehlen wir gerade mittleren und größeren Unternehmen, die eigene Personalabteilung entsprechend zu sensibilisieren bzw. ihr verständliche Richtlinien an die Hand zu geben, um auch in Zukunft rechtskonform nach Bewerbern und Mitarbeitern »suchen« zu können. Nachfolgend ein paar Tipps, wie Unternehmen angesichts der derzeit noch existierenden unsicheren Rechtslage mit der Thematik umgehen sollten.

1. Informieren und Sensibilisieren
Zunächst muss im Unternehmen, vor allem im Bereich Human Resources, das Bewusstsein dafür, dass eine Recherche im Internet über Bewerber und Mitarbeiter nur eingeschränkt zulässig ist, geschärft werden. Dies ist vielen Mitarbeitern der Personalabteilungen oft überhaupt nicht bekannt. Bei einer Recherche zu Bewerbern und Mitarbeitern im Internet handelt es sich um eine Datenerhebung i.S. von §3 Abs. 3 BDSG. Die Erhebung ist, da es sich um keine Direkterhebung handelt, nur zulässig, soweit eine Rechtsvorschrift sie gestattet. §32 Abs. 1 BDSG erlaubt eine Datenverarbeitung, wenn sie für die Entscheidung über die Begründung, Durchführung oder Beendigung eines Beschäftigungsverhältnisses erforderlich und insgesamt verhältnismäßig ist. Daneben ermächtigt §28 Abs. 1 Nr. 3 BDSG (unabhängig von dem Bestehen eines Arbeitsverhältnisses) dazu, »allgemein zugängliche« Daten zu erheben, wenn keine überwiegenden Interessen des Betroffenen dagegensprechen. Wichtig ist also zu beachten, dass nur unter diesen Bedingungen eine Recherche im Internet zulässig ist. Neben der Recherche stellt sich dann die weitere Frage, welche Informationen gespeichert bzw. anderweitig zu den Personal- oder Bewerberakten genommen werden dürfen bzw. sollen. Auch hierfür sollte eine entsprechende rechtliche Legitimation vorliegen.

2. Recherche nur über Suchmaschinen und in berufsorientierten Netzwerken
Wo im Internet recherchiert werden darf, richtet sich danach, was unter »allgemein zugänglichen Daten« i.S. von §28 BDSG zu verstehen ist. Anerkannt ist, dass davon jedenfalls Informationen, die frei verfügbar über Suchmaschinen sind, erfasst sind. Schwieriger gestaltet sich die Frage, ob Daten in Sozialen Netzwerken »allgemein zugänglich« sind und damit auch hier die

Recherche grundsätzlich zulässig ist. Allgemein zugänglich sind wohl Informationen, die auch ohne Anmeldung abrufbar sind. Ob jedoch auch Daten, die erst nach erfolgter Anmeldung verfügbar sind, »allgemein zugänglich« sind, ist umstritten. Dabei wird zum Teil zwischen berufs- und freizeitorientierten Netzwerken unterschieden. Dass die Recherche in **berufsorientierten Netzwerken** wie LinkedIn und XING zulässig sein soll, leuchtet ein, hat hier doch der Arbeitnehmer gerade für mögliche künftige Arbeitgeber Informationen bereitgestellt. Was die Recherche in **freizeitorientierten Sozialen Netzwerken** betrifft, besteht Einigkeit nur insoweit, dass jedenfalls keine Informationen erschlichen werden dürfen. Daten, die gezielt nur einem beschränkten Kreis an »Freunden« zugänglich sind, sind nämlich eindeutig nicht »allgemein zugänglich«. Anderes gilt, wenn Daten innerhalb eines Netzwerks frei zugänglich sind: Hier kann mit guten Argumenten vertreten werden, dass es sich um keinen geschützten Bereich handelt: Die Anmeldung ist unproblematisch jedem möglich und daher sind auch die Daten »allgemein zugänglich«. Auch kann ein Einverständnis in die Nutzung überwiegend privat genutzter Netzwerke wie Facebook oder Google Plus angenommen werden. Andere bestreiten dies und betonen, dass sämtliche Daten in einem freizeitorientierten sozialen Netzwerk eben nur für private Zwecke zur Verfügung stünden und hier die Interessen des Betroffenen an einer privaten Nutzung die Interessen des Arbeitgebers überwögen. Da eine klarstellende Regelung durch den Gesetzgeber nicht absehbar ist, empfiehlt es sich für die Praxis, die Recherche über Bewerber und Beschäftigte auf das unproblematisch Zulässige zu beschränken.

3. Beachtung der Nutzungsbedingungen des sozialen Netzwerks
In den AGB mancher sozialer Netzwerke findet sich ein Verbot, die gespeicherten Informationen für die Personaldatenerhebung durch Arbeitgeber zu verwerten (z.B. in den AGB von StudiVZ). Wenn dies der Fall ist, ist auch aus diesem Grund eine gezielte Recherche über Bewerber und Mitarbeiter unzulässig.

4. Hinweis auf Recherche im Bewerbungsverfahren
Um Transparenz zu erzeugen, empfiehlt es sich, potenzielle Bewerber auf geplante Recherchen und die Praxis im Unternehmen hinzuweisen (z.B. in der Stellenausschreibung, in der Eingangsbestätigung oder im Bewerbungsgespräch). Gegebenenfalls könnte an geeigneter Stelle auch eine Einwilligung

zur Recherche bei XING, Facebook & Co. eingeholt werden. Dies ermöglicht es auch, Missverständnisse und Fehlurteile aufgrund falsch zugeordneter Profile zu verhindern.

5. Keine gezielte Recherche nach dem Privatleben von Arbeitnehmern
Der Arbeitgeber ist grundsätzlich nicht berechtigt, die privaten Aktivitäten seiner Arbeitnehmer im Internet zu überwachen. Er hat jedoch ein berechtigtes Interesse daran sicherzustellen, dass weder unsachgemäße Kritik über das Unternehmen noch Firmengeheimnisse verbreitet werden. Als zulässig wird daher auch die Suche nach Informationen über das eigene Unternehmen erachtet. Stößt der Arbeitgeber dabei auf Schmähkritik, Whistleblowing oder den Verrat von Geschäftsgeheimnissen durch einen Arbeitnehmer, darf er diese Informationen auch speichern und weiterverarbeiten. Denn solche Informationen sind für das Arbeitsverhältnis von Belang. Sie berechtigen unter Umständen sogar zu einer Kündigung. Hingegen werden bei einer umfassenden und gezielten Recherche über das Privatleben eines Arbeitnehmers in der Regel dessen private Interessen überwiegen, so dass ein solches Vorgehen datenschutzwidrig ist. Dabei ist jedoch danach zu differenzieren, um welche Art Arbeitsverhältnis es sich handelt. Gefragt werden muss, ob nicht berechtigte Interessen des Unternehmens bestehen, die im konkreten Fall die Datenerhebung zum Schutz unternehmerischer Interessen erforderlich machen.

6. Rücksicht auf Privatsphäre, Meinungsfreiheit und Antidiskriminierungsgesetz
Wie bereits im vorherigen Aufzählungspunkt angedeutet, ist es sehr wichtig, bei der Recherche über Suchmaschinen und in Sozialen Netzwerken, den Schutz der Privatsphäre von Arbeitnehmern und Bewerbern zu beachten. Höchstpersönliche Daten, wie z.B. solche über das Intimleben, die finanzielle Situation oder die Religion dürfen grundsätzlich nicht erhoben werden. Auch dürfen solche Informationen nicht in die Entscheidung über die Begründung eines Arbeitsverhältnisses einfließen. Bei privaten Äußerungen in Sozialen Netzwerken gilt es besonders, die Privatsphäre und die Meinungsfreiheit zu berücksichtigen. Sobald diese betroffen sind, ist eine Erhebung wegen überwiegender Interessen der Arbeitnehmer unzulässig.

7. Formulierung von Leitlinien für die datenschutzgerechte Recherche
Da die Rechtslage komplex ist, empfiehlt es sich für Arbeitgeber, die verstärkt Soziale Netzwerke für Recherchezwecke nutzen (wollen), konkrete Leitlinien für eine datenschutzgerechte Recherche zu formulieren.

16.1.3 Ausblick: das neue Arbeitnehmerdatenschutzrecht

Wie oben dargestellt, liegt der aktuelle Entwurf zur Weiterentwicklung des Arbeitnehmerdatenschutzrechts derzeit »auf Eis«. Da der Entwurf (nachfolgend BDSG-E abgekürzt) aber weiter in der Diskussion ist und insofern mehr oder weniger verändert Gesetz werden kann und vor allem ausdrückliche Wertungen bezüglich der Bewerberrecherche in den sozialen Medien trifft, soll er nachfolgend zumindest kurz skizziert werden:

In §§ 32 bis 32 b BDSG-E werden die Datenerhebung und Verarbeitung vor Begründung des Beschäftigungsverhältnisses (also in der Bewerbersituation) geregelt. Danach darf der potenzielle Arbeitgeber Informationen grundsätzlich dann erheben, soweit die Kenntnis dieser Daten für ihn erforderlich ist, um die Eignung des Beschäftigten (persönliche und fachliche Fähigkeiten, Ausbildung und Werdegang etc.) für die vorgesehenen Tätigkeiten festzustellen. Als Datenerhebung gilt jede gezielte Recherche nach einer Person (also auch das gezielte »Hineinschauen« in ein Social Media-Profil) und nicht erst die Speicherung oder andere Dokumentation. In § 32 Abs. 6 Satz 3 BDSG-E wird eine bereits viel diskutierte und kritisierte Differenzierung zwischen »freizeitorientierten Netzwerken« (wie Facebook, YouTube & Co.) und »berufsorientierten Netzwerken« (wie XING oder LinkedIn) vorgenommen. Während Arbeitgeber danach bei XING etwa gezielt recherchieren dürfen, soll eine Datenerhebung bei oder über Facebook verboten sein (siehe hierzu auch die nachfolgende Tabelle).

Wie weit darf die Internetrecherche über Mitarbeiter gehen? 16

Arbeitnehmerdatenschutz in Sozialen Netzwerken

Gezielte Recherche in Sozialen Netzwerken nach ...

Bewerbern		Arbeitnehmern
in:		
Freizeitorientierten Netzwerken, z. B. • Facebook • Twitter • YouTube • MySpace • StayFriends	Berufsorientierten Netzwerken • XING • LinkedIn	Freizeit- und berufsorientierten Netzwerken
→ Recherche verboten	→ Recherche zulässig	→ Grundsatz: Recherche nur zulässig, wenn zur Verhaltenskontrolle erforderlich
		Sonderregelungen: • Recherche zulässig, wenn Verdacht einer Straftat oder schwerwiegender Pflichtverletzung besteht (§32e BDSG) • Stichprobenartige Kontrolle zulässig, wenn Privatnutzung des Internets verboten (§32i BDSG)

Tatsächlich erscheint die Differenzierung zwischen berufs- und freizeitorientierten Netzwerken arg konstruiert. Gerade im Hinblick auf die in Sozialen Netzwerken immer schwieriger werdende Differenzierung zwischen Privat- und Berufsleben ist die vorgesehene Klausel nur wenig praxisnah.

Dennoch werden sich die Unternehmen früher oder später mit diesen Vorgaben auseinandersetzen und gangbare Wege suchen müssen. Auf einem meiner Vorträge wurde kürzlich eingeworfen, dass man die Recherche in Social Networks in der Regel ja ohnehin nicht nachweisen könne und man daher ja ruhig weiter »hineinschauen« könne. So einfach ist es aber leider nicht. Zum einen sollte die Geschäftsleitung schon aus Compliance-Gesichtspunkten darauf bedacht sein, dass auch im Personalbereich Daten von Bewerbern und Arbeitnehmern nur im Rahmen des rechtlich Zulässigen erhoben werden. Auch die Nutzung etwaiger Daten ist natürlich nur erlaubt, wenn diese rechtmäßig erhoben worden sind. Erwähnt ein Unternehmensvertreter (z. B. bei einem Einstellungsgespräch oder im Rahmen einer Kündigung) Erkenntnisse, die unzulässiger Weise in Sozialen Netzwerken gewonnen worden sind oder werden diese Daten in der Personalakte verzeichnet, droht einiges Ungemach.

Neben möglichen Unterlassungs- und Schadenersatzansprüchen des betroffenen Arbeitnehmers können strafrechtliche Sanktionen sowie Bußgelder nach §43 BDSG oder §149 TKG drohen. Teilweise wird sogar vertreten, dass die datenschutzwidrig erhobenen Informationen (zumindest bei einer erheblichen Rechtsverletzung) ein Beweisverwertungsverbot begründen würden und somit in einem etwaigen Kündigungsprozess nicht berücksichtigt werden dürften. Hinzu kommt, dass die immer häufigere Aufdeckung von »Datenschutzskandalen« regelmäßig zu sehr schlechter Presse führt. Eine hinreichende Sensibilität für diesen Themenkomplex ist demnach durchaus angebracht.

In der Praxis zeigt sich, dass doch einige Sachverhalte auch über eine Zustimmung der Bewerber oder Arbeitnehmer zulässigerweise dargestellt werden können. Bei Beachtung der oben dargestellten Praxistipps dürften sich zahlreiche Social-Media-Recruiting-Ansätze rechtskonform darstellen lassen.

16.2 Active Sourcing: Abwerbung von Mitarbeitern in Sozialen Netzwerken

Neben eher datenschutzrechtlich geprägten Fragen, ob und unter welchen Voraussetzungen Unternehmen (bzw. deren Personaldienstleister) die Daten potenzieller Mitarbeiter erheben und verwerten bzw. diese direkt über das jeweilige soziale Netzwerk »ansprechen« dürfen, können – wie ein aktuelles Urteil des LG Heidelberg zeigt – unter Umständen auch wettbewerbsrechtliche Fragen relevant werden.

Active Sourcing: Abwerbung von Mitarbeitern in Sozialen Netzwerken 16

Im Gesetz gegen den unlauteren Wettbewerb (UWG) ist nämlich unter anderem geregelt, inwiefern und wie Mitarbeiter eines Wettbewerbers angesprochen bzw. abgeworben werden dürfen. Diese wettbewerbsrechtlichen Grenzen gelten selbstverständlich auch beim Recruiting in und über Social-Media-Plattformen.

Die nachfolgende Entscheidung des LG Heidelberg zeigt, dass eine unzulässige Ansprache oder Kontaktaufnahme auch rechtlichen Konsequenzen haben kann.

> **Beispiel: LG Heidelberg zum Recruiting via Social Networks** !
>
> Ein Personaldienstleistungsunternehmen im Bereich der IT-Branche hatte gegen einen Wettbewerber geklagt, weil dieser versucht hatte, Mitarbeiter in angeblich wettbewerbswidriger Art und Weise abzuwerben. Der Konkurrent hatte Mitarbeiter der Klägerin über XING mit folgenden Worten angeschrieben:
> »Sie wissen ja hoffentlich, in was für einem Unternehmen Sie gelandet sind. Ich wünsche Ihnen einfach mal viel Glück. Bei Fragen gebe ich gerne Auskunft.«
> Zunächst außergerichtlich abgemahnt, hatte der Beklagte den wettbewerbsrechtlichen Verstoß nicht eingesehen und demnach auch keine entsprechende Unterlassungserklärung abgegeben. Die Klägerin hat daher vor dem LG Heidelberg (Urteil vom 23.05.2012, Az. 1 S 58/11) auf Unterlassung und Erstattung der Anwaltskosten geklagt.
> Das Gericht sah die Kontaktaufnahme mit den Mitarbeitern als geschäftliche Handlung des Beklagten i.S. von § 8 Abs. 1 UWG an. Das XING-Profil, von dem die »Ansprache« der Mitarbeiter ausgegangen war, sei im vorliegenden Fall nicht als reines Privatprofil anzusehen. Die Heidelberger Richter sind dabei offensichtlich aufgrund der Verwendung des Firmennamens im Profil und dem Hintergrund der Ansprache von einem objektiven Anschein einer unternehmensbezogenen Tätigkeit ausgegangen.
> Das Gericht wertete die obenstehende Aussage als Herabsetzung der Klägerin (§ 4 Nr. 7 UWG): Solche abwertenden Bemerkungen seien vorliegend sachlich nicht gerechtfertigt und griffen deshalb unverhältnismäßig in das Interesse der Klägerin an einer angemessenen Darstellung in der Öffentlichkeit ein. Damit sei auch der Abwerbeversuch insgesamt als gezielte Behinderung eines Wettbewerbers gemäß § 4 Nr. 10 UWG rechtswidrig.
> Der Beklagte wurde demgemäß zur Unterlassung und zum Ersatz der Abmahnkosten (§ 12 Abs. 1 Nr. 2 UWG) verurteilt.

Wenn Unternehmen selbst oder über Personalagenturen versuchen, Mitarbeiter ihrer Wettbewerber über soziale Medien abzuwerben, sind stets die oben dargestellten Grundsätze zur Zulässigkeit entsprechender Recruiting-Maßnahmen zu beachten.

Spannend ist die oben skizzierte Entscheidung des LG Heidelberg vor allem, weil das Urteil sich als eine der ersten Entscheidungen in Deutschland mit der Frage der Einordnung eines Social-Media-Profils befasst. In zahlreichen meiner Workshops wird gefragt und diskutiert, ob und unter welchen Umständen Mitarbeiterprofile als privat bzw. als dienstlich anzusehen sind.

Bei dem im Fall in Rede stehenden XING-Profil ist das LG Heidelberg mit nachvollziehbarer Argumentation davon ausgegangen, dass die Nennung des Firmennamens im Profil und der Zweck der spezifischen Kontaktaufnahme (sprich: Abwerbeversuch) als geschäftliche Handlung zu werten waren. Möglicherweise könnten auch weitere Indizien, wie z.B. das Versenden während der Arbeitszeit oder über die IT-Infrastruktur des Unternehmens, bei entsprechenden Fragen herangezogen werden.

Liegt eine geschäftliche Handlung vor, so sind sämtliche Regularien des Wettbewerbsrechts relevant. Da dies den meisten Mitarbeitern nicht bewusst sein wird, raten wir Unternehmen zur Einführung entsprechender Social-Media-Richtlinien, die für diese Problematik sensibilisieren.

16.2.1 Rechtliche Grenzen des Abwerbens aus wettbewerbsrechtlicher Sicht

Das Abwerben fremder Mitarbeiter ist auch bei einem planmäßigen Vorgehen grundsätzlich zulässig. Erst bei Hinzutreten besonderer Umstände, wie der Verfolgung eines verwerflichen Zwecks oder bei Einsatz verwerflicher Mittel oder Methoden, stellt sich der Abwerbeversuch als wettbewerbswidrig dar.

Ein verwerflicher Zweck wird etwa angenommen, wenn das Ziel der Abwerbung primär eine Behinderung oder Ausbeutung des anderen Unternehmens ist. Unzulässige Mittel und Methoden werden von der Rechtsprechung unter anderem in folgenden Fällen angenommen:

- Verleitung zum Vertragsbruch (z. B. wenn ein nachvertragliches Wettbewerbsverbot existiert),
- irreführende oder herabsetzende Äußerungen,
- unwahre Aussagen über geplante Personalmaßnahmen,
- Überrumpelung oder Androhung von Nachteilen,
- leere Versprechungen oder Versprechen rechtswidriger Vorteile.

Weitergehende Beschränkungen können bestehen, wenn die beiden Konkurrenten in einem Vertragsverhältnis stehen oder aktuell Vertragsverhandlungen führen. Gegebenenfalls wird dann von der Rechtsprechung ein besonderes Vertrauensverhältnis angenommen, welches nicht nur Unterlassungs- und Schadenersatzansprüche, sondern unter Umständen sogar einen Verrat von Betriebs- und Geschäftsgeheimnissen (§ 17 UWG) begründen kann.

16.2.2 Rechtliche Grenzen des Abwerbens nach dem UWG

Neben den obenstehenden Vorgaben, die schlussendlich nur die Wettbewerber vor zu aggressiven Abwerbeversuchen schützen sollen, ist im Hinblick auf das Active Sourcing noch zu untersuchen, ob und auf welchem Weg man die Bewerber ansprechen darf, ohne in deren Rechte unzulässig einzugreifen. Für den Bereich der Werbung regelt § 7 UWG die Frage, unter welchen Voraussetzungen ein Unternehmen je nach Kanal (Brief, Telefon, E-Mail) potenzielle Kunden im Sinne einer Kaltakquise adressieren darf. Es spricht jedoch einiges dafür, dass die Restriktionen des § 7 UWG auch im Bereich des Active Sourcing gelten, so dass zumindest im Rahmen der Ansprache per Telefon oder E-Mail eine vorherige Zustimmung des Abzuwerbenden nötig ist – eine Voraussetzung, die das Active Sourcing als solches in Frage stellt.

Von Recruitern wird häufig eingewandt, dass die Angesprochenen doch ein Interesse an einem interessanten Jobangebot haben dürften. Das ist natürlich richtig. Insofern ist auch das Risiko, dass sich ein angesprochener Jobkandidat, der sich in der Regel ja eher »geschmeichelt« fühlt, gegen eine unaufgeforderte Kontaktaufnahme über § 7 UWG zur Wehr setzt, tatsächlich verschwindend gering. Dennoch kann mangels entsprechender Rechtsprechung nicht ausgeschlossen werden, dass die Geltendmachung eines Unterlassungsanspruchs durch einen Jobkandidaten, der sich gegen die unaufgeforderte Kontaktaufnahme z.B. per E-Mail wehrt, vor Gericht erfolgreich durchgesetzt werden könnte. Insbesondere ist es bei (zu) aggressiver und wiederholter unerwünschter Kontaktaufnahme durchaus denkbar, dass eine entsprechende anwaltliche Abmahnung ausgesprochen wird. Daher wird empfohlen, etwaige Anfragen möglichst individuell und persönlich zu gestalten und vor allem nicht penetrant zu wiederholen. Dann ist das rechtliche Risiko als verschwindend gering anzusehen. Da darüber hinaus auch keine spezifische Rechtsprechung existiert, ließen sich selbst im Falle einer gerichtlichen Auseinandersetzung noch einige gute Argumente finden, die der Anwendbarkeit der »Spam«-Vorschriften des §7 UWG bei Active Sourcing entgegenstehen.

Dies alles zeigt: Zweifellos stellen sich auch beim Social Media Recruiting einige zentrale rechtliche Fragen. Meine Erfahrung in der rechtlichen Begleitung entsprechender Aktivitäten verschiedener Unternehmen und Branchen zeigt jedoch, dass bei einer entsprechend bewussten Herangehensweise und der Beachtung der oben dargestellten (datenschutz-)rechtlichen Grundsätze etwaige Risiken kontrollier- und kalkulierbar sind und unter diesen Prämissen die Vorteile des Einsatzes modernen Internets auch bei der Bewerberrecherche und -gewinnung die potenziellen Nachteile deutlich überwiegen.

17 Enterprise Social Networks

17.1 Was Blogs, Wikis & Social Networks im Intranet leisten können

Immer mehr Unternehmen beschäftigen sich damit, die Werkzeuge der Sozialen Medien für ihre Zwecke nutzbar zu machen und sie ins eigene Intranet zu integrieren.

> **Tipp: Für den ersten Überblick**
>
> Enterprise-2.0-Lösungen werden von vielen Anbietern mit unterschiedlichen technischen Ansätzen und Lösungen angeboten. Eine ausgezeichnete erste Übersicht findet sich in dem Artikel »Marktübersicht Firma 2.0« von Jörg Wittkewitz bei den Blogpiloten unter http://www.blogpiloten.de/2010/01/07/marktubersicht-firma-20/.

Neben typischen Enterprise-2.0-Werkzeugen, wie Mitarbeiter- und Projektblogs, unternehmensinternen Wikis oder Social Networks können auch Empfehlungs- oder Bewertungsfunktionalitäten, Social-Bookmarking-Anwendungen oder RSS-Reader im Unternehmen wertvolle Dienste leisten.

Mittlere und größere Unternehmen werden früher oder später nicht umhinkommen, sich mit den neuen Tools zu beschäftigen, vielleicht sogar als besondere Chance in wirtschaftlich schwierigen Phasen. Enterprise 2.0 bietet gerade in Zeiten des immer schnelleren Wandels neue Möglichkeiten,

- das Wissen des Netzwerkes abzubilden und zu »managen«,
- Menschen zu vernetzen,
- Aufgaben im oder über das Netzwerk zu bewältigen,
- effizienter zu arbeiten,
- die Mitarbeiter stärker zu beteiligen,
- die Identifikation der Mitarbeiter mit dem Unternehmen und die Zufriedenheit zu erhöhen.

Einige der genannten Faktoren sind elementar, um Unternehmen in unserer heutigen Wissensgesellschaft innovations- und damit auch wettbewerbsfähig zu machen. Studien zeigen die rasante Entwicklung des Enterprise-

2.0-Phänomens in den USA, die auch durch die wachsende Anzahl an Online Tools dazu belegt wird.

> **Beispiel: Großkonzerne gehen voran**
>
> Berichte verschiedener Intranet-Verantwortlicher größerer Unternehmen (wie z. b. adidas, IBM oder der Deutschen Bank) zeigen, dass in vielen Unternehmen an der Integration von Enterprise-2.0-Anwendungen gearbeitet wird bzw. diese schon mehr oder weniger erfolgreich im Unternehmen eingesetzt werden. Aufgrund verschiedener Analysen kann man sagen, dass zahlreiche Unternehmen in Amerika offensichtlich schon deutlich weiter sind.

17.2 Rechtliche Probleme beim Einsatz der Werkzeuge

Der oft auch als Enterprise 2.0 bezeichnete Einsatz von Werkzeugen der Sozialen Medien im Unternehmen wird z. B. von Wikipedia wie folgt definiert:

> *Enterprise 2.0 bezeichnet den Einsatz von Sozialer Software zur Projektkoordination, zum Wissensmanagement und zur Innen- und Außenkommunikation in Unternehmen. Diese Werkzeuge fördern den freien Wissensaustausch unter den Mitarbeitern, sie erfordern ihn aber auch, um sinnvoll zu funktionieren. Der Begriff umfasst daher nicht nur die Tools selbst, sondern auch eine Tendenz der Unternehmenskultur – weg von der hierarchischen, zentralen Steuerung und hin zur autonomen Selbststeuerung von Teams, die von Managern eher moderiert als geführt werden.*

Bereits diese Definition zeigt deutlich, dass beim Einsatz der Tools im Unternehmen einige rechtliche Implikationen zu beachten sind. Neben urheberrechtlichen Gesichtspunkten müssen die Unternehmen insbesondere auch arbeits- und datenschutzrechtliche Regelungen im Auge behalten. Damit bedarf es nicht nur eines »Loslassen-Könnens« seitens der Unternehmensführung und des Aufbaus einer möglichst dezentralen Struktur, um Enterprise-2.0-Lösungen erfolgreich im Unternehmen zu integrieren. Ein Erfolgsfaktor ist auch ein rechtlich abgesichertes Konzept, nicht zuletzt, um internen Bedenken Einzelner entgegenzuwirken. Unternehmen sollten sich wegen der (oft eher unspezifischen) rechtlichen Hindernisse nicht abhalten lassen, solche innovativen und effizienzsteigernden Werkzeuge einzusetzen. Auch wenn in diesem Bereich einiges noch nicht abschließend geklärt ist, sind rechtliche Risiken absolut kontrollierbar, wenn man Grundsätze beachtet, mit denen ich mich nachfolgend auseinandersetze. Rechtlichen Einwänden, die bisweilen von einzelnen Mitarbeitern oder oft auch vom Betriebsrat geäußert werden, kann mit Regelungen und Sicherheitsvorkehrungen Rechnung werden. Oft können Bedenken ganz einfach durch Aufklärung und entsprechende Erfahrungswerte ausgeräumt werden.

Ein wesentliches Erfolgskriterium eines jeden Enterprise-2.0-Projekts ist die Akzeptanz der eigenen Mitarbeiter. Die Erfahrungen verschiedener Startups aus der Social-Media-Szene haben gezeigt, dass unter anderem auch die rechtliche Gestaltung entscheidend dafür ist, ob die Kunden im Internet eine Plattform annehmen oder nicht. Da eine Enterprise 2.0 ohne die Partizipation der Mitarbeiter nicht funktioniert, sollte das Unternehmen hier ebenso frühzeitig und transparent auf geäußerte (teilweise unspezifische) datenschutz-, urheber- oder arbeitsrechtliche Bedenken eingehen. Grundvoraussetzungen hierfür sind Aufklärung und eine rechtliche Gestaltung, die Erfahrungen aus den Sozialen Medien berücksichtigt. Sie schaffen die notwendige Akzeptanz bei den Mitarbeitern und erzeugen so die notwendigen Pull-Mechanismen.

Im Zusammenhang mit Enterprise 2.0 sind verschiedene Rechtsthemen von Relevanz, die bisweilen durcheinandergebracht werden. Deshalb hier zunächst eine Übersicht der Bereiche, die beachtet werden sollten:
- Datenschutzrecht
- Datensicherheit
- Urheberrecht
- Recht am eigenen Bild
- Arbeitsrecht

17.2.1 Hürden des Datenschutzes nehmen

Es scheint so, als stünden dem Einsatz von Werkzeugen wie z.B. Social Networks oder Wikis in Unternehmen viele datenschutzrechtliche Bedenken im Wege. Die meisten Probleme erledigen sich jedoch bei der Beachtung einiger weniger Grundsätze. Die Vorteile der Integration dieser Werkzeuge wiegen den Aufwand, der für eine datenschutzkonforme Gestaltung betrieben werden sollte, aus meiner Sicht zumindest mittelfristig ohne Weiteres auf.

17.2.1.1 Die sichere Seite: Einwilligung der Arbeitnehmer

Im internationalen Vergleich hat Deutschland mit seinen Datenschutzgesetzen einen hohen Schutzstandard. Datenschutz in Deutschland bedeutet vor allem: Jedermann hat das Recht auf informationelle Selbstbestimmung. Jeder soll also darüber bestimmen können, was mit seinen sogenannten personenbezogenen Daten passieren darf.

Personenbezogene Daten sind alle Informationen, die einer bestimmten oder bestimmbaren natürlichen Person (ggf. mithilfe Dritter) zugeordnet werden können. Dies sind neben Namen, Postadresse, E-Mail-Adresse auch Beruf, Hobbies, berufliche Fehlzeiten, Informationen aus der Personalakte und noch vieles mehr.

Im Gegensatz dazu ist der Umgang mit sonstigen, also anonymen Daten, grundsätzlich nicht beschränkt.

Das Thema Datenschutz ist im Zusammenhang mit vielen Enterprise-2.0-Tools, wie der Einführung eines internen Social Networks oder eines internen Wikis relevant. Hier stellt sich z. B. die Frage, ob man Informationen über die eigenen Mitarbeiter einfach im Intranet in Form von YellowPages oder eben eines internen Social Networks veröffentlichen darf. Da es (jedenfalls derzeit), bis auf das → Erforderlichkeitsprinzip des §32 BDSG, keine speziellen Regeln zum Arbeitnehmerdatenschutz gibt, muss man bei der rechtlichen Prüfung auf die allgemeinen Gesetze, also das → Bundesdatenschutzgesetz (BDSG), die Landesdatenschutzgesetze und das → Telemediengesetz (TMG) zurückgreifen.

Im Datenschutzrecht gilt ein sogenanntes Verbot mit Erlaubnisvorbehalt. Das heißt: Personenbezogene Daten darf man grundsätzlich nicht speichern oder sonst wie verarbeiten, wenn dies nicht entweder von einer gesetzlichen Vorschrift ausdrücklich erlaubt ist, oder der Betroffene der jeweiligen Datennutzung ausdrücklich zugestimmt hat. Eine solche gesetzliche Vorschrift, die diese Erlaubnis vorsehen könnte, kann bei Enterprise 2.0 lediglich §28 Abs. 1 Nr. 2 BDSG sein. Falls diese Vorschrift nicht greift, kann nur die Zustimmung des jeweiligen Arbeitnehmers (§4a BDSG) die Datennutzung legitimieren.

§28 Abs. 1 Nr. 2 BDSG erlaubt eine Nutzung und Verarbeitung personenbezogener Daten des Arbeitnehmers,
- soweit dies zur Wahrung berechtigter Interessen des Arbeitgebers erforderlich ist und
- kein Grund zu der Annahme besteht, dass schutzwürdige Interessen des Betroffenen an dem Ausschluss der Verarbeitung oder Nutzung überwiegen.

Diese Hürde ist für den Arbeitgeber nicht immer einfach zu nehmen. Hier wird zunächst geprüft, ob die Datennutzung tatsächlich erforderlich ist, um dann zwischen den Kontrollrechten des Arbeitgebers und den Persönlichkeitsinteressen des jeweiligen Arbeitnehmers abzuwägen. Legitime Unternehmensinteressen sind in aller Regel Kosten- und Wirtschaftlichkeitskontrollen.

Auf Grundlage der aktuellen Rechtsprechung lässt sich danach ein »einfaches« unternehmensinternes Expertenverzeichnis (auch »Yellow Pages« oder bei IBM BluePages genannt) mit unternehmensspezifischen Einzelangaben zum jeweiligen Mitarbeiter (Name, Vorname, Aufgabenbereich u. Ä.) über die legitimen Unternehmensinteressen wohl gut rechtfertigen.

Für ein unternehmensinternes Social Network mit den üblichen umfangreicheren Funktionalitäten ist das eher fraglich. Hier werden die Gerichte im Interesse des Arbeitnehmerdatenschutzes in der Regel von einer unzulässigen Datennutzung ausgehen, wenn nicht die Zustimmung des Arbeitnehmers vorliegt. Im Übrigen besteht hier oft ein Mitbestimmungsrecht des Betriebsrates. Er sollte aber ohnehin frühzeitig mit ins Boot geholt werden, um auch seine Interessen einzubringen.

Am besten gleich eine Einwilligung holen
Wer im Unternehmen die Einführung eines Enterprise-2.0-Werkzeugs plant, sollte die Einwilligung der Arbeitnehmer zur Datennutzung einholen. Bei um-

fangreicheren Projekten sollte das Unternehmen wegen der vielen unterschiedlichen betroffenen Aspekte den Abschluss einer Betriebsvereinbarung anstreben.

> **Beispiel: Wie man sich die Einwilligung holen kann**
> Die Einwilligung zur Verarbeitung personenbezogener Daten kann z.B.
> - zu Beginn eines Arbeitsverhältnisses bei Abschluss des Arbeitsvertrages oder
> - im Rahmen einer → Betriebsvereinbarung eingeholt werden oder
> - beim ersten Zugang zum jeweiligen Enterprise-2.0-Tool über die Zustimmung zu einer Datenschutzerklärung (so wie es eigentlich jeder bei der Anmeldung bei Plattformen im Internet kennt).

Wichtig ist dabei, dass der Arbeitnehmer umfassend aufgeklärt wird, frei entscheiden kann und kein Zwang ausgeübt wird. Dann dürften jedenfalls aus datenschutzrechtlicher Sicht keine Bedenken gegen den Einsatz der Tools bestehen.

> **Tipp: Dokumentieren Sie Ihre Datenschutzmaßnahmen!**
> Führen Sie am besten ein Verfahrensverzeichnis, also eine Dokumentation über die Art der Datenverarbeitung und etwaiger Datenschutzmaßnahmen. Es garantiert eine sinnvolle Gesamtbetrachtung aller datenschutzrechtlich relevanten Vorgänge. Damit sorgt es nicht nur für eine Selbstkontrolle, sondern auch für Transparenz gegenüber den eigenen Arbeitnehmern und dem Betriebsrat. Nicht zuletzt ist es eine rechtliche Absicherung des Unternehmens, der Geschäftsleitung und des Datenschutzbeauftragten.

Checkliste: So gewährleisten Sie Datenschutz

- Arbeitnehmer aufklären
- Zustimmung der Arbeitnehmer einholen via Nutzungsbedingungen oder Arbeitsvertrag
- Betriebsrat frühzeitig einbinden und ggf. Betriebsvereinbarung schließen
- Technische und organisatorische Vorgaben zur Datensicherheit beachten
- Führen eines Verfahrensverzeichnisses

17.2.1.2 Problem: Datenübertragung ins Ausland

Bei vielen Konzernen mit Standorten in verschiedenen Ländern stellt sich das Problem, dass personenbezogene Daten ins Ausland übertragen und teilweise dort verarbeitet werden. Auch dabei muss der Arbeitgeber natürlich die Vorgaben des → Bundesdatenschutzgesetzes beachten. Zusätzlich müssen die Arbeitnehmer informiert werden. Ansonsten ist darauf zu achten, dass im Ausland ein vergleichbares Datenschutzniveau gilt. Während dies im EU-Ausland weitgehend sichergestellt ist, sollte bei anderen Ländern (wie auch den USA) z. B. über eine Vereinbarung die Einhaltung der sogenannten Safe Harbor (englisch für »sicherer Hafen«) Principles gewährleistet werden. Bei den Safe Harbor Principles handelt es sich um eine besondere Datenschutzvereinbarung zwischen der Europäischen Union und den Vereinigten Staaten, die es europäischen Unternehmen ermöglicht, personenbezogene Daten legal in die USA zu übermitteln. Erforderlich ist hierfür allerdings, dass das Unternehmen in den USA, zu dem die Daten übertragen werden, sich zur Einhaltung der Prinzipien verpflichtet hat.

17.2.2 Für Datensicherheit Sorge tragen

Beim Einsatz von Enterprise-2.0-Tools sind auch rechtliche Vorgaben zur Datensicherheit zu beachten. Mit Datensicherheit ist in Abgrenzung zum Datenschutz der eher technische Schutz der Daten gegen unbefugten Zugriff gemeint.

Bei einer bestimmten Mitarbeiterzahl bzw. wenn personenbezogene Daten geschäftsmäßig zum Zweck der Übermittlung verarbeitet werden, sind gemäß §9 BDSG die technischen und organisatorischen Maßnahmen zur angemessenen Sicherung der Daten zu treffen. Der Arbeitgeber kann die Datensicherheit z. B. durch folgende Maßnahmen gewährleisten:

Enterprise Social Networks

Maßnahmen zur Datensicherheit

Art der Maßnahme	Was ist damit gemeint?
Zutrittskontrolle	Unbefugten ist der Zutritt zu Datenverarbeitungsanlagen, mit denen personenbezogene Daten verarbeitet oder genutzt werden, zu verwehren.
Zugangskontrolle	Es ist zu verhindern, dass Datenverarbeitungssysteme von Unbefugten genutzt werden können.
Zugriffskontrolle	Es ist zu gewährleisten, dass die zur Benutzung eines Datenverarbeitungssystems Berechtigten ausschließlich auf die ihrer Zugriffsberechtigung unterliegenden Daten zugreifen können, und dass personenbezogene Daten bei der Verarbeitung, Nutzung und nach der Speicherung nicht unbefugt gelesen, kopiert, verändert oder entfernt werden können.
Weitergabekontrolle	Es ist zu gewährleisten, dass personenbezogene Daten bei der elektronischen Übertragung oder während ihres Transports oder ihrer Speicherung auf Datenträger nicht unbefugt gelesen, kopiert, verändert oder entfernt werden können, und dass überprüft und festgestellt werden kann, an welche Stellen eine Übermittlung personenbezogener Daten durch Einrichtungen zur Datenübertragung vorgesehen ist.
Eingabekontrolle	Es ist zu gewährleisten, dass nachträglich überprüft und festgestellt werden kann, ob und von wem personenbezogenen Daten in Datenverarbeitungssysteme eingegeben, verändert oder entfernt worden sind.
Auftragskontrolle	Es ist zu gewährleisten, dass personenbezogene Daten, die im Auftrag verarbeitet werden, nur entsprechend den Weisungen des Auftraggebers verarbeitet werden können.
Verfügbarkeitskontrolle	Es ist zu gewährleisten, dass personenbezogene Daten gegen zufällige Zerstörung oder Verlust geschützt sind.
Trennungskontrolle	Es ist zu gewährleisten, dass zu unterschiedlichen Zwecken erhobene Daten getrennt verarbeitet werden können.

17.2.3 Urheberrechte berücksichtigen

Wie einige Erfolgsgeschichten und verschiedene Erfahrungsberichte zeigen, ist der »Zug« zum Enterprise 2.0 nicht nur schon lange unterwegs, sondern hat sich für unterschiedliche Unternehmen auch schon als hervorragendes Kommunikationsmedium erwiesen. Entsprechende Werkzeuge können ein effektives Konzept bieten, um Wissen im Unternehmen festzuhalten und gemeinsam weiterzuentwickeln. Diese Aspekte führen in der Praxis jedoch immer wieder auch zu urheberrechtlichen Fragen wie z.B.: Wem »gehören« die Inhalte und das eingestellte Wissen? Sind Mitarbeiterfotos zulässig?

17.2.3.1 Wer ist »Eigentümer« der Inhalte?

Eine wichtige Frage, die im Zusammenhang mit Wikis, Weblogs oder anderen internen Foren auftritt immer wieder auftritt, ist:

Wem »gehören« eigentlich die Inhalte? Das deutsche Urheberrechtsgesetz (UrhG) sieht vor, dass derjenige, der Inhalte erstellt, auch grundsätzlich über deren Nutzung entscheiden können soll. Dies gilt für alle Arten von Inhalten, wie Texte (die notwendige → Schöpfungshöhe vorausgesetzt), Bilder, Audio- und Musikbeiträge sowie für Videos.

Darf also der Mitarbeiter, der Wiki-Beiträge eingestellt hat, bei seinem Ausscheiden die Löschung »seiner« Inhalte verlangen? Dies hätte zweifelsohne weitreichende Folgen und würde den Inhaltsbestand eines internen Wikis ständig gefährden.

17.2.3.2 Der Normalfall

Klar mit Nein zu beantworten ist die Frage, wenn es um Arbeitsergebnisse des Arbeitnehmers geht, die dieser ohnehin auf Grundlage seiner Aufgabe im Unternehmen schuldet. Ein Arbeitnehmer räumt seinem Arbeitgeber die → Nutzungsrechte an den Arbeitsergebnissen grundsätzlich schon per Gesetz ein, wenn und soweit das jeweilige Werk in Erfüllung der Verpflichtungen aus dem jeweiligen Arbeits- oder Dienstverhältnis geschaffen worden ist

(§ 31 Abs. 5 i. V. m. § 43 UrhG). Dem Arbeitgeber stehen also die Nutzungsrechte an den Inhalten zu, die im Rahmen des Beschäftigungsverhältnisses und im Zusammenhang mit dem jeweiligen Funktionsbereich erstellt worden sind. Hieran ändert auch ein Ausscheiden oder der ausdrückliche Widerspruch eines Mitarbeiters gegen die Veröffentlichung im Intranet nichts.

17.2.3.3 Die Ausnahmen

Es sind viele Konstellationen denkbar, bei denen es um Inhalte geht, die aus dem Anwendungsbereich der oben genannten gesetzlichen Regelung fallen.

So z. B., wenn Inhalte bereits vor Abschluss des Arbeitsvertrags, außerhalb der Arbeitszeit oder außerhalb des eigentlichen Funktionsbereiches erstellt wurden. Gleiches gilt für Inhalte, die eben nicht für die betriebliche Auswertung erforderlich sind. Hier helfen die gesetzlichen Regelungen nicht weiter. Umso wichtiger sind klare »Spielregeln«, die diese Fälle regeln.

> **Tipp: Lassen Sie sich Nutzungsrechte einräumen!**
> Regeln Sie daher → Nutzungsrechte, wenn Sie Enterprise-2.0-Anwendungen integrieren. Wenn möglich, können Sie dazu Vereinbarungen in den Arbeitsverträgen treffen oder in den Nutzungsbedingungen der jeweiligen Intranet-Anwendung.

17.2.3.4 Nutzungsbedingungen als Lösung

- Einräumung von Lizenzrechten für Arbeitgeber: Eine rechtssichere Enterprise-2.0-Anwendung sollte Nutzungsbedingungen vorsehen, die dem Arbeitgeber ausdrücklich die einfachen, aber zeitlich unbeschränkten Lizenzrechte (→ Nutzungsrechte) an den von den Arbeitnehmern eingestellten Inhalten einräumen. Der Arbeitnehmer kann dann die Inhalte auch selbst weiter nutzen. Es ist zusätzlich aber sichergestellt, dass die Informationen nach seinem Ausscheiden (selbst wenn er dann die Löschung verlangt) in dem Wiki oder einer anderen Anwendung eingestellt bleiben können.

- Haftung für Urheberrechtsverletzungen ausschließen: Ein internes Wiki bietet viele Anwendungsmöglichkeiten. Neben der Funktion als interner Know-how-Stelle zu bestimmten Themen (Vertriebs-Wiki, Qualitätsmanagement-Wiki, Rechts-Wiki usw.) kann es der Zusammenfassung von Presse-Clippings oder auch einfach der Information über den Unternehmensstandort z. B. mit möglichen Freizeitaktivitäten dienen. Bei all diesen Themen sollte darüber aufgeklärt werden, dass die eingestellten Beiträge (aber auch andere Inhalte wie Bilder) keine Rechte Dritter verletzen dürfen. Wie in Kapitel 2.2 erläutert, steht die Vervielfältigung von Inhalten zunächst einmal nur dem Urheber zu. Werden also fremde Inhalte in das Wiki eingestellt, die der Einstellende aus dem Internet oder anderen Quellen hat, so wird deren Upload ins Intranet in aller Regel die Rechte der Urheber verletzen. So kann auch die weit verbreitete Veröffentlichung von Presse-Clippings über das Intranet bei Überschreitung der gerichtlich festgestellten Grenzen gegen die Rechte der entsprechenden Zeitungsverlage verstoßen. Obwohl das Intranet zwar meist eine geschlossene Plattform ist, gelten dort dennoch die urheberrechtlichen Grundsätze. Duldet die Unternehmensführung im Intranet regelmäßig Urheberrechtsverletzungen, kann das Unternehmen bei Untätigkeit für die Urheberrechtsverletzungen der eigenen Mitarbeiter in Anspruch genommen werden. Auch wenn das Entdeckungsrisiko hier natürlich gering ist, haftet das Unternehmen dann gegebenenfalls nach den Grundsätzen der → Mitstörerhaftung. Daher ist zu empfehlen, in den Nutzungsbedingungen des Intranets klar zu kommunizieren, welche Arten von Inhalten erlaubt sind und welche nicht.

Tipp: Reportingsystem als flankierende Maßnahme !
Es ist auch sinnvoll, ein Reportingsystem aufzusetzen, damit (vermeintliche) rechtsverletzende Inhalte schnell gemeldet und zügig gelöscht werden können.

17.2.4 Dürfen Mitarbeiterfotos verwendet werden?

Eine Frage, die aus urheberrechtlicher Sicht zwar nicht relevant ist, aber im Zusammenhang mit firmeninternen Networks und den häufig eingesetzten Yellow Pages regelmäßig auftritt, ist folgende: Ist es zulässig, in den jeweiligen Tools die Bilder der Arbeitnehmer zu zeigen?

Während interne Yellow Pages mit Bildern des jeweiligen Ansprechpartners einfach freundlicher wirken und daher »nice to have« sind, ist die Integration von Fotos bei Social Networks auch innerhalb eines Unternehmens fast ein Muss.

17.2.4.1 Recht am eigenen Bild setzt Arbeitgeber Grenzen

Datenschutzrechtlich sind unternehmensinterne Yellow Pages grundsätzlich zulässig. Eine andere rechtliche Dimension betrifft die Frage, ob das Unternehmen – unabhängig von der Zustimmung der Arbeitnehmer – Bilder der Mitarbeiter oder von Dritten in das firmeninterne Network bzw. das Adress- oder Telefonverzeichnis integrieren darf. Die Antwort darauf hängt entscheidend vom → Recht am eigenen Bild (§ 22 Kunsturhebergesetz) ab. Wird dieses durch eine unbefugte Veröffentlichung verletzt, hat der Betroffene einen → Unterlassungsanspruch. Damit kann er die Erstveröffentlichung des Bildes oder eine wiederholte Veröffentlichung verhindern.

17.2.4.2 Auch Bundesdatenschutzgesetz hilft Arbeitgeber nicht

Mitarbeiterfotos dürfen ohne die Zustimmung der Abgebildeten wohl nur veröffentlicht werden, wenn dies über die sogenannte Zweckbestimmung des Arbeitsverhältnisses gerechtfertigt werden kann. Das Landesamt für Datenschutz in der Regierung von Mittelfranken führte dazu in seinem 3. Bericht aus dem Jahr 2008 Folgendes aus:

> *Eine Zulässigkeit ergibt sich auch nicht aus § 28 Abs. 1 Nr. 2 BDSG. Es ist schon zweifelhaft, ob die Veröffentlichung des Bildes eines Mitarbeiters im Intranet zur Wahrung eines berechtigten Interesses des Unternehmens erforderlich ist und ob die Argumentation des Unternehmens, man wolle letztlich das Zusammengehörigkeitsgefühl der Belegschaft stärken, dafür ausreicht. Auf jeden Fall überwiegt jedoch das schutzwürdige Interesse vieler Mitarbeiter daran, dass sehr persönliche Merkmale, wie sie auf einem Foto verzeichnet sind, einem größeren, dem Betroffenen wohl weitgehend unbekannten Personenkreis nicht übermittelt werden. Als Rechtfertigung für die Bildveröffentlichung kommt somit nur eine*

Einwilligung der Arbeitnehmer in Betracht. Allerdings ist die Wirksamkeit von Einwilligungen im Rahmen von Arbeitsverhältnissen problematisch, weil es dort oft an der erforderlichen freien Entscheidung eines Arbeitnehmers fehlt. Die Autorität des Arbeitgebers und der Gruppendruck innerhalb der Belegschaft können die Freiwilligkeit einer Einwilligung eines Arbeitnehmers beeinträchtigen.

Nach dieser Auffassung kann die Veröffentlichung von Bildern also nicht über ein berechtigtes Interesse des Unternehmens gerechtfertigt werden. Es überwiegt das schutzwürdige Interesse vieler Mitarbeiter, wenn Bilder einem weitgehend unbekannten Personenkreis übermittelt werden. Dies zeigt, dass bei der Beurteilung der Zulässigkeit auch die Größe des Unternehmens und damit der potenzielle Kreis derer, die die Daten und Bilder einsehen können, eine erhebliche Rolle spielen. Das kleine mittelständische Unternehmen wird es somit wohl leichter haben, Daten ohne Zustimmung ins Intranet zu stellen als der weltweit tätige Konzern. Diese Interpretation gibt auch tatsächlich die aktuell überwiegende Rechtsmeinung wieder.

Achtung: Ausnahmen bestätigen die Regel   !

Ausnahmen können gelten, wenn es sich um Berichte über (öffentliche) Unternehmensveranstaltungen handelt, auf denen Mitarbeiter fotografiert worden sind.

17.2.4.3 Nie gegen den Willen des Mitarbeiters!

Nicht zuletzt, um Vertrauen bei den Mitarbeitern in die neuen Tools zu schaffen und diese nicht zur Bedrohung werden zu lassen, sollte man
- entweder die Zustimmung zur Veröffentlichung der Bilder einholen, oder
- die Veröffentlichung eines Bildes dem jeweiligen Mitarbeiter selbst überlassen.

Die hohe Akzeptanz, die Business-Netzwerke wie XING zwischenzeitlich im beruflichen Umfeld haben, wird in aller Regel dafür sorgen, dass die meisten Mitarbeiter keine grundsätzlichen Bedenken haben und der internen Veröffentlichung zustimmen bzw. ein eigenes Bild einstellen.

17.2.5 Was das Arbeitsrecht vorschreibt

Das Arbeitgeber-Arbeitnehmer-Verhältnis richtet sich im Wesentlichen nach dem zugrunde liegenden Arbeitsvertrag. Diese individuellen Regelungen werden ergänzt durch die arbeitsrechtlichen Gesetze. Die Integration einer Enterprise-2.0-Lösung muss sich also an diesen Vorgaben orientieren. Grundsätzlich hat der Arbeitgeber das → Direktions- oder Weisungsrecht. Er kann damit die im Arbeitsvertrag nur generell umschriebenen Leistungspflichten des Arbeitnehmers insbesondere nach Art, Ort und Zeit näher ausgestalten. Im Rahmen dieses → Direktionsrechts kann er auch grundsätzlich anordnen, dass bestimmte IT-Anwendungen und damit auch bestimmte Enterprise-2.0-Werkzeuge zu nutzen sind. Die Einführung eines solchen Werkzeugs und die Weisung, es zu nutzen, sind arbeitsrechtlich daher zulässig, wenn folgende Voraussetzungen vorliegen:

- Arbeitsvertragliche Regelungen oder einschlägige → Betriebsvereinbarungen dürfen dem nicht entgegenstehen.
- Relevante Interessen des jeweiligen Arbeitnehmers müssen berücksichtigt worden sein.

17.2.5.1 Nutzungsbedingungen schaffen Klarheit

Schwieriger wird es hingegen bei der Ausgestaltung der Nutzung der Tools. Um hier Missverständnisse zu vermeiden, sollten für jedes Tool klare und verbindliche Rahmenbedingungen gesetzt werden. Sie sollten Folgendes regeln:

- Für welche Zwecke wird das jeweilige Werkzeug eingesetzt?
- Welche Nutzung ist gewünscht, welche Nutzung gilt als verboten?

Ein eindeutiger Rahmen ist elementare Voraussetzung dafür, auf einen Missbrauch der Werkzeuge arbeitsrechtliche Maßnahmen folgen zu lassen, wie z. B. eine → Abmahnung oder im Worst Case sogar eine Kündigung ohne vorherige Abmahnung.

Im Übrigen schafft dies Transparenz und erspart im Streitfall vor dem Arbeitsgericht die Abgrenzung zu noch tolerierbarem Verhalten. Hier zeigen die Erfahrungen aus den Sozialen Medien ganz gut, was relevante und re-

gelungsbedürftige Punkte sind. Je nachdem, ob es sich um eine unternehmensinterne Community, ein Weblog oder Wiki handelt, sollten in den Nutzungsbedingungen Punkte wie z.B.
- der Respekt vor anderen Mitarbeitern (Netikette),
- der Respekt vor fremdem geistigen Eigentum (keine Übernahme von urheberrechtlich geschützten Inhalten),
- keine Weitergabe von vertraulichen Informationen,
- das Bewusstsein für Datenschutz und Datensicherheit

geregelt werden.

17.2.5.2 Zustimmung des Arbeitnehmers nötig

Damit die Regeln verbindlich gelten, müssen die Mitarbeiter eindeutig von ihnen Kenntnis genommen und ihnen zugestimmt haben. Um das zu ermöglichen, empfehle ich, das Verfahren bekannter Sozialer Netzwerke zu übernehmen.

Bei der ersten Nutzung sollte der Mitarbeiter – ähnlich der Maske eines Anmeldeformulars im Internet – den jeweiligen Nutzungsbestimmungen im Wege eines → Opt-in zustimmen müssen. So ist zum einen sichergestellt, dass er diese Bedingungen zur Kenntnis nehmen kann. Zum anderen sind Mitarbeiter dieses Prozedere aus dem Internet gewohnt. So wird das Risiko von Akzeptanzproblemen reduziert.

Aus individualarbeitsrechtlicher Sicht bestehen also keine großen Hürden. Je klarer die Regeln für die Nutzung und den Einsatz der jeweiligen Social Software Anwendung sind, desto leichter ist es, in Missbrauchsfällen – entsprechend abgestuft – arbeitsrechtliche Maßnahmen durchzusetzen.

17.2.6 Welche Rolle der Betriebsrat spielt

Wer Social Software im Unternehmen verwenden möchte, sollte verschiedene wichtige Vorschriften des Betriebsverfassungsgesetzes (BetrVG) kennen.

17.2.6.1 Beteiligungsrechte des Betriebsrates

§ 87 Abs. 1 Nr. 6 BetrVG sieht bei der Einführung von Intranet-Lösungen Beteiligungsrechte des Betriebsrates vor. Dieses Mitbestimmungsrecht soll zu einer Ausgestaltung der jeweiligen Maßnahmen führen, welche die Interessen beider Parteien angemessen berücksichtigt. Es soll die Maßnahmen jedoch nicht verhindern. Die hier in Rede stehenden Interessen sind

- das Recht des Arbeitgebers, zu kontrollieren, dass die Arbeitsaufgaben erfüllt werden;
- das Interesse der Arbeitnehmer, dass die durch solche Tools geschaffenen Überwachungsmöglichkeiten nicht so eingesetzt werden, dass sie → Persönlichkeitsrechte verletzen.

§ 87 Abs. 1 Nr. 6 BetrVG kommt immer schon dann zur Anwendung, wenn das jeweilige Intranet-System objektiv zur Überwachung geeignet und eine Auswertung der Arbeitnehmerdaten unmittelbar möglich ist. Die entsprechenden Werkzeuge können Nutzungsdaten in der Regel problemlos auswerten. Zusammen mit dem Betriebsrat sollte daher frühzeitig darauf hingewirkt werden, dass die jeweilige Enterprise 2.0 nicht zur »Überwachungsmaschine« wird (oder werden kann).

17.2.6.2 Betriebsvereinbarung als bewährter Weg

Zur Regelung dieses Problems kann der Arbeitgeber nach § 77 BetrVG mit dem Betriebsrat auch eine → Betriebsvereinbarung schließen. Es dürfte sinnvoll sein, Betriebsvereinbarungen über den Umgang mit der eingesetzten Software, der korrekten Nutzung, aber auch zu Fragen über (Daten-)Sicherheit zu schließen. Dieses Vorgehen hat sich in Unternehmen bereits in den Bereichen Internet- und E-Mail-Account-Nutzung durchaus bewährt.

> **Tipp: Betriebsvereinbarung hilft**
> Eine Betriebsvereinbarung ist eines der wichtigsten betrieblichen Instrumente zur Regelung der Beziehungen zwischen Unternehmen und Arbeitnehmern. Existiert eine Betriebsvereinbarung, erhöht das die Rechtssicherheit – gerade im Zusammenhang mit der Einführung von IT-Instrumenten im Unternehmen. In die Vereinbarung können alle angesprochenen rechtlichen Einflüsse eingebracht und in Verhandlung mit dem Betriebsrat zu einem angemessenen Ausgleich zwischen Arbeitnehmer- und Arbeitgeberinteressen gebracht werden.

17.3 Strategien zur Einführung einer Enterprise-2.0-Lösung

Aus rechtlicher Sicht sind folgende Maßnahmen bei der Einführung einer Enterprise 2.0 wichtig:
- Erstellen Sie Intranet-Policies bzw. treffen Sie Betriebsvereinbarungen oder passen Sie bestehende Regelungen an.

Oder:
- Formulieren Sie Nutzungsbedingungen bzw. eine → Datenschutzerklärung, zu denen die Mitarbeiter im Wege des → Opt-in ihre Zustimmung erklären können.
- Integrieren Sie ein Meldesystem für etwaige Verstöße.
- Gehen Sie verantwortlich und transparent mit personenbezogenen Daten um.

Daneben bieten sich bei Bedarf optional noch folgende Strategien an:
- Räumen Sie rechtliche Bedenken Ihrer Mitarbeiter durch Aufklärung aus.
- Binden Sie die Arbeitnehmervertretung möglichst frühzeitig ein.
- Dokumentieren Sie Ihre Datenschutz- und -sicherungsmaßnahmen in einem Verfahrensverzeichnis.

Die Rechtsprechung hinkt hinter der technischen Entwicklung hinterher. So lässt sich z.B. die Reaktion der Arbeitsgerichte auf die oben dargestellten Probleme derzeit nur schwer prognostizieren. Modernen Unternehmen, die sich ihre Innovationsfähigkeit bewahren wollen, wird es jedoch leider nicht möglich sein, eine abgesicherte Rechtsprechung in fünf bis zehn Jahren abzuwarten. Das ist, wie meine Erfahrung aus der Beratungspraxis den Sozialen Medien zeigt, auch nicht nötig. Häufig vorgebrachte rechtliche Bedenken sind oft unbegründet. Der Integration von Enterprise-2.0-Werkzeugen stehen keine grundsätzlichen rechtlichen Einwände entgegen, wenn man die Ausführungen in diesem Kapitel beachtet. Oft haben Inhouse-Juristen, die noch keine Erfahrungen im Social Web haben, Bedenken gegen die neuen Tools. Bleibt zu hoffen, dass sich auch die Rechtsabteilungen den Funktionen und Möglichkeiten Sozialer Medien noch stärker annähern.

> **Tipp: Viele Faktoren führen zum Erfolg**
>
> Der Erfolg eines Enterprise-2.0-Projekts hängt – abgesehen von der rechtlichen Seite – von vielen weiteren Schlüsselfaktoren ab. Dazu gehört neben einer professionellen Einführung, einer entsprechenden Benutzerfreundlichkeit und Struktur des IT-Systems und der Einbindung in den regelmäßigen Arbeitsablauf vor allem die Erkenntnis der Mitarbeiter, dass ihnen das jeweilige Werkzeug die Arbeit erleichtert. Wenn alle diese Faktoren gegeben sind, kann Enterprise 2.0 neue Optionen eröffnen und dafür sorgen, dass die vernetzten Mitarbeiter die Effizienz des Unternehmens steigern und dieses durch neue Innovationen schneller vorantreiben.

18 Weitere Rechtsfragen im Umfeld Sozialer Medien

18.1 Kuratierung und Recht – rechtliche Grenzen für Newsrooms und Content Curation

Täglich entstehen unzählige neue Inhalte im Internet. Auf Facebook, YouTube und zahlreichen anderen Social Media Diensten stellen Nutzer – im privaten wie auch im geschäftlichen Kontext – sekündlich Texte, Bilder bzw. Audio- und Videoinhalte ein.

Diese Entwicklung haben sich zahlreiche Kuratierungsdienste, wie z. B. storify, paper.li, scoop.it und andere Anbieter, zunutze gemacht. Sie bieten Werkzeuge an, die es sehr einfach machen, (Fremd-)Inhalte in strukturiert aufbereiteter Form zu veröffentlichen. Neben der sehr erfolgreichen Plattform Pinterest sorgen auch immer mehr klassische Plattformen wie YouTube oder Twitter dafür, dass verlinkte und damit kuratierte Inhalte auch auf der jeweils eigenen Seite des Nutzers im Rahmen einer Vorschau oder sogar komplett angezeigt werden.

Kuratierung, also das Identifizieren, Organisieren und Verwalten von Inhalten, erleichtert das Auffinden und die Präsentation relevanter Inhalte in der täglich zunehmenden Informationsflut im Internet. Das Verfahren unterstützt bisweilen auch die eigene Suchmaschinenoptimierung (SEO). Experten auf ihrem Gebiet stellen mit vielen unterschiedlichen Tools regelmäßig kuratierte Sammlungen mit entsprechend wertvollen Quellen zur Verfügung, die einen guten Überblick über Themenbereiche geben.

Die Kuratierung hat also unbestreitbar viele Vorteile. Allerdings sollten darüber nicht die relevanten Grundzüge des Urheberrechts vergessen werden. In vielen Fällen werden nicht nur rechtlich unproblematische Links auf die Fremdinhalte in den Kuratierungswerkzeugen angezeigt, sondern auch textliche Auszüge, Vorschaubilder bzw. teilweise auch komplette Videos (z. B. aus YouTube) oder Präsentationen (z. B. aus Slideshare). Insofern stellen sich immer mehr Nutzer solcher Dienste und Funktionen die Frage, ob eventuell urheberrechtliche Regelungen der konkreten Verwendung von Inhalten entgegenstehen. Zudem kuratieren immer mehr Unternehmen eigene und fremde Inhalte auf oft als Newsrooms bezeichneten eigenen Internetplattformen oder sie nutzen Kuratierungswerkzeuge fremder Plattformen. Daher sind die nachfolgend dargestellten Grundzüge auch aufgrund potenziell drohender höherer Schadenersatzansprüche gerade im gewerblichen Bereich von besonderer Relevanz.

Die folgenden urheberrechtlichen Grundsätze beziehen sich primär auf die Veröffentlichung kuratierter Inhalte. Das reine »Sammeln« fremder Inhalte durch den Kurator, ohne diese Dritten zugänglich zu machen, unterliegt teilweise anderen rechtlichen Grundlagen. Insbesondere kann in diesen Fällen das Recht auf Privatkopie (§ 53 UrhG) die Vervielfältigung legitimieren.

Werden die Inhalte jedoch veröffentlicht, sollten in jedem Fall die nachfolgenden Grundsätze beachtet werden.

18.1.1 Schutzfähigkeit von Inhalten im Internet

Zunächst ist individuell festzustellen, ob der zu kuratierende Inhalt überhaupt urheberrechtlich geschützt ist. Ist er das nicht, ist die Verwendung unproblematisch. Ob Urheberrechtsschutz besteht, hängt von dem konkreten Werk ab. Während Texte nach § 2 UrhG rechtlich nur geschützt sind, wenn sie eine hinreichende Schöpfungshöhe aufweisen, kann bei der Übernahme von Bildern bzw. Audio- und Videoinhalten – unabhängig von einer etwaigen »Trivialität« des Werkes – grundsätzlich von Urheberrechtsschutz ausgegangen werden.

Wenn entsprechend geschützte Werke verwendet werden sollen, sind die Restriktionen des Urheberrechtes zu beachten. Das gilt völlig unabhängig davon, ob das Werk – z. B. durch einen Copyright-Hinweis – als geschützt gekennzeichnet ist oder ob der Verwender gutgläubig von einer »Erlaubnis« ausgegangen ist. Nach der Rechtsprechung liegt es in der Verantwortung des Verwenders, die Legitimität der Nutzung sicherzustellen. Kommt er dieser Verantwortung nicht nach, kann er auf Beseitigung, Unterlassung und auf Schadenersatz in Anspruch genommen werden.

18.1.2 Eingriff in Rechte des Urhebers durch Content Curation

Die oben genannten Ansprüche des Urhebers bestehen allerdings nur dann, wenn der Kurator auch rechtswidrig in die gesetzlich geschützten Rechte des Urhebers eingegriffen hat. Die zunächst einmal exklusiv dem Urheber zustehenden Rechte sind in §§ 16 ff. UrhG definiert. Es kommt also entscheidend darauf an, wie der Kurator die Inhalte verwendet.

Urheberrechtlich unproblematisch ist es, wenn der Kurator mit einem einfachen Link auf sie hinweist, der interessierte Leser also über den Link auf eine andere Webseite zum fremden Inhalt gelangt. Im Gegensatz zum sogenannten Embedded Link ist die urheberrechtliche Zulässigkeit von einfachen Links seit vielen Jahren durch das sog. Paperboy-Urteil des Bundesgerichtshofes (Urteil vom 17.07.2003, Az. I ZR 259/00) geklärt.

Wer geschützte Inhalte allerdings vervielfältigt oder verbreitet, verstößt grundsätzlich gegen das Urheberrecht. Eine Vervielfältigung ist etwa dann anzunehmen, wenn von einem geschützten Inhalt auch tatsächlich eine Kopie auf dem eigenen Server abgelegt wird. Demnach kann es bei Kuratierung entscheidend darauf ankommen, ob der jeweilige Dienst tatsächlich eine Kopie eines geschützten Inhaltes auf dem Server ablegt oder diesen nur über das sogenannte Embedding anzeigt. Beim Embedding (z.B. bei YouTube-Videos) erfolgt die Einbindung in der Weise, dass zwar keine physikalische Kopie der Dateien auf dem eigenen Server erstellt wird, die Dateien aber so integriert werden, dass beim Aufruf der Seite durch einen Internetnutzer dessen Browser veranlasst wird, den fremden Inhalt direkt von einem externen Server auf einen zugewiesenen Unterabschnitt auf dem Bildschirm zu laden (zuvor auch als »Framing« bezeichnet).

Auch wenn nach richtiger Ansicht davon auszugehen ist, dass ein solches Embedding von Inhalten zwar nicht gegen die Vervielfältigungs- und Verbreitungsrechte verstößt, war bisher einigermaßen umstritten, ob das Einbetten von Fremdinhalten in Kuratierungsdiensten nicht vielleicht das Recht der öffentlichen Zugänglichmachung aus § 19a UrhG verletzt.

Zumindest für YouTube-Videos sind der Bundesgerichtshof bzw. der Europäische Gerichtshof in aktuellen Entscheidungen aus dem Jahr 2014 allerdings davon ausgegangen, dass ein solches Einbetten keine Urheberrechte verletzt (siehe Kapitel 3.3). Danach wäre die zusätzliche Speicherung fremder Inhalte auf dem eigenen oder fremden Server rechtswidrig, deren technische Einbindung – wie oben beschrieben – hingegen in der Regel unproblematisch. Da diverse Juristen (so auch ich) diese generelle Wertung des EuGH für falsch halten, sollte man die künftige Entwicklung in der Rechtsprechung dazu genau beobachten.

18.1.3 Legitimation des Eingriffs?

Der Eingriff in ein fremdes Verwertungsrecht (z.B. durch eine entsprechende Vervielfältigung des fremden Inhaltes) muss nicht zwangsläufig dazu führen, dass der Urheber dagegen erfolgreich vorgehen kann. Die konkrete Verwendung kann zulässig sein, wenn eine Legitimation dafür vorliegt.

18.1.3.1 Legitimation über das Zitatrecht (§51 UrhG)

Eine Urheberrechtsverletzung scheidet – unabhängig von der Argumentation oben – in jedem Fall aus, wenn die Verwendung über die Schranke des Zitatrechts (§51 UrhG) gerechtfertigt werden kann. Tatsächlich kann das Zitatrecht – je nach Gestaltung – bei Beachtung der konkreten Voraussetzungen des §51 UrhG eine Kuratierung legitimieren.

Vielen Anwendern sind die Voraussetzungen eines zulässigen Zitats jedoch nicht bekannt:
- Es muss die Quelle genannt werden,
- zusätzlich ist eine inhaltliche Auseinandersetzung mit dem fremden Inhalt erforderlich (Zitatzweck), die vom Umfang auch in einem angemessenen Verhältnis mit dem kuratierten Inhalt stehen muss.

Wer fremde Inhalte auf Grundlage des Zitatrechts kuratieren will, sollte also die konkreten Anforderungen des §51 UrhG kennen und beachten

18.1.3.2 Legitimation über Nutzungsbedingungen

Zahlreiche Soziale Netzwerke haben Nutzungsbedingungen (Terms of Service [ToS]), nach denen der Nutzer dem Betreiber relativ weitreichende Nutzungsrechte an den eingestellten Inhalten einräumt. Sie lassen in der Regel auch das Teilen (»Sharen«) innerhalb des Netzwerkes zu (siehe z. B. Ziff. 5 der ToS von Twitter).

Die Nutzungsbedingungen legitimieren damit wohl auch Dritte, den Content, der bei Twitter zulässiger Weise eingestellt worden ist, entsprechend Ziff. 5 zu nutzen. Dies beinhaltet auch die Verwendung der offenen Schnittstelle (sog. API) von Twitter und hieraus erstellter Anwendungen.

Insofern ist denkbar, dass ein Kuratierungsdienst oder Newsroom »gebaut« wird, der die Kuratierung entsprechender Inhalte über die jeweilige Rechteeinräumungsklausel in den Nutzungsbedingungen legitimiert.

Die Verwendung eines Inhalts aus Twitter, Facebook & Co. auf einer anderen Webseite oder Webpräsenz wird über die Rechteeinräumungsklausel der Sozialen Netzwerke jedoch in aller Regel nicht legitimiert werden können. Ein solches Vorgehen kann daher zu einem Urheberrechtsverstoß führen. Dagegen können auch nicht die folgenden Argumente ins Feld geführt werden:

Konkludente Einwilligung?
Der Bundesgerichtshof hat in seiner vielbeachteten Rechtsprechung zur Google-Bildersuche entschieden, dass derjenige, der seine Bilder auf der Webseite veröffentlicht, ohne entsprechende Schutzmaßnahmen (konkret: entsprechende Angaben im Metatext) gegen das Auslesen durch Suchmaschinen (sog. Crawling) vorzusehen, konkludent in die Verwendung seiner Bilder in der Google-Bildersuche einwilligt (vgl. BGH, Urteil vom 29.4.2010, Az. I ZR 69/08, Vorschaubilder I, und BGH, Urteil vom 19.10.2011, Az. I ZR 140/10, Vorschaubilder II). Der Bundesgerichtshof erstreckt diese Grundsätze auf typische Nutzungshandlungen im Internet.

Es liegt jedoch bisher keine Rechtsprechung vor, ob Kuratierung auch als »übliche Nutzungshandlung« anzusehen ist bzw. welche Grenzen bei Kuratierung gegebenenfalls zu beachten wären. Derzeit scheint es eher unwahrscheinlich, dass die Gerichte bereit sind, Kuratierungsdienste oder Newsrooms dieses Argument zuzugestehen. Die Gerichte hatten ihre Entscheidungen in der oben erwähnten Rechtsprechung mit der besonderen Bedeutung von Suchmaschinen für das Auffinden von Inhalten im Internet begründet. Es ist also eher nicht zu empfehlen, sich (allein) auf diese Argumentation zu verlassen.

»Aber die Inhalte sind doch öffentlich!«
Häufig ist das Argument zu hören, dass die Inhalte doch für jeden öffentlich im Internet abrufbar sind und insofern doch wohl auch entsprechend geteilt und damit auch kuratiert werden dürfen.

Diese Ansicht ist schlicht falsch. Wenn und soweit der Urheber nicht durch die Einräumung spezifischer Lizenzen (z.B. in den Nutzungsbedingungen Sozialer Netzwerke oder über Creative Commons) oder durch schlichte Einwilligung einer konkreten Nutzung zugestimmt hat, gilt der Grundsatz »All Rights reserved«. Das heißt, man darf den Inhalt nicht in urheberrechtlich relevanter Art und Weise verwenden.

»Eine Kuratierung seiner Inhalte ist doch gut für den Urheber!«
Beliebt ist auch das Argument, man würde mittels der Kuratierung nur eine Vorschau präsentieren und der fremden Präsenz über einen Link doch nur Leser bringen. Das ist faktisch sicher richtig: Wenn sich der Urheber nicht an der Übernahme »seines« Inhaltes stört, wird er natürlich auch nicht dagegen vorgehen. Wenn aber doch, wird es allein auf die oben genannten urheberrechtlichen Grundsätze ankommen und nicht darauf, ob dem Urheber die Kuratierung vielleicht eher nützt, als dass sie ihm schadet.

18.1.4 Keine Legitimation durch Leistungsschutzrecht für Presseverleger

Im Hinblick auf Content Curation wurde häufig auch das im Jahr 2013 beschlossene Leistungsschutzrecht für Presseverleger (§§87f – 87h UrhG) als Hinderungsgrund angeführt. Soweit nicht ohnehin einer der oben genannten Legitimationsgründe eingreift, ist zu sagen, dass das Leistungsschutzrecht für Presseverleger wohl ohnehin mangels zwingender Notifizierung bei der Europäischen Union unwirksam ist. Insofern ist dieses zweifelhafte

Recht bei der Beurteilung der Zulässigkeit von Content Curation glücklicherweise nicht mehr ganz so relevant.

18.1.5 Tipps zum Umgang mit der Unsicherheit

All dies zeigt: Viele Kuratoren und Newsrooms bewegen sich rechtlich in einem (dunkel-)grauen Bereich. Wie so oft, gilt aber auch in diesem Bereich natürlich der Grundsatz: Wo kein Kläger, da kein Richter. Zudem sind viele Urheber kuratierter Inhalte oft erfreut, dass man ihre Inhalte weiterträgt, vor allem dann, wenn man dem Urheber auch den entsprechenden »Credit« via Link einräumt. Gerade wenn Content Curation jedoch in größerem Umfang eingesetzt werden soll, z.B. im journalistischen Bereich, in dem Kuratierung einige spannende neue Optionen bietet, sollten die relevanten urheberrechtlichen Grundsätze beachtet werden. Andernfalls drohen eben auch massenhafte Urheberrechtsverletzungen.

Zudem gibt es auch heute schon einige spezielle Internetangebote, die sich fremder Inhalte bedienen, und dabei die Grenzen immer weiter austesten. Hier sind durchaus Fälle denkbar, gerade auch wenn der »Kurator« über die ständige Übernahme fremder Inhalte gewerblich tätig ist, in denen die Geltendmachung urheberrechtlicher Ansprüche legitim erscheint.

Bei Beachtung der oben genannten Grundsätze lassen sich Kuratierungsangebote durchaus rechtskonform gestalten. Spannend sind vor allem die oben dargestellten Möglichkeiten, Anwendungen zu implementieren, die auf den API der Sozialen Netzwerke aufbauen.

Insgesamt zeigen diese Ausführungen – wieder einmal – dass die Vorschriften des UrhG auf die drängenden Fragen im Internet und den Sozialen Medien nur unzureichende Antworten bereithalten, während die Rechtsprechung bemüht ist, diese Mängel im Wege der Rechtsfortbildung möglichst zu beseitigen. Dabei kommen nicht alle Gerichte immer zu interessengerechten Lösungen.

Eine Reform des Urheberrechts (gerne auch auf europäischer Ebene) ist angesichts des veränderten Nutzungsverhaltens und der neuen Möglichkeiten im Internet daher dringend erforderlich. Da entsprechende Bemühungen erfahrungsgemäß eine ganze Weile dauern, wird betroffenen Personen und Unternehmen so lange nichts übrigbleiben, als sich an den geltenden Grundsätzen zu orientieren.

18.2 Screen Scraping: Sammeln und Aufbereiten fremder Daten

Die Masse an Informationen im Internet macht es zunehmend schwieriger sich bei Angeboten zu orientieren, Relevantes von Irrelevantem zu trennen oder sich einfach nur einen Überblick zu verschaffen. Aus diesem Grund wird, wohl zu Recht, oft prognostiziert, dass Aggregatoren (oder anderen Intermediären) im Internet die Zukunft gehört. Aggregatoren sammeln alle Arten von (Medien-)Inhalten und Informationen und stellen diese für eine bestimmte Zielgruppe in aufbereiteter Form neu zusammen.

> **Beispiel: Preisvergleicher, Newsportale, Suchmaschinen**
>
> Typisches Beispiel für solche Aggregatoren sind die Preisvergleichsportale, wie z.B. www.guenstiger.de, www.billiger.de, www.idealo.de, oder Internetbörsen für Flüge oder andere touristische Angebote, die die Angebote zahlreicher Einzelanbieter auf der eigenen Webseite in aggregierter Form zugänglich und damit vergleichbar machen.
> Aber auch in anderen Bereichen ist die Zusammenstellung und Auswertung von (fremden) Daten ein interessantes Geschäftsmodell. Das zeigen z.B. die vielen News-Aggregatoren (z.B. Socialmedian, Yigg oder auch Rivva). Wenn die etablierten Medienanbieter hier nicht mithalten, droht früher oder später der Verlust ihrer (noch) zentralen Rolle.
> Im Grunde genommen sind auch die Suchmaschinen wie Google, Yahoo & Co. nichts anderes als Datenauswertungen, die den Nutzern das Suchen und Finden von Informationen im Internet erleichtern sollen.

Aggregatoren sind – unabhängig von der rechtlichen Zulässigkeit des konkreten Geschäftsmodells – eine gewisse Gefahr für die Anbieter der »originalen« Inhalte. Sie ziehen Besucher und Page Impressions (PI) ab und versuchen sich, oft selbst neben dem originären Anbieter als Plattform für Werbung zu etablieren.

Screen Scraping: Sammeln und Aufbereiten fremder Daten 18

> **Beispiel: Facebook vs. Aggregator Power**
> Facebook ging in den USA gerichtlich gegen Social Networking Aggregator Power www.power.com vor. Aufgrund der interessanten Perspektiven, die das Internet gerade für Aggregatoren bietet, wird dies aber sicher nicht das letzte Urteil zu dieser Thematik gewesen sein.

18.2.1 Wer profitiert?

Da Informationen aller Art die entscheidenden Wirtschaftsgüter des Internets sind, wird diese Verarbeitung von Daten und vor allem deren Veredelung auch weiter an Bedeutung gewinnen. Bereits heute sieht man, dass Aggregatoren in vielen Bereichen als Gatekeeper fungieren, von deren (Nicht-)Vermittlung – wie z. B. bei Preisvergleichsseiten – einiges abhängt. Auch die »Informationsmaschine« Google profitiert stark von dieser Entwicklung.

18.2.2 Die Technik der Aggregatoren

Um fremde Daten auslesen und in aggregierter Form veröffentlichen zu können, setzen viele Unternehmen das sogenannte Screen Scraping oder auch Web Scraping als Technologie ein. So werden Informationen mit gezieltem Extrahieren der benötigten Daten gewonnen. Diese Unternehmen agieren als Informationsvermittler, die besondere Werte schaffen, indem sie Daten aus verschiedenen Informationsquellen sammeln, organisieren und verfügbar machen.

18.2.3 Ist Screen Scraping immer erlaubt?

Die Aggregatoren selbst rechtfertigen sich oft mit dem Argument, dass sie ja eigentlich nur als Traffic-Treiber zu den Content-Seiten fungieren. Doch nicht immer entspricht es den Interessen der Dateninhaber, dass fremde Anbieter ihre Seiten auslesen und im Internet (noch einmal) veröffentlichen. Mit der wachsenden Bedeutung solcher Aggregatoren drohen im Übrigen natürlich auch Missbrauchsrisiken. So z. B., wenn die Daten vom Aggregator nicht mehr neutral ausgewertet werden, er Einfluss auf die Bewertung oder das Ranking nimmt und damit die Weiterleitung zu einzelnen Seiten kanalisiert.

! **Beispiel: Flugunternehmen vs. Vergleichsportal**
Mit der Frage, wann und unter welchen Voraussetzungen das Auslesen fremder Webseiten ohne ausdrückliche Zustimmung zulässig ist, hat sich das Oberlandesgericht Frankfurt (Urteil vom 05.03.2009, Az. 6 U 221/08) beschäftigt.
In dem Gerichtsverfahren stritten sich ein Flugunternehmen und der Betreiber einer Webseite. Er hatte neben den Angeboten anderer Fluggesellschaften auch die Angebote der Webseite dieses Flugunternehmens indiziert und über eine entsprechende Suchfunktion im Internet angeboten.
Die Frankfurter Richter sahen darin urheberrechtlich kein Problem, weil die ausgelesenen Reisedaten nicht urheberrechtlich geschützt seien. Daneben sind Webseiten-Betreiber aber oft auch als Datenbankhersteller gemäß §87b Abs. 1 UrhG gegen die Verwendung ihrer Daten geschützt. Das OLG Frankfurt entschied jedoch, dass das Flugunternehmen auch hieraus keine Unterlassungs- oder Schadenersatzansprüche herleiten kann, weil nur unwesentliche Teile der Datenbank vom Aggregator genutzt würden.
Hierzu führten die Richter aus:
»Die Datensätze einzelner Flugverbindungen, die die Antragstellerin gegebenenfalls ausliest und auf ihrer eigenen Internetseite wiedergibt, können nicht als ›wesentliche‹ Teile der Datenbank im Sinne des Gesetzes angesehen werden. Diese Datensätze sind auch nicht gemäß §87b I, 2 UrhG geschützt, da deren Nutzung durch die Antragstellerin sich im Rahmen einer normalen Auswertung der Datenbank hält und die berechtigten Interessen der Antragsgegnerin nicht unzumutbar beeinträchtigt. Im Rahmen der insoweit vorzunehmenden Interessenabwägung ist zu berücksichtigen, dass die Antragstellerin mit ihrem Angebot ein berechtigtes Bedürfnis der Verbraucher befriedigt, kostengünstige Angebote aufzufinden, und der Antragsgegnerin damit letztlich auch Kunden zuführt. Unter diesen Umständen kann dem Anliegen der Antragsgegnerin, ihre Kunden zum Zwecke der effektiven Bewerbung sonstiger Leistungen ausschließlich über die Nutzung ihrer eigenen Internetseite zum etwaigen Vertragsschluss zu führen, kein höheres Gewicht beigemessen werden.«
Das Gericht stellte damit in dieser Sache maßgeblich darauf ab, dass die Informationen im Internet frei zugänglich seien und eben nicht durch technische Vorkehrungen gegen solche Datenextraktion geschützt seien. Für die Zulässigkeit des Screen Scraping spreche außerdem, urteilten die Richter, dass das Flugunternehmen den Zugriff auf die Inhalte auch nicht vom Abschluss eines entsprechenden Nutzungsvertrages abhängig mache. Demgemäß sei auch ein Verstoß gegen das

Screen Scraping: Sammeln und Aufbereiten fremder Daten **18**

virtuelle Hausrecht des Seitenbetreibers zu verneinen. Schließlich wiesen die Richter auch die geltend gemachten wettbewerbsrechtlichen Ansprüche zurück: Mangels tatsächlicher Störungen des Betriebsablaufs des Flugunternehmens könne keine gezielte Behinderung im Sinne des § 4 Nr. 10 UWG angenommen werden.

Die Konsequenz aus dem Urteil: Das Auslesen fremder Daten und deren Veröffentlichung auf einer eigenen Internetplattform sind grundsätzlich zulässig. Allerdings sind frühere Entscheidungen der Gerichte zum Datenbankschutz zu berücksichtigen. Nach diesen ist bei der Frage nach der Zulässigkeit von Screen Scraping sehr genau zu differenzieren. Dabei kommt es maßgeblich auf zwei Fragestellungen an.
1. Sind die extrahierten Daten urheberrechtlich geschützt?
Wenn die extrahierten Daten urheberrechtlichen Schutz genießen, dürfte deren anderweitige Veröffentlichung in aller Regel unzulässig sein. Soweit die einzelnen Daten — z.B. wegen mangelnder → Schöpfungshöhe — nicht schutzfähig sind (wie vorliegend die Flugdaten mit Preis), muss geprüft werden, ob wesentliche Teile einer schutzfähigen Datenbank extrahiert werden oder nur einzelne, nicht die Rechte des Datenbankherstellers tangierende (Teil-)Datensätze.
2. Hat der Betreiber der betroffenen Datenbank technische Maßnahmen ergriffen, um ein solches Auslesen der Daten durch Dritte zu verhindern? Wenn solche Mechanismen umgangen werden, kann man zumindest im Regelfall von einer Rechtsverletzung ausgehen.

Andernfalls muss – wenn kein Urheber- oder Datenbankrecht eingreift – die Datenextraktion eben geduldet werden. Die Zulässigkeit des Screen Scrapings wird auch im Ausland in ähnlichen Kategorien diskutiert.

Checkliste: So ist Screen Scraping zulässig
Extrahierte Daten dürfen nur dann veröffentlicht werden, wenn sie nicht über das Urheberrecht geschützt sind.
Daten dürfen nur ausgelesen und verwendet werden, wenn es sich dabei um unwesentliche Teile der Datenbank handelt.
Technische Vorkehrungen gegen Screen-Scraping dürfen nicht umgangen werden.

Seitenbetreiber, die sich unabhängig vom Urheberrechtsschutz gegen Aggregatoren einen Schadenersatz- oder → Unterlassungsanspruch sichern wollen, können wie folgt vorgehen:

Checkliste: So sichern Sie die eigene Plattform gegen Screen Scraping
Treffen Sie technische Vorkehrungen gegen das Auslesen von Daten.
Machen Sie die Nutzung der Daten von einer Anmeldung und damit einem Nutzungsvertrag abhängig (natürlich nur, wenn das auch im Übrigen für das Geschäftsmodell passt).
Wenn die ausgelesenen Daten einzeln urheberrechtlich oder als Datenbank geschützt sind, müssen betroffene Webseitenbetreiber die Extraktion keinesfalls dulden. Sie haben dann Unterlassungs- und Schadenersatzansprüche.

! Achtung

Bloße Hinweise auf der Webseite, dass das Auslesen nicht erlaubt ist, dürften nicht weiterhelfen (siehe Urteil des OLG Frankfurt, S. 192).

18.3 Crowdsourcing: die Kreativität der Massen nutzen

Einer der in Social Media hoch gehandelten Trends ist das sogenannte Crowdsourcing. Wikipedia beschreibt dieses Phänomen wie folgt:

Crowdsourcing setzt auf die Intelligenz und die Arbeitskraft einer Masse von »Freizeitarbeitern« im Internet. Eine Schar kostenloser oder gering bezahlter Amateure generiert bereitwillig Inhalte, löst diverse Aufgaben und Probleme oder ist an Forschungs- und Entwicklungsprojekten beteiligt.

Bei Crowdsourcing-Projekten ruft also ein Unternehmen ein bestimmtes, oft nicht genau definiertes Netzwerk dazu auf, im Wege der interaktiven Wertschöpfung (teilweise kooperativ) eine definierte Aufgabe zu erfüllen oder ein bestimmtes Problem zu lösen.

18.3.1 Die Chancen des Crowdsourcing

Tatsächlich eröffnet Crowdsourcing vielen Unternehmen die Chance, die Kreativität der Massen zu nutzen, um sich Logos oder Marken, Produkte und Verpackungen gestalten zu lassen, die Internetgemeinde Problemlösungen finden oder einfach Bewertungen abgeben zu lassen. Die Einsatzgebiete sind vielfältig.

> **Beispiel: Crowdsourcing über Soziale Netzwerke** !
>
> Immer mehr Unternehmen beteiligen Nutzer des Social Web im Rahmen von Crowdsourcing-Aktionen. Dabei gibt es größer angelegte Projekte wie etwa »Tchibo Ideas« (siehe www.tchibo-ideas.de), bei denen die Nutzer technische Lösungen oder Produkte für Alltagsprobleme entwickeln. Die erfolgreichsten Vorschläge werden später auch tatsächlich in Produkte umgesetzt. Der Nutzer, der die Idee eingereicht hat, wird dann auch wirtschaftlich beteiligt.
>
> Darüber hinaus gibt es viele zeitlich begrenzte Crowdsourcing-Aktionen, die besonders über Facebook teilweise als eine Art Gewinnspiel durchgeführt werden. Zu unrühmlicher Bekanntheit ist dabei eine Aktion gelangt, bei der ein neues Flaschendesign für das Spülmittel Pril entworfen werden sollte. Über den Gewinner, dessen Design dann auch produziert werden sollte, hatte die Community abzustimmen. Eine der Spaß-Einreichungen hatte als Design die Überschrift »Jetzt auch mit Hähnchengeschmack« mit einer entsprechenden optischen Gestaltung vorgeschlagen. Dieses Design hat sich, wie es öfter mit Scherz-Ideen geschieht, in der Community herumgesprochen und war deshalb von den Nutzern auf Position 1 gewählt worden. Die Veranstalter wollten – verständlicherweise – dieses Design nicht produzieren. Daher wurden mitten in der Aktion die Spielbedingungen geändert und, wenn man einzelnen Internet-Berichten Glauben schenkt, auch die Abstimmungsergebnisse seitens des Veranstalters modifiziert. All dies führte zu Widerständen bei den Nutzern und damit zu einem unbefriedigenden Ausgang der Aktion.

Aus den beiden Beispielen folgen zwei wesentliche Erkenntnisse:
- Bei Crowdsourcing-Aktionen sollten von Beginn an klare Bedingungen existieren, die alle wesentlichen Fragen regeln, wie insbesondere Regeln über die Teilnahme, (urheberrechtliche) Nutzungsrechte der Veranstalter bzw. der Gewinner an den Einreichungen, Gewinnerauswahl, Haftungsregelungen und Datenschutz.

- Die so formulierten Bedingungen sollten im Verlauf der Aktion nicht mehr geändert werden. Gewisse Risiken (wie z.B. die Bewertung von Spaß-Einreichungen) lassen sich in der Regel mit einer vorausschauenden Gestaltung ausschließen.

18.3.2 Wie kann man Aktionen rechtlich absichern?

Charakteristisch für viele der Crowdsourcing-Projekte ist, dass die Teilnehmer etwas (grafisch) gestalten, z.B. ein Logo, ein Produkt oder ein Markenzeichen, das von einem anderen genutzt werden soll. Rechtlich gesehen bedeutet das: Der Teilnehmer und damit Urheber, dessen Produkt sich im Contest durchsetzt, muss dem Ausrichter der Aktion → Nutzungsrechte einräumen.

Die Beteiligten des Crowdsourcing sollten sich also folgende Fragen stellen:
- Unter welchen Bedingungen soll das Nutzungsrecht übertragen werden (z.B. Höhe der Lizenzgebühren, Nennung des Urhebers etc.)?
- Wer hat das Risiko zu tragen, wenn irgendwann ein Dritter behauptet, das Logo/Produkt verletze seine Rechte (z.B. Marken- oder Urheberrechte)?

18.3.2.1 Wer trägt das Risiko bei Ansprüchen Dritter?

Wird das jeweilige Crowdsourcing-Ergebnis im Internet verwendet, kann nie ganz ausgeschlossen werden, dass dadurch irgendwo in der Welt entsprechende Schutzrechte Dritter verletzt werden (oder dass dies zumindest behauptet wird). Der Dritte wird sich in aller Regel erst einmal an den Verwender des Werkes, sprich den Ausrichter der Crowdsourcing-Aktion, wenden.

Es besteht – ohne vorgeschaltete Recherche – ein nicht unerhebliches Risiko, dass dieser dann auf → Unterlassung oder sogar Schadenersatz in Anspruch genommen wird. Das kann z.B. in den USA recht teuer werden. Deshalb sollte man bei der Gestaltung der Teilnahmebedingungen eines Crowdsourcing-Projekts klären, wer letztendlich rechtlich dafür einstehen soll, wenn das Produkt Rechte Dritter verletzt.

- Soll der Gestalter des jeweiligen Ergebnisses haften, dessen Arbeitsergebnis die rechtliche Auseinandersetzung ja ursprünglich verursacht hat?
- Soll der Verwender des Crowdsourcing-Produkts verantwortlich sein, der grundsätzlich auch den wirtschaftlichen Nutzen hat?

Beispiel: Der Fall Mister-Wong !

Dass es sich dabei nicht nur um ein akademisches Problem handelt, zeigt ein Fall, über den vor einiger Zeit auf internetworld berichtet wurde. Die bekannte Social Bookmarking-Plattform Mister-Wong hatte ein Crowdsourcing-Projekt ausgerufen, mit dem ein neues Logo geschaffen werden sollte. Es sollte den politisch offensichtlich nicht mehr ganz korrekten Comic-Asiaten ersetzen. Die erste Version der Teilnahmebedingungen enthielt Klauseln, nach denen der Gestalter des Logos die Betreiber von Mister-Wong von jeglichen Ansprüchen Dritter freizustellen hat, die irgendwo in der Welt Rechte gegen das zur Verfügung gestellte Gewinnerlogo geltend machen. Der Teilnehmer sollte sich darüber hinaus auch ausdrücklich dazu verpflichten, Mister-Wong bei der Rechtsverteidigung die notwendige Unterstützung zu bieten und ihn von allen hierbei anfallenden Kosten freizustellen. Derjenige, von dem das Gewinnerlogo stammt, hätte damit sämtliche Kosten von Mister Wong im Falle eines Rechtsstreits tragen müssen. Regelungen dieser Art bedeuten ein erhebliches Risiko, weil Streitigkeiten über Schadenersatzansprüche schnell sehr teuer werden können, nicht zuletzt auch wegen der Gerichts- und Anwaltskosten. Dementsprechend hatte der Bund deutscher Grafik-Designer e. V. (BDG) in einer Pressemitteilung aufgrund der »äußerst ungewöhnlichen wie unangemessenen Risikoabwälzung auf den Teilnehmer, dessen Werk zur Nutzung kommt« dringend vor einer Teilnahme an diesem Wettbewerb gewarnt. Da es im Bereich des Designs von Logos oder Marken tatsächlich üblich ist, dass der Auftraggeber – je nach dem avisierten Einsatzgebiet des Logos – vor dessen Einsatz prüft, ob es möglicherweise gegen Rechte Dritter verstößt, bezeichnete BDG-Präsident Henning Krause die konkreten Regelungen recht kreativ als »Outsourcing von Rechtsrisiken«. Mister-Wong hat auf die Kritik des BDG reagiert und die Klausel in Nr. 7 seiner Wettbewerbsbedingungen sofort auf ein vertretbareres Maß entschärft.

Dieses Beispiel zeigt deutlich, wie wichtig doch die Teilnahmebedingungen solcher Aktionen sind und welche Punkte in der Vorbereitung von Crowdsourcing-Projekten unbedingt beachtet werden sollten.

18.3.2.2 Faire Nutzungsbedingungen

In einer interessanten Diskussion zum Thema haben die Werbeblogger Roland Kühl und Martin Oetting einige grundsätzliche Aspekte herausgearbeitet:

> *Es geht darum fair miteinander umzugehen. Fair gegenüber dem Kunden und gleichzeitig fair gegenüber den Usern, der Community. Jeder soll was von Crowdsourcing haben. Aufmerksamkeit, Spaß, Mundpropaganda, einen echten Mehrwert. Und Crowdsourcing sollte nie (!!!) ohne gute Betreuung, ohne Konzept und ohne gutes Briefing der User durchgeführt werden. Ein guter Community-Manager, der Regie führt und es versteht auf die User, aber auch auf den Kunden und die Marke einzugehen, sollte unbedingt das Projekt permanent begleiten.*

Diesen Ausführungen schließe ich mich gerne an. Hinzuzufügen ist dem noch, dass sich der »faire Umgang« miteinander bzw. eine ausgewogene Gestaltung auch (oder vielleicht sogar gerade) in den jeweiligen Nutzungsbedingungen niederschlagen sollte. Auf der einen Seite ist hier den nachvollziehbaren Interessen des Ausrichters der Crowdsourcing-Aktion Rechnung zu tragen, der die Bedingungen stellt. Andererseits sind auch die Belange der Teilnehmer zu berücksichtigen (d.h. entsprechende Wertschätzung von Designleistung und Urheberschaft), die – vor allem bei der Gestaltung von Logos oder grafischen Marken – oft bereit sind, sich gegen ein nur geringes Entgelt bzw. möglichen Gewinn zu beteiligen.

Beachtet man diese Grundsätze, sind die Fundamente für den Erfolg des konkreten Crowdsourcing-Projektes gelegt. Darüber hinaus bestehen bei einer solchen fairen Gestaltung auch gute Aussichten für die Idee des Crowdsourcing als solche, in der – gerade im Internetbereich – in Zukunft wohl noch eine ganze Menge »Musik drin ist«.

18.4 Bewertungsportale: zulässig oder verboten?

Bewertungsportale sind ein typisches Beispiel für Internetplattformen, die im Zuge Sozialer Medien in verschiedenen Bereichen einen gewissen Aufschwung erleben. kununu, jameda, Holidaycheck oder die Bewertungsmöglichkeit bei Amazon sind nur einige Beispiele der neuen Anwendungen, die sich naturgemäß in einem besonderen Spannungsfeld bewegen. Je nachdem, wie die Bewertungsportale angelegt sind, ist der Ärger mit den Bewerteten bereits mehr oder minder vorprogrammiert.

Zum einen bieten solche Social-Network-Plattformen natürlich ein gutes Forum, um sich über die Qualitäten der betroffenen Berufsgruppen wie Ärzte, Professoren, Lehrer oder auch Unternehmen als Arbeitgeber zu äußern bzw. zu informieren. Andererseits eröffnet das Internet natürlich Tür und Tor, um – eventuell sogar unter dem Deckmantel der Anonymität – unberechtigt schlechte Bewertungen abzugeben.

Beispiel: SpickMich

Das Oberlandesgericht Köln (Urteil vom 27.11.2007, Az. 15 U 142/07) hat auf die Berufung einer Lehrerin, die auf der Bewertungsplattform www.spick-mich.de negativ bewertet worden war, nicht nur die grundsätzliche Zulässigkeit des Modells spickmich.de festgestellt, sondern darüber hinaus die Anforderungen konkretisiert, die ein solches Bewertungsportal in Deutschland erfüllen sollte.

Im Gerichtsverfahren hatte die betroffene Lehrerin geltend gemacht, dass die in Noten zum Ausdruck kommenden Bewertungen ihr allgemeines → Persönlichkeitsrecht verletzen bzw. dass durch die Nennung ihres Namens in unzulässiger Art und Weise in datenschutzrechtlich geschützte Belange eingegriffen worden sei. Die klagende Lehrerin war auf dem Portal »www.spickmich.de« bei den Kriterien sexy, cool, witzig, beliebt, motiviert, menschlich, gelassen, guter Unterricht, leichte Prüfungen und faire Noten in einem »nutzergenerierten Zeugnis« mit mittelmäßigen bis schlechten Schulnoten bewertet worden. Darüber hinaus waren – selbstverständlich – ihr Name und die Fächer, die sie unterrichtet, auf der Plattform verzeichnet. Die → einstweilige Verfügung, welche die Lehrerin ursprünglich noch erwirkt hatte, um den Betreibern die Nennung ihres Namens zu verbieten, war bereits vom Landgericht Köln aufgehoben worden. Daraufhin war die Lehrerin in Berufung gegangen, die vor dem OLG Köln aber keinen Erfolg hatte.

18.4.1 Sachliche Bewertungen sind ok – Schmähkritik nicht

Das OLG Köln stellte im oben geschilderten Fall der Lehrerin zunächst einmal fest, dass es sich bei den Bewertungen auf der Plattform nicht um Tatsachenbehauptungen handelt, die grundsätzlich wahr sein müssen, sondern um reine Meinungsäußerungen bzw. Werturteile. Davon ist immer dann auszugehen, wenn die konkrete Äußerung durch die Elemente der Stellungnahme, der Beurteilung und der Wertung geprägt ist (Bundesverfassungsgericht, NJW 1985, 3303). Solche Werturteile sind grundsätzlich zulässig, wenn sie nicht die Grenze zur Schmähkritik bzw. zur → Formalbeleidigung überschreiten und die Äußerung keinen Angriff auf die Menschenwürde darstellt (vgl. BVerfG, NJW 1999, 2358 [2359]). Die Richter wogen auch das allgemeine Persönlichkeitsrecht der Lehrerin mit dem Recht auf freie Meinungsäußerung nach Artikel 5 Abs. 1 Grundgesetz ab. Das OLG Köln kam zum folgenden Ergebnis:

Unter Abwägung dieser Kriterien sind die Bewertungsmöglichkeiten im Schülerportal kein unzulässiger Eingriff in das allgemeine Persönlichkeitsrecht der Lehrerin. Soweit die Bewertung unter den Kriterien »guter Unterricht«, »fachlich kompetent«, »motiviert«, »faire Noten«, »faire Prüfungen« und »gut vorbereitet« sowohl im Bewertungsmodul als auch im Zeugnis stattfinden, sind nicht das Erscheinungsbild oder die allgemeine Persönlichkeit der Pädagogin betroffen, sondern die konkrete Ausübung ihrer beruflichen Tätigkeit und damit ihrer Sozialsphäre. Da die genannten Kategorien daher eben nicht ihre Persönlichkeitssphäre betreffen, sind die aufgeführten Kriterien als rein sach- und rechtsbezogen anzusehen. Das führt nach Auffassung des OLG Köln aufgrund der Tatsache, dass eine Schmähkritik oder ein An-den-Pranger-Stellen der Lehrerein nicht festgestellt werden konnte, zur grundsätzlichen Zulässigkeit des Bewertungsmoduls von www.spickmich.de.

18.4.1.1 Vorsicht bei privaten Details

Vorsicht scheint jedoch dann geboten, wenn die Kriterien auf einem Bewertungsportal auch die Privatsphäre des Bewerteten betreffen. Dann stellt sich die Frage, ob ein Eingriff in die Menschenwürde vorliegt bzw. ob die Grenze zur Schmähkritik überschritten ist.

18.4.1.2 Gegen anonyme Bewertungen nichts einzuwenden

Spannend sind auch die Ausführungen des OLG Köln zur Anonymität der Bewertungen. Die Richter stellten fest, dass Anonymität gerade für das Medium Internet typisch sei und entsprechende Evaluationen im Hochschulbereich ebenfalls regelmäßig anonym erfolgten. Dies ändere also nichts an der Beurteilung des Sachverhalts. Auch die theoretische Möglichkeit, dass Schüler sich mehrfach einloggen könnten und deshalb die Gefahr der Manipulation durch Mehrfachbewertungen bestehe, änderte an der Einschätzung des OLG Köln nichts. Eine Verletzung des → Persönlichkeitsrechts verneinten die Richter hier.

18.4.2 Nennung von persönlichen Daten in Maßen erlaubt

Das Gericht kam auch zum Ergebnis, dass die Nennung von persönlichen Daten der Lehrerin, so z. B. ihr Nachname, die Schule, an der sie unterrichtet, und die von ihr unterrichteten Fächer, zulässig ist. Einen Verstoß gegen ihr Recht auf informationelle Selbstbestimmung konnten die Richter hier nicht erkennen. Entscheidendes Argument war, dass es sich im Fall nicht um sensible Dateninformationen handelte und personenbezogene Daten, wie der Name und die berufliche Tätigkeit, aus einer allgemein zugänglichen Quelle – sprich der Webseite der Schule – entnommen worden waren. Solche Informationen können grundsätzlich auch ohne Einwilligung der Betroffenen im gleichen oder in einem anderen Medium wiedergegeben werden (vgl. § 28 BDSG). So entschied auch das Landgericht Berlin (Urteil vom 31.05.2007, Az. 27 S 2/07) in einem anderen Fall.

Diese Entscheidungen führen zu etwas mehr Rechtssicherheit in diesem Bereich. Allerdings sind aufgrund des heiklen Spannungsfeldes zwischen den Interessen der Plattform, der Bewerteten und der Öffentlichkeit auch zukünftig noch weitere Gerichtsverfahren zu erwarten. Einzelne Arztrechtler raten Medizinern bereits dazu, sich gegen die Bewertung in Portalen zur Wehr zu setzen. Umso mehr sollten die Portale die Rechtsprechung aufmerksam beobachten, um für den Fall der Fälle gerüstet zu sein.

18.4.3 Wichtige Regeln für Bewertungsportale

1. Nur berufliche Kriterien
Die Bewertungskriterien sollten nur die berufliche Sphäre der zu Bewertenden betreffen oder zumindest einen Bezug dazu haben. Bei Kriterien, die jedenfalls auch die Privatsphäre der Beurteilten tangieren, ist zu besonderer Vorsicht zu raten.

2. Nur Bewertungen, keine Tatsachen
Die Meinungsfreiheit schützt Äußerungen nur dann, wenn es sich dabei tatsächlich um Meinungsäußerungen bzw. Werturteile und nicht um Tatsachenbehauptungen handelt. Eine Tatsachenbehauptung liegt immer dann vor, wenn objektiv entschieden werden kann, ob die Behauptung wahr oder falsch ist. Tatsachenbehauptungen dürfen nicht falsch sein. Meinungsäußerungen und Werturteile, die die Sozialsphäre des Beurteilten betreffen, dürfen (nur) nicht die Grenze zur Schmähkritik bzw. zur → Formalbeleidigung überschreiten.

3. Daten nur aus allgemein zugänglichen Quellen
Um datenschutzrechtliche Problem zu vermeiden, sollten die verzeichneten Daten für die Kriterien sämtlich aus allgemein zugänglichen Quellen stammen.

4. Technische Vorkehrungen
Um Verstöße der Bewerter möglichst rasch zu erkennen und berechtigte Unterlassungsansprüche der Bewerteten zu vermeiden, empfehlen sich folgende technische Maßnahmen:
- Einsatz eines »Abuse-Buttons«: Er dient dazu, die Betreiber auf etwaige Rechtsverstöße aufmerksam zu machen.
- Einführung einer geschlossenen Benutzergruppe: Sie stellt sicher, dass die Bewertungen nicht über Google und Co. zu finden sind.

5. User Generated Content
Schließlich sollten die Grundsätze der Haftung für User Generated Content (siehe hierzu Kapitel 5) beachtet werden für den Fall, dass Nutzer auch eigene Texte bei der Bewertung einstellen können.

18.4.4 Was man gegen schädigende und gefälschte Bewertungen tun kann

Wie so oft, stehen sich auch bei Bewertungsportalen zwei gegensätzliche Positionen gegenüber: auf der einen Seite derjenige, der berechtigterweise seine Meinung kundtun möchte, auf der anderen Seite derjenige, der bewertet wird, ohne dies initiiert zu haben. Der folgende Abschnitt beschäftigt sich mit den Interessen der zweiten Seite und daher mit der Frage, wie sich Privatpersonen und Unternehmen gegen rechtsverletzende Bewertungen wehren können.

Festzustellen ist zunächst, dass nicht nur die Zahl, sondern auch die Relevanz von Bewertungsportalen stark zunimmt. Als typisches Phänomen der Sozialen Medien wächst damit auch die Macht der Verbraucher und Kunden. Sie erhalten über entsprechende Funktionalitäten – in einem vorher nicht da gewesenen Ausmaß – die Gelegenheit, ihrer Stimme (also der eigenen Meinung über die jeweilige Ware oder Dienstleistung) Ausdruck zu verleihen.

Derzeit gibt es z. B. diese Bewertungsportale:
- Hotels: Holidaycheck, hotelbewertungen.net, Tripadvisor
- Arbeitgeber: kununu, jobvoting
- Ärzte: Imedo, Docinsider, Topmedic, jameda
- Finanzberater & Banken: WhoFinance, mybankrating
- Produkte und Dienstleistungen: Ciao!, kennstdueinen, golocal
- Bücher: Amazon
- Lehrer: Spickmich
- Professoren: MeinProf

Bewertungsplattformen können als Stimme der Konsumenten im Dschungel der Werbeinformationen durchaus eine gute Orientierung bieten. Holidaycheck macht für das Thema Urlaub vor, welche Relevanz solche Bewertungsportale für Kunden und deren Kaufentscheidungen haben können. Dies zeigt: Der Meinung der Konsumenten zu angebotenen Waren und Dienstleistungen kommt im Rahmen der Marken- und Produktwahrnehmung und damit auch bezüglich der Kaufentscheidungen eine erhebliche, perspektivisch weiter wachsende Rolle zu. Wie aktuelle Studien zeigen, ist die Wahrnehmung der eigenen Marke gerade in und über Social Media für Unternehmen von steigender Bedeutung. Auch die Reputation eines Unternehmens wird nicht zuletzt durch die Bewertungsportale geprägt.

Wie einige aufgedeckte Fälle zeigen, bietet jedoch die Anonymität im Internet viele Möglichkeiten, Bewertungs- und Kommentarfunktionen zu missbrauchen:

So kam es immer mal wieder vor, dass Unternehmen ihre eigenen Angebote (z.B. unter einem anderen vorgetäuschten Namen) selbst positiv bewerten und dabei ihre Identität bewusst verschleiern.

Zudem gab es Fälle, in denen Mitarbeiter und/oder Agenturen damit beauftragt wurden, unter dem Deckmantel eines anderen Namens auf der jeweiligen Seite des Wettbewerbers negative Kommentare oder Bewertungen zu hinterlassen.

Um solchen Fällen entgegenzuwirken, halten zahlreiche Bewertungsplattformen entsprechende Mechanismen vor, die Missbräuche erkennen und ausfiltern sollen. Diese funktionieren mal besser, mal schlechter – angesichts der Vielzahl von Möglichkeiten wird man entsprechenden Missbrauch technisch leider nie ganz ausschließen können.

Hier stellt sich dann die Frage, wie das Unternehmen gegen rufschädigende bzw. gefälschte Bewertungen vorgehen kann. Auch wenn sich die Anbieter von Waren und Dienstleistungen – gerade in Zeiten von Social Media – auch negative Kommentare und Kritik gefallen lassen müssen, gilt die Meinungsfreiheit im Internet natürlich nicht uneingeschränkt. Sie endet richtigerweise dort, wo in unzulässiger Art und Weise in geschützte Rechtspositionen von Personen und Unternehmen eingegriffen wird.

18.4.5 Falsche Bewertungen von Konsumenten

Im Jahr 2012 hat das OLG Hamburg (Urteil vom 18.01.2012, Az. 5 U 51/11) gerichtlich bestätigt, dass ein Hotelbewertungsportal trotz der Möglichkeit, anonyme Bewertungen abzugeben, grundsätzlich zulässig ist. Die Hamburger Richter urteilten, dass ein schutzwürdiges Informationsinteresse der

Allgemeinheit bestehe, das einem allgemeinen Verbot des Betriebs einer Bewertungsplattform entgegenstehe.

Das betroffene Hotel sei den Bewertungen zudem nicht schutzlos ausgeliefert, da es die Löschung von rechtswidrigen Einträgen verlangen und dies gegebenenfalls auch gerichtlich durchsetzen könne. Aus diesem Urteil folgt also unter anderem, dass bewertete Personen oder Unternehmen nicht jede beliebige Bewertung hinnehmen müssen.

Beispiel: jameda

jameda I
Der BGH hat mit Urteil vom 23.09.2014 (Az. VI ZR 358/13) entschieden, dass sich Ärzte, Unternehmer oder Selbstständige grundsätzlich auf Internetportalen bewerten lassen müssen, weil sie ihre Leistungen öffentlich anbieten. Missbrauchsgefahren ist der Betroffene nicht schutzlos ausgeliefert, da er von dem jeweiligen Bewertungsportal die Löschung unwahrer Tatsachenbehauptungen sowie beleidigender oder sonst unzulässiger Bewertungen verlangen kann. Dass Bewertungen anonym abgegeben werden können, führt nach Ansicht des BGH zu keinem anderen Ergebnis. Denn die Möglichkeit zur anonymen Nutzung sei dem Internet nämlich immanent.

jameda II
In einem weiteren Urteil zu jameda vom 01.03.2016 (Az. VI ZR 34/15) hat der BGH den Betreibern von Bewertungsportalen konkrete Prüfungspflichten auferlegt. Der Betrieb eines Bewertungsportals trage im Vergleich zu anderen Portalen von vornherein ein gesteigertes Risiko von Persönlichkeitsrechtsverletzungen in sich. Diese Gefahr wird nach Auffassung der Bundesrichter durch die Möglichkeit, Bewertungen anonym oder unter einem Pseudonym abzugeben, verstärkt. Zudem erschweren derart verdeckt abgegebene Bewertungen es dem betroffenen Arzt, gegen den Bewertenden direkt vorzugehen. Vor diesem Hintergrund hätte die beklagte Betreiberin des Bewertungsportals die konkrete Beanstandung des betroffenen Arztes dem Bewertenden übersenden und ihn dazu anhalten müssen, ihr den angeblichen Behandlungskontakt möglichst genau zu beschreiben. Da die Betreiberin des Bewertungsportals weder den Bewertenden konsultiert und um Verifizierung der Aussagen gebeten hat, noch die gemeldeten Bewertungen gelöscht hat, haftete sie für die Aussagen des Bewertenden.

Unwahre Tatsachenbehauptungen, also objektiv falsche Aussagen in Bezug auf eine Person, ein Produkt oder Unternehmen können in das allgemeine Persönlichkeitsrecht oder den eingerichteten und ausgeübten Gewerbebetrieb eingreifen und daher angegriffen werden. Ebenfalls angreifbar sind außerdem Beleidigungen, die sogenannte Schmähkritik, sowie Verleumdungen oder üble Nachrede. In diesem Zusammenhang kommen auch die Tatbestände der Kreditgefährdung (§824 BGB), der vorsätzlichen sittenwidrigen Schädigung (§826 BGB) in Betracht. In entsprechenden Fällen kann der Geschädigte bzw. das betroffene Unternehmen Beseitigungs- und Unterlassungsansprüche gegen das Bewertungsportal bzw. Schadenersatz gegenüber dem eigentlichen Schädiger geltend machen.

> **Tipp: Oft reicht bereits ein anwaltliches Schreiben**
>
> Neben einem Vorgehen gegen den Bewertenden selbst, der nicht immer leicht zu ermitteln ist, hat sich schon oft ein (anwaltliches) Löschungsverlangen gegenüber der jeweiligen Plattform als effektiv erwiesen. Nach den Grundsätzen der Mitstörerhaftung haftet auch die Plattform für rechtswidrige Einträge, wenn sie diese nach Kenntnisnahme nicht löscht. Über dieses Vorgehen konnten rechtswidrige Inhalte bereits in kürzester Zeit von unterschiedlichsten Bewertungsplattformen entfernt werden.

18.4.6 Falsche Bewertungen von Wettbewerbern

In aller Regel rechtswidrig sind schädigende Bewertungen, wenn sie von einem Wettbewerber oder dessen Beauftragten eingestellt werden, der sich als Verbraucher ausgibt. In diesen Fällen liegt eine geschäftliche Handlung i. S. des Gesetzes gegen den unlauteren Wettbewerb (UWG) vor. Daher dürften solche Bewertungen unabhängig von deren Inhalt wegen der Verschleierung der Identität gegen §4 Abs. 3 UWG (Verschleierte Werbung) bzw. in einigen Fällen auch gegen §4 Nr. (Herabsetzung fremder Ware, Dienstleistungen u. Ä.) und Nr. 8 UWG (Kreditschädigende Äußerungen) bzw. §6 UWG (Vergleichende Werbung) verstoßen. Gegebenenfalls führt also allein die Tatsache der Verschleierung der Wettbewerbshandlung unabhängig von dem Inhalt der jeweiligen Bewertung zur Rechtswidrigkeit.

Bei solchen Fake-Bewertungen können Wettbewerber oder die Wettbewerbszentralen nicht nur Unterlassung, sondern unter bestimmten weiteren Voraussetzungen auch Schadenersatz verlangen.

> **Achtung: Fake-Bewertungen können üble Folgen haben** !
>
> Fake-Bewertungen über Mitbewerber sollten nie eine Option für Unternehmen und deren Agenturen sein. Der Einsatz solch wettbewerbswidriger Maßnahmen stellt sich – vorbehaltlich individueller vertraglicher Absprachen mit dem Kunden – zunächst einmal als erhebliches Risiko für die Agentur selbst dar. Wettbewerbswidrige Werbung ist grundsätzlich als mangelhafte Leistung des Dienstleisters anzusehen (OLG Düsseldorf, CR 2004,466). Damit drohen der Agentur nicht nur Regressansprüche des Kunden, die auf Rückzahlung des bereits geleisteten Honorars bzw. auch auf Ersatz von Abmahnungs- oder Verfahrenskosten bzw. sogar Kosten für die Neukonzeption und -durchführung der Werbemaßnahme gerichtet sein können. Werbeagenturen sollten daher den Rechtsrahmen kennen, den es für Werbemaßnahmen im Social Web zu beachten gilt.

Veröffentlicht die Agentur oder ein Mitarbeiter des Unternehmens diese Bewertungen, wird in der Regel auch das Unternehmen haftbar gemacht werden können. §8 Abs. 2 UWG sieht nämlich eine Zurechnung zum Unternehmen immer dann vor, wenn ein Beauftragter im oder für das Unternehmen tätig wird.

19 Ein Resümee

Die Nutzung der Sozialen Medien ist nicht nur mehr bei jüngeren Generationen eine Selbstverständlichkeit. So wie mittlerweile die Regelung der (privaten) Nutzung des Internets und von E-Mails bei vielen Unternehmen selbstverständlich ist, so elementar sollte für mittlere und größere Unternehmen schon heute die Regelung des Umgangs mit dem Social Web sein.

Das Social Web bietet für Knowledge Worker, für Kundenkontakte, aber auch einfach zur Verbreitung und Pflege der Unternehmensmarken immense Chancen. Auf der anderen Seite birgt jedoch der Zugang zum Social Web für alle Mitarbeiter gewisse Risiken. Die strikte Untersagung erscheint hier genauso wenig sachgerecht, wie die unkontrollierte Zulassung der Social Media Nutzung. Unternehmen ist daher zu raten, rechtzeitig Vorsorge zu treffen und im eigenen, aber auch im Interesse der Mitarbeiter klare Richtlinien zu formulieren. Denkbar sind Regelungen in entsprechenden Unternehmenspolicies oder → Betriebsvereinbarungen.

Dadurch eröffnet sich dem Arbeitgeber die Möglichkeit, auch das notwendige Bewusstsein und die für das Social Web immens wichtige Medienkompetenz zu schaffen. Damit kann der Arbeitgeber den Mitarbeitern – ganz im Sinne seiner Fürsorgepflicht – tatsächlich »Leitplanken« an die Hand geben. Sie vermeiden urheber- und datenschutzrechtliche Risiken im Interesse des Mitarbeiters, aber auch des Arbeitgebers und helfen dabei, die Bewahrung der Betriebs- und Geschäftsgeheimnisse zu schützen. Trotz verbleibender rechtlicher Unwägbarkeiten, die bei der schnellen Entwicklung dieser Medien unvermeidlich sind, sind dem Autor bisher keine Fälle von deutschen Unternehmen bekannt, die sich mit den dargestellten Implikationen auseinandergesetzt haben, bei sich nachfolgend aber substanzielle rechtliche Risiken realisiert hätten. Wenn Unternehmen die im Buch dargestellten Grundsätze beachten, schaffen sie eine gute Grundlage dafür, sich auch aus rechtlicher Sicht gut vorbereitet und hinreichend abgesichert den Möglichkeiten von Social Media zu nähern und so entsprechende Potenziale zu aktivieren.

20 Checklisten

20.1 Urheberrecht im Internet

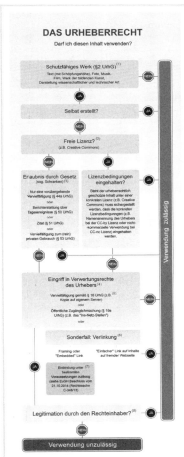

20.2 Social-Media-Präsenz eines Unternehmens

	Ja	Nein	Unklar
Account-Name			
• Ist der eigene Firmen- oder Markenname bei relevanten Social-Media-Plattformen zugunsten des Unternehmens registriert?	☐	☐	☐
• Kollidiert der gewählte Account-Name auch nicht mit fremden Namens- oder Markenrechten?	☐	☐	☐
• Ist geprüft, ob Dritte Account-Namen verwenden, die mit eigenen Firmen- oder Produktnamen kollidieren?	☐	☐	☐
Impressumspflicht			
• Ist ein ordnungsgemäßes Impressum vorhanden, dass alle erforderlichen Informationen (insbesondere nach §5 TMG sowie der Dienstleistungs-Informationspflichten-Verordnung) enthält?	☐	☐	☐
• Ist das Impressum gut erkennbar und leicht zu erreichen?	☐	☐	☐
• Wird ein Begriff wie »Kontakt«, »Anbieterkennzeichnung« oder »Impressum« verwendet?	☐	☐	☐
• Braucht es von jeder Unterseite jeweils nicht mehr als zwei Klicks zum Impressum?	☐	☐	☐
• Sind alle Links zum Impressum deutlich erkennbar?	☐	☐	☐
Journalistische Angebote			
• Handelt es sich um ein journalistisch-redaktionell gestaltetes Angebot im Sinne von §55 Abs. 2 RStV?	☐	☐	☐
• Wenn ja: Wird ein inhaltlich Verantwortlicher mit Name und Adresse benannt?	☐	☐	☐
Gestaltung der eigenen Inhalte			
• Sind für alle verwendeten urheberrechtlich geschützten Werke (Texte, Bilder, Musik etc.) die erforderlichen Nutzungsrechte erworben worden?	☐	☐	☐
• Werden bei geschützten Werken die Namen der Berechtigten (z. B. Urheber) angegeben?	☐	☐	☐

Social-Media-Präsenz eines Unternehmens 20

	Ja	Nein	Unklar
• Werden bei Creative Commons lizenzierten Werken die jeweiligen Lizenzbedingungen eingehalten?	☐	☐	☐
• Liegt bei Fotos mit Personen eine (konkludente) Zustimmung der Abgebildeten für die Veröffentlichung des Bildnisses (§ 22 KUG) oder eine Ausnahme des § 23 KUG vor?	☐	☐	☐
• Verstoßen die eigenen Aussagen nicht gegen Persönlichkeitsrechte Dritter?	☐	☐	☐
• Verstoßen die eigenen Aussagen und Inhalte nicht gegen Wettbewerbsrecht (vor allem keine Verschleierung, keine schädigenden Aussagen über Wettbewerber oder deren Angebote)?	☐	☐	☐
• Werden die Vorgaben der jeweiligen Internetplattform (z. B. Erklärung der Rechte und Pflichten bei Facebook) eingehalten?	☐	☐	☐
Umgang mit nutzergenerierten Inhalten			
• Sind Nutzungsbedingungen oder Kommentarrichtlinien auf der Social-Media-Präsenz vorhanden, die Rahmenbedingungen formulieren?	☐	☐	☐
• Ist sichergestellt, dass Hinweisen auf rechtsverletzende Inhalte nachgegangen wird, Inhalte daraufhin überprüft und bei Rechtswidrigkeit gelöscht werden?	☐	☐	☐
• Gibt es klare Verantwortlichkeiten für die Kontrolle und Steuerung der Social-Media-Präsenzen (z. B. Vertretungsregelungen)?	☐	☐	☐
Datenschutz			
• Gibt es eine korrekte Datenschutzerklärung über Art, Umfang und Zweck der Erhebung und Verwendung der Nutzerdaten?	☐	☐	☐
• Ist die Datenschutzerklärung auf jeder Seite verlinkt?	☐	☐	☐
• Wird eine Datenspeicherung, die nicht zur Vertragsabwicklung erforderlich ist, nur nach Zustimmung des Kunden vorgenommen?	☐	☐	☐
• Bei Auslandsbezug: Wird über eine Datenverarbeitung außerhalb der EU informiert (§ 13 Abs. 1 TMG)?	☐	☐	☐

Checklisten

Direktmarketing	Ja	Nein	Unklar
• Sind alle Anforderungen an die Einwilligung der Empfänger von Werbenachrichten eingehalten?	☐	☐	☐
• Wird bei der Einwilligung und in jeder Nachricht auf eine einfache Möglichkeit der Abbestellung hingewiesen?	☐	☐	☐
• Funktioniert die Abbestellung der Nachrichten ohne Probleme und schnell?	☐	☐	☐
• Ist jede Nachricht als kommerzielle Info sowie der Absender/ Auftraggeber eindeutig erkennbar?	☐	☐	☐
• Enthält jede Nachricht ein ordnungsgemäßes Impressum?	☐	☐	☐

20.3 Social Media Guidelines

		Vorhanden	Fehlt	Entbehrlich
Vorfragen				
Verbindlichkeit der Richtlinie				
1	Unverbindliche Handlungsempfehlung	☐	☐	☐
2	Verbindliche Vorgaben	☐	☐	☐
2.1	• Dienstanweisung	☐	☐	☐
2.2	• Betriebsvereinbarung	☐	☐	☐
Erstellungs- und Einführungsprozedere				
1	Alle notwendigen Abteilungen involvieren	☐	☐	☐
2	Beteiligung des Betriebsrates	☐	☐	☐
Inhaltliche Gestaltung				
Einleitende Bemerkungen				
1	Vorstellung einzelner wichtiger Plattformen	☐	☐	☐
2	Zweck der Social Media Richtlinien	☐	☐	☐

		Vorhanden	Fehlt	Entbehrlich
3	Adressaten der Social Media Richtlinien			
3.1	▪ Alle Mitarbeiter	☐	☐	☐
3.2	▪ Ausgewählte Mitarbeiter (Social Media Manager, Kommunikationsabteilung, Personalabteilung)	☐	☐	☐
3.3	▪ Dritte (z. B. Vertriebspartner)	☐	☐	☐
4	Künftige Änderungen der Social Media Richtlinien	☐	☐	☐
5	Verbindlichkeit der Richtlinien			
5.1	▪ Für alle Mitarbeiter	☐	☐	☐
5.2	▪ Für ausgewählte Mitarbeiter (Social Media Manager, Kommunikationsabteilung, Personalabteilung)	☐	☐	☐
5.3	▪ Für Dritte (z. B. Vertriebspartner)	☐	☐	☐
Verantwortlichkeit				
1	Verantwortlichkeit von Mitarbeitern für veröffentlichte Inhalte und deren Verhalten in Sozialen Medien	☐	☐	☐
2	Mögliche Folgen von Verstößen der Mitarbeiter gegen verbindliche Vorgaben	☐	☐	☐
Allgemeine Verhaltensgrundsätze				
1	(Eigen-)Verantwortung des Mitarbeiters	☐	☐	☐
2	Höflicher und respektvoller Umgang	☐	☐	☐
3	Korrektheit und Professionalität der Aussagen	☐	☐	☐
4	Geheimhaltung und Bewahrung vertraulicher Informationen			
4.1	▪ Umgang mit vertraulichen Angaben des Unternehmens und der Kunden	☐	☐	☐

Checklisten

		Vorhanden	Fehlt	Entbehrlich
4.2	▪ Beachtung des Datenschutzes	☐	☐	☐
5	Respekt vor Wettbewerbern und deren Produkten			
6	Zurückhaltung mit Äußerungen über Wettbewerber und deren Produkte	☐	☐	☐
7	Keine verdeckten Handlungen	☐	☐	☐
8	Einhaltung des Urheberrechts			
8.1	▪ Grundlagen des Urheberrechts	☐	☐	☐
8.2	▪ Praxishinweise zum Umgang mit urheberrechtlich geschützten Inhalten	☐	☐	☐
8.3	▪ Angabe der Quelle bei Zitaten	☐	☐	☐
9	IT-Sicherheit			
9.1	▪ Hinweise zum Umgang mit Passwörtern	☐	☐	☐
9.2	▪ Beachtung von Sicherheitsaspekten (Aufklärung über Viren, Trojaner und andere Gefahren)	☐	☐	☐
9.3	▪ Einstellungen in Sozialen Netzwerken	☐	☐	☐
10	Handlungsempfehlungen für die Kommunikation			
10.1	▪ Abgrenzung zwischen Meinungsäußerungen und Tatsachenbehauptungen	☐	☐	☐
10.2	▪ Umgang mit negativen Aussagen und persönlichen Angriffen	☐	☐	☐
10.3	▪ Abgrenzung zwischen privaten und geschäftlichen Themen, insbesondere politische Themen	☐	☐	☐
10.4	▪ Verbot unternehmensschädlicher Aussagen und Aktivitäten	☐	☐	☐
10.5	▪ Umgang mit Presseanfragen	☐	☐	☐
10.6	▪ Voraussetzungen für die Verwendung von Marken und anderen Kennzeichen des Unternehmens	☐	☐	☐

Social Media Guidelines 20

		Vorhanden	Fehlt	Entbehrlich
10.7	▪ Darstellung der Loyalitätspflicht der Arbeitnehmer	☐	☐	☐
10.8	▪ Beachtung der anwendbaren Gesetze	☐	☐	☐
10.9	▪ Branchenspezifische gesetzliche Vorgaben (vor allem regulierte Industrien wie Pharma, Banken u. a.)	☐	☐	☐
Verhaltensgrundsätze für geschäftliche Aktivitäten				
1	Zulassung oder Verbot der Nutzung der Sozialen Medien während der Arbeitszeit	☐	☐	☐
2	Evt.: Zeitliche Einschränkung der Sozialen Medien bei privater/dienstlicher Nutzung	☐	☐	☐
3	Evt.: Einschränkung der erlaubten Plattformen bei privater/dienstlicher Nutzung	☐	☐	☐
4	Unterscheidung zwischen Aussagen im eigenen Namen und Aussagen im Namen des Unternehmens	☐	☐	☐
5	Verhaltensgrundsätze bei Aussagen im Namen des Unternehmens			
5.1	▪ Schriftliches Einverständnis	☐	☐	☐
5.2	▪ Beachtung der Kommunikationsrichtlinien	☐	☐	☐
5.3	▪ Verhalten bei Presseanfragen	☐	☐	☐
5.4	▪ Verhalten bei Kenntnisnahme von Sachverhalten mit hoher Relevanz für das Unternehmen	☐	☐	☐
5.5	▪ Branchenspezifische Besonderheiten	☐	☐	☐
Verhaltensgrundsätze für private Aktivitäten				
1	Trennung von privaten Aktivitäten und Aktivitäten für das Unternehmen	☐	☐	☐
2	Verbot der Nutzung von Logos oder Marken des Unternehmens	☐	☐	☐
3	Branchenspezifische Besonderheiten	☐	☐	☐

Checklisten

		Vorhanden	Fehlt	Entbehrlich
Ansprechpartner für Fragen				
1	Zuständigkeit bei Fragen zum Verhalten in Sozialen Medien, zu den Social Media Richtlinien	☐	☐	☐
2	Kontaktdaten der Ansprechpartner	☐	☐	☐

! **Wichtig**

Die hier abgedruckten Checklisten sind nur Orientierungshilfen. Sie erheben angesichts der vielen denkbaren Fallgestaltungen und branchenspezifischen Besonderheiten natürlich keinen Anspruch auf Vollständigkeit. Sie ersetzen insbesondere keine Rechtsberatung im Einzelfall.

Glossar

Abmahnung
Wer sich wettbewerbswidrig verhält oder gegen das → Urheberrecht oder das Datenschutzrecht verstößt, riskiert eine Abmahnung. Ein Abmahnungsschreiben enthält die Schilderung des Rechtsverstoßes, eine Aufforderung das Verhalten zu unterlassen und die Androhung weiterer rechtlicher Schritte. Normalerweise ist der Abmahnung eine strafbewehrte Unterlassungserklärung beigefügt, die der Abgemahnte unterschreiben soll. Sie dient dazu, künftigen gleichen Verstößen zu begegnen: Immer dann, wenn der Abgemahnte wieder den gleichen Rechtsverstoß begeht, muss er die in der Unterlassungserklärung festgelegte Strafe zahlen. Ist die Abmahnung zu Recht ergangen, muss der Abgemahnte die Anwaltskosten der Gegenseite für die Abmahnung tragen. Abmahnungen sollten immer ernst genommen werden. Ist es zweifelhaft, ob eine Abmahnung zu Recht erfolgt ist, sollte man einen Rechtsanwalt einschalten. Ist die Abmahnung des Gegners berechtigt, drohen bei falscher Reaktion ein einstweiliges Verfügungsverfahren und erhebliche weitere Kosten. Die Unterlassungserklärung ist immer mit Bedacht – d.h. in der Regel in modifizierter Form – abzugeben. Oft lassen sich mit guten Argumenten die häufig sehr großzügig angesetzten Abmahnkosten herunterhandeln.

Allgemeine Geschäftsbedingungen (AGB)
Allgemeine Geschäftsbedingungen sind für eine Vielzahl von Vertragsfällen vorformulierte Regelwerke, die ein Unternehmen einseitig seinen Kunden vorgibt. Sie müssen bestimmten Mindeststandards entsprechen, damit sie für ein Vertragsverhältnis wirksam sind: So muss der Kunde sie z.B. als AGB erkennen und muss ihnen vor Vertragsschluss zustimmen. Sie dürfen nicht überraschend sein und den Kunden nicht unangemessen benachteiligen. Details sind in den §§ 305 ff. des Bürgerlichen Gesetzbuches geregelt.

Allgemeines Gleichbehandlungsgesetz
Das Allgemeine Gleichbehandlungsgesetz will die Diskriminierung bestimmter Personengruppen verhindern. So soll z.B. niemand wegen seines Geschlechts, seiner Religion, seiner ethnischen Herkunft oder Weltanschauung, wegen seines Alters oder einer Behinderung benachteiligt werden. Die entsprechenden Rechte sind einklagbar.

Arbeitsrecht

Das Arbeitsrecht umfasst alle Gesetze zur unselbstständigen, abhängigen Erwerbstätigkeit. Inhaltlich unterscheidet man:
- das Individualarbeitsrecht: Es betrifft das Verhältnis zwischen Arbeitgeber und Arbeitnehmer.
- das Kollektivarbeitsrecht: Es regelt das Verhältnis zwischen Gewerkschaften und Betriebsräten bzw. Personalräten auf der einen Seite und den Arbeitgeberverbänden und Arbeitgebern auf der anderen Seite

Aufführungsrecht

Das Aufführungsrecht ist mit dem Vortragsrecht in §19 UrhG geregelt. Das Vortragsrecht ist das Recht, ein Sprachwerk durch persönliche Darbietung öffentlich zu Gehör zu bringen. Das Aufführungsrecht ist das Recht, ein Musikwerk durch persönliche Darbietung öffentlich zu Gehör zu bringen oder ein Werk öffentlich bühnenmäßig darzustellen.

Auskunft, Auskunftsanspruch

In bestimmten Fällen hat man einen Auskunftsanspruch gegen andere. Man benötigt ihn vor allem im Klageverfahren vor Gericht, wenn die andere Partei wichtige Tatsachen mitteilen kann, die man selbst nicht wissen kann.

Wenn z.B. im Falle des Content-Diebstahls die Höhe des Schadenersatzes für den Verletzten davon abhängt, wie viele Inhalte der andere kopiert hat und vor allem wie lange sie online waren, steht dem Verletzten ein Anspruch auf entsprechende Auskunft zu.

Ausstellungsrecht

Das Ausstellungsrecht ist in §18 UrhG geregelt. Es ist das Recht, das Original oder Vervielfältigungsstücke eines unveröffentlichten Werkes der bildenden Künste oder eines unveröffentlichten Lichtbildwerkes öffentlich zur Schau zu stellen.

Beseitigungsanspruch

Wer in seinen Rechten verletzt ist, hat neben → Unterlassungs- und Schadenersatzansprüchen in der Regel auch einen Beseitigungsanspruch. Er kommt immer dann in Betracht, wenn ein bloßes Unterlassen der Rechtsverletzung nicht ausreicht. Wer z.B. seine Inhalte auf einer fremden Website veröffentlicht sieht, kann vom Webseitenbetreiber die Löschung der Texte verlangen.

Betriebsvereinbarungen

Betriebsvereinbarungen sind Verträge zwischen dem Arbeitgeber und dem Betriebsrat. Sie gelten auch für die Arbeitnehmer im Unternehmen. Solche Vereinbarungen können in all den Bereichen getroffen werden, für die ein Betriebsrat Mitbestimmungsrechte hat. Diese Gebiete sind im Betriebsverfassungsrecht geregelt.

Bundesdatenschutzgesetz

Datenschutzgesetze gibt es in den einzelnen Bundesländern, aber auch bundesweit. Das bundesweit geltende Datenschutzgesetz wird Bundesdatenschutzgesetz (BDSG) genannt. Es regelt zusammen mit den Landesgesetzen, wie mit den persönlichen Daten umgegangen werden muss, damit sie so weit wie möglich geschützt bleiben. So dürfen sie z. B. nicht einfach von einem Unternehmen zum anderen weitergegeben werden. Das Gesetz dient dem Schutz des Rechts auf informationelle Selbstbestimmung. Dieses soll jeden in die Lage versetzen, die »Kontrolle« über die Daten und Informationen, die ihn betreffen, zu behalten.

Datenbankwerk

Eine Datenbank im Sinne des Urheberrechtsgesetzes ist eine Sammlung von Werken, Daten oder anderen unabhängigen Elementen, die systematisch oder methodisch angeordnet sind. Deren Beschaffung, Überprüfung oder Darstellung muss eine nach Art oder Umfang wesentliche Investition erfordert haben. Ein Datenbankwerk steht unter urheberrechtlichem Schutz.

Datenschutzerklärung

In einer Datenschutzerklärung können Webseiten-Besucher nachlesen, wie ein Unternehmen bzw. ein Webseitenbetreiber personenbezogene Daten seiner User erhebt, verarbeitet und nutzt. Zu einer solchen Erklärung sind alle Diensteanbieter nach dem Teledienstemediengesetz (TMG) verpflichtet.

Direktionsrecht
Das Direktionsrecht oder Weisungsrecht erlaubt es dem Arbeitgeber, seinen Arbeitnehmern Weisungen zu erteilen, die sich im Rahmen des Arbeitsvertrags halten.

Disclaimer
Ein Disclaimer ist ein Text in E-Mails oder auf Websites, mit dem der jeweilige Anbieter bestimmte Erklärungen abgibt. Häufig sind Disclaimer im Internet zu finden, mit denen sich Anbieter von ihrer Haftung für fremde Links oder rechtswidrige Inhalte Dritter freizeichnen wollen.

Einstweilige Verfügung
Wer in einem Streit Gerichte entscheiden lassen will, braucht Zeit. Im regulären Klageverfahren dauert ein Rechtsstreit oft Monate oder Jahre. Wer keine Zeit hat, kann mit einer einstweiligen Verfügung eine schnelle gerichtliche Entscheidung erreichen. Ein Antrag auf eine einstweilige Verfügung ist immer dann zulässig, wenn effektiver Rechtsschutz nur durch sofortiges gerichtliches Handeln sichergestellt ist. Die Sache muss also dringend sein. Das führt auch dazu, dass der Antrag spätestens vier Wochen nach Kenntnisnahme vom konkreten Rechtsverstoß eingereicht werden sollte. Ergeht eine vorläufige Verfügung, wird die Sache bisweilen binnen weniger Tage gerichtlich geklärt – allerdings nur vorläufig. Diese Vorläufigkeit hat zur Folge, dass mit der Verfügung keine vollendeten Tatsachen geschaffen werden dürfen. Dennoch bringen einstweilige Verfügungen oft schnellen und effektiven Rechtsschutz.

Erforderlichkeitsprinzip
Das Prinzip der Erforderlichkeit gilt im Bundesdatenschutzgesetz und besagt Folgendes: Wer durch Maßnahmen in die Datenschutzrechte von Betroffenen eingreift, muss sicherstellen, dass es zu diesem Eingriff keinerlei zumutbare Alternativen gibt. Es muss vielmehr dargelegt und bewiesen werden können, dass ohne die Maßnahme der Zweck nicht erreicht werden kann und eine zumutbare Alternative nicht besteht.

Formalbeleidigung
Von einer Formalbeleidigung spricht man, wenn sich die Beleidigung nicht erst aus dem Inhalt der Äußerung ergibt (z. B.: »Sie sind nicht in der Lage, die

einfachsten Anforderungen zu erfüllen.«), sondern bereits aus deren Form oder deren äußeren Umständen. Das ist regelmäßig der Fall bei Schimpfworten, die eine selbstständige Herabsetzung enthalten (z. B.: »Sie sind ein Vollidiot.«). Beleidigungen auch im Internet nicht von der Meinungsfreiheit gedeckt und können so zivil- und strafrechtliche Folgen haben.

Freistellungsvereinbarung
Wer eine Freistellungsvereinbarung unterschreibt, verpflichtet sich dazu, seinen Vertragspartner von Ansprüchen Dritter freizuhalten, falls diese gegen ihn geltend gemacht werden.

Gewährleistung
Ein Verkäufer haftet dafür, dass die verkaufte Ware frei von Mängeln ist. Diese Haftung nennt sich Gewährleistung. Das Bürgerliche Gesetzbuch unterscheidet Sach- und Rechtsmängel. Sachmängel sind z. B. vorhanden, wenn die Ware nicht die im Vertrag vereinbarten Eigenschaften hat oder bereits bei Übergabe kaputt ist. Rechtsmängel liegen vor, wenn z. B. Dritte Rechte an der Ware geltend machen können.

Grundsatz der »kleinen Münze«
Schutzfähig nach dem → Urheberrecht sind nur Werke, die eine gewisse → Schöpfungshöhe, ein gewisses Maß an Individualität, erreichen. Erzielt ein Werk diese Schöpfungshöhe nur knapp, so bezeichnet man es als »kleine Münze«.

Haftungsprivilegierung
Haftung bedeutet ein rechtliches »Dafür-Einstehen-Müssen«, dass ein eigener oder ein fremder Fehler oder auch ein ohne einen solchen Fehler entstandenes Ereignis einer anderen Person einen Schaden zugefügt hat. Verschiedene Gesetze sehen unter bestimmten Umständen eine sogenannte Haftungsprivilegierung vor, so z. B. auch das Teledienstemediengesetz (TMG). § 10 TMG schränkt die Haftung des Betreibers einer Internetplattform, des Host Providers, für fremde Inhalte ein und privilegiert ihn damit.

Kostenerstattungsanspruch
Wer in einer Abmahnung oder einem Gerichtsverfahren berechtigte Ansprüche geltend macht, hat gegen die andere Partei in der Regel auch einen

Kostenerstattungsanspruch. Er kann dann die Kosten verlangen, die ihm im Zusammenhang mit der Rechtsverfolgung oder -verteidigung entstanden sind. Dazu zählen z.B. seine Anwaltskosten und/oder die Gerichtskosten.

Lizenz, Lizenzvereinbarung

Mittels einer Lizenz kann ein Rechteinhaber einem anderen → Nutzungsrechte an einem urheberrechtlich geschützten Werk einräumen. Art und Umfang der Nutzungsrechte werden in einer Lizenzvereinbarung zwischen den Parteien vereinbart.

Mitstörer, Mitstörerhaftung

Im Internet spielt die Störer- bzw. Mitstörerhaftung eine große Rolle. Ein Störer ist dort jemand, der, ohne der eigentliche Täter zu sein, mit der Verbreitung rechtswidriger Inhalte zu tun hat. Typischer Mitstörer ist z.B. der Betreiber einer Internet-Plattform, der rechtswidrige Inhalte auf seiner Plattform duldet.

Nutzungsrechte

Der Urheber eines Werkes kann einem anderen das Recht einräumen, das Werk auf eine bestimmte Art und Weise zu nutzen. Welchen Umfang solche Nutzungsrechte (siehe auch → Lizenzen) haben, wird durch eine Lizenzvereinbarung festgelegt. Das Urheberrechtsgesetz unterscheidet zwischen einfachen und ausschließlichen Nutzungsrechten. Hat jemand das einfache Nutzungsrecht, kann er das Werk in der vereinbarten Weise nutzen; eine Nutzung durch andere Berechtigte ist dabei weiterhin möglich. Beim ausschließlichen Nutzungsrecht kann nur einer das Werk auf die erlaubte Art nutzen. Nutzungsrechte können auch zeitlich oder inhaltlich beschränkt werden.

Opt-in-Verfahren

Opt-in bedeutet, dass der Betroffene ausdrücklich zustimmen muss, damit die jeweilige Funktion ihre Wirkung entfaltet. Hat ein Anbieter das Opt-in-Verfahren gewählt, können sich die Anwender z.B. für den Empfang von Werbe-E-Mails in eine »Opt-in-Liste« eintragen (subscribe). Sie erhalten dann auf eigenen Wunsch Werbung. Der Begriff wird auch im Zusammenhang mit datenschutzrechtlich relevanten Funktionen verwendet.

Opt-out-Verfahren
Opt-out bedeutet, dass die Funktionen so lange ihre Wirkung entfalten, bis der Betroffene ausdrücklich widerspricht bzw. diese »ausschaltet« (siehe im Gegensatz dazu das → Opt-in-Verfahren). Beim Opt-out-Verfahren erhält z. B. ein Empfänger Werbe-E-Mails ohne vorherige Zustimmung. Wenn er keine weitere Werbung wünscht, muss er sich aus der Verteilerliste des Anbieters entfernen lassen (unsubscribe). Der Begriff wird auch im Zusammenhang mit datenschutzrechtlich relevanten Funktionen verwendet.

Personenbezogene Daten
Das Bundesdatenschutzgesetz schützt personenbezogene Daten vor einer unbefugten Verwendung. Personenbezogene Daten sind Angaben über persönliche oder sachliche Verhältnisse einer bestimmten oder bestimmbaren Person, so z. B. die Adresse, die Einkommensverhältnisse. Unter einen besonders strengen Schutz fallen sensible Daten. Hierzu zählen Gesundheitsdaten, Informationen über die rassische oder ethnische Herkunft, politische, religiöse, gewerkschaftliche oder sexuelle Orientierung.

Persönlichkeitsrechte
Das Persönlichkeitsrecht ist ein Grundrecht, das die Persönlichkeit einer Person vor Eingriffen in ihren Lebens- und Freiheitsbereich schützt. Im deutschen Recht ist das Persönlichkeitsrecht als solches nicht ausdrücklich geregelt. Es wurden lediglich einzelne besondere Persönlichkeitsrechte wie das Recht auf Achtung der Ehre, das Namensrecht oder das → Recht am eigenen Bild ausdrücklich gesetzlich geregelt. Mittlerweile zeigt sich, dass damit kein umfassender Schutz gegen die zunehmenden Beeinträchtigungen des persönlichen Lebens- und Freiheitsbereichs gewährt werden kann.

Pflicht zur Kennzeichnung kommerzieller Information
Werbung auf Webseiten und in E-Mails muss klar als Werbung erkennbar sein. Zwischen redaktionellen Inhalten und kommerzieller Information muss eine klare Trennung bestehen. Wer gegen diese Informationspflicht aus §6 TMG verstößt, riskiert Abmahnungen oder Geldbußen.

Recht am eigenen Bild
Jeder darf gemäß §22 Kunsturhebergesetz (KUG) grundsätzlich selbst entscheiden, ob und in welchem Zusammenhang Bilder von ihm z. B. ins Inter-

net gelangen. Das Recht am eigenen Bild hat zur Folge, dass man vor Veröffentlichung eines Fotos die Einwilligung des Abgebildeten benötigt.

Rechtsmängel → Gewährleistung

Regress
Regress bezeichnet im Zivilrecht den Rückgriff eines Ersatzpflichtigen auf einen Dritten, der diesem gegenüber zur Haftung verpflichtet ist. Der klassische Fall eines Regresses: Eine Versicherung zahlt an den Geschädigten und nimmt dann den Schädiger in Anspruch, um sich das ausbezahlte Geld zurückzuholen. Im Internet kommen solche Rückgriffsansprüche z.B. dann in Betracht, wenn ein Plattformbetreiber für rechtswidrige fremde Inhalte auf seiner Website Schadenersatz zahlen musste. Er kann sich dann an den Urheber der rechtswidrigen Inhalte wenden und ihn in Regress nehmen.

Rückgriffsanspruch → Regress

Sachmängel → Gewährleistung

Schöpfungshöhe
Als Schöpfungshöhe, auch: Gestaltungshöhe, Werkhöhe, wird im → Urheberrecht das Maß an Individualität (persönliche geistige Schöpfung) in einem Produkt geistiger Arbeit bezeichnet. Das Urheberrecht schützt Texte, Bilder, Audio- und Videoinhalte (sog. Werke), sofern diese die urheberrechtlichen Anforderungen an eine Schutzfähigkeit erfüllen. Während Texte nur geschützt sind, wenn sie eine gewisse Schöpfungshöhe haben, d.h. eine hinreichend kreative Gestaltung darstellen und Individualität aufweisen, sind Fotos, aber auch Audio- und Videoinhalte regelmäßig vom Urheberrecht geschützt.

Sprachwerke
Sprachwerke im Sinne des Urheberrechtsgesetzes sind Texte. Wenn sie die nötige → Schöpfungshöhe aufweisen, besteht urheberrechtlicher Schutz.

Telemediengesetz (TMG)
Das Telemediengesetz enthält zahlreiche relevante Vorschriften für Aktivitäten im Internet. Es gilt für die Betreiber von Internetseiten und legt unter anderem fest,
- wie ein Impressum zu gestalten ist,
- welche datenschutzrechtlichen Pflichten vom Betreiber einzuhalten sind und
- wann ein Diensteanbieter für rechtswidrige Inhalte haftet.

Unterlassung, Unterlassungsanspruch
Wer unzulässiges Handeln anderer stoppen oder dagegen vorbeugend vorgehen möchte, kann mit einer Klage vor Gericht Unterlassung verlangen. Eine solche Klage hat nur Aussicht auf Erfolg, wenn ein Unterlassungsanspruch besteht. Als Rechtsfolge kann das Unterlassen oder die Beseitigung der Störung verlangt werden, das Unterlassen jedoch nur, wenn eine konkrete Wiederholungsgefahr gegeben ist

Unterlassungserklärung → Abmahnung

Urheberrecht
Das Urheberrecht schützt geistiges Eigentum an Werken der Kunst, Literatur und Wissenschaft. Es ist hauptsächlich im Urheberrechtsgesetz (UrhG) geregelt. Nur der Urheber kann über die Nutzungsrechte an seinem Werk frei und ausschließlich bestimmen.

Verbot mit Erlaubnisvorbehalt
Dieses Regel-Ausnahme-Prinzip bedeutet beim Datenschutz Folgendes: Grundsätzlich ist jedes Erheben, Verarbeiten und/oder Nutzen von personenbezogenen Daten verboten (Regel), es sei denn, das Gesetz oder die Einwilligung des Betroffenen erlauben (Ausnahme) dies.

Verbreitungsrecht
Das Verbreitungsrecht ist nach §17 UrhG das Recht, das Original oder Vervielfältigungsstücke des Werkes der Öffentlichkeit anzubieten oder in den Verkehr zu bringen.

Vervielfältigungsrecht

Das Vervielfältigungsrecht aus §16 UrhG behält dem Urheber eines Werkes das Recht vor, Vervielfältigungsstücke des Werkes herzustellen, egal, ob vorübergehend oder dauerhaft, in welchem Verfahren und in welcher Zahl. Dabei ist zu beachten, dass eine Vervielfältigung auch jede Übertragung des Werkes auf Bild- oder Tonträger ist.

Wettbewerbsrecht

Wettbewerbsrecht ist der Oberbegriff für das Recht zur Bekämpfung unlauterer Wettbewerbshandlungen (= klassisches Wettbewerbsrecht im engeren Sinne) und das Recht gegen Wettbewerbsbeschränkungen (= Kartellrecht). In diesem Buch werden vor allem die Regelungen des Gesetzes gegen den unlauteren Wettbewerb (UWG) vorgestellt, die einen fairen Wettbewerb gewährleisten sollen und damit so etwas wie ein Werberecht darstellen, welches natürlich auch für werbliche Aktivitäten im Internet eingreift.

Zitatrecht

Das Zitatrecht ist in §51 UrhG geregelt. Es sieht eine Ausnahme von dem Grundsatz vor, dass urheberrechtlich geschützte Inhalte nur mit Zustimmung des Rechteinhabers veröffentlicht werden dürfen. Nach der Ausnahmebestimmung ist die Vervielfältigung, Verbreitung und öffentliche Wiedergabe eines veröffentlichten Werkes zulässig, wenn

- ein Zitatzweck erfüllt ist (z.B. Interpretation des zitierten Satzes oder Parodie),
- der Umfang des übernommenen Werks verhältnismäßig ist und
- eine hinreichende Quellenangabe aufgenommen wird.

Abkürzungsverzeichnis

Abs.	Absatz
AG	Amtsgericht
AGB	Allgemeine Geschäftsbedingungen
Az.	Aktenzeichen
BDSG	Bundesdatenschutzgesetz
BGH	Bundesgerichtshof
BVerfG	Bundesverfassungsgericht
EUR	Euro
FAZ	Frankfurter Allgemeine Zeitung
ff.	fortfolgende
GG	Grundgesetz
GRUR	Gewerblicher Rechtsschutz und Urheberrecht (Zeitschrift)
KG	Kammergericht
LG	Landgericht
MarkenG	Markengesetz
NJW	Neue Juristische Wochenschrift (Zeitschrift)
OLG	Oberlandesgericht
TMG	Telemediengesetz
ULD	Unabhängiges Datenschutzzentrum Schleswig-Holstein
UrhG	Urheberrechtsgesetz
UWG	Gesetz gegen den unlauteren Wettbewerb
Ziff.	Ziffer

Stichwortverzeichnis

A
Abmahnung 61
Account-Name 11
Add as friend 229
Aggregatoren 324
Allgemeine Geschäftsbedingungen (AGB) 353
Anwendungsbereich des deutschen Rechts 109
Applikationen 128
Arbeitsalltag 225
Arbeitsrecht 230, 354
Aufführungsrecht 354
Aufklärung 227
Auftragsdatenverarbeitung 87
Auskunft 354
Auskunftsanspruch 59, 354
Ausstellungsrecht 354

B
Belästigung 112
Beleidigung 22
Beseitigungsanspruch 59, 354
Betriebsrat 219, 222
Betriebsvereinbarung 355
Bewertungsportale 23, 107
Blogsoftware 260
Bundesdatenschutzgesetz (BDSG) 79, 355

C
CCPL 32
Content-Klau 51
Creative Commons 31

Custom Audiences from File 165
Custom Audiences from Website 163
Cybersquatting 13

D
Datenbankwerk 355
Datenerhebung 81
Datenklau 51
Datenschutz 79, 302
Datenschutzerklärung 80, 81, 100, 355
Datenschutzgrundverordnung (DSGVO) 79, 99, 155
— Anforderungen an Datenschutzerklärung 100
— Anforderungen an Einwilligung 101
— Betroffenenrechte 104
— Datenschutzprinzipien 100
— räumlicher Anwendungsbereich 99
— Sanktionen 105
Datenschutzmaßnahmen 304
deliktsrechtliche Ansprüche 15
deutsches Recht 109
Developer Principles 128
Direct Message 131, 270
Direktionsrecht 356
Disclaimer 264, 356
Diskriminierung 230
Domain 12, 257
— Grabbing 12
Drohung 232
Duplicate Content 51

E

eBay 64
E-Cards 140
einstweilige Verfügung 356
Einwilligung zur Veröffentlichung 27
elektronische Post 131
Elektronische Post 270
Embedded Links 43
Empfehlungsmarketing 138
Endorsement 196
Enterprise 2.0 299
Erforderlichkeitsprinzip 356
Europäischer Datenschutz 99
Expertenverzeichnis 303

F

Facebook 123, 143
Facebook Custom Audiences 163, 165
Fake-Profile 271
falsche Werbeaussagen 110
Favoritenlisten 268
Follower 264
Formalbeleidigung 22, 356
Foto 27, 53
Freistellungsvereinbarung 261, 357
Freundefinder 138

G

Gebrauchsanweisung 53
Geheimhaltungspflicht 232
Geschäftsgeheimnis 231
Gewährleistung 261, 277, 357
Gewinnspiel 110

H

Haftungsprivilegierung 357
Haftungsrisiko verringern 67
Hashing 166

I

IBM BluePages 303
Imageschaden 272
Impressum 263
Influencer Marketing 195, 196, 197
Intranet 299
Irreführung 110

K

kleine Münze 52, 357
Kommentare 257, 259
Kommentarfunktion bei Facebook 221
Kommunikationsstrategie 26
Kostenerstattungsanspruch 60, 357
Kuratierungsdienst 317

L

Linkhaftung 264
Linkliste 268
Lizenz 33, 358
Lizenzart 33
Lizenzsystem 32
Lizenzvereinbarung 358
Lizenzverträge 31
Logo 130

M

Marke 13
Markenamt 14
Marketing über Twitter 271
Mashups 265
Meinungsfreiheit 21
Missbrauchsmeldefunktion 65
Mitbestimmungsrecht des BR
   219, 222, 233
Mitstörer 358
Mitstörerhaftung 65, 358
Mitwirkungspflicht des Verkäufers 258

Monitoring-Werkzeug 83
Multi-Media-Service 131

N
Namensrechtlicher Anspruch 14
Netikette 67
Netzwerkdurchsetzungsgesetz (NetzDG) 77
News-Aggregatoren 324
Newsletter 137
Newsroom 317
Notice-and-Takedown-Grundsatz 15
Nutzungsbedingungen 122
Nutzungsdaten 81
Nutzungsrecht 358
Nutzungsumfang 229

O
Ohne Kenntnis keine Haftung 66
Opt-in-Verfahren 132, 358
Opt-out-Verfahren 359

P
Page Impression 324
Paperboy-Urteil 319
Permission Marketing 132
personenbezogene Daten 79, 84, 259, 359
Persönlichkeitsrecht 359
Pflicht zur Kennzeichnung kommerzieller Information 359
Preisausschreiben 110
Preisvergleichsportal 324

Q
Quellenangabe 31

R
Recht am eigenen Bild 27, 359
Rechtsmängel 261, 360
Regress 360
Retweets 269
Rückgriffsanspruch 360
Rücktrittsrecht 261

S
Sachmangel 360
SAP Guidelines 226
Schadensersatzanspruch 59
Schleichwerbung 195
Schöpfungshöhe 29, 52, 360
Schulung 227
Schutzfähigkeit 29, 52
Screen Scraping 324
Server 260
Share Alike 34
Shariff-Lösung 162
Sharing-Gedanke 31
Shitstorm 59
Short-Links 264
SMS 131
Social Media Guidelines 225
Social Media Marketing 108
Social Media Monitoring 82
Social Media Recruiting 287
Spam 130, 269
Spam-E-Mails 130
Spamming 110
Sprachwerke 52, 360
Störer 64
Streisand-Effekt 25
Subdomain 274
Suchmaschine 324

Stichwortverzeichnis

T
Tatsachenbehauptung 21
Telemediengesetz (TMG) 79, 361
Telemedienrecht 80
Tell-a-Friend-Funktion 138
Terms of Service 108
truth in advertising 272
Tweets 265, 276
Twitter 263
— Account 12
— Profile, falsche 270
— Stream 265

U
üble Nachrede 23
Unterlassung 361
Unterlassungsanspruch 59, 361
Unterlassungserklärung 361
unternehmensinternes Social Network 303
unzumutbare Belästigung 140
Urheberrecht 31, 52, 361
User Generated Content 63

V
Verbot mit Erlaubnisvorbehalt 361
Verbraucherschutzrechte 108
Verbreitungsrecht 361
Verkauf
— eines Twitter-Accounts 273
Verschleierung des Werbecharakters 109
Vertragsstrafe 136, 261, 279
Vertragsübernahme 276
vertrauliche Unternehmensinformationen 228
Vervielfältigungsrecht 362
Vervielfältigung zum privaten Gebrauch 31
Verwechslungsgefahr 14
Verwertungsrecht 29
Virales Marketing 140

W
Webseitendesign 276
Weisungsrecht 230
Werbeagenturen 129
Werberichtlinien Facebook 123
Werbeslogan 52
Werbetext 130
Wettbewerbsrecht 109, 362
— Überblick 111
wettbewerbsrechtliche Ansprüche 14
WhatsApp 281
Whistleblowing 231
Widerrufsmöglichkeit 82
Wikis 299

Y
Yellow Pages 303

Z
Zensur 63
Zielgruppe 163
Zitate 30
Zitatrecht 362
Zugangskontrolle 306
Zweckübertragungsregel 181

Der Autor

Dr. Carsten Ulbricht ist Rechtsanwalt und Partner bei der Kanzlei BARTSCH Rechtsanwälte in Stuttgart. Er berät zu allen rechtlichen Themen des Internet, insbesondere Social Media, E-Commerce und Enterprise 2.0. Die Schwerpunkte liegen dabei auf Internetrecht, Urheberrecht, Markenrecht, Wettbewerbsrecht und Datenschutzrecht, aber auch der Erstellung entsprechender AGB bzw. Nutzungsbedingungen und der Prüfung der rechtlichen Zulässigkeit des Geschäftsmodells bzw. der jeweiligen Plattform.

HAUFE.

Ihr Feedback ist uns wichtig!
Bitte nehmen Sie sich eine Minute Zeit

www.haufe.de/feedback-buch